报 关 实 务

（第二版）

张雪梅 主 编

陈永芳 张宗英 陈 虹

李 凌 程炜杰 副主编

对外经济贸易大学出版社

中国·北京

图书在版编目（CIP）数据

报关实务/张雪梅主编．—2版．—北京：对外经济贸易大学出版社，2012.07（2017.5重印）
ISBN 978-7-81134-764-7

Ⅰ.①报…　Ⅱ.①张…　Ⅲ.①进出口贸易－海关手续－中国　Ⅳ.①F752.5

中国版本图书馆CIP数据核字（2010）第144495号

报关实务（第二版）

张雪梅　**主编**
责任编辑：毛飞琴　高　卓

对 外 经 济 贸 易 大 学 出 版 社
北京市朝阳区惠新东街10号　邮政编码：100029
邮购电话：010－64492338　发行部电话：010－64492342
网址：http://www.uibep.com　E-mail：uibep@126.com

北京九州迅驰传媒文化有限公司印装　新华书店经销
成品尺寸：185mm×260mm　19.75印张　493千字
2012年7月北京第2版　2017年5月第6次印刷

ISBN 978-7-81134-764-7
印数：13 801－15 300册　定价：36.00元

第 2 版前言

《报关实务》自出版以来受到业内读者的广泛关注，承蒙出版社支持，得以再版。

我国的对外贸易在改革开放后得到了迅猛发展，2010 年中国进口由“十五”末期的世界第三位升至第二位，出口由世界第三位跃居首位，占全球份额由 7.3% 上升至 10.4%，已经超过德国成为世界第一出口大国。

报关是国际贸易不可缺少的环节，报关能力的高低一方面直接关系到企业的物流周期和贸易成本，另一方面也影响海关的通关效率和监管水平。我们根据多年的教授报关实务课程所积累的经验，结合企业的做法，编写了《报关实务》一书。

本书从报关与海关的基本知识入手，贯穿海关监管过程中的“证”和“税”两条线索，介绍了不同货物的报关程序的适用和进出口税费的征收，最后较详尽地介绍了报关单的填制。

本书的特色：

1. 项目导向，任务驱动模式。以职业能力为本，从“项目引导文”激发思考，到“知识储备篇”作为支撑，最后“实务篇”完成“工作任务”，“能力拓展”提升职业空间。这种全新编排方式，重在传授报关专业知识，强调报关实务技能，使读者达到学以致用的目的。

2. 视角独特。本书侧重从企业管理相对人的立场分析相关政策，突出了服务外贸行业企业的目的。

3. 内容丰富、编排灵活。通过穿插“资料卡”等方式使内容更加翔实、可读性更强。

参加本书编写的有张雪梅（第三章、第九章），陈永芳、程炜杰（第五章、第六章、第七章），张宗英（第八章），陈虹、程炜杰（第一章、第二章），李凌（第四章）。本书由张雪梅任主编，陈永芳、张宗英、陈虹、李凌、程炜杰任副主编。此外，青岛远洋船员职业学院的刘菊堂老师、海程邦达国际物流集团的耿翠芝女士参与了“实务篇”的编写，并给出了很好的建议。

由于编写时间仓促，加之编者水平有限，书中缺点或不当之处欢迎读者批评指正。

编　者

2012 年 5 月

目　　录

项目引导文
从了解海关与报关开始

小林大学毕业前到宝通达报关行实习，初来乍到，公司把小林安排给李师傅做报关助理。看到公司里同事们忙忙碌碌的身影，小林很焦急却似乎无从下手。李师傅决定带小林熟悉海关。

海关到底是怎样的一家机构呢？海关有哪些任务，又有哪些权力来保障任务的完成呢？海关通过哪些管理制度来管理报关单位和报关员呢？怎样才能成为一名优秀的报关员，小林已经通过了报关员资格考试算不算是报关员呢？

项目一　熟悉海关

- 知识储备篇
- 实务篇

◉ **知识目标**

熟悉海关的任务、法律体系与组织机构，掌握海关的性质与权力。

◉ **能力目标**

能够熟悉海关网站的使用，能够熟悉自己所在的直属海关、各隶属海关及了解海关的各个部门的不同职责，能够区别适用海关的权力。

◉ **素质目标**

养成计划决策，时间管理、团队合作、谨慎细致、主动沟通等素质。

• 知识储备篇

海关是国家主权的象征，体现着国家的权力和意志。海关是国家的进出关境的监督管理机关，坚持“依法行政、为国把关、服务经济、促进发展”的工作方针，履行国家行政制度的监督管理职能。本篇对海关的性质、任务、管理体制、机构设置、权力等内容进行介绍。

第一节　海关的性质与任务

《中华人民共和国海关法》（以下简称《海关法》）规定：“中华人民共和国海关是国家的进出关境监督管理机关。海关依照本法和其他有关法律、行政法规，监管进出境的运输工具、货物、行李物品、邮递物品和其他物品，征收关税和其他税、费，查缉走私，并编制海关统计和办理其他海关业务。”

一、海关的性质

（一）海关是国家行政机关

我国的国家机关包括享有立法权的立法机关、享有司法权的司法机关和享有行政管理权的行政机关，海关是国家的行政机关之一，是国务院直属机构，从属于国家行政管理体制。海关代表国家依法独立行使行政管理权。

（二）海关是国家的进出境监督管理机关

海关履行国家行政制度的监督职能，是国家宏观管理的重要组成部分，海关依照有关法律、行政法规并通过法律赋予的权力，制定具体的行政规章和行政措施，对特定领域的活动开展监督管理，以保证其按照国家的法律法规来进行。

海关实施监督管理的范围是进出关境及与之有关的活动，监督管理的对象是所有进出关境的运输工具、货物、物品。

关境是指适用于同一海关法或实行同一关税制度的领域。在一般情况下，关境的范围等于国境，但对于关税同盟的签署国来说，其成员国之间货物进出国境不征收关税，只对来自和运往非同盟国的货物在进出共同关境时征收关税，因而对于每个成员国来说，其关境大于国境，如欧盟。若在国内设立自由港、自由贸易区等特定区域，因进出这些特定区域的货物都是免税的，因而该国的关境小于国境。关境同国境一样，包括其领域内的领水、领陆和领空，是一个立体的概念。我国的关境范围是除享有单独关境地位的地区以外的中华人民共和国的全部领域，包括领水、领土和领空。目前我国的单独关境有香港、澳门和台、澎、金、马单独关税区。我国近年来设立的保税区等享受关税优惠的区域，根据我国的关税立法，不属于单独关境地位的地区。在单独关境内，各自实行单独的海关制度。因此，我国关境小于国境。本教材所称的“进出境”除特指外均指进出我国关境。

（三）海关的监督管理是国家行政执法活动

海关执法的依据是《海关法》和其他有关法律、行政法规。海关通过法律赋予的权力，对特定范围内的社会经济活动进行监督管理，并对违法行为依法实施行政处罚，以保证这些社会经济活动按照国家的法律规范进行。海关的监督管理是保证国家有关法律、法规实施的行政执法活动。海关事务属于中央立法事权，立法者为全国人大及其常务委员会和国务院。海关总署也可以根据法律和国务院的法规、决定、命令，制定规章，作为执法依据的补充。省、自治区、直辖市人民代表大会和人民政府不得制定海关法律规范，地方法规、地方规章也不是海关执法的依据。

二、海关的任务

《海关法》明确规定海关有四项基本任务，即监管进出境的运输工具、货物、行李物品、邮递物品和其他物品（以下简称“监管”），征收关税和其他税费（以下简称“征税”），查缉走私（以下简称“缉私”）和编制海关统计（以下简称“统计”）。

（一）监管

海关监管是指海关运用国家赋予的权力，通过一系列管理制度与管理程序，依法对进出境运输工具、货物、物品的进出境活动所实施的一种行政管理。海关监管是一项国家职能，其目的在于保证一切进出境活动符合国家政策和法律的规范，维护国家主权和利益。海关监管不是海关监督管理的简称，海关监督管理是海关全部行政执法活动的统称。

根据监管对象的不同，海关监管分为运输工具监管、货物监管和物品监管三大体系，每个体系都有一整套规范的管理程序与方法。

监管是海关最基本的任务，海关的其他任务都是在监管工作的基础上进行的。除了通过备案、审单、查验、放行、后续管理等方式对进出境运输工具、货物、物品的进出境活动实施监管外，海关监管还要执行或监督执行国家其他对外贸易管理制度的实施，如进出口许可制度、外汇管理制度、进出口商品检验检疫制度、文物管理制度等，从而在政治、经济、文化道德、公众健康等方面维护国家利益。

（二）征税

代表国家征收关税和其他税、费是海关的另一项重要任务。“关税”是指由海关代表国家，按照《海关法》和《进出口税则》，对准许进出口的货物、进出境物品征收的一种税。“其他税、费”是指海关在货物进出口环节，按照关税征收程序征收的有关国内税、费，目前主要有增值税、消费税等。

关税是国家财政收入的重要来源，也是国家宏观经济调控的重要工具。关税的征收主体是国家，《海关法》明确将征收关税的权力授予海关，由海关代表国家行使征收关税的职能。因此，未经法律授权，其他任何单位和个人不得行使征收关税的权利。

海关征税工作的基本法律依据是《海关法》、《中华人民共和国进出口关税条例》（以下简称《关税条例》）以及其他有关法律、行政法规。海关通过执行国家制定的关税政策，对进出口货物、进出境物品征收关税，起到保护国内工农业生产、调整产业结构、组织财政收入和调节进出口贸易活动的作用。

（三）缉私

查缉走私是海关为保证顺利完成监管和征税等任务而采取的保障措施。查缉走私是指海关依照法律赋予的权力，在海关监管场所和海关附近的沿海沿边规定地区，为发现、制止、打击、综合治理走私活动而进行的一种调查和惩处活动。

走私是指进出境活动的当事人或相关人违反《海关法》及有关法律、行政法规，逃避海关监管，偷逃应纳税款、逃避国家有关进出境的禁止性或者限制性管理，非法运输、携带、邮寄国家禁止、限制进出口或者依法应当缴纳税款的货物、物品进出境，或者未经海关许可并且未缴应纳税款、交验有关许可证件，擅自将保税货物、特定减免税货物以及其他海关监管货物、物品、进境的境外运输工具在境内销售的行为。它以逃避监管、偷逃关税、牟取暴利为目的，扰乱经济秩序，冲击民族工业，腐蚀干部群众，毒化社会风气，引发违法犯罪，对国家危害性极大，必须予以严厉打击。

《海关法》规定："国家实行联合缉私、统一处理、综合治理的缉私体制。海关负责组织、协调、管理查缉走私工作。"这一规定从法律上明确了海关打击走私的主导地位以及与有关部门的执法协调。海关是打击走私的主管机关，查缉走私是海关的一项重要任务。海关通过查缉走私，制止和打击一切非法进出境货物、物品的行为，维护国家进出口贸易的正常秩序，保障社会主义现代化建设的顺利进行，维护国家关税政策的有效实施，保证国家关税和其他税、费的依法征收，保证海关职能作用的发挥。为了严厉打击走私犯罪活动，根据党中央、国务院的决定，我国在海关总署组建了专门打击走私犯罪的海关缉私警察队伍，负责走私犯罪案件的侦查、拘留、执行逮捕和预审工作。

根据我国的缉私体制，除了海关以外，公安、工商、税务、烟草专卖等部门也有查缉走私的权力，但这些部门查获的走私案件，必须按照法律规定，统一处理。各有关行政部门查获的走私案件，应当给予行政处罚的，移送海关依法处理；涉嫌犯罪的，应当移送海关侦查走私犯罪公安机构、地方公安机关依据案件管辖分工和法定程序办理。

（四）统计

海关统计是以实际进出口货物作为统计和分析的对象，通过搜集、整理、加工处理进出口货物报关单或经海关核准的其他申报单证，对进出口货物的品种、数（重）量、价格、国别（地区）、经营单位、境内目的地、境内货源地、贸易方式、运输方式、关别等项目分别进行统计和综合分析，全面、准确地反映对外贸易的运行态势，及时提供统计信息和咨询，实施有效的统计监督，开展国际贸易统计的交流与合作，促进对外贸易的发展。我国海关的统计制度规定，实际进出境并引起境内物质存量增加或者减少的货物，列入海关统计；进出境物品超过自用、合理数量的，列入海关统计。对于部分不列入海关统计的货物和物品，则根据我国对外贸易管理和海关管理的需要，实施单项统计。

海关统计是海关依法对进出口货物贸易的统计，是国民经济统计的组成部分，是国家制定对外经济贸易政策、实行宏观经济调控、实施海关严密高效管理的重要依据，是研究我国对外贸易经济发展和国际经济贸易关系的重要资料。

1992年1月1日，海关总署以国际通用的《商品名称及编码协调制度》（The Harmonized Commodity Description and Coding System，简称《协调制度》或HS）为基础，编制了《中华人民共和国海关统计商品目录》（以下简称《统计商品目录》），把税则与统计目录的归类编码统一起来，规范了进出口商品的命名和归类，使海关统计进一步向国际惯例靠拢，适应了我国对外开放和建立社会主义市场经济体制的需要。

海关的四项基本任务是一个统一的有机联系的整体。监管工作通过监管进出境运输工具、货物、物品的合法进出，保证国家有关进出口政策、法律、行政法规的贯彻实施，是海关四项基本任务的基础。征税工作所需的数据、资料等是在海关监管的基础上获取的，征税与监管有着十分密切的关系。缉私工作则是监管、征税两项基本任务的延伸，对在监管、征税工作中发现的逃避监管和偷漏税款的行为，必须运用法律手段制止和打击。统计工作是在监管、征税工作的基础上完成的，它为国家宏观经济调控提供了准确、及时的信息，同时又对监管、征税等业务环节的工作质量起到检验把关的作用。

除了这四项基本任务以外，近几年来国家通过有关法律、行政法规赋予了海关一些新的职责，比如知识产权海关保护、海关对反倾销及反补贴的调查等，这些新的职责也是海关的任务。

第二节　海关的法律体系

法律体系一般是指一个国家的全部现行法律规范按不同部门、层次所组成的有机整体。海关法作为我国现行法律的一个分支，具有相对独立性和完整性。海关法不仅综合性强，法规数量多、内容繁杂，而且具有分支清楚、层次明显和相互协调、联系密切的特点。我国依照这些法律、行政法规、部门规章、规范性文件和我国履行有关国际公约等有关规定，自主实行进出境管理。

一、《海关法》

《海关法》于1987年1月22日由第六届全国人民代表大会常务委员会第十九次会议通过，同年7月1日起实施。为了适应形势发展的需要，2000年7月8日第九届全国人民代表大会常务委员会第十六次会议审议通过了《关于修改〈中华人民共和国海关法〉的决定》，对《海关法》进行了较大的修改，修正后的《海关法》于2001年1月1日起实施。《海关法》是我国现行法律体系的一个重要组成部分，是管理海关事务的基本法律规范。

二、行政法规

行政法规是国务院根据《中华人民共和国宪法》和其他法律制定和颁布的规范性文件的总称。目前在海关管理方面主要行政法规有：《中华人民共和国进出口关税条例》（以下简称《关税条例》）、《中华人民共和国海关稽查条例》（以下简称《稽查条例》）、《中华人民共和国知识产权海关保护条例》（以下简称《知识产权海关保护条例》）、《中华人民共和国海关行政处罚实施条例》（以下简称《处罚条例》）、《中华人民共和国海关统计条例》（以下简称《统计条例》）、《中华人民国和国进出口货物原产地条例》（以下简称《原产地条例》等。

三、海关规章

海关管理方面的行政规章主要是指由海关总署单独或会同有关部门依照法定程序决定并以法定方式对外公布的具有普遍约束力的规范性文件，是海关日常工作中引用数量最多、内容最广、操作性最强的法律依据，其效力等级低于法律和行政法规。海关行政规章以海关总署令的形式对外公布。从广义上讲，规章也是一种规范性文件；从内容上看，凡是法律、法规规定以规章形式规定的事项，比如，设定行政处罚，出台法律、法规的配套制度，应当制定规章，如《中国人民共和国海关报关员资格考试及资格证书管理办法》等。

四、一般规范性文件

一般规范性文件，是指海关总署及各直属海关按照规定程序制定的涉及行政管理相对人权利、义务，具有普遍约束力的文件。海关总署制定的规范性文件要求行政管理相对人遵守或执行的，应当以海关总署公告形式对外发布。一般规范性文件主要用于部署工作，通知特定事项、说明具体问题，如《海关总署关于发布〈报关员资格全国统一考试违规行为处理规则〉的公告》等。

五、我国签订或缔结的海关国际公约或海关行政互助协议

海关国际公约是指世界海关组织（WCO）成员方缔结的多边协议，如《京都公约》，以及世界贸易组织（WTO）的有关公约，如《WTO 估价协定》等。

海关行政互助协议是两国之间订立的双边协议，我国已与埃及等几十个国家缔结了海关行政互助协议。

第三节　海关的管理体制与机构

海关机构是国务院根据国家改革开放的形势以及经济发展战略的需要，依照海关法律而设立的。改革开放以来，随着我国对外经济贸易和科技文化交流与合作的发展，海关机构不断扩大，机构的设立从沿海、沿边口岸扩大到内陆和沿江、沿边海关业务集中的地点，并形成了集中统一管理的垂直领导体制。这种领导体制对于海关从全局出发，坚决贯彻执行党的路线、方针、政策和国家的法律、法规以及贯彻海关“依法行政，为国把关，服务经济，促进发展”的工作方针提供了保证。

一、海关的领导体制

新中国成立以来，海关的领导体制几经变更。在 1980 年以前的 30 年间，除了在新中国成立初期，海关总署作为国务院的一个职能部门和组成部分，在海关系统实行集中统一的垂直领导体制外，其余大部分时间海关总署都是划归当时的对外贸易部领导，各地方海关受当时的对外贸易部和所在省、自治区、直辖市人民政府的双重领导。1980 年 2 月，国务院根据改革开放形势的需要作出了《国务院关于改革海关管理体制的决定》。该决定指出：“全国海关建制归中央统一管理，成立中华人民共和国海关总署作为国务院直属机构，统一管理全国海关机构和人员编制、财务及其业务。”从此，我国恢复了海关集中统一的垂直领导体制。

1987 年 1 月，第六届全国人大第十九次会议审议通过的《海关法》规定：“国务院设立海关总署，统一管理全国海关”，“海关依法独立行使职权，向海关总署负责”，“海关的隶属关系，不受行政区划的限制”。《海关法》明确了海关总署作为国务院直属部门的地位，

进一步明确了海关机构的隶属关系，把海关集中统一的垂直领导体制以法律的形式确立下来。海关集中统一的垂直领导体制既适应了国家改革开放、社会主义现代化建设的需要，也适应了海关自身建设与发展的需要，有力地保证了海关各项监督管理职能的实施。

二、海关的设关原则

《海关法》以法律形式明确了海关的设关原则："国家在对外开放的口岸和海关监管业务集中的地点设立海关。海关的隶属关系，不受行政区划的限制。""对外开放的口岸"是指由国务院批准，允许运输工具及所载人员、货物、物品直接出入国（关）境的港口、机场、车站以及允许运输工具、人员、货物、物品出入国（关）境的边境通道。国家规定，在对外开放的口岸必须设置海关、出入境检验检疫机构。"海关监管业务集中的地点"是指虽非国务院批准对外开放的口岸，但是海关某类或者某几类监管业务比较集中的地方，如转关运输监管、保税加工监管等。这一设关原则为海关管理从口岸向内地、从而向全关境的转化奠定了基础，同时也为海关业务制度的发展预留了空间。"海关的隶属关系，不受行政区划的限制"，表明了海关管理体制与一般性的行政管理体制的区域划分无必然联系，如果海关监督管理需要，国家可以在现有的行政区划之外考虑和安排海关的上下级关系和海关的相互关系。

三、海关的组织机构

海关机构的设置为海关总署、直属海关和隶属海关三级。隶属海关由直属海关领导，向直属海关负责；直属海关由海关总署领导，向海关总署负责。

（一）海关总署

海关总署是国务院的直属机构，在国务院领导下统一管理全国海关机构、人员编制、经费物资和各项海关业务，是海关系统的最高领导部门。海关总署下设广东分署，在上海和天津设立特派员办事处，作为其派出机构。海关总署的基本任务是在国务院领导下，领导和组织全国海关正确贯彻实施《海关法》和国家的有关政策、行政法规，积极发挥依法行政、为国把关的职能，服务、促进和保护社会主义现代化建设。其主要职责是：

（1）研究拟订海关工作的方针、政策、法律、法规和发展规划并组织实施和监督检查。

（2）研究拟定关税征管条例及其实施细则，组织实施进出口关税及其他税费的征收管理，依法执行反倾销、反补贴措施。

（3）组织实施进出境运输工具、货物、行邮物品和其他物品的监管，研究拟定加工贸易、保税区、进出口加工区、保税仓库及其他保税业务的监管制度并组织实施。

（4）研究拟定进出口商品分类目录，拟定进出口商品原产地规则，组织和实施知识产权海关保护。

（5）编制国家进出口贸易统计，发布国家进出口贸易统计信息。

（6）统一负责打击走私工作，组织查处走私案件，组织实施海关缉私，负责对走私犯罪案件进行侦查、拘留、执行逮捕、预审工作。

（7）制定海关稽查规章制度，组织实施海关稽查。

（8）研究拟定口岸对外开放的整体规划及口岸规划的具体措施和办法，审理口岸开放。

（9）垂直管理全国海关，包括管理全国海关的组织机构、人员编制、工资福利、教育培训及署管干部任免。

（10）研究拟定海关科技发展规划，组织实施海关信息化管理，管理全国海关经费、固定资产和基本建设。

（11）开展海关领域的国际合作与交流。

（12）承办国务院交办的其他事项。

1998年，根据党中央、国务院决定，海关总署的机构、职能和人员编制作了重大调整，增加了统一负责打击走私及反走私综合治理工作、口岸规划、出口商品原产地规则的协调管理、关税立法调研、税法起草和执行过程中的一般性解释工作等职能。设立走私犯罪侦查机构，组建海关缉私警察队伍。按照精简、统一、效能的原则，并充分吸收现代海关制度建设及通关作业改革、口岸体制改革、缉私体制改革的成果，实施了机构改革。2001年，随着海关通关作业制度改革的全面推行和海关队伍建设形势发展的需要，海关总署的职能和业务机构又进行了进一步调整，总署的决策、监督职能得到了强化。

（二）直属海关

直属海关是指直接由海关总署领导，负责管理一定区域范围内海关业务的海关。目前直属海关共有41个，除香港、澳门、台湾地区外，分布在全国31个省、自治区、直辖市。直属海关就本关区内的海关事务独立行使职责，向海关总署负责。直属海关承担着在关区内组织开展海关各项业务和关区集中审单作业、全面有效地贯彻执行海关各项政策、法律、法规、管理制度和作业规范的重要职责，在海关三级业务职能管理中发挥着承上启下的作用。其主要职责是：

（1）对关区通关作业实施运行管理，包括执行总署业务参数、建立并维护审单辅助决策参数、对电子审单通道判别进行动态维护和管理、对关区通关数据和相关业务数据行有效监控和综合分析。

（2）实施关区集中审单，组织和指导隶属海关开展接单审核、征收税费、查验、放行等通关作业。

（3）组织实施对各类海关监管场所、进出境货物和运输工具的实际监控。

（4）组织实施贸易管制措施、税收征管、保税和加工贸易海关监管、企业分类管理和知识产权进出境保护。

（5）组织开展关区贸易统计、业务统计和统计分析工作。

（6）组织开展关区调查、稽查和侦查业务。

（7）按规定程序及权限办理各项业务审核、审批、转报和注册备案手续。

（8）开展对外执法协调和行政纠纷、争议的处理。

（9）开展对关区各项业务的执法检查、监督和评估。

（三）隶属海关

隶属海关是指由直属海关领导，负责办理具体海关业务的海关，是海关进出境监督管理职能的基本执行单位，一般都设在口岸和海关业务集中的地点。隶属海关根据海关业务情况设立若干业务科室，其人员从十几人到二三百人不等。隶属海关的职责是：

（1）开展接单审核、征收税费、验估、查验、放行等通关作业。

（2）对辖区内加工贸易实施海关监管。

（3）对进出境运输工具及其燃料、物料、备件等实施海关监管，征收船舶吨税。

（4）对各类海关监管场所实施实际监控。

（5）对通关、转关及保税货物的存放、移动、放行或其他处置实施实际监控。

（6）开展对运输工具、进出口货物、监管场所的风险分析，执行各项风险处置措施。

（7）办理辖区内报关单位通关注册备案业务。

（8）受理辖区内设立海关监管场所、承运海关监管货物业务的申请。

（9）对辖区内特定减免税货物实施海关后续管理。

（四）海关缉私警察机构

海关缉私警察是专司打击走私犯罪活动的警察队伍。1998 年，根据党中央、国务院的决定，由海关总署、公安部联合组建走私犯罪侦查局，设在海关总署。走私犯罪侦查局既是海关总署的一个内设局，又是公安部的一个序列局，实行海关总署和公安部双重领导、以海关领导为主的体制。走私犯罪侦查局在广东分署和全国各直属海关设立走私犯罪侦查分局，在部分隶属海关设立走私犯罪侦查支局。各级走私犯罪侦查机关负责其所在海关业务管辖区域内的走私犯罪案件的侦查工作。

为了更好地适应反走私斗争新形势的要求，充分发挥海关打击走私的整体效能，从 2003 年起，海关对部分打私办案职能进行了内部调整，走私犯罪侦查机构增加了行政执法职能。从 2003 年 1 月 1 日开始，各级海关走私犯罪侦查部门统一更名，其中，海关总署走私犯罪侦查局更名为海关总署缉私局；海关总署走私犯罪侦查局广东分局更名为海关总署广东分署缉私局；各直属海关走私犯罪侦查分局更名为各直属海关缉私局；各隶属海关走私犯罪侦查支局更名为各隶属海关缉私分局。

第四节　海关的权力

《海关法》在规定了海关基本任务的同时，为了保证任务的完成，赋予了海关许多具体权力。海关权力，是指国家为保证海关依法履行职责，通过《海关法》和其他法律、行政法规而赋予海关的对进出境运输工具、货物、物品的监督管理权。海关权力属于公共行政职权，其行使受一定范围和条件的限制，并应当接受执法监督。

一、海关权力的特点

海关权力作为一种行政权力，除了具有一般行政权力的单方意志性、强制性、无偿性等基本特征外，还具有以下特点：

（一）特定性

《海关法》第二条规定：“海关是国家的进出关境监督管理机关”，从法律上明确了海关享有对进出关境活动进行监督管理的行政主体资格，具有进出关境监督管理权。其他任何机关、团体、个人都不具备行使海关权力的资格。海关权力的特定性也体现在对海关权力的限制上，即这种权力只适用于进出关境监督管理领域，而不能作用于其他场合。

（二）独立性

《海关法》第三条规定：“海关依法独立行使职权，向海关总署负责。”这不仅明确了我国海关的垂直领导管理体制，也表明海关行使职权只对法律和上级海关负责，不受地方政府、其他机关、企事业单位或个人的干预。

（三）效力先定性

海关权力的效力先定性表现在海关行政行为一经作出，就应推定其符合法律规定，对海关本身和海关管理相对人都具有约束力。在没有被国家有权机关宣布为违法和无效之前，即使管理相对人认为海关行政行为侵犯其合法权益，也必须遵守和服从。

（四）优益性

海关职权的优益性是指海关在行使行政职权时，依法享有一定的行政优先权和行政受益权。行政优先权是国家为保障海关有效地行使职权而赋予海关的职务上的优先条件，如海关执行职务受到暴力抗拒时，执行有关任务的公安机关和人民武装警察部队应当予以协助。行政受益权，是指海关享受国家所提供的各种物质优益条件，如中央财政经费等。

二、海关权力的内容

根据《海关法》及有关法律、行政法规，海关的权力主要包括：

（一）行政审批权

包括海关对进出口货物收发货人提出的转关运输申请的审核、海关派员驻厂监管的保税工厂资格的审批、减免税审批、对参加报关员资格全国统一考试报名资格的审核等。

（二）税费征收权

包括代表国家依法对进出口货物、物品征收关税及其他税费；根据法律、行政法规及有关规定，依法对特定的进出口货物、物品减征或免征关税；以及对经海关放行后的有关进出口货物、物品，发现少征或者漏征税款的，依法补征、追征税款的权力。

（三）行政检查权

行政检查权是海关保证其行政管理职能得到履行的基本权力，主要包括：

1. 检查权

海关有权检查进出境运输工具；检查有走私嫌疑的运输工具和有藏匿走私货物、物品的场所；检查走私嫌疑人的身体。

海关对进出境运输工具的检查不受海关监管区域的限制；对走私嫌疑人身体的检查，应在海关监管区和海关附近沿海沿边规定地区内进行；对于有走私嫌疑的运输工具和有藏匿走私货物、物品嫌疑的场所，在海关监管区和海关附近沿海沿边规定地区内，海关人员可直接检查，超出这个范围，在调查走私案件时，须经直属海关关长或者其授权的隶属海关关长批准，才能进行检查，但不能检查公民住处。

资料卡：海关监管区和海关附近沿海沿边规定地区

按照《海关法》的规定，海关监管区是指设立海关的港口、车站、机场、国界孔道、国际邮件互换局（交换站）和其他有海关监管业务的场所，以及虽未设立海关，但是经国务院批准进出境地点。海关附近沿海沿边规定地区是指由海关总署和国务院公安部门会同有关省级人民政府确定的一定的区域。该区域的确定原则为海关保有缉私等项权力的边境或沿海设关地周围的一定区域。

2. 查验权

海关有权查验进出境货物、物品，不受海关监管区域的限制。海关认为必要时，可以径行提取货样。

3. 查阅、复制权

海关有权查阅进出境人员的证件，查阅、复制与进出境运输工具、货物、物品有关的合同、发票、账册、单据、记录、文件、业务函电、录音录像制品和其他有关资料。

4. 查问权

海关有权对违反《海关法》或者其他有关法律、行政法规的嫌疑人行查问，调查其违法行为。

5. 查询权

海关在调查走私案件时，经直属海关关长或者其授权的隶属海关关长批准，可以查询案件涉嫌单位和涉嫌人员在金融机构、邮政企业的存款、汇款。

6. 稽查权

海关在法律规定的年限内，可以对企业进出境活动及与进出口货物直接有关的会计账簿、会计凭证、报关单证以及其他有关资料实施稽查。

7. 扣留权

海关在下列情况下可以行使扣留权：

（1）对违反《海关法》或者其他有关法律、行政法规的进出境运输工具、货物和物品以及与之有关的合同、发票、账册、单据、记录、文件、业务函电、录音录像制品和其他资料，可以扣留。

（2）在海关监管区和海关附近沿海沿边规定地区，对有走私嫌疑的运输工具、货物、物品和走私犯罪嫌疑人，经直属海关关长或者其授权的隶属海关关长批准，可以扣留；对走私犯罪嫌疑人，扣留时间不得超过 24 小时，在特殊情况下可以延长至 48 小时。

（3）在海关监管区和海关附近沿海沿边规定地区以外，对其中有证据证明有走私嫌疑的运输工具、货物、物品，可以扣留。

海关对查获的走私犯罪案件，扣留犯罪嫌疑人移送缉私警察侦办，需追究刑事责任的，由缉私警察移送检察院提起公诉，追究刑事责任。

8. 行政处罚权

海关有权对尚未构成走私罪的违法当事人处以行政处罚，包括对走私货物、物品及违法所得处以没收，对有走私行为和违反海关监管规定行为的当事人处以罚款，对有违法情事的报关企业和报关员处以暂停或取消报关资格的处罚等。

9. 佩带和使用武器权

海关为履行职责，可以依法佩带武器。根据海关总署、公安部联合发布《海关工作人员使用武器和警械的规定》，海关使用的武器包括轻型枪支、电警棍、手铐以及其他经批准可使用的武器和警械。使用范围为执行缉私任务时；使用对象为走私分子和走私嫌疑人；使用条件必须是在不能制服被追缉逃逸的走私团体或遭遇武装掩护走私，不能制止走私分子或走私嫌疑人以暴力劫夺查扣的走私货物、物品和其他物品，以及以暴力抗拒检查、抢夺武器和警械、威胁海关工作人员生命安全非开枪不能自卫时。

10. 连续追缉权

进出境运输工具或者个人违抗海关监管逃逸的，海关可以连续追至海关监管区和海关附近沿海沿边规定地区以外，将其带回处理。这里所称的逃逸，既包括进出境运输工具或者个人违抗海关监管，自海关监管区和海关附近沿海沿边规定地区向内（陆地）一侧逃逸，也包括向外（海域）一侧逃逸。海关追缉时需保持连续状态。

11. 强制执行权

为实现海关的有效行政管理，在有关当事人不依法履行义务的前提下，海关按照法定程序，采取法定的强制手段，迫使当事人履行法定义务。海关的强制执行权包括强制扣税、强制履行海关处罚决定等。

三、海关权力行使的基本原则

海关权力运行可以起到维护国家利益，维护经济秩序，实现国家权能的积极作用；但是，由于客观上海关权力的广泛性、自由裁量权较大等因素，以及海关执法者主观方面的原因，海关权力在行使时的随意性或者滥用都会导致管理相对人的权益受到侵害，从而对行政法治构成威胁。因此，海关权力的行使必须遵循一定的原则。

（一）合法原则

合法原则是行政法的基本原则，至少包括：

（1）行使行政权力的主体资格合法，即行使权力的主体必须有法律授权。例如，《海关法》规定海关行使某些权力时应“经直属海关关长或者其授权的隶属海关关长批准”，如未经批准，海关人员则不能擅自行使这些权力。

（2）行使权力必须有法律规范为依据。海关的执法依据是《海关法》及其他有关法律和行政法规。无法律规范授权的执法行为，属于越权行为，应属无效。

（3）行使权力的方法、手段、步骤、时限等程序应合法。

（4）一切行政违法主体（包括海关及管理相对人）都应承担相应的法律责任。

（二）适当原则

适当原则是指行政权力的行使应该以公平性、合理性为基础，以正义性为目标。海关在验、放、征、减、免、罚的管理活动中拥有很大的自由裁量权，即法律仅规定一定的原则和幅度，海关关员可以根据具体情况和自己的意志，自行判断和选择，采取最合适的行为方式及其内容来行使职权。为了防止自由裁量权的滥用，目前我国对海关自由裁量权进行监督的法律途径主要有行政监督（行政复议程序）和司法监督（行政诉讼程序）程序。

（三）依法独立行使原则

海关实行高度集中统一的管理体制和垂直领导方式，地方各级海关只对海关总署负责。“各地方、各部门应当支持海关依法行使职权，不得非法干预海关的执法活动”。

（四）依法受到保障原则

海关权力是国家权利的一种，应得到保障才能实现国家权能的作用。《海关法》规定：“海关依法执行职务，有关单位和个人应当如实回答询问，并予以配合，任何单位和个人不得阻挠；海关执行职务受到暴力抗拒时，执行有关任务的公安机关和人民武装警察部队应当予以协助。”

关键名词

海关　走私　海关统计　对外开放的口岸　海关总署

不定项选择题

1. 我国的关境范围是：

A. 享有单独关境地位的地区，如香港、澳门、台、澎、金、马等地区

B. 中华人民共和国的全部领域，包括香港、澳门、台、澎、金、马等地区

C. 不享有单独关境地位的地区，但包括香港、澳门地区

D. 享有单独关境地位的地区以外的我国全部领域，包括领水、领陆、领空

2. 我国海关的执法范围是：

A. 进出关境的行为　B. 在关境内发生的行为

C. 在关境外发生的行为　D. 包括上述三项行为

3. 海关的缉私体制是：

A. 海关负责组织、协调、管理全国打私工作　B. 联合缉私、统一处理、综合治理

C. 各执法部门独立缉私　D. 地方公安机关负责缉私

4. 海关执法的法律依据是：

A. 全国人大及常委会制定的与海关监督管理有关的法律规范

B. 各省、自治区、直辖市人大和人民政府制定的法律规范

C. 国务院制定的与海关管理有关的法规、细则、条例

D. 海关总署制定的规章制度，发布的行政命令、决定

5. 下列哪些情形须经直属海关关长或者其授权的隶属海关关长批准方能实施：

A. 查阅进出境人员的证件

B. 在海关监管区和海关附近沿海沿边规定地区，扣留走私犯罪嫌疑人

C. 在海关监管区和海关附近沿海沿边规定地区以外，检查有走私嫌疑的运输工具

D. 在调查走私案件时，查询案件嫌疑人员在金融机构的存款、汇款

6. 海关对下列事项能够行使行政许可的有：

A. 报关企业注册登记　B. 设立保税仓库

C. 出口加工区内企业设立　D. 加工贸易保税货物备案

思考题

1. 我国海关的基本任务是什么？
2. 我国海关的法律体系包括哪些？
3. 简述我国海关的领导体制及其构建原因。
4. 简要说明我国海关的权力及其权力行使时应受到的限制。

• 实 务 篇

工作任务

1. 请调查你所在的地区有无设立海关，它是直属海关还是隶属海关呢？

2. 请调查为完成四项基本任务，海关通常设有哪些机构部门或海关报关大厅设有哪些窗口呢？

能力拓展

一、海关扣留货物能否先行变卖

【案情】 某年10月15日，某公司以一般贸易方式向某海关（直属海关）申报进口大豆一批，申报单价明显低于国际市场同期同类商品行情价格以及海关所掌握的价格资料，后经进一步核查，某海关发现该公司在从事上述进口贸易过程中有删改合同和发票行为，存在故意低报价格、偷逃税款的重大嫌疑。10月28日，该海关对该公司立案调查，并根据《海关法》第六条的有关规定，于同日扣留了涉案货物。案件调查期间，因在扣大豆未经防腐处理不宜长期保存，该海关于次年2月26日委托拍卖机构将该批货物先行变卖，同时制发《先行变卖通知书》，告知当事人对涉案货物先行变卖的有关情况。

该公司不服上述处理决定，向海关总署申请行政复议。该公司认为，进口申报行为是否违法尚在调查之中，根据《海关法》第九十二条的规定，无论涉案行为是否违法，在正式作出处罚决定前，海关无权处理进口货物。该海关在未查明有关事实的情况下，提前变卖扣留货物，且变卖所得远低于货物实际价值，该海关上述行政行为违反了《海关法》的有关规定，使其遭受了重大经济损失，严重侵犯其合法权益。该公司请求复议机关依法确认该海关先行变卖行为违法，并责令该海关赔偿其经济损失。请问，海关的先行变卖行为是否违法？

【评析要点】

（一）海关有必要的灵活执法的权利

《海关法》第九十二条规定："海关依法扣留的货物、物品、运输工具，在人民法院判决或者海关处罚决定作出之前，不得处理。"《海关法》上述规定的立法原义不难理解，如果允许海关可以不受任何限制地提前处置在扣物资，极有可能侵害所有人的财产权益，给所有人及有关当事人造成难以弥补的经济损失。基于此，《海关法》作出了上述规定。但现实执法状况复杂多样，如果不考虑执法实践中可能出现的各种具体情况，不赋予海关必要的灵活执法的权利，对扣留货物一味恪守上述处置原则，也不会取得良好效果。

（二）哪些货物、物品和运输工具海关可以先行变卖

《海关法》第九十二条在对海关扣留货物、物品和运输工具处理问题作出上述原则性规定的同时，又进行了特别规定。该条款规定："危险品或者鲜活、易腐、易失效等不宜长期保存的货物、物品以及所有人申请先行变卖的货物、物品、运输工具，经直属海关

关长或者其授权的隶属海关关长批准，可以先行依法变卖，变卖所得价款由海关保存，并通知其所有人。”2004 年 11 月 1 日实施的《海关行政处罚实施条例》第四十七条对先行变卖问题也作出了类似规定。

根据《海关法》及《海关行政处罚实施条例》的规定，海关依法扣留的危险品、鲜活、易腐、易烂、易变质、易失效等不宜长期保存的货物、物品可以先行变卖。其中，“危险品”是指危及社会公共安全和人民生命财产安全的货物、物品；“鲜活品”是指新鲜、有生命力的活体；“易腐、易烂、易变质品”是指容易腐烂变质的货物、物品。本案例中当事人进口的未经防腐处理的大豆即属于此类商品；“易失效品”是指有使用期、容易失去其使用价值和效力的货物、物品。除以上货物、物品外，海关认定的其他不宜长期保存的货物、物品也可以先行变卖。

同时，“先行变卖”权力的行使应遵循“授权原则”，越权无效。即必须经直属海关关长或者其授权的隶属海关关长批准，方可先行依法变卖。

（三）海关先行变卖应当采取何种方式

为体现公平原则，维护所有人的合法权益，在一般情况下，海关实行变卖都必须以公开拍卖方式进行处理，即海关委托国家承认的拍卖机构，按照法定程序和方式，实行公开竞价拍卖。

（四）先行变卖所得价款海关应如何处理

先行变卖所得款项依据实际情况应做如下处理：当事人的涉案行为构成走私，在扣货物、物品须作没收处理的，变卖所得款项作为罚没收入上缴国库；当事人的涉案行为属于违规行为须给予罚款处罚的，以变卖所得抵缴罚款（如须补税，还应充抵税款），余款发还；当事人的涉案行为不构成违法行为或者海关决定不予处罚的，变卖所得款项予以发还。

二、不能按时缴纳罚款怎么办

【案情】某年 11 月 4 日，陈某独资经营的服装加工厂承揽了一批加工童装返销出口的业务，在加工过程中，由于工厂管理不善，造成加工成品数量短少了 21 000 件。在海关调查期间，陈某作为该工厂的法定代表人始终不能说清 21 000 件童装的去处。依据《海关行政处罚实施条例》的有关规定，海关对陈某经营的加工厂给予罚款 20 万元的行政处罚，并要求该工厂在处罚决定书送达之日起 15 日内向海关缴清罚款。陈某作为法定代表人，对海关罚款 20 万元的行政处罚没有异议，但却向海关提出，由于工厂资金周转困难，请求分期缴纳 20 万元罚款。

海关接到陈某的申请后，认为陈某有能力缴纳罚款，不批准陈某分期缴纳罚款的申请。陈某认为海关的决定不合情理，向海关总署提起复议。复议申请理由为工厂资金周转困难，一时无法拿出那么多钱，希望海关能给予重新考虑。海关总署接到复议申请后，及时向被申请人了解情况，被申请人即该海关提出，陈某提出的工厂资金周转困难不属于可以分期缴纳罚款的正当理由，因此不予批准。海关总署听取了申请人与被申请人双方的意见，调查了申请人工厂的经济状况，了解到该工厂没有发生过违反海关监管规定的前科，也没有其他的违法情况，如果同意其分期缴纳罚款既可以缓解工厂的生产经营状况，也不至于无法全部收缴罚款，不会给国家造成实际损失。基于上述调查结果和考虑，海关总署在复议决定中作出了撤销被申请人不批准申请人分期缴纳罚款的决定，同意申请人分三次、在一年时间内向海关缴清罚款。陈某对复议作出的决定表示接受。

【评析要点】

（一）海关关于缴纳罚款是如何规定的

《海关行政处罚实施条例》第五十八条规定：“罚款、违法所得和依法追缴的货物、物品、走私运输工具的等值价款，应当在海关行政处罚决定规定的期限内缴清。”

《海关行政处罚实施条例》第六十一条规定：“当事人确有经济困难，申请延期或者分期缴纳罚款的，经海关批准，可以暂缓或者分期缴纳。当事人申请延期或者分期缴纳罚款的，应当以书面形式提出，海关收到申请后，应当在10个工作日内作出决定，并通知申请人。”

在海关的实际工作中，有时会出现受处罚的当事人由于特殊的经济困难，需要延期或者分期缴交罚款的情况。在这种情况下，受海关行政处罚的当事人并没有在主观上拒交上述有关款项，而是由于确实存在客观上的经济困难，导致没有如期履行缴交上述罚款的能力。因此，海关在实际操作中，要搞清情况，应允许确实有特殊经济困难的当事人暂缓或者分期履行缴交罚款的义务。但是，要把这种特殊情况同受海关行政处罚的当事人故意拒绝或者拖延缴交罚款的行为区分开来，如果受海关行政处罚的当事人有能力履行缴交罚款却故意不履行或者拖延履行的，海关依据《海关行政处罚实施条例》第六十条规定，可以采取每日按罚款数额的3%加处罚款，或者将在扣财物、运输工具变卖抵缴，或者申请人民法院强制执行等措施。

（二）受海关处罚的当事人申请暂缓或者分期履行缴交罚款的程序的规定

当事人应当以书面的形式向海关提出，在申请书中应当阐明不能按期缴交罚款的原因和理由，并要注明申请延期的期限或者需要分期缴纳罚款的次数。海关在收到申请人的申请后，应当严格审查，调查清楚申请人目前的财产状况，从而确定其是否有能力缴交海关所确定的罚款。经过审查后，海关应当自收到当事人的申请书之日起10个工作日内作出审查结论并通知当事人。海关同意分期缴交罚款的，应当以书面的形式通知收缴款项的机构。

（三）申请人应该如何配合海关的工作

第一，当事人应如实说明财产状况以及履行能力等情况，不能提供虚假信息利用本条规定，逃避缴交有关款项的义务，影响企业的诚信记录，不利于企业长远发展。

第二，暂缓履行或者分期履行不等于不履行，一旦当事人有了履行能力，就必须按照海关行政处罚决定的要求，履行有关义务。

第三，如果海关批准暂缓缴纳罚款，暂缓到什么时候呢？目前法律上没有明确的规定，暂缓期限根据申请人履行海关行政处罚决定的能力而定。在海关批准暂缓缴纳罚款以后，如果申请人马上具备了缴纳罚款的能力，应该及时告知海关。

值得注意的是，只有对当事人的罚款，当事人可以申请暂缓或者分期缴纳。对于处以没收的违法所得、追缴的货物、物品、走私运输工具的等值价款，当事人不能申请暂缓或者分期缴纳。这是由二者不同的处罚性质决定的。

项目二　熟知报关与报关管理制度

- 知识储备篇
- 实务篇

◉ **知识目标**

熟悉报关的含义、分类与内容，掌握海关对报关单位的管理制度和对报关员的管理制度。

◉ **能力目标**

能够利用海关网站等工具办理报关单位和报关员的注册登记手续。

◉ **素质目标**

养成计划决策，时间管理、团队合作、谨慎细致、沟通等素质。

• 知识储备篇

《海关法》第八条规定："进出境运输工具、货物、物品，必须通过设立海关的地点进境或者出境。"即由设立海关的地点进出境并办理规定的海关手续是运输工具、货物、物品进出境的基本规则，也是进出境运输工具负责人、进出口货物收发货人、进出境物品的所有人应履行的一项基本义务。

第一节　报关概述

一、报关的含义

报关是指进出口货物收发货人、进出境运输工具负责人、进出境物品的所有人或者他们的代理人向海关办理货物、物品或运输工具进出境手续及相关海关事务的过程。

资料卡：报关、通关、报检

通关与报关既有联系又有区别。两者都是对运输工具、货物、物品的进出境而言的，但报关是从海关管理相对人的角度，仅指向海关办理进出境手续及相关手续，而通关不仅包括海关管理相对人向海关办理有关手续，还包括海关对进出境运输工具、货物、物品依法行监督管理，核准其进出境的管理过程。

报检、报验与报关不同，是指按照国家有关法律、行政法规的规定，向进出口检验、检疫部门办理进出口商品检验、卫生检疫、动植物检疫和其他检验、检疫手续。一般而言，先报检、报验再报关。

二、报关的分类

（一）按照报关的对象，报关可分为运输工具报关、货物报关和物品报关

海关对进出境运输工具、货物、物品的监管要求各不相同，其中，进出境运输工具作为货物、人员及其携带物品的进出境载体，其报关手续较为简单。进出境物品由于其非贸易性质，其报关手续也很简单。进出境货物的报关较为复杂，为此，海关制定了一系列报关管理规范，并要求必须由具备一定的专业知识和技能且经海关核准的专业人员代表报关单位专门办理。

（二）按照报关的目的，主要可分为进境报关和出境报关

由于海关对运输工具、货物、物品的进境和出境有不同的管理要求，运输工具、货物、物品根据进境或出境的目的分别形成了一套进境报关和出境报关手续。另外，在实践中有些海关监管货物需要办理从一个设关地点运至另一个设关地点的海关手续，即"转关"，转关

货物也需办理相关的报关手续。

（三）按照报关的行为性质，可分为自理报关和代理报关

报关是一项专业性较强的工作，尤其是进出境货物的报关比较复杂，一些进出口货物收发货人、进出境运输工具负责人或者物品的所有人，不能或者不愿意自行办理报关手续，而委托代理人代为报关，从而形成了自理报关和代理报关两种报关类型。我国《海关法》对接受进出境物品所有人的委托代为办理进出境物品报关手续的代理人没有特殊要求，但对于接受进出口货物收发货人的委托代为办理进出境货物报关手续的代理人则有明确的规定，我们通常所称的自理报关和代理报关主要是针对进出境货物的报关而言的。

1. 自理报关

进出口货物收发货人自行办理报关业务称为自理报关。根据我国海关目前的规定，进出口货物收发货人必须依法向海关注册登记后方能办理报关业务。

2. 代理报关

代理报关是指接受进出口货物收发货人的委托，代理其办理报关业务的行为。我国海关法律把有权接受他人委托办理报关业务的企业称为报关企业。报关企业必须依法取得报关企业注册登记许可并向海关注册登记后方能从事代理报关业务。

根据代理报关法律行为责任承担者的不同，代理报关又分为直接代理报关和间接代理报关。

直接代理报关是指报关企业接受委托人（即进出口货物收发货人）的委托，以委托人的名义办理报关业务的行为。在直接代理中，代理人代理行为的法律后果直接作用于被代理人，即进出口货物收发货人对进出口货物的合法进出口承担完全的法律责任；报关企业承担对报关行为合理、审慎的义务，即报关企业对在报关当中出现的按照报关企业的情况应该可以预防或制止的差错负相应的法律责任。间接代理报关是指报关企业接受委托人的委托以报关企业自身的名义向海关办理报关业务的行为。在间接代理中，相比进出口货物收发货人，报关企业对报关行为承担连带的法律责任。

目前，我国报关企业大都采取直接代理形式代理报关，经营快件业务的国际货物运输代理企业适用于间接代理报关。

三、报关的基本内容

（一）进出境运输工具报关的基本内容

国际贸易的交货、国际间人员往来及其携带物品的进出境通常都要通过各种运输工具的国际运输来实现。根据我国《海关法》的规定，所有进出我国关境的运输工具必须经由设有海关的港口、车站、机场、国界孔道、国际邮件互换局（交换站）及其他可办理海关业务的场所申报进出境。根据海关监管的要求，进出境运输工具负责人或其代理人在运输工具进入或驶离我国关境时均应如实向海关申报运输工具所载旅客人数、进出口货物数量、装卸时间等基本情况。

1. 运输工具申报的基本内容

根据海关监管的不同要求，不同种类的运输工具报关时所需递交的单证及所要申明的具体内容也不尽相同。总的来说，运输工具进出境报关时须向海关申明的主要内容有：运输工具进出境的时间、航次；运输工具进出境时所载运货物情况，包括过境货物、转运货物、通

运货物、溢短卸（装）货物的基本情况；运输工具服务人员名单及其自用物品、货币、金银情况；运输工具所载旅客情况；运输工具所载邮递物品、行李物品的情况；其他需要向海关申报清楚的情况，如由于不可抗力原因，运输工具被迫在未设关地点停泊、降落或者抛掷、起卸货物、物品等情况。除此以外，运输工具报关时还需提交运输工具从事国际合法性运输必备的相关证明文件，如船舶国籍证书、吨税证书、海关监管簿、签证簿等，必要时还需出具保证书或缴纳保证金。进出境运输工具负责人或其代理人就以上情况向海关申报后，经海关审核确认符合海关监管要求的，可以上下旅客、装卸货物。

2. 运输工具舱单申报

为适应国际海关合作大趋势的需要，促进国际贸易安全与便利，我国海关将运输工具舱单申报作为进出境运输工具报关的一个重要的事项。

进出境运输工具的舱单（简称舱单）是指反映进出境运输工具所载货物、物品及旅客信息的载体，包括进境的原始舱单和出境的预配舱单、装（乘）载舱单。

“原始舱单”，是指舱单传输人向海关传输的反映进境运输工具装载货物、物品或者乘载旅客信息的舱单。“预配舱单”，是指反映出境运输工具预计装载货物、物品或者乘载旅客信息的舱单。“装（乘）载舱单”，是指反映出境运输工具实际配载货物、物品或者载有旅客信息的舱单。

进出境运输工具载有货物、物品的，舱单内容应当包括总提（运）单及其项下的分提（运）单信息。进出境运输工具负责人即舱单电子数据传输义务人，应当按照海关备案的范围在规定的时限向海关传输舱单电子数据。

进境运输工具载有货物、物品的，舱单传输人应当在规定的时限内向海关传输原始舱单主要数据，在进境货物、物品运抵目的港以前向海关传输原始舱单其他数据。海关接受原始舱单主要数据传输后，收货人、委托的报关企业方可向海关办理货物、物品的申报手续。进出境运输工具载有旅客的，舱单传输人应当在规定的时限内向海关传输原始舱单电子数据。

出境运输工具预计载有货物、物品的，舱单传输人应当在办理货物、物品申报手续以前向海关传输预配舱单主要数据；以集装箱运输的货物、物品，出口货物发货人应当在货物、物品装箱以前向海关传输装箱清单电子数据。海关接受预配舱单主要数据传输后，舱单传输人应当在规定的时限内向海关传输预配舱单其他数据。出境货物、物品运抵海关监管场所时，海关监管场所经营人以电子数据方式向海关提交运抵报告。运抵报告提交后，海关即可办理货物、物品的查验、放行手续。舱单传输人应当在运输工具开始装载货物、物品前向海关传输装载舱单电子数据。出境运输工具预计载有旅客的，舱单传输人应当在出境旅客开始办理登机（船、车）手续的 1 小时以前向海关传输预备舱单电子数据。舱单传输人应当在旅客开始办理登机（船、车）手续后、运输工具上客以前向海关传输乘载舱单电子数据。运输工具负责人应当在货物、物品装载完毕或者旅客全部登机（船、车）后向海关提交结关申请。经海关办结手续后，出境运输工具方可离境。

已经传输的舱单电子数据需要变更的、舱单传输人可以在原始仓单和预配舱单规定的传输时限以前直接予以变更，但是货物、物品所有人已经向海关办理货物、物品申报手续的除外。

资料卡：进出境舱单申报的相关规定

一、进境运输工具载有货物、物品的，舱单传输人应当在下列时限向海关传输原始舱单主要数据

（1）集装箱船舶装船的24小时以前，非集装箱船舶抵达境内第一目的港的24小时以前。

（2）航程4小时以下的，航空器起飞前；航程超过4小时的，航空器抵达境内第一目的港的4小时以前。

（3）铁路列车抵达境内第一目的站的2小时以前。

（4）公路车辆抵达境内第一目的站的1小时以前。

二、出境运输工具海关接受预配舱单主要数据传输后，舱单传输人应当在下列时限向海关传输预配舱单其他数据

（1）集装箱船舶装船的24小时以前，非集装箱船舶在开始装载货物、物品的2小时以前。

（2）航空器在开始装载货物、物品的4小时以前。

（3）铁路列车在开始装载货物、物品的2小时以前。

（4）公路车辆在开始装载货物、物品的1小时以前。

（二）进出境货物报关的基本内容

进出境货物的报关比较复杂。根据海关规定，进出境货物的报关应由报关员办理。

海关对不同性质的进出境货物规定了不同的报关程序和要求。一般来说，进出境货物报关时，报关人员要做好以下几个方面的工作：

1. 报关前的准备

进出口货物收发货人接到提货通知单，或备齐出口货物后，应当做好向自行向海关办理货物报关的准备工作，或者签署委托代理协议，委托报关企业向海关报关。

2. 准备报关单证和向海关递交报关单证

进出口货物报关单或海关规定的其他报关单（证）是报关单位向海关申报货物情况的法律文书，报关员必须认真、规范、如实填写，并对其所填制内容的真实性和合法性负责，承担相应的法律责任。除此之外，还应准备与进出口货物直接相关的商业和货运单证，如发票、装箱单、提单等；属于国家限制性的进出口货物，应准备国家有关法律、法规规定实行特殊管制的证件，如进出口货物许可证等；还要准备好其他海关可能需要查阅或收取的资料、证件，如贸易合同等。报关单证准备完毕后，报关人员要把报关单上的数据经电子方式传送给海关，并在海关规定的时间、地点向海关递交书面报关单证。

3. 陪同查验

经海关对报关电子数据和书面报关单证进行审核后，在海关认为需要查验时，报关人员要配合海关进行货物的查验。

4. 缴纳税费

属于应纳税、应缴费范围的进出口货物，报关单位应在海关规定的期限内缴纳进出口税费。

5. 提取或装运货物

货物经海关放行后，报关单位可以提取或装运货物。

此外，对于保税加工货物、减免税货物等，在进出境前还需办理备案申请等手续，进出境后还需在规定时间、以规定的方式向海关办理核销、结案等手续。

（三）进出境物品报关的基本内容

海关监管进出境物品主要包括进出境的行李物品、邮递物品和其他物品。以进出境人员携带、托运等方式进出境的物品为行李物品；以邮递方式进出境的物品为邮递物品；其他物品主要包括暂时免税进出境物品以及享有外交特权和豁免权的外国机构或者人员的进出境物品等。三者在报关要求上有所不同。

根据《海关法》的规定，个人携带进出境的行李物品、邮寄进出境的物品，应当以自用合理数量为限。自用合理数量，是区分进出境货物与物品的主要依据。所谓自用合理数量，对于行李物品而言，“自用”指的是进出境旅客本人自用、馈赠亲友而非为出售或出租，即不以盈利为目的，“合理数量”是指海关根据进出境旅客旅行目的和居留时间所规定的正常数量；对于邮递物品而言，则指的是海关对进出境邮递物品规定的征、免税限制。自用合理数量原则是海关对进出境物品监管的基本原则，也是对进出境物品报关的基本要求。

需要注意的是，对于通过随身携带或邮政渠道进出境的货物要按货物办理进出境报关手续。经海关登记准予暂时免税进境或者暂时免税出境的物品，应当由本人复带出境或复带进境。享有外交特权和豁免的外国机构或者人员的公务用品或者自用物品进出境，依照有关法律、行政法规的规定办理。

1. 进出境行李物品的报关

世界上大多数国家的海关法律都规定对旅客进出境采用“红绿通道”制度，我国海关也采用了“红绿通道”制度。

我国海关规定，进出境旅客在向海关申报时，可以在以红色和绿色作为标记的两种通道中自行选择。带有绿色标志的通道适用于携运物品在数量和价值上均不超过免税限额，且无国家限制或禁止进出境物品的旅客；带有红色标志的通道则适用于携运有上述绿色通道适用物品以外的其他物品的旅客。对于选择红色通道的旅客，必须填写《中华人民共和国海关进（出）境旅客行李物品申报单》（以下简称《申报单》）或海关规定的其他申报单证，在进出境地向海关作出书面申报。

自 2008 年 2 月 1 日起，海关在全国各对外开放口岸实行新的进出境旅客申报制度。进出境旅客未携带应向海关申报物品的，无需填写《申报单》，选择“无申报通道”通关。除海关免于监管的人员以及随同成人旅行的 16 周岁以下旅客以外，进出境旅客携带有应向海关申报物品的，须填写《申报单》，向海关书面申报，并选择“申报通道”通关。持有中华人民共和国政府主管部门给予外交、礼遇签证的进出境旅客，通关时应主动向海关出示本人有效证件，海关予以免验礼遇。

2. 进出境邮递物品的报关

进出境邮递物品的申报方式由其特殊的邮递运输方式决定。我国是《万国邮政公约》

的签约国，根据《万国邮政公约》的规定，进出口邮包必须由寄件人填写“报税单”（小包邮件填写绿色验关标签），列明所寄物品的名称、价值、数量，向邮包寄达国家的海关申报。进出境邮递物品的“报税单”和“绿色标签”随同物品通过邮政企业或快递公司呈递给海关。

3. 进出境其他物品的报关

（1）暂时免税进出境物品。个人携带进出境的暂时免税进出境物品须由物品携带者在进境或出境时向海关作出书面申请，并经海关批准登记，方可免税携带进出境，而且，应由本人复带出境或进境。

（2）享有外交特权和豁免权的外国机构或者人员进出境物品。外国驻中国使馆和使馆人员进出境公用、自用物品应当以海关核准的直接需用数量为限。

使馆和使馆人员因特殊需要携运中国政府禁止或者限制进出境物品进出境的，应当事先获得中国政府有关主管部门的批准并按照有关规定办理。使馆和使馆人员首次进出境公用、自用物品前，应当持相关资料到主管海关办理备案手续，使馆和使馆人员进出境公用、自用物品，应当按照海关规定以书面或者口头方式申报。其中，运进机动车辆的，还应当递交使馆照会。

外交代表随身携带自用物品进境时，应当向海关口头申报，但外交代表每次随身携带进境的超过规定限额的限制性进境物品，应当向海关提出书面申请。

外国驻中国领事馆、联合国及其专门机构和其他国际组织驻中国代表机构及其人员进出境公用、自用物品，由海关按照《中华人民共和国领事特权与豁免条例》、中国已加入的国际公约以及中国与有关国家或者国际组织签订的协议办理。

第二节　报关单位

一、报关单位的概念

报关单位是指依法在海关注册登记的进出口货物收发货人和报关企业。

《海关法》规定：“进出口货物收发货人、报关企业办理报关手续，必须依法经海关注册登记，报关人员必须依法取得报关资格。未依法经海关注册登记的企业和未依法取得报关从业资格的人员，不得从事报关业务。”因此，依法向海关注册登记是法人、其他组织或者个人成为报关单位的法定要求。

二、报关单位的类型

《海关法》将报关单位划分为两种类型，即进出口货物收发货人和报关企业。

（一）进出口货物收发货人

进出口货物收发货人是指依法直接进口或者出口货物的中华人民共和国关境内的法人、其他组织或者个人。

一般而言，进出口货物收发货人指的是依法向国务院对外贸易主管部门或者其委托的机构办理备案登记的对外贸易经营者。对于未取得对外贸易经营者备案登记表但按照国家有关规定需要从事非贸易性进出口活动的单位，如境外企业、新闻机构、经贸机构、文化团体等依法在中国境内设立的常驻代表机构，少量货样进出境的单位，国家机关、学校、科研院所等组织机构，临时接受捐赠、礼品、国际援助的单位，国际船舶代理企业等，在进出口货物时，海关也视其为进出口货物收发货人。

进出口货物收发货人经向海关注册登记后，只能为本单位进出口货物报关。

（二）报关企业

报关企业，是指经海关准予注册登记，接受进出口货物收发货人的委托，以进出口货物收发货人的名义或者以自己的名义，向海关办理代理报关业务，从事报关服务的境内企业法人。

作为报关企业，必须在经营规模、管理人员素质、报关员数量、守法状况、管理制度等几个方面符合海关规定的设立条件，并经海关注册登记行政许可，依法向海关办理注册登记。目前，我国从事报关服务的报关企业主要有两类：一类是经营国际货物运输代理、国际运输工具代理等业务，兼营进出口货物代理报关业务的国际货物运输代理公司等；另一类是主营代理报关业务的报关公司或报关行。

三、报关单位的注册登记

根据《海关法》规定，进出口货物收发货人、报关企业办理报关手续，必须依法经海关注册登记。因此，向海关注册登记是进出口货物收发货人、报关企业向海关报关的前提条件。

（一）报关注册登记制度的概念

报关注册登记制度是指进出口货物收发货人、报关企业依法向海关提交规定的注册登记申请材料，经注册地海关依法对申请注册登记材料进行审核，准予其办理报关业务的管理制度。

根据《海关法》的规定，可以向海关办理报关注册登记的单位有两类：一是进出口货物收发货人，主要包括依法向国务院对外贸易主管部门或者其委托的机构办理备案登记的对外贸易经营者等；二是报关企业，主要包括报关行、国际货物运输公司等。海关一般不接受其他企业和单位的报关注册登记申请（从事非贸易性进出口活动的有关单位，海关允许其向进出口口岸地或者海关监管业务集中地海关办理临时注册登记手续，取得临时报关单位注册登记证明。临时报关登记有效期最长为7日，法律、行政法规、海关规章另有规定的除外）。

两类报关单位的性质不同，其报关注册登记条件规定也不同。对于报关企业，海关要求其必须具备规定的设立条件并取得海关报关注册登记许可（实体性审查）；对于进出口货物收发货人则实行备案制（程序性登记），其办理报关注册登记的手续和条件比报关企业简单。两类报关单位的注册登记程序可参见图2.1。凡是依照《中华人民共和国对外贸易法》（以下简称《对外贸易法》）已向对外贸易主管部门备案登记，有权从事对外贸易经营活动的境内法人、其他组织和个人（个体工商户）均可直接向海关办理注册登记。

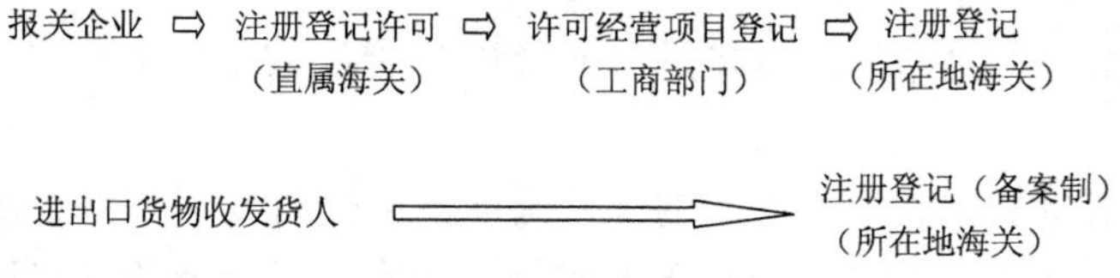

图2.1　报关单位的注册登记程序比较

（二）报关企业注册登记

作为提供专业报关服务的企业法人，报关企业应该具备一定的经营规模、相当数量的报关专业人员和有经验的管理人员，并具备健全的组织机构和财务管理制度，同时应对报关服务市场有一定的了解。为此，海关对报关企业规定了具体的设立条件。报关企业注册登记应依法获得报关企业注册登记许可。

1. 报关企业注册登记许可

（1）报关企业设立条件。报关企业注册登记许可应当具备的条件包括：具备境内企业法人资格条件；企业注册资本不低于人民币 150 万元；健全的组织机构和财务管理制度；报关员人数不少于 5 名；投资者、报关业务负责人、报关员均无走私记录；报关业务负责人具有 5 年以上从事对外贸易工作经验或者报关工作经验；无因走私违法行为被海关撤销注册登记许可的记录；有符合从事报关服务所必需的固定经营场所和设施；海关监管所需要的其他条件等。

（2）报关企业注册登记许可程序。

① 报关企业注册登记许可申请。申请报关企业注册登记许可的申请人应当到所在地直属海关对外公布受理申请的场所向海关提出申请。

提出申请时应提交的材料包括：报关企业注册登记许可申请书；企业法人营业执照副本或者企业名称预先核准通知书复印件；企业章程；出资证明文件复印件；所聘报关从业人员的报关员资格证书复印件；从事报关服务业可行性研究报告；报关业务负责人工作简历；报关服务营业场所所有权证明、租赁证明；其他与申请注册登记许可相关的材料等。

申请人可以委托代理人提出注册登记许可申请。申请人委托代理人代为提出申请的，应当出具授权委托书。

② 海关对申请的处理。对申请人提出的申请，海关应当根据下列情况分别作出处理：

申请人不具备报关企业注册登记许可申请资格的，应作出不予受理的决定。

申请材料不齐全或者不符合法定形式的，应当当场或者在签收申请材料后 5 日内一次告知申请人需要补正的全部内容，逾期不告知的，自收到申请材料之日起即为受理。

申请材料仅存在文字性、技术性或者装订等可以当场更正的错误的，应当允许申请人当场更正，并且由申请人对更正内容予以签章确认。

申请材料齐全、符合法定形式，或者申请人按照海关的要求提交全部补正申请材料的，海关应当受理报关企业注册登记许可申请，并作出受理决定。

③ 海关对申请的审查。海关受理申请后，应当根据法定条件和程序进行全面审查，并于受理注册登记许可申请之日起 20 日内审查完毕，将审查意见和全部申请材料报送直属海关。直属海关应当自收到接受申请的海关报送的审查意见之日起 20 日内作出决定。

④ 行政许可的作出。申请人的申请符合法定条件的，海关应当依法作出准予注册登记许可的书面决定，并通知申请人。

申请人的申请不符合法定条件的，海关应当依法作出不准予注册登记许可的书面决定，并且告知申请人享有依法申请行政复议或者提起行政诉讼的权利。

（3）报关企业跨关区分支机构注册登记许可。

报关企业如需要在注册登记许可区域外（即另一直属海关关区）从事报关服务的，应当依法设立分支机构，并且向拟注册登记地海关递交报关企业分支机构注册登记许可申请。

申请分支机构注册登记许可的报关企业应当符合的条件包括：报关企业自取得海关核发的“中华人民共和国海关报关企业报关注册登记证书”（以下简称“报关企业登记证书”）之日起满两年；报关企业自申请之日起最近两年未因走私受过处罚。同时，报关企业每申请一项跨关区分支机构注册登记许可，应当增加注册资本人民币 50 万元。

报关企业跨关区设立的分支机构拟取得注册登记许可的，应当具备的条件包括：符合境内企业法人分支机构设立条件；报关员人数不少于 3 名；有符合从事报关服务所必需的固定经营场所和设施；分支机构负责人应当具有 5 年以上从事对外贸易工作经验或者报关工作经验；报关业务负责人、报关员均无走私行为记录。

海关比照报关企业注册登记许可程序规定作出是否准予跨关区分支机构注册登记许可的决定。

（4）报关企业及其跨关区分支机构注册登记许可期限。

报关企业及其跨关区分支机构注册登记许可期限均为两年。被许可人需要延续注册登记许可有效期的，应当办理注册登记许可延续手续。

报关企业未办理注册登记许可延续手续或者海关未准予注册登记许可延续的，自丧失注册登记许可之日起，其跨关区分支机构注册登记许可自动终止。

（5）报关企业注册登记许可的变更和延续。

报关企业及其分支机构注册登记许可中的企业名称及其分支机构名称、企业注册资本、法定代表人（负责人）有变更的，应以书面形式到注册地海关申请变更注册登记许可。注册地海关对被许可人提出的变更注册登记许可申请按照注册登记许可程序进行初审，并且上报直属海关决定。直属海关依法审查后，对符合法定条件、标准的，应当准予变更，并且作出准予变更决定。海关准予变更注册登记的报关企业及其分支机构凭直属海关变更决定到相关管理部门办理变更手续。

报关企业及其分支机构注册登记许可需要进行延续的，应当在有效期届满 40 日前向海关提出延续申请并递交海关规定的材料。海关比照注册登记许可程序在有效期届满前对报关企业的申请予以审查，对符合注册登记许可条件的，并且符合法律、行政法规、海关规章规定的延续注册登记许可应当具备的其他条件的，依法作出准予延续的决定，延续的有效期为两年。海关对不再具备注册登记许可的条件，或者不符合法律、行政法规、海关规章规定的延续注册登记许可应具备的条件的报关企业或者其分支机构，不予延长其注册登记许可。对未按照规定申请注册登记许可延续或者海关不予延长其注册登记许可的报关企业或者其分支机构，海关不再接受其办理报关业务。

（6）报关企业注册登记许可的撤销。有下列情形之一的，作出注册登记许可决定的直属海关，根据利害关系人的请求或者依据职权，可以撤销注册登记许可：

① 海关工作人员滥用职权、玩忽职守作出准予注册登记许可决定。

② 超越法定职权作出准予注册登记许可决定。

③ 违反法定程序作出准予注册登记许可决定。

④ 对不具备申请资格或者不符合法定条件的申请准予注册登记许可。

⑤ 依法可以撤销注册登记许可的其他情形。

被许可人以欺骗、贿赂等不正当手段取得注册登记许可的，应当予以撤销。

海关依照规定撤销注册登记许可，可能对公共利益造成重大损害的，不予撤销。

（7）报关企业注册登记许可的注销。有下列情形之一的，海关应当依法注销注册登记许可：

① 有效期届满未延续。

② 报关企业依法终止。

③ 注册登记许可依法被撤销、撤回，或者注册登记许可证件被吊销。

④ 因不可抗力导致注册登记许可事项无法实施。

⑤ 法律、行政法规规定的应当注销注册登记许可的其他情形。

2. 报关企业注册登记手续

报关企业申请人经直属海关注册登记许可后，应当到工商行政管理部门办理许可经营项目登记，并且自工商行政管理部门登记之日起 90 日内到企业所在地海关办理注册登记手续。如逾期，海关不予注册登记。

报关企业申请办理注册登记，应当提交的文件材料包括：直属海关登记许可文件复印件；企业法人营业执照副本复印件（分支机构提交营业执照）；税务登记证书副本复印件；银行开户证明复印件；组织机构代码证书副本复印件；报关单位情况登记表、报关单位管理人员情况登记表；报关企业与所聘报关员签订的用工劳动合同复印件；其他与报关注册登记有关的文件材料。

注册地海关依法对申请注册登记材料是否齐全、是否符合法定形式进行核对。申请材料齐全、符合法定形式的申请人由注册地海关核发报关企业登记证书。报关企业凭以办理报关业务。

（三）进出口货物收发货人注册登记

进出口货物收发货人应当按照规定到所在地海关办理报关单位注册登记手续。

进出口货物收发货人申请办理注册登记，应当提交的文件材料包括：企业法人营业执照副本复印件（个人独资、合伙企业或者个体工商户提交营业执照）；对外贸易经营者登记备案表复印件（法律、行政法规或者商务部规定不需要备案登记的除外）；企业章程复印件（非企业法人免提交）；税务登记证书副本复印件；银行开户证明复印件；组织机构代码证书副本复印件；报关单位情况登记表、报关单位管理人员情况登记表；其他与注册登记有关的文件材料。

注册地海关依法对申请注册登记材料是否齐全、是否符合法定形式进行核对。申请材料齐全、符合法定形式的申请人由注册地海关核发“中华人民共和国海关进出口货物收发货人报关注册登记证书”（以下简称收发货人登记证书）。进出口收发货人凭以办理报关业务。

（四）报关单位注册登记证书的时效及换证管理

1. 报关单位注册登记证书时效

根据海关规定，报关企业登记证书有效期限为 2 年，收发货人登记证书有效期限为 3 年。

2. 报关单位注册登记换证手续

报关企业应当在办理注册登记许可延期的同时办理换领报关企业报关登记证书手续。

进出口货物收发货人应当在收发货人登记证书有效期届满前 30 日到注册地海关办理换证手续。进出口货物收发货人办理换证手续时应当向注册地海关递交的文件材料包括：企业法人营业执照副本复印件（个人独资、合伙企业或者个体工商户提交营业执照）；对外贸易经营者登记备案表复印件（法律、行政法规或者商务部规定不需要备案登记的除外）；中华人民共和国外商投资企业批准证书、中华人民共和国台、港、澳、侨投资企业批准证书复印件（限外商投资企业提交）；报关单位情况登记表、报关员情况登记表（无报关员的免提交）、报关单位管理人员情况登记表。材料齐全、符合法定形式的报关单位由注册地海关换发报关企业登记证书或者收发货人登记证书。

（五）报关单位的变更登记及注销登记

1. 变更登记

报关企业取得变更注册登记许可后或者进出口货物收发货人单位名称、企业性质、企业住所、法定代表人（负责人）等海关注册登记内容发生变更的，应当自批准变更之日起30日内，向注册地海关提交变更后的工商营业执照或者其他批准文件及复印件，办理变更手续。

2. 注销登记

报关单位有下列情形之一的，应当以书面形式向注册地海关报告。海关在办结有关手续后，依法办理注销注册登记手续：

（1）破产、解散、自行放弃报关权或者分立成两个以上新企业。

（2）被工商行政管理部门注销登记或吊销营业执照。

（3）丧失独立承担责任能力。

（4）报关企业丧失注册登记许可。

（5）进出口货物收发货人的对外贸易经营者备案登记表或者外商投资企业批准证书失效。

（6）其他依法应当注销注册登记的情形。

四、报关单位的报关行为规则

（一）进出口货物收发货人的报关行为规则

进出口货物收发货人在海关办理注册登记后，可以在中华人民共和国关境内各个口岸或者海关监管业务集中的地点办理本单位的报关业务，但不能代理其他单位报关。进出口货物收发货人自行办理报关业务时，应当通过本单位所属的报关员向海关办理。

进出口货物收发货人可以委托海关准予注册登记的报关企业，由报关企业所属的报关员代为办理报关业务。

进出口货物收发货人不得委托未取得注册登记许可、未在海关办理注册登记的单位或者个人办理报关业务。

进出口货物收发货人办理报关业务时，向海关递交的纸质进出口货物报关单必须加盖本单位在海关备案的报关专用章。

进出口货物收发货人应对其所属报关员的报关行为承担相应的法律责任。进出口货物收发货人所属的报关员离职，报关员未按规定办理报关员注册注销的，进出口货物收发货人应当自报关员离职之日起7日内向海关报告并将报关员证件交注册地海关予以注销；报关员未交还报关员证件的，其所在单位应当在报刊上声明作废，并向注册地海关办理注销手续。

（二）报关企业的报关行为规则

1. 报关企业报关服务的地域范围

报关企业可以在依法取得注册登记许可的直属海关关区内各口岸或者海关监管业务集中

的地点从事报关服务，但是应当在拟从事报关服务的口岸地或者海关监管业务集中的地点依法设立分支机构，并且在开展报关服务前按规定向直属海关备案。

报关企业如需要在注册登记许可区域以外从事报关服务的，应当依法设立分支机构，并且向拟注册登记地海关申请报关企业分支机构注册登记许可。报关企业分支机构经海关依法准予注册登记许可的，向海关办理注册登记后，可在所在地口岸或者海关监管业务集中的地点从事报关服务。报关企业对其分支机构的行为承担法律责任。

2. 报关企业从事报关服务应当履行的义务

（1）遵守法律、行政法规、海关规章的各项规定，依法履行代理人职责，配合海关监管工作，不得违法滥用报关权。

（2）依法建立账簿和营业记录。真实、正确、完整地记录其受委托办理报关业务的所有活动，详细记录进出口时间、收发货单位、报关单号、货值、代理费等内容，完整保留委托单位提供的各种单证、票据、函电，接受海关稽查。

（3）报关企业应当与委托方签订书面的委托协议，委托协议应当载明受托报关企业名称、地址、委托事项、双方责任、期限、委托人的名称、地址等内容，由双方签章确认。

（4）报关企业接受进出口货物收发货人的委托，办理报关手续时，应当承担对委托人所提供情况的真实性、完整性进行合理审查的义务。审查内容包括：证明进出口货物的实际情况的资料，包括进出口货物的品名、规格、用途、产地、贸易方式等；有关进出口货物的合同、发票、运输单据、装箱单等商业单据；进出口所需的许可证件及随附单证；海关要求的加工贸易手册（纸质或电子数据的）及其他进出口单证等。报关企业未对进出口货物收发货人提供情况的真实性、完整性履行合理审查义务或违反海关规定申报的，应当承担相应的法律责任。

（5）报关企业不得以任何形式出让其名义，供他人办理报关业务。

（6）对于代理报关的货物涉及走私违规情事的，应接受或者协助海关进行调查。

3. 其他规则

（1）报关企业办理报关业务时，向海关递交的纸质进出口货物报关单必须加盖本单位在海关备案的报关专用章。报关企业的报关专用章仅限在其标明的口岸地或者海关监管业务集中地使用，每一口岸地或者海关监管业务集中地报关专用章应当只有1枚。

（2）报关企业应对其所属报关员的报关行为承担相应的法律责任。报关企业所属的报关员离职，报关员未按规定办理报关员注册注销的，报关企业应当自报关员离职之日起7日内向海关报告并将报关员证件交注册地海关予以注销；报关员未交还报关员证件的，其所在单位应当在报刊上声明作废，并向注册地海关办理注销手续。

五、海关对报关单位的分类管理

为了鼓励企业守法自律，提高海关管理效能，保障进出口贸易的安全与便利，《中华人民共和国海关企业分类管理办法》于2010年10月14日审议通过，2011年1月1日起实行。海关根据企业遵守法律、行政法规、海关规章、相关廉政规定和经营管理状况，以及海关监管、统计记录等，对在海关注册登记的进出口货物收发货人、报关企业的守法及进出口行为规范程度进行评估，划分出信用差别，设置AA、A、B、C、D五个管理类别进行管理，并对企业的管理类别予以公开。海关按照守法便利原则，对适用不同管理类别的企业，制定相应的差别管理措施，其中AA类企业为经海关验证的信用突出企业，A类企业为信用良好企业，AA类和A类企业适用相应的通关便利措施；B类企业为信用一般企业，适用常规管理措施；C类企业为信用较差企业，D类企业为信用很差企业，C类和D类企业适用严密监管措施。全国海关实行统一的企业分类标准。

（一）进出口货物收发货人管理类别的设定

1. AA类进出口货物收发货人，应当同时符合下列条件

（1）符合A类管理条件，已适用A类管理1年以上。

（2）上一年度进出口报关差错率在3%以下。

（3）经海关稽查验证，符合海关管理、企业经营管理和贸易安全的要求。

（4）每年报送“经营管理状况报告”和会计师事务所出具的上一年度审计报告；每半年报送“进出口业务情况表”。

2. A类进出口货物收发货人，应当同时符合下列条件

（1）已适用B类管理1年以上。

（2）连续1年无走私罪、走私行为、违反海关监管规定的行为。

（3）连续1年未因进出口侵犯知识产权货物而被海关行政处罚。

（4）连续1年无拖欠应纳税款、应缴罚没款项情事。

（5）上一年度进出口总值50万美元以上。

（6）上一年度进出口报关差错率在5%以下。

（7）会计制度完善，业务记录真实、完整。

（8）主动配合海关管理，及时办理各项海关手续，向海关提供的单据、证件真实、齐全、有效。

（9）每年报送“经营管理状况报告”。

（10）按照规定办理“中华人民共和国海关进出口货物收发货人报关注册登记证书”的换证手续和相关变更手续。

（11）连续1年在商务、人民银行、工商、税务、质检、外汇、监察等行政管理部门和机构无不良记录。

3. 进出口货物收发货人有下列情形之一的，适用C类管理

（1）有走私行为。

（2）1年内有3次以上违反海关监管规定行为，且违规次数超过上一年度报关单位及进出境备案清单总票数1‰的，或者1年内因违反海关监管规定被处罚款累计总额人民币100万元以上。

（3）1年内有2次因进出口侵犯知识产权货物而被海关行政处罚。

（4）拖欠应纳税款、应缴罚没款项人民币50万元以下。

4. 进出口货物收发货人有下列情形之一的，适用D类管理

（1）有走私罪。

（2）1年内有2次以上走私行为。

（3）1年内有3次以上因进出口侵犯知识产权货物而被海关行政处罚。

（4）拖欠应纳税款、应缴罚没款项人民币50万元以上。

5. 进出口货物收发货人未发生C类管理和D类管理所列情形并符合下列条件之一的，

适用 B 类管理

（1）首次注册登记。

（2）首次注册登记后，管理类别未发生调整。

（3）AA 类企业不符合原管理类别适用条件，并且不符合 A 类管理类别适用条件。

（4）A 类企业不符合原管理类别适用条件。

6. 在海关登记的加工企业，按照进出口货物收发货人实施分类管理

（二）报关企业管理类别的设定

1. AA 类报关企业，应当同时符合下列条件

（1）符合 A 类管理条件，已适用 A 类管理 1 年以上。

（2）上一年度代理申报的进出口报关单及进出境备案清单总量在 2 万票（中西部 5 000 票）以上。

（3）上一年度进出口报关差错率在 3% 以下。

（4）经海关稽查验证，符合海关管理、企业经营管理和贸易安全的要求。

（5）每年报送“企业经营管理状况评估报告”和会计事务所出具的上一年度审计报告；每半年报送“报关代理业务情况表”。

2. A 类报关企业，应当同时符合下列条件

（1）已适用 B 类管理 1 年以上。

（2）企业以及所属执业报关员连续 1 年无走私罪、走私行为、违反海关监管规定的行为。

（3）连续 1 年代理报关的货物未因侵犯知识产权而被海关没收，或者虽被没收但对该货物的知识产权状况履行了合理审查义务。

（4）连续 1 年无拖欠应纳税款、应缴罚没款项情事。

（5）上一年度代理申报的进出口报关单及进出境备案清单等总量在 3 000 票以上。

（6）上一年度代理申报的进出口报关差错率在 5% 以下。

（7）依法建立账簿和营业记录，真实、正确、完整地记录受委托办理报关业务的所有活动。

（8）每年报送“经营管理状况报告”。

（9）按照规定办理注册登记许可延续及“中华人民共和国海关报关企业报关注册登记证书”的换证手续和相关变更手续。

（10）连续 1 年在商务、人民银行、工商、税务、质检、外汇、监察等行政管理部门和机构无不良记录。

3. 报关企业有下列情形之一的，适用 C 类管理

（1）有走私行为。

（2）1 年内有 3 次以上违反海关监管规定的行为，或者 1 年内因违反海关监管规定被处罚款累计总额人民币 50 万元以上。

（3）1 年内代理报关的货物因侵犯知识产权而被海关没收达 2 次且未尽合理审查义务。

（4）上一年度代理申报的进出口报关差错率在 10% 以上。

（5）拖欠应纳税款、应缴罚没款项人民币 50 万元以下。

（6）代理报关的货物涉嫌走私、违反海关监管规定拒不接受或者拒不协助海关进行

调查。

（7）被海关暂停从事报关业务。

4. 报关企业有下列情形之一的，适用D类管理

（1）有走私罪。

（2）1年内有2次以上走私行为。

（3）1年内代理报关的货物因侵犯知识产权而被海关没收达3次以上且未尽审查义务。

（4）拖欠应纳税款、应缴罚没款项人民币50万元以上。

5. 报关企业未发生C类管理和D类管理所列情形，并符合下列条件之一的，适用B类管理

（1）首次注册登记。

（2）首次注册登记后，管理类别未发生调整。

（3）AA类企业不符合原管理类别适用条件，并且不符合A类管理类别适用条件。

（4）A类企业不符合原管理类别适用条件。

（三）报关单位分类管理措施的实施

（1）AA类或者A类企业涉嫌走私被立案侦查或者调查的，海关暂停其与管理类别相应的管理措施；暂停期内，按照B类企业的管理措施实施管理。

（2）企业仅名称或者海关注册编码发生变化的，其管理类别可以继续适用，但是有下列情形之一的，按照下列方式调整：

① 企业发生存续分立，分立后的存续企业承继分立前企业的主要权利义务或者债权债务关系的，其管理类别适用分立前企业的管理类别，其余的分立企业视为首次注册企业。

② 企业发生解散分立，分立企业视为首次注册企业。

③ 企业发生吸收合并，合并企业管理类别适用合并后存续企业的管理类别。

④ 企业发生新设合并，合并企业视为首次注册企业。

（3）报关企业代理进出口货物收发货人开展报关业务，海关按照报关企业和进出口货物收发货人各自适用的管理类别分别实施相应的管理措施。因企业的管理类别不同导致与应当实施的管理措施相抵触的，海关按照下列方式实施：

① 报关企业或者进出口货物收发货人为C类或者D类的，按照较低的管理类别实施相应的管理措施。

② 报关企业和进出口货物收发货人均为B类及以上管理类别的，按照报关企业的管理类别实施相应的管理措施。

（4）加工贸易经营企业与承接委托加工的生产企业管理类别不一致的，海关对该加工贸易业务按照较低的管理类别实施相应的管理措施。

六、报关单位的海关法律责任

报关单位在办理报关业务时，应遵守国家有关法律、行政法规和海关的各项规定，并对所申报货物、物品的品名、规格、价格、数量等方面的真实性、合法性负责，承担相应的法律责任。

报关单位的海关法律责任，是指报关单位违反海关法律规范所应承担的法律后果，并由海关及有关司法机关对其违法行为依法予以追究，实施法律制裁。《海关法》、《海关行政处

罚实施条例》和有关海关行政规章等都对报关单位的法律责任进行了规定。《中华人民共和国刑法》关于走私犯罪的规定，《中华人民共和国行政处罚法》（以下简称《行政处罚法》）关于行政处罚的原则、程序、时效、管辖、从轻或者减轻处罚以及执行等规定，也都适用于对报关单位海关法律责任的追究。

（一）报关单位海关法律责任的原则性规定

（1）报关单位有违反《海关法》及有关法律、行政法规、海关规章或海关规定程序、手续尚未构成走私的行为，海关按《海关行政处罚实施条例》的有关规定处理。

（2）报关单位违反《海关法》及有关法律、行政法规，逃避海关监管，偷逃应纳税款，逃避国家有关进出境的禁止性或者限制性管理，非法运输、携带、邮寄国家禁止、限制进出口或者依法应当缴纳税款的货物、物品进出境，或者未经海关许可并且未缴纳应纳税款、交验有关许可证件，擅自将保税货物、特定减免税货物以及其他海关监管货物、物品、进境的境外运输工具在境内销售，尚不构成犯罪的，由海关没收走私货物、物品及违法所得，可以并处罚款；对专门或者多次用于掩护走私的货物、物品，专门或者多次用于走私的运输工具，海关将予以没收；对藏匿走私货物、物品的特制设备，海关将责令拆毁或者没收。

（3）报关单位违反《中华人民共和国刑法》、海关法律法规，逃避海关监管，偷逃应纳税款，逃避国家有关进出境的禁止性或者限制性管理，情节严重、数额较大，构成犯罪的，将被依法追究刑事责任。

（二）报关单位违反海关监管规定的行为及其处罚

（1）违反国家进出口管理规定，进出口国家禁止进出口的货物的，责令退运，处 100 万元以下罚款。

（2）违反国家进出口管理规定，进出口国家限制进出口的货物的，进出口货物的收发货人向海关申报时不能提交许可证件的，进出口货物不予放行，处货物价值 30% 以下罚款。

（3）违反国家进出口管理规定，进出口属于自动进出口许可管理的货物，进出口货物的收发货人向海关申报时不能提交自动许可证明的，进出口货物不予放行。

（4）报关单位在办理报关业务的过程中，进出口货物的品名、税则号列、数量、规格、价格、贸易方式、原产地、启运地、运抵地、最终目的地或者其他应当申报的项目未申报或者申报不实的，分别依照下列规定予以处罚，有违法所得的，没收违法所得：

① 影响海关统计准确性的，予以警告或者处 1 000 元以上 1 万元以下罚款。

② 影响海关监管秩序的，予以警告或者处 1 000 元以上 3 万元以下罚款。

③ 影响国家许可证件管理的，处货物价值 5% 以上 30% 以下罚款。

④ 影响国家税款征收的，处漏缴税款 30% 以上 2 倍以下罚款。

⑤ 影响国家外汇、出口退税管理的，处申报价格 10% 以上 50% 以下罚款。

在代理报关业务中，因进出口货物收发货人未按照规定向报关企业提供所委托报关事项的真实情况，致使发生上述情形的，有关法律责任由委托人承担；因报关企业对委托人所提供情况的真实性未进行合理审查，或者因工作疏忽致使发生上述情形的，可以对报关企业处货物价值 10% 以下罚款，暂停其 6 个月以内从事报关业务，情节严重的，撤销其报关注册登记。

（5）报关单位有下列行为之一的，处货物价值 5% 以上 30% 以下罚款，有违法所得的，没收违法所得：

① 未经海关许可，擅自将海关监管货物开拆、提取、交付、发运、调换、改装、抵押、质押、留置、转让、更换标记、移作他用或者进行其他处置。

② 未经海关许可，在海关监管区以外存放海关监管货物。

③ 经营海关监管货物的运输、储存、加工、装配、寄售、展示等业务，有关货物灭失、数量短少或者记录不真实，不能提供正当理由。

④ 经营保税货物的运输、储存、加工、装配、寄售、展示等业务，不依照规定办理收存、交付、结转、核销等手续，或者中止、延长、变更、转让有关合同不依照规定向海关办理手续。

⑤ 未如实向海关申报加工贸易制成品单位耗料量。

⑥ 未按照规定期限将过境、转运、通运货物运输出境，擅自留在境内。

⑦ 未按照规定期限将暂时进出口货物复运出境或者复运进境，擅自留在境内或者境外。

⑧ 有违反海关监管规定的其他行为，致使海关不能或者中断对进出口货物实施监管。

上述规定所涉货物属于国家限制进出口需要提交许可证件，当事人在规定期限内不能提交许可证件的，另处货物价值 30% 以下罚款；漏缴税款的，可以另处漏缴税款 1 倍以下罚款。

（6）报关单位有下列行为之一的，予以警告，可以处 3 万元以下罚款：

① 擅自开启或者损毁海关封志。

② 遗失海关制发的监管单证、手册等凭证，妨碍海关监管。

（7）伪造、变造、买卖海关单证的，处 5 万元以上 50 万元以下罚款，有违法所得的，没收违法所得；构成犯罪的，依法追究刑事责任。

（8）进出口侵犯中华人民共和国法律、行政法规所保护的知识产权的货物的，没收侵权货物，并处货物价值 30% 以下罚款；构成犯罪的，依法追究刑事责任。

需要向海关申报知识产权状况，进出口货物收发货人及其代理人未按照规定向海关如实申报有关知识产权状况，或者未提交合法使用有关知识产权的证明文件的，可以处 5 万元以下罚款。

（9）报关企业有下列情形之一的，责令改正，给予警告，可以暂停其 6 个月以内从事报关业务：

① 拖欠税款或者不履行纳税义务。

② 报关企业出让其名义供他人办理进出口货物报关纳税事宜。

③ 损坏或者丢失海关监管货物，不能提供正当理由。

④ 有需要暂停其从事报关业务的其他违法行为。

（10）报关企业有下列情形之一的，海关可以撤销其注册登记：

① 报关企业构成走私犯罪或者 1 年内有 2 次以上走私行为。

② 所属报关员 1 年内 3 人次以上被海关暂停执业。

③ 被海关暂停从事报关业务，恢复从事报关业务后 1 年内再次发生上述②所规定情形。

④ 有需要撤销其注册登记的其他违法行为。

（11）报关企业非法代理他人报关或者超出海关准予的从业范围进行报关活动的，责令改正，处5万元以下罚款，暂停其6个月以内从事报关业务；情节严重的，撤销其报关注册登记。

（12）进出口货物收发货人、报关企业向海关工作人员行贿的，撤销其报关注册登记，并处10万元以下罚款；构成犯罪的，依法追究刑事责任，并不得重新注册登记为报关企业。

（13）提供虚假资料骗取海关注册登记的，撤销其注册登记，并处30万元以下罚款。

（14）海关对于未经海关注册登记从事报关业务的，予以取缔，没收违法所得，可以并处10万元以下罚款。

（15）报关单位有下列情形之一的，海关予以警告，责令其改正，并可以处人民币1 000元以上5 000元以下罚款：

① 报关企业取得变更注册登记许可后或者进出口货物收发货人单位名称、企业性质、企业住所、法定代表人（负责人）等海关注册登记的内容发生变更，未按照规定向海关办理变更手续。

② 未向海关备案，擅自变更或者启用“报关专用章”。

③ 所属报关员离职，未按照规定向海关报告并办理相关手续。

此外，根据《海关法》的规定，海关准予从事有关业务的企业，违反本法有关规定的，由海关责令改正，可以给予警告，暂停其从事有关业务，直至撤销注册登记，因此与报关活动相关的其他法人在从事与报关相关的活动中，违法《海关法》及有关法律、行政法规的，也要承担相应的行政、刑事法律责任。

对于法人或者其他组织有违反《海关法》及有关法律、行政法规的行为，除处罚该法人或者组织外，对其主管人员和直接责任人员应予以警告，可以处5万元以下罚款，有违法所得的，没收违法所得。

资料卡：报关活动相关人

报关活动相关人主要指的是经营海关监管货物仓储业务的企业、保税货物的加工企业、转关运输货物的境内承运人等。这些企业、单位一般不直接办理报关业务，但与报关活动密切相关，承担着相应的海关义务和法律责任。

第三节　报　关　员

进出口货物的报关手续比较复杂，需要熟悉外贸、法律、税务、财会、商品等知识以及精通有关法律法规和掌握报关技能的经海关批准的专门人员来办理，为此，海关规定了进出口货物的报关业务应由精通有关法律法规和掌握报关技能的经海关批准的专业人员来办理，这些专业人员即报关员。海关出台了报关员注册登记、资格考试制度、记分考核办法等，以规范报关员的报关行为。

一、报关员的概念

报关员是指依法取得报关员从业资格，并在海关注册，向海关办理进出口货物报关业务的人员。

报关员是联系报关单位与海关之间的桥梁，在进出口货物的通关工作中起着重要作用。报关员业务水平的高低和报关质量的好坏不仅影响进出口货物的通关速度和海关的工作效率，也直接影响报关单位的经济效益。特别是对于报关企业而言，报关员的业务水平直接关系到企业的声誉，影响到企业的生存与发展。

根据海关规定，只有向海关注册登记的进出口货物收发货人和报关企业才可以向海关报关，报关员必须受雇于一个依法向海关注册登记的进出口货物收发货人或者报关企业，并代表该企业向海关办理报关业务，因此，报关员不是自由职业者。我国海关法律规定禁止报关员非法接受他人委托从事报关业务。

二、报关员资格

我国报关员资格许可是通过报关员资格全国统一考试和颁发报关员资格证书的形式进行的。海关通过对符合报名条件的人员进行全面、系统的业务知识水平和能力的考试，来检验其是否符合报关职业的基本要求，并通过行政许可的方式对其中符合条件者颁发报关员资格证书。我国《海关法》第十一条规定："未依法取得报关从业资格的人员，不得从事报关业务"，明确了报关员资格许可制度。

报关员资格全国统一考试由海关总署组织。海关总署负责确定考试原则，制定考试大纲、规则，统一命题；指导监督各地海关组织实施考试，处理考试工作中的重大问题；组织阅卷，公布考试成绩；管理各海关审核报关员资格申请、颁发报关员资格证书事宜。直属海关在海关总署指导下具体实施考试；受理、审查报关员资格申请，颁发报关员资格证书。直属海关可以委托隶属海关受理、审核报关员资格申请，并办理颁发证书等事宜。报关员资格全国统一考试每年举行一次。特殊情况下，经海关总署决定，可以进行调整。考试实行公平、公开、公正、诚信的原则，采取全国统一报名、统一命题、统一考试、统一评分标准、统一阅卷核分和统一合格标准的方式进行。考试主要测试考生从事报关业务必备的基础知识和技能，考试内容包括报关专业知识、报关专业技能、报关相关知识以及与报关业务相关的法律、行政法规及海关总署规章。海关总署在统一考试前3个月对外公告考试事宜。

（一）考试的报名条件及报名手续

我国海关法规定，报关员资格考试的报名条件是具有中华人民共和国国籍；年满18周岁，具有完全民事行为能力；具有大专及以上学历。

中国香港、澳门特别行政区居民中的中国公民和中国台湾居民，可以报名参加考试。

有下列情形之一的，不得报名参加考试，已经办理报名手续的，报名无效：

（1）因故意犯罪，受到刑事处罚的，以及正在被执行刑罚或者依法被剥夺、限制人身自由的。

（2）因在报关活动中发生走私或严重违反海关规定的行为，被海关依法取消报关从业资格的。

（3）在考试中发生作弊行为，被海关取消考试成绩，或者有其他违规行为，被海关以作弊论处，不满3年的。

报关员资格考试实行网上报名和现场确认相结合。报名时应当按规定交纳有关费用。海关对符合条件者准予报名并发放准考证，考生凭准考证及身份证件参加资格考试。

（二）报关员资格申请及报关员资格证书的颁发

海关总署核定并公布全国统一合格分数线。直属海关及受委托的隶属海关根据统一合格分数线，公布成绩合格、可以申请报关员资格的考生名单。根据海关公布的名单可以申请报关员资格的考生，应当自名单公布之日起6个月内向原报名海关申请报关员资格。海关依法对申请人授予报关员资格的申请进行受理、审查，并作出决定。海关决定授予报关员资格的，应当自作出决定之日起10个工作日内颁发报关员资格证书；可以当场作出决定并颁发报关员资格证书的，海关不再制发受理决定书和准予报关员资格决定书。考生以伪造文件、冒名代考或者其他欺骗行为参加考试，取得报关员资格的，海关经查实宣布其成绩无效，并撤销其报关员资格。

报关员资格证书是从事报关工作的资格证明，由海关总署统一制作，在全国范围内有效，取得报关员资格证书者可以按规定向海关申请报关员注册。

三、报关员注册

报关员注册是指报关单位所在地直属海关或受其委托的隶属海关，对通过报关员资格考试、依法取得报关员资格证书的人员提出的注册申请，依法作出准予报关员注册的决定，并颁发报关员证的行为。

报关员注册是法律设定的海关行政许可事项之一。自2006年6月1日起施行的《中华人民共和国海关报关员执业管理办法》（以下简称《执业管理办法》），专章明确规定了报关员注册制度的实体性和程序性要求。

（一）注册条件

1. 申请报关员注册，须同时具备以下三个基本条件：

（1）申请人必须具有中华人民共和国国籍。

（2）申请人必须通过报关员资格全国统一考试，取得报关员资格证书。

（3）申请人必须与所在报关单位建立劳动合同关系或者聘用合同关系。

除应具备上述基本条件之外，对于首次申请报关员注册的申请人，还应当经过在一个报关单位连续3个月的报关业务实习；对于报关员注册有效期届满后连续两年未注册，再次申请报关员注册的申请人，还应当经过海关报关业务岗位考核合格。

2. 申请人有下列情形之一的，海关不予报关员注册：

（1）不具有完全民事行为能力。

（2）因故意犯罪受到刑事处罚。

（3）被海关取消报关从业资格。

3. 申请人有下列情形之一的，海关暂缓报关员注册：

（1）被海关暂停执业期间注销报关员注册。

（2）被海关暂停执业期间注册有效期届满。

（3）记分达到《中华人民共和国海关对报关员记分考核管理办法》（以下简称《记分考核管理办法》）规定分值，未参加海关组织的报关业务岗位考核或者考核不合格，注销报关员注册。

（4）记分达到《记分考核管理办法》规定分值，未参加海关组织的报关业务岗位考核或者考核不合格，注册有效期届满。

（二）注册程序

申请报关员注册的，申请人本人应当到海关提出申请。本人不能到海关提出申请的，可以委托所在报关单位提出申请。申请人委托报关单位代为提出申请的，应当出具授权委托书。

1. 注册受理机关

申请人应当到报关单位所在地直属海关提出报关员注册申请。报关单位为报关企业跨关区分支机构的，应当到报关企业跨关区分支机构所在地直属海关提出报关员注册申请。直属海关可以委托隶属海关实施报关员注册。

2. 申请注册应提交的材料

申请报关员注册，应当向海关提交下列文件、材料：

（1）报关员注册申请书。

（2）申请人所在报关单位的“中华人民共和国海关报关企业报关注册登记证书”或者“中华人民共和国海关进出口货物收发货人报关注册登记证书”复印件。

（3）报关员资格证书复印件。

（4）与所在报关单位签订的合法有效的劳动合同复印件（报关单位为非企业性质的，可以提交聘用合同复印件或者人事证明）。

（5）身份证件复印件。

（6）所在报关单位为其缴纳社会保险证明复印件，但是，法律、行政法规另有规定的，依照其规定。

首次申请报关员注册的，还应当提交报关单位出具的报关业务实习证明材料。报关员注册有效期届满之日起连续两年未注册再次申请报关员注册的，还应当提交海关报关业务岗位考核合格的证明材料。

我国台湾地区居民和香港、澳门地区居民中的中国公民提出申请的，还应当提交“台港澳人员就业证”复印件。

3. 注册决定的作出及报关员证的颁发

申请人的申请符合法定条件的，海关应当依法作出准予报关员注册的决定，并应当自作出决定之日起 10 日内向申请人颁发报关员证。可以当场作出决定并颁发报关员证的，海关不再制发受理决定书和准予报关员注册决定书。申请人的申请不符合法定条件的，海关应当依法作出不予报关员注册的书面决定。

4. 注册的有效期

报关员注册有效期为两年。报关员需要延续报关员注册有效期的，应当办理报关员注册延续手续。报关员未办理注册延续手续或者海关未准予报关员注册延续的，自有效期届满之日起，其报关员注册自动终止。

（三）注册的变更、延续

1. 注册变更

报关员注册变更是指报关员姓名、身份证件号码等身份资料和所在报关单位名称、海关编码发生变更的情形。报关员应当在变更事实发生之日起的 20 日内，持报关员资格证书、报关员证和变更证明文件等材料的原件及复印件到注册地海关书面申请变更报关员注册。

对报关员提出的变更报关员注册申请，注册地海关应当按照报关员注册程序进行审核，对符合法定条件的，应当作出准予变更决定，并于作出准予变更决定后的10日内办结变更手续，换发报关员证。可以当场作出变更决定并换发报关员证的，海关不再制发受理决定书、准予变更报关员注册决定书。

应当注意的是，这里所称的报关注册变更不包括报关员更换报关单位的情形。

2. 注册延续

报关员办理报关员注册延续手续的，应当在注册有效期届满30日前向海关提出。报关员逾期提出报关员注册延续申请的，海关不予受理。

报关员注册延续应提交的文件、材料有：

（1）报关员注册延续申请书。

（2）报关员证复印件。

（3）申请人所在报关单位的中华人民共和国海关报关企业报关注册登记证书或者中华人民共和国海关进出口货物收发货人报关注册登记证书复印件。

（4）报关员资格证书复印件。

（5）与所在报关单位签订的合法有效的劳动合同复印件（报关单位为非企业性质的，可以提交聘用合同复印件或者人事证明）。

（6）身份证件复印件。

（7）所在报关单位为其缴纳社会保险证明复印件，但是，法律、行政法规另有规定的，依照其规定。

我国台湾地区居民、香港和澳门地区居民中的中国公民办理报关员注册延续手续的，还应当提交“台港澳人员就业证”复印件。

海关比照报关员注册程序在有效期届满前对报关员的延续申请予以审查，对符合报关员注册条件的，依法作出准予延续两年有效期的决定。海关应当在报关员注册有效期届满前作出是否准予延续的决定；逾期未作出决定的，视为准予延续，依法为其办理报关员注册延续手续。

海关可以当场作出决定并换领报关员证的，不再制发受理决定书、准予延续报关员注册决定书。

海关对不再具备报关员注册条件的，应当依法作出不予延续的决定，说明理由，并告知申请人享有依法申请行政复议或者提起行政诉讼的权利。

报关员在被海关暂停执业期间有效期届满，需要延续有效期的，应当在有效期届满30日前到海关申请暂缓办理报关员注册延续，并在暂停执业期满后30日内提出延续报关员注册的申请。

（四）注册的注销

报关员不再从事报关业务、报关员辞职、报关单位解除与报关员的劳动合同关系（报关单位为非企业性质的，解除聘用合同关系或者人事关系）或者报关单位申请注销海关注册登记的情形，报关员应当到注册地海关申请报关员注册的注销。报关员未按照规定申请注销的，所在报关单位应向注册地海关办理报关员注册注销手续。

申请注销报关员注册的，应当提交注销报关员注册申请书、报关员证和报关员资格证书。不能提交报关员证的，应当提交在报刊刊登的作废声明。所在报关单位规定办理报关员注册注销手续，不能提交报关员证和报关员资格证书的，应当提交报刊声明和说明材料。

对于报关员注册有效期届满未延续，报关员死亡或者丧失民事行为能力，报关员注册依法被撤销、撤回，报关员被海关依法取消从业资格，报关员所在报关单位被海关注销注册登记的情形，海关应当依法办理报关员注册的注销手续。

（五）其他规定

（1）报关员更换报关单位的，应当注销原报关员注册，重新申请报关员注册。

（2）报关员遗失报关员证的，应当及时向注册地海关书面说明情况，并在报刊声明作废。海关应当自收到情况说明和报刊声明证明之日起20日内予以补发。

（3）海关对申请人提出报关员注册申请的受理、审查、决定、撤销、注销等活动，《执业管理办法》没有规定的，应当依据《中华人民共和国行政许可法》（以下简称《行政许可法》）、《中华人民共和国海关实施〈中华人民共和国行政许可法〉办法》规定的程序进行。

四、报关员执业

取得报关员资格证书的人员，应当经海关注册并颁发报关员证后执业。报关员证是报关员执业的凭证。除法律、行政法规另有规定的外，报关单位的报关业务应当由报关员办理。

（一）报关员执业范围

报关员应当在一个报关单位执业。

报关企业及其跨关区分支机构的报关员，应当在所在报关企业或者跨关区分支机构的报关服务的口岸地或者海关监管业务集中的地点执业。进出口货物收发货人的报关员，可以在中华人民共和国关境内的各口岸地或者海关监管业务集中的地点执业。

报关员应当在所在报关单位授权范围内执业。报关员应当按照报关单位的要求和委托人的委托依法办理下列业务：

（1）按照规定如实申报进出口货物的商品编码、商品名称、规格型号、实际成交价格、原产地及相应优惠贸易协定代码等报关单有关项目，并办理填制报关单、提交报关单证等与申报有关的事宜。

（2）申请办理缴纳税费和退税、补税事宜。

（3）申请办理加工贸易合同备案（变更）、深加工结转、外发加工、内销、放弃核准、余料结转、核销及保税监管等事宜。

（4）申请办理进出口货物减税、免税等事宜。

（5）协助海关办理进出口货物的查验、结关等事宜。

（6）应当由报关员办理的其他报关事宜。

（二）报关员的权利和义务

1. 报关员有下列权利：

（1）以所在报关单位名义执业，办理报关业务。

（2）向海关查询其办理的报关业务情况。

（3）拒绝海关工作人员的不合法要求。

（4）对海关对其作出的处理决定享有陈述、申辩、申诉的权利。

（5）依法申请行政复议或者提起行政诉讼。

（6）合法权益因海关违法行为受到损害的，依法要求赔偿。

（7）参加执业培训。

2. 报关员应当履行以下义务：

（1）熟悉所申报货物的基本情况，对申报内容和有关材料的真实性、完整性进行合理审查。

（2）提供齐全、正确、有效的单证，准确、清楚、完整填制海关单证，并按照规定办理报关业务及相关手续。

（3）海关查验进出口货物时，配合海关查验。

（4）配合海关稽查和对涉嫌走私违规案件的查处。

（5）按照规定参加直属海关或者直属海关授权组织举办的报关业务岗位考核。

（6）持报关员证办理报关业务，海关核对时，应当出示。

（7）妥善保管海关核发的报关员证和相关文件。

（8）协助落实海关对报关单位管理的具体措施。

（三）报关执业禁止

报关员执业不得有以下行为：

（1）故意制造海关与报关单位、委托人之间的矛盾和纠纷。

（2）假借海关名义，以明示或者暗示的方式向委托人索要委托合同约定以外的酬金或者其他财物、虚假报销。

（3）同时在2个或者2个以上报关单位执业。

（4）私自接受委托办理报关业务，或者私自收取委托人酬金及其他财物。

（5）将报关员证转借或者转让他人，允许他人持本人报关员证执业。

（6）涂改报关员证。

（7）其他利用执业之便谋取不正当利益的行为。

（四）报关员的海关记分考核管理

为了维护报关秩序，提高报关质量，规范报关员的报关行为，保证通关效率，海关对报关员实行记分考核管理。根据海关规定，对记分达到规定分值的报关员，海关中止其报关员证效力，不再接受其办理报关手续。报关员应当参加注册登记地海关的报关业务岗位考核，经岗位考核合格之后，方可重新上岗。

1. 记分考核管理的对象和范围

报关员记分考核管理对象是取得报关从业资格，并按照规定程序在海关注册，持有报关员证件的报关员，即在职报关员。

海关对出现报关单填制不规范、报关行为不规范，以及违反海关监管规定或者有走私行为未被海关暂停执业、撤销报关从业资格的报关员予以记分、考核。

2. 记分考核管理的性质

海关对报关员的记分考核管理从性质上讲是一种教育和管理措施，而不是行政处罚。海关对记分达到一定分值的报关员实行岗位考核管理，目的是督促其增强遵纪守法意识，提高自身业务水平。海关通过对报关员记分计满至考核合格前，中止其报关员证效力、不再接受其办理报关手续的方式，来督促报关员履行义务。报关员因为向海关工作人员行贿或有违反海关监管规定、走私行为等其他违法行为，由海关处以暂停执业、取消报关从业资格处罚的，不适用于《记分考核管理办法》，而应按照《海关行政处罚实施条例》等规定处理。

3. 记分考核的管理部门

海关企业管理部门负责对报关员记分考核的职能指导、日常监督管理以及相关协调工作。

海关通关业务现场及相关业务职能部门负责具体执行记分工作。海关人员在记分时，应当将记分原因和记分分值以电子或者纸质告知单的形式告知报关员。记分的行政行为以各级海关名义作出。

4. 记分考核管理量化标准

海关对报关员的记分考核，依据其报关单填制不规范、报关行为不规范的程度和行为性质，一次记分的分值分别为 1 分、2 分、5 分、10 分、20 分、30 分。

记分周期从每年 1 月 1 日起至 12 月 31 日止，报关员在海关注册登记之日起至当年 12 月 31 日不足 1 年的，按一个记分周期计算。一个记分周期期满后，记分分值累加未达到 30 分的，该周期内的记分分值予以消除，不转入下一个记分周期。但报关员在一个记分周期内办理变更注册登记报关单位或者注销手续的，已记分分值在该记分周期内不予以消除。

（1）一次记分的分值为 1 分的情形包括：

① 电子数据报关单的有关项目填写不规范，海关退回责令更正的。

② 在海关签印放行前，因为报关员原因造成申报差错，报关单位向海关要求修改申报单证及其内容，经海关同意修改，但未对国家贸易管制政策的实施、税费征收及海关统计指标等造成危害的。

③ 未按照规定在纸质报关单及随附单证上加盖报关专用章及其他印章或者使用印章不规范的。

④ 未按照规定在纸质报关单及随附单证上签名盖章或者由其他人代表签名盖章的。

（2）一次记分的分值为 2 分的情形包括：

① 在海关签印放行前，因为报关员填制报关单不规范，报关单位向海关申请撤销申报单证及其内容，经海关同意撤销，但未对国家贸易管制政策的实施、税费征收及海关统计指标等造成危害的。

② 海关人员审核电子数据报关单时，要求报关员向海关解释、说明情况、补充材料或者要求提交货物样品等有关内容的，海关告知后报关员拒不解释、说明、补充材料或者拒不提供货物样品等有关内容，导致海关退回报关单的。

（3）一次记分的分值为 5 分的情形包括：

① 报关员自接到海关“现场交单”或者“放行交单”通知之日起 10 日内，没有正当理由，未按照规定持打印出的纸质报关单，备齐规定的随附单证，到货物所在地海关递交书面单证并办理相关海关手续，导致海关撤销报关单的。

② 在海关签印放行后，因为报关员填制报关单不规范，报关单位向海关申请修改或者撤销报关单（因出口更换舱单除外），经海关同意且不属于走私、偷逃税等违法违规性质的。

③ 在海关签印放行后，海关发现因为报关员填制报关单不规范，报关单币值或者价格填报与实际不符，且两者差额在 100 万元人民币以下；数量与实际不符，且有 4 位数以下差值，经海关确认不属伪报，但影响海关统计的。

（4）一次记分的分值为 10 分的情形包括：

① 出借本人报关员证件、借用他人报关员证件或者涂改报关员证件内容的。

② 在海关签印放行后，海关发现因报关员填制报关单不规范，报关单币值或者价格填报与实际不符，且两者差额在 100 万元人民币以上；数量与实际不符，且有 4 位数以上差值，经海关确认不属伪报的。

（5）因为违反海关监管规定行为被海关予以行政处罚，但未被暂停执业、取消报关从业资格的，记 20 分。

（6）因为走私行为被海关予以行政处罚，但未被暂停执业、取消报关从业资格的，记 30 分。

具体的记分项目在海关总署统一制定的报关员记分对照表中予以列明。

5. 记分考核管理的救济途径

考虑到记分考核管理作为一项与报关员的利益密切相关的行政行为，《记分考核管理办法》除了根据《行政复议法》、《行政诉讼法》的规定，对具体行政行为允许其提请行政复议或行政诉讼外，结合记分的实际情况，规定了报关员可向记分执行海关提出书面申辩的救济途径，以降低救济成本。《记分考核管理办法》规定：报关员对记分的行政行为有异议的，应当自收到电子或纸质告知单之日起 7 日内向作出该记分行政行为的海关部门提出书面申辩；海关应当在接到申辩申请 7 日内作出答复，对记分错误的应当及时予以更正。

6. 岗位考核

根据海关规定，记分达到 30 分的报关员，海关中止其报关员证效力，不再接受其办理报关手续。报关员应当参加注册登记地海关的报关业务岗位考核，经岗位考核合格之后，方可重新上岗。

岗位考核由报关员注册地直属海关或者直属海关委托的单位负责组织。岗位考核内容为海关法律、行政法规、报关单填制规范及相关业务知识和技能。报关员经岗位考核合格的，可以向注册登记地海关申请将原记分分值予以消除。岗位考核不合格的，应当继续参加下一次考核。

报关员记分已达 30 分，拒不参加考核的，直属海关可以将报关员的姓名及所在单位等情况对外公告。

五、报关员的海关法律责任

报关员在报关活动中，违反《海关法》和相关法律、行政法规的，由海关或其他部门给予相应的处理和行政处罚，构成犯罪的，依法移送司法机关追究其刑事责任。

报关员构成走私犯罪，或者 1 年内有 2 次以上走私行为的，海关可以取消其报关从业资格。

报关员违反海关监管规定的行为及其处罚如下：

（1）报关员因工作疏忽或在代理报关业务中因对委托人所提供情况的真实性未进行合理审查，致使发生进出口货物的品名、税则号列、数量、规格、价格、贸易方式、原产地、启运地、运抵地、最终目的地或者其他应当申报的项目未申报或者申报不实的，海关可以暂停其 6 个月以内报关执业；情节严重的，取消其报关从业资格。

（2）报关员被海关暂停其报关执业，恢复从事有关业务后 1 年内再次被暂停报关执业的，海关可以取消其报关从业资格。

（3）报关员非法代理他人报关或者超出海关准予的从业范围进行报关活动的，责令改正，处5万元以下罚款，暂停其6个月以内报关执业；情节严重的，取消其报关从业资格。

（4）报关员向海关工作人员行贿的，取消其报关从业资格，并处10万元以下罚款；构成犯罪的，依法追究刑事责任，并不得重新取得报关从业资格。

（5）海关对于未取得报关从业资格从事报关业务的，予以取缔，没收违法所得，可以并处10万元以下罚款。

（6）提供虚假资料骗取海关注册登记、报关从业资格的，撤销其注册登记、取消其报关从业资格，并处30万元以下罚款。

（7）报关员有下列情形之一的，海关予以警告，责令其改正，并可以处人民币2 000元以下罚款：

① 有报关员执业禁止行为的。

② 报关员海关注册内容发生变更，未按照规定向海关办理变更手续的。

资料卡：报关行业协会

中国报关协会（China Customs Brokers Association，简称CCBA），是由经海关批准的从事报关的企业和个人自愿结成的非营利性质的具有法人资格的全国性行业组织。

中国报关协会是中国惟一的全国性报关行业组织。协会成员包括报关企业、进出口货物收发货人及其报关员。中国报关协会受民政部和海关总署双重管理，其登记管理机关为民政部，业务主管单位为海关总署。中国报关协会的宗旨是配合政府部门加强对我国报关行业的管理，维护、改善报关市场的经营秩序，促进会员间的交流与合作，依法代表本行业利益，保护会员的合法权益，促进我国报关服务行业的健康发展。

关键名词

报关　自理报关　代理报关　直接代理报关　间接代理报关　报关单位
进出口货物收发货人　报关企业　报关注册登记制度　违规行为　走私行为
报关活动相关人　报关员

不定项选择题

1. 下列关于报关企业表述错误的是：

A. 报关企业的报关活动属于代理报关

B. 报关企业通常具备进出口经营权

C. 经海关许可注册的国际货物运输代理企业属于报关企业性质范围

D. 报关企业能够代理直接进出口货物的企业、单位以及个人办理报关手续

2. 报关企业以委托人的名义办理海关手续的行为属于：

A. 自理报关 B. 转关报关 C. 直接代理报关 D. 间接代理报关

3. 成为报关单位的一个重要前提条件是：

A. 有足够的资金 B. 企业的法人资格

C. 进出口收发货人 D. 向海关注册登记

4. 自营进出口企业进口货物，下列不可以为其报关的是：

A. 本企业报关员 B. 国际货代公司报关员

C. 其他进出口公司报关员 D. 报关企业报关员

5. 下面表述错误的是，向海关报关的报关员：

A. 可以在报关范围内进行报关活动

B. 只能在本口岸办理海关手续

C. 有权利拒绝办理手续不全、单证不真实的报关业务

D. 有义务向海关提供齐全、正确、有效的报关单证

6. 进出口货物收发货人是：

A. 向海关办理报关手续的人员

B. 向海关注册登记的报关企业

C. 办理进出口货物运输、保险的单位

D. 依法直接进出口货物的我国关境内的法人、其他组织或者个人

7. 下列属于进出境报关的范围是：

A. 来华参观访问的旅客 B. 企业进口进境 VCD 光盘

C. 进境修理的国际船舶 D. 进口的国外的船用备件

8. 关于报关或代理报关范围和行为表述正确的是：

A. 进出口收发货人只能办理本单位的进出口报关业务

B. 报关企业可以接受进出口收发货人的委托，向海关办理报关业务

C. 报关企业可以在注册登记地海关及设立分支机构的海关办理报关业务

D. 报关单位向海关报关时，需要出具“代理报关委托书”

9. 报关单位的行为规则和职责是：

A. 应当按照法律规定到海关办理注册登记

B. 对其所属报关员的报关行为应当承担相应的法律责任

C. 不得以任何形式出让名义供他人办理报关业务

D. 所属报关员离职应该向注册地海关办理注销手续

10. 下列说法正确的是：

A. 达利进出口贸易有限公司代理顺捷贸易公司进口印度产品，海关审核经营单位时认为，达利进出口贸易有限公司不是报关企业，不能代理顺捷贸易公司向海关报关，因此，海关不接受报关

B. 虽然报关活动相关人不直接参与报关纳税活动，但因其与海关监管的货物密切相关，因此，应当承担相应的海关义务和法律责任

C. 报关企业、报关人员对委托人所提供情况的真实性未进行合理审查，影响了海关监管秩序，海关可以对报关企业进行处罚

D. 通过报关员资格考试即成为报关员

思考题

1. 简述报关分类。
2. 简述报关单位的类型及其注册登记手续、行为规则的不同。
3. 简述报关企业设立的条件。
4. 简述报关活动相关人的类型。
5. 简述报关员的执业禁止。
6. 简述报关员如何进行记分考核。

•实 务 篇

工作任务

1. 请以小组为单位模拟注册成立一家报关行。
2. 请以小组为单位为一家外贸公司注册登记报关权。
3. 请为已获得报关资格证书的林林办理报关员注册登记手续。

能力拓展

进出口货物申报不实，报关企业是否应承担法律责任

【案情】 某年6月15日，某电子设备公司A（以下简称A公司）委托某国际运输代理有限公司B（以下简称B公司）以一般贸易方式向某海关申报进口缝合机3台，申报价格每台15.4万美元。某海关经查验发现，当事人实际进口缝合机6台，少报多进3台，涉嫌漏缴税款人民币47.7万元。某海关遂对此立案调查，并查明如下事实：6月13日，A公司在收到外商寄来的6台缝合机发票、装箱单和通过因特网发送的3台缝合机发票的电子邮件后，委托B公司以一般贸易方式办理报关事宜。A公司业务员在向B公司移交报关单据时未仔细核对，只将3台缝合机发票的电子邮件、6台缝合机的装箱单及到货通知提供给报关企业驻厂客服人员，而B公司驻厂客服人员只将收到的3台缝合机的发票及到货通知传真给该公司报关员。B公司报关员收到上述发票和到货通知后，向货运公司调取了6台缝合机的随货发票和记录缝合机编号、发票号码和运单后，也未认真核对从货运公司调取单证与A公司提供资料有关内容是否一致，便直接以3台缝合机的数量向某海关办理申报进口手续，致使申报内容不符合进口货物的实际情况。

某海关认为，本案进口货物收货人A公司并无以伪报、瞒报方式逃避海关监管、偷逃应缴税款的主观故意，涉案缝合机进口数量申报不实（少报多进）是由于该公司业务员及B公司报关员未认真核查有关单证、工作疏忽所致；根据《海关法》和《海关行政处罚实施条例》的有关规定，A公司以及受该公司委托从事涉案货物报关业务的B公司应承担相

应的法律责任。7月22日，某海关根据《海关行政处罚实施条例》的规定，对A公司作出罚款人民币20万元的行政处罚决定；另根据《海关行政处罚实施条例》第十七条的规定，对报关企业B公司罚款人民币8万元，并暂停该公司15天报关业务。

A公司对海关行政处罚决定未提出异议，但报关企业B公司不服海关对其作出的罚款8万元同时暂停15天报关业务的行政处罚决定，于8月15日向某海关的上一级海关申请行政复议。B公司在《行政复议申请书》中提出以下申辩事由：第一，A公司是涉案缝合机的国内收货人，负有向海关如实申报的法定义务，某海关已就进口货物申报不实对A公司作出罚款决定，不应再基于同一事由给予该公司行政处罚；第二，该公司与A公司对造成本案进口缝合机申报不实一事均有过错，但该公司是受A公司委托办理报关事宜的，由此产生的一切法律后果均应由委托人A公司承担，该公司工作差错所导致的后果应由其与A公司根据双方签订的委托报关协议在民事法律层面协商解决，该公司对此不应承担海关法所规定的法律责任。综上，B公司认为，某海关对其作出的行政处罚决定缺乏事实根据和法律依据，请求复议机关依法撤销某海关上述处罚决定。

复议机关经审理认为，本案A公司未将报关所需全部单证提供给报关企业B公司确属造成进口缝合机申报不实的原因之一，但B公司对此也有过错。该公司在办理报关业务过程中未对A公司提供报关资料进行审查，未将上述资料与从货运公司调取的单证进行核对也是造成进口货物申报不实的一个重要原因。B公司的上述行为违反了《海关法》的有关规定，应承担相应法律责任。被申请人某海关依据《海关行政处罚实施条例》第十七条之规定对该公司作出的行政处罚决定认定事实清楚，证据确凿充分，适用依据准确，应予支持。9月29日，复议机关对本案作出行政复议决定，维持某海关对B公司作出的上述行政处罚决定。

【评析要点】

（一）报关企业对收发货人提供的进出口货物情况是否负有审查义务

《海关法》第十条规定："报关企业接受委托人的委托办理报关手续的，应当对委托人所提供情况的真实性进行合理审查。"根据《海关法》和《海关进出口货物申报管理规定》（海关总署令第113号）的有关规定，报关企业对收发货人提供的有关进出口货物情况的真实性应当进行合理审查，审查内容主要包括以下几个方面：

第一，能够证明进出口货物实际情况的有关资料，包括进出口货物的品名、规格、用途、原产地、贸易方式等。

第二，有关进出口货物的合同、发票、运输单据、装箱单等商业单据以及进出口货物所需要的许可证件及随附单证。

第三，海关要求的加工贸易手册（纸质或电子数据的）及其他进出口单证。

第四，收发货人的名称、法定代表人、地址、资信情况、联系方法和委托人签署的授权委托书等资料。

第五，办理报关纳税手续过程中需要了解的其他情况。

（二）未尽合理审查义务的报关企业应承担何种法律责任

根据《海关法》和《海关行政处罚实施条例》的有关规定，如果报关企业对委托其报关的收发货人所提供的进出口货物情况的真实性未尽到合理审查义务，或者因工作疏忽导致进出口货物的商品名称、税则号列、数量、规格、价格、贸易方式、原产地、启运地、运抵地、最终目的地或者其他应当申报的项目未申报或申报不实的，海关可对报关企业处货物价值10%以下罚款，暂停其6个月以内从事报关业务；情节严重的，撤销其报关注册登记。在此类案件处理过程中，报关企业就是否尽到合理审查义务负有举证责任，如果其不能提供充分证据证明履行了上述义务，海关将依据有关规定对报关企业给予相应行政处罚。

在进出口货物申报不实案件中，海关对造成申报不实情形发生负有责任的收发货人同样有权给予行政处罚。根据《海关行政处罚实施条例》第十六条的规定，如果收发货人未按规定向报关企业提供所委托事项的真实情况导致报关企业申报内容与进出口货物实际情况不符的，海关可根据申报不实行为所造成的不同危害后果，对收发货人给予不同处罚标准和幅度的行政处罚，同时没收违法所得。

项目引导文
明确贸易管制从归类入手

小林在宝通达报关行实习已近一个月了，发现市场部的同事经常问李师傅某种货品的海关监管条件或者某种货品该如何归类。原来是常有客户打电话就此类咨询市场部，比如有客户问代理进口机动混凝土搅拌车海关有什么监管要求？明确货物的海关监管要求或者说贸易管制条件需从商品归类入手，看来商品归类真的是非常重要的技能。小林在参加报关员资格考试时就感觉商品归类是最难的，也是考完试后感觉最没把握的题型了。到底商品归类为何如此重要呢？小林翻开了一本大部头《中国海关报关实用手册》，这本书比自己参加考试用的《进出口商品名称与编码》厚重多了，不仅列明了商品编码、商品名称，还列明了进口税率、增值税率、消费税率、计量单位及海关监管条件。

按照世界贸易组织规则，我国确立了进出口许可制度、对外贸易经营者的资格管理制度、出入境检验检疫制度、进出口货物收付汇管理制度以及贸易救济制度等来实现国家的经济利益，这些制度可以概括为“证”、“备”、“检”、“核”、“救”五个字。其中，进出口许可制度是我国对外贸易管制的核心管理制度。

进出口商品不同，其适用的对外贸易管制政策就不相同，海关监管条件也不相同。明确进出口商品的贸易管制政策是顺利通关的前提，也是外贸从业者必备的专业知识。为明确进出口商品的海关监管条件、进出口税率等相关国家政策，必须首先对进出口商品进行归类，查出商品的税则号列，然后按照当年度的“中华人民共和国进出口税则”的规定来确定商品的监管条件和适用的税率。

项目三　报关与对外贸易管制

• 知识储备篇

• 实务篇

◉ **知识目标**

了解外贸管制的含义，熟悉外贸管制的法律体系，掌握外贸管制的主要内容和主要管理措施。

◉ **能力目标**

能够利用海关网站、报关手册等工具查询进出口货物所需要的海关监管证件，并能够完成申领。

◉ **素质目标**

养成计划决策，时间管理、团队合作、谨慎细致、沟通等素质。

• 知识储备篇

2001 年 12 月，中国成为世界贸易组织的正式成员，全面融入了经济全球化的进程。为在扩大与加强国际经贸合作中更大程度地实现中国的经济利益，维护国家的经济安全，同时更好地协调与世界各国和地区的经贸关系，以进一步实现对内对外的各项政策目标，国家按照世界贸易组织规则，颁布了一系列的法律、行政法规，确立了对外贸易经营者登记管理、出入境检验检疫、外汇管理等制度，制定了有关进出口禁止、限制、自动许可、反倾销、反补贴、进出口收付汇核销等措施。

第一节　对外贸易管制概述

一、对外贸易管制的含义及分类

对外贸易管制是指一国政府从国家宏观经济利益、国内外政策需要以及为履行所缔结或加入国际条约的义务出发，对本国的对外贸易活动实施有效管理而实行的各种贸易政策、制度或措施的总称。简称“贸易管制”。它包括以下含义：

（一）贸易管制是一种对外贸易的国家管制

对外贸易是国家经济的重要组成部分，一个国家既要建立与其他国家之间的经济联系，互通有无、互惠互利，又要通过对外贸易管制的各项措施，防止外国产品冲击本国市场而影响本国独立的经济结构，从而使对外贸易能够最大程度地促进本国经济的良性发展。正是基于这样的目的，国家要制定并及时调整对外贸易政策，并按照国际贸易的相关规则建立对外贸易管理制度。

（二）贸易管制是政府的一种强制性行政管理行为

贸易管制主要是由政府部门根据国家对外经贸政策，严格依据国家法律、行政法规的规定来完成的一种行政管理行为，它体现了国家意志并以国家强制力为后盾。贸易管制不仅是各国政府的重要职能，也是国家对外经济政策的具体体现。

（三）贸易管制所涉及的法律制度属于强制性法律范畴

我国对外贸易管制制度是一种综合管理制度，主要由海关监管制度、关税制度、对外贸易经营者的资格管理制度、进出口许可制度、出入境检验检疫制度、进出口货物收付汇管理制度以及贸易救济制度等构成。我国已基本建立并逐步健全起了以《对外贸易法》为核心的对外贸易管理与管制的法律体系来保证各项制度的有效实施。

目前国际上对对外贸易管制通常有三种分类形式：一是按照管理目的分为进口贸易管制和出口贸易管制；二是按照管制手段分为关税措施和非关税措施；三是按照管制对象分为货物进出口贸易管制、技术进出口贸易管制和国际服务贸易管制。本篇重点介绍我国对外贸易管制中有关货物和技术的管制制度、措施以及在执行这些贸易管制措施过程中所涉及报关规范的相关内容。

二、对外贸易管制目的

对外贸易管制是各国政府为保护和促进国内生产、增加出口、限制进口而采取的鼓励或限制措施，或为政治目的对进出口采取禁止或限制的措施。对外贸易管制已成为各国不可或缺的一项重要政府职能，是一个国家对外经济和外交政策的具体体现。我国贸易管制的目的主要表现为：一方面维护对外贸易秩序，促进与发展对外贸易，保障合法贸易的正当权益；另一方面保护民族工业，保障国家经济安全，促进社会主义市场经济建康发展，从而实现国家对外经贸的战略目标。

三、对外贸易管制与海关监管

对外贸易管制是对外贸易的国家管制，任何从事对外贸易活动者都必须无条件予以遵守。国家对外贸易管制的目标是以对外贸易管制法律法规为保障，依靠有效的政府行政管理手段来最终实现的。

（一）海关监管是实现贸易管制的重要手段

我国《对外贸易法》将对外贸易划分为货物进出口、技术进出口和国际服务贸易，而这些贸易，尤其是货物进出口贸易以及以货物为表现形式的技术进出口贸易，都是最终要通过进出境行为来实现的。作为我国进出关境监督管理机关的海关，依据《海关法》所赋予的权力，代表国家在口岸行使进出境监督管理职能，这种特殊的管理职能决定了海关监管是实现贸易管制目标的有效行政管理手段。

海关监管也是贸易管制得以实现的一个重要环节。我国《海关法》规定：“中华人民共和国海关是国家的进出关境监督管理机关。海关依照本法和其他有关法律、行政法规，监管进出境的运输工具、货物、行李物品、邮递物品和其他物品，征收关税和其他税、费，查缉走私，并编制海关统计和办理其他海关业务。”国家贸易管制是通过国家对外贸易主管部门及其他行业主管部门依据国家贸易管制政策发放各类许可证件，最终由海关依据许可证件对实际进出口货物合法性的监督管理来实现的。缺少海关监管这一环节，任何对外贸易管制政策都不可能充分发挥其效力。

贸易管制措施又是海关监管的重要依据。《海关法》第四十条规定：“国家对进出境货物、物品有禁止性或限制性规定的，海关依据法律、行政法规、国务院的规定或者国务院有关部门依据法律、行政法规授权作出的规定实施监管。”该条款不仅赋予了海关对进出口货物依法实施监督管理的权力，还明确了国家对外贸易管制政策所涉及的法律法规，是海关对进出口货物监管工作的法律依据。根据我国行政管理职责分工，与对外贸易管制相关的法律、行政法规、部门规章分别由全国人大、国务院及其所属各部、委（局）负责制定颁发，海关则是贸易管制政策在货物进出口环节的具体执行机关。因此，海关对进出口货物实施监管或制定有关监管程序时，必须以国家贸易管制政策所涉及的法律法规为依据，充分重视这些法律法规与海关实际工作之间的必然联系，以准确贯彻和执行政策作为海关开展各项管理工作的前提和原则，制定合法、高效的海关监督管理程序，充分利用《海关法》赋予的权力，确保国家各项贸易管制目标的实现。

（二）贸易管制目标的实现离不开国家各行政管理部门的通力合作

贸易管制作为一项综合制度，需要建立在国家行政管理部门之间合理分工的基础上，通过各尽其责的通力合作来实现。国家进出口贸易管制政策是通过国家对外贸易主管部门及其他行业主管部门依据国家贸易管制政策发放各类许可证件，最终由海关依据许可证件及其他单证（提单、发票等）对实际进出口货物合法性的监督管理来实现的。

综上所述，海关是国家贸易管制政策的执行者，外贸及其他行业主管部门是相关贸易管制的制定者，而报关则是海关确认进出口货物合法性的先决条件。海关监管是通过对“单”、“证”、“货”这三要素来确认货物进出口的合法性，而这三要素中的“单”和“证”正是通过报关环节中的申报手续向海关递交的。《海关法》第二十四条规定：“进口货物的收货人、出口货物的发货人应当向海关如实申报，交验进出口许可证件和有关单证。国家限制进出口的货物，没有进出口许可证件的，不予放行。”

四、我国贸易管制的基本框架与主要内容

我国对外贸易管制制度是一种综合管理制度，主要由海关监管制度、关税制度、对外贸易经营者的资格管理制度、进出口许可制度、出入境检验检疫制度、进出口货物收付汇管理制度以及贸易救济制度等构成。本篇主要介绍进出口许可制度、对外贸易经营者的资格管理制度、出入境检验检疫制度、进出口货物收付汇管理制度以及贸易救济制度，概括为“证”、“备”、“检”、“核”、“救”五个字。

“证”——即货物、技术进出口的许可。它主要是指进出口许可证件，即法律、行政法规规定的各种具有许可进出口性质的证明、文件。进出口许可证件是我国实行进出口许可制度中的重要内容。进出口许可制度不仅是我国对外贸易管制的核心管理制度，而且是我国对外贸易管制的主要实现方式之一。进出口许可证是货物或技术进出口的证明文件，既是我国贸易管制的最基本手段，同时又是我国有关行政管理机构执行贸易管制与监督的重要依据。此外，国家有关主管部门对于出口文物，进出口黄金及其制品、进口音像制品、进出口濒危野生动植物、进出口药品药材和进口废物等特殊进出口商品的批准文件或许可文件，同样是我国有关职能管理机构执行贸易管制的重要依据。

“备”——即对外贸易经营组织的备案登记。我国对外贸易经营者在从事或参与对外贸易经营活动以前，需按规定向国务院商务主管部门或者其委托的机构办理备案登记。根据我国《对外贸易法》的相关规定，对外贸易经营者未按照规定办理备案登记的，海关不予办理进出口货物的验放手续。

“检”——即商品质量的检验检疫、动植物检疫和国境卫生检疫，简称为“三检”。其基本目的是为了保证进出口商品的质量、保障人民的生命安全健康，我国出入境检验检疫机构依法对进出口的货物实施必要的检验检疫。

“核”——即进出口收、付核销。我国在有关进出口货物的收、付汇管理中，对于实际进出口的货物与技术，实行较为严格的收、付汇核销制度，以达到国家对外汇实行管制，防止偷逃偷套外汇的目的。

“救”——即贸易管制的救济措施。我国在对进出口贸易实行管制过程中根据国际公认的规则所采取的贸易补救措施主要包括反倾销、反补贴和保障措施。根据世界贸易组织的有关部门规定，任何一个世界贸易组织成员都可以为维护自身经济贸易利益，防止或阻止产业受到侵害或损害而采取保护性措施。

五、我国对外贸易管制法律体系

为保障对外贸易管制各项制度的实施，我国已基本建立并逐步健全起了以《对外贸易法》为核心的对外贸易管理与管制的法律体系，并依照这些法律、行政法规、部门规章和我国履行国际公约的有关规定，自主实行对外贸易管制。

由于贸易管制是一种国家管制，其法律渊源不包括地方性法规、地方性规章及各民族自治区政府的地方条例和单行条例，贸易管制所涉及的法律渊源只限于宪法、法律、行政法规、部门规章以及相关的国际条约。

（一）法律

法律是指由国家最高权力机关全国人民代表大会或其常务委员会制定，由国家主席颁布的规范性文件的总称。我国现行的与贸易管制有关的法律主要有《中华人民共和国对外贸易法》、《中华人民共和国海关法》、《中华人民共和国进出口商品检验法》、《中华人民共和国进出境动植物检疫法》、《中华人民共和国固体废物污染环境防治法》、《中华人民共和国国境卫生检疫法》、《中华人民共和国野生动物保护法》、《中华人民共和国药品管理法》、《中华人民共和国文物保护法》、《中华人民共和国食品安全法》等。

（二）行政法规

行政法规是指国务院为了实施宪法和其他相关法律，在自己职权范围内，制定的基本行政管理规范性文件的总和。我国现行的与贸易管制有关的行政法规主要有《中华人民共和国货物进出口管理条例》、《中华人民共和国技术进出口管理条例》、《中华人民共和国进出口关税条例》、《中华人民共和国知识产权海关保护条例》、《中华人民共和国野生植物保护条例》、《中华人民共和国外汇管理条例》、《中华人民共和国反倾销条例》、《中华人民共和国反补贴条例》、《中华人民共和国保障措施条例》等。

（三）部门规章

部门规章是国务院各部门根据法律和国务院的行政法规、决定和命令，在本部门权限范围内发布的规范性文件总和。我国现行的与贸易管制有关的部门规章很多，例如《货物进口许可证管理办法》、《货物出口许可证管理办法》、《货物自动进口许可管理办法》、《出口收汇核销管理办法》、《进口药品管理办法》、《放射性药品管理办法》、《两用物项和技术进出口许可证管理办法》等。

（四）国际条约和协定

由于各国在通过国内立法实施本国进出口贸易管理和管制的各项措施的同时，必然要与其他国家协调立场，确定相互之间在国际贸易活动中的权利与义务关系，以实现其外交政策和对外贸易政策所确立的目标，因此国际贸易条约与协定便成为各国之间确立国际贸易关系立场的重要的法律形式。

我国目前所签订生效的各类国际条约，虽然不属于我国国内法的范畴，但就其效力而言可将其视为我国的法律渊源之一。目前我国所加入或缔结的涉及贸易管制的国际条约主要有：加入世界贸易组织（WTO）所签订的有关双边或多边的各类贸易协定、《京都公约》（《关于简化和协调海关制度的国际公约》）、《华盛顿公约》（《濒危野生动植物种国际贸易公约》）、《关于消耗臭氧层物质的蒙特利尔议定书》、关于麻醉品和精神药物的国际公约、《关于化学品国际贸易资料交流的伦敦准则》、《关于在国际贸易中对某些危险化学品和农药采用事先知情同意程序的鹿特丹公约》、《控制危险废物越境转移及其处置的巴塞尔公约》、

《建立世界知识产权组织公约》等。

第二节　我国货物、技术进出口许可管理制度

进出口许可是国家对进出口的一种行政管理制度，既包括准许进出口有关证件的审批和管理制度本身的程序，也包括以国家各类许可为条件的其他行政管理手续，这种行政管理制度称为进出口许可制度。进出口许可制度作为一项非关税措施，是世界各国管理进出口贸易的一种常见手段，在国际贸易中长期存在，并广泛运用。

货物、技术进出口许可管理制度是我国进出口许可管理制度的主体，是国家对外贸易管制中极其重要的管理制度。其管理范围包括禁止进出口货物和技术、限制进出口货物和技术、自由进出口的技术以及自由进口中部分实行自动许可管理的货物。如图 3. 1 所示。

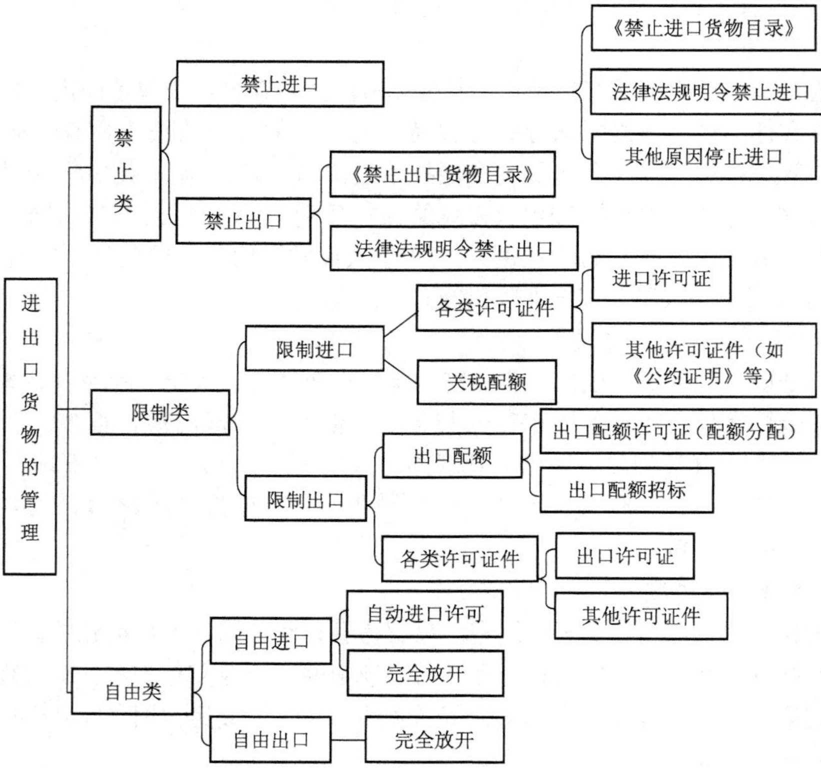

图 3. 1　我国进出口货物管理制度

一、禁止进出口管理

为维护国家安全和社会公共利益，保护人民的生命健康，履行中华人民共和国所缔结或者参加的国际条约和协定，国务院商务主管部门会同国务院有关部门，依照《对外贸易法》的有关规定，制定、调整并公布了禁止进出口货物、技术目录。海关依据国家相关法律法规对禁止进出口目录商品实施监督管理。

（一）禁止进出口货物管理

对列入国家公布的禁止进出口目录以及其他法律、法规明令禁止或停止进出口的货物、技术，任何对外贸易经营者不得经营进出口。

1. 禁止进口货物管理

我国政府明令禁止进口的货物包括：列入由国务院商务主管部门或由其会同国务院有关部门制定的《禁止进口货物目录》的商品，国家有关法律、法规明令禁止进口的商品以及其他各种原因停止进口的商品。

（1）列入《禁止进口货物目录》的商品：

①《禁止进口货物目录》（第一批）是为了保护我国的自然生态环境和生态资源，从我国国情出发，履行我国所缔结或者参加的与保护世界自然生态环境相关的一系列国际条约和协定而发布的。如国家禁止进口属破坏臭氧层物质的四氯化碳、禁止进口属世界濒危物种管理范畴的犀牛角和虎骨等。

②《禁止进口货物目录》（第二批）均为旧机电产品类，是国家对涉及生产安全（压力容器类）、人身安全（电器、医疗设备类）和环境保护（汽车、工程及车船机械类）的旧机电产品所实施的禁止进口管理。

③ 2008 年颁布的《禁止进口固体废物目录》，由原第三、四、五批禁止进口目录补充合并而成，所涉及的是对环境有污染的固体废物类，包括废动物产品，废动植物油脂，矿产品、矿渣、沥青的废料，废药物，杂项化学品废物，废橡胶、皮革，废特种纸，废纺织原料及制品，玻璃废物，金属和含金属废物等。

④《禁止进口货物目录》（第六批），为保护人的健康，维护环境安全，淘汰落后产品，履行《关于在国际贸易中对某些危险化学品和农药采用事先知情同意程序的鹿特丹公约》和《关于持久性有机污染物的斯德哥尔摩公约》而颁布，如长纤维青石棉、二恶英等。

（2）国家有关法律法规明令禁止进口的商品：

① 来自动植物疫情流行的国家和地区的有关动植物及其产品和其他检疫物。

② 动植物病原（包括菌种、毒种等）及其他有害生物、动物尸体、土壤。

③ 带有违反“一个中国”原则内容的货物及其包装。

④ 以氯氟羟物质为制冷剂、发泡剂的家用电器产品和以氯氟羟物质为制冷工质的家用电器用压缩机。

⑤ 滴滴涕、氯丹等。

⑥ 莱克多巴胺和盐酸莱克多巴胺。

⑦ 列入《废弃电器电子产品处理目录（第一批）适用于海关商品编码（2010 年版）（国家发展和改革委员会、海关总署、环境保护部、工业和信息化部联合公告 2010 年第 35 号公布），涉及电视机、电冰箱、洗衣机、房间空气调节器、微型计算机等的 5 类商品。

（3）其他各种原因停止进口的商品：

① 以 CFC－12 为制冷工质的汽车及以 CFC－12 为制冷工质的空调压缩机（含汽车空调器）。

② 旧服装。

③ Ⅷ因子制剂等血液制品。

④ 氯酸钾、硝酸铵。

2. 禁止出口货物管理

我国政府明令禁止出口的货物主要有列入《禁止出口货物目录》的商品和国家有关法律、法规明令禁止出口的商品。

（1）列入《禁止出口货物目录》的商品（目前共5批）

①《禁止出口货物目录》（第一批）是为了保护我国自然生态环境和生态资源，从我国国情出发，履行我国所缔结或者参加的与保护世界自然生态环境相关的一系列国际条约、协定而发布的。如国家禁止出口属破坏臭氧层物质的四氯化碳、禁止出口属世界濒危物种管理范畴的犀牛角和虎骨及麝香，禁止出口有防风固沙作用的发菜和麻黄草等植物。

②《禁止出口货物目录》（第二批）主要是为了保护我国匮乏的森林资源，防止乱砍滥伐而发布的，如禁止出口木炭。

③《禁止出口货物目录》（第三批），为保护人的健康，维护环境安全，淘汰落后产品，履行《关于在国际贸易中对某些危险化学品和农药采用事先知情同意程序的鹿特丹公约》和《关于持久性有机污染物的斯德哥尔摩公约》而颁布，如长纤维青石棉、二噁英等。

④《禁止出口货物目录》（第四批）主要包括硅砂、石英砂及其他天然砂。

⑤《禁止出口货物目录》（第五批），包括无论是否经化学处理过的森林凋落物以及泥炭（草炭）。

（2）国家有关法律、法规明令禁止出口的商品

① 未定名的或者新发现并有重要价值的野生植物；

② 原料血浆；

③ 商业性出口的野生红豆杉及其部分产品；

④ 劳改产品；

⑤ 以氯氟羟物质为制冷剂、发泡剂的家用电器产品和以氯氟羟物质为制冷工质的家用电器用压缩机；

⑥ 滴滴涕、氯丹等；

⑦ 莱克多巴胺和盐酸莱克多巴胺。

（二）禁止进出口技术管理

1. 禁止进口技术管理

根据《对外贸易法》、《技术进出口管理条例》以及《禁止进口、限制进口技术管理办法》的有关规定，国务院商务主管部门会同国务院有关部门制定、调整并公布禁止进口的技术目录。属于禁止进口的技术，不得进口。

目前《中国禁止进口限制进口技术目录》所列明的禁止进口的技术涉及钢铁冶金、有色金属冶金、化工、石油炼制、石油化工、消防、电工、轻工、印刷、医药、建筑材料生产等技术领域。

2. 禁止出口技术管理

根据《对外贸易法》、《技术进出口管理条例》以及《中华人民共和国禁止出口、限制出口技术管理办法》的有关规定，国务院商务主管部门会同国务院有关部门，制定、调整并公布禁止出口的技术目录。属于禁止出口技术的，不得出口。

目前列入《中国禁止出口限制出口技术目录》禁止出口部分的技术包括：畜牧品种的

繁育、微生物肥料、中国特有的物种资源、蚕类品种繁育和蚕茧采集加工利用、水产品种的繁育、绿色植物生长调节剂制造、采矿工程、肉类加工、饮料生产、造纸、焰火爆竹生产、化学合成及半合成咖啡因生产、核黄素生产工艺、中药材资源及生产、中药饮片炮制、化学合成及半合成药物生产、非晶元机非金属材料生产、低维元机非金属材料生产、有色金属冶金、稀土的提炼加工和利用、农用机械制造、航天器测控、航空器设计与制造、集成电路制造、机器人制造、地图制图、书画墨及八宝印泥制造、中国传统建筑、计算机网络、空间数据传输、卫星应用、大地测量、中医医疗等几十项技术。

二、限制进出口管理

为维护国家安全和社会公共利益，保护人民的生命健康，履行中华人民共和国所缔结或者参加的国际条约和协定，国务院商务主管部门会同国务院有关部门，依照《对外贸易法》的规定，制定、调整并公布各类限制进出口货物、技术目录。海关依据国家相关法律法规对限制进出口目录货物、技术实施监督管理。

（一）限制进出口货物管理

国家实行限制进出口管理的货物，必须依照国家有关规定取得国务院商务主管部门或者由其会同国务院有关部门许可，方可进出口。

根据《对外贸易法》第十六条的规定，下列情况下，限制有关货物的进出口行为：

（1）为维护国家安全、社会公共利益或者公共道德，需要限制进口或者出口的；

（2）为保护人的健康或者安全，保护动物、植物的生命或者健康，保护环境，需要限制进口的；

（3）为实施与黄金或者白银进出口有关的措施，需要限制进口或者出口的；

（4）国内供应短缺或者为有效保护可能用竭的自然资源，需要限制进口或者出口的；

（5）输往国家或者地区的市场容量有限，需要限制出口的；

（6）出口经营秩序出现严重混乱，需要限制出口的；

（7）为建立或者加快建立国内特定产业，需要限制进口的；

（8）对任何形式的农业、牧业、渔业产品有必要限制进口的；

（9）为保障国家国际金融地位和国际收支平衡，需要限制进口的；

（10）依照法律、行政法规、部门规章的规定，其他需要限制进口或者出口的；

（11）根据我国缔结或者参加的国际条约、协定的规定，其他需要限制进口或者出口的。

1. 限制进口货物的管理

根据我国《货物进出口管理条例》的规定，对国家已经规定了数量限制的货物实行配额管理。配额管理是国家对限制进出口的商品采取的一种直接数量控制的办法，即对某种商品规定具体的进口或出口数量，超过规定数量则不允许进口或出口。

其他限制进出口货物，实行许可证件管理。此外，对于部分进口货物，实行进口关税配额管理。

自 2005 年起，根据我国加入世界贸易组织时的降税承诺及其具体安排，国家已经取消了对于进口产品的纯粹数量限制规定。

目前，我国限制进口货物管理按照其限制方式划分为许可证件管理和关税配额管理。

（1）许可证件管理。许可证件管理系指在一定时期内根据国内政治、工业、农业、商业、军事、技术、卫生、环保、资源保护等领域需要，以及为履行我国所加入或缔结的有关国际条约规定，以经国家各主管部门签发许可证件的方式来实现各类限制进出口的措施。

许可证件是一个泛指的笼统的说法，不仅包括进出口许可证，而且包括《对外贸易法》、《进出口货物管理条例》以及其他法律、行政法规规定的各种具有许可性质的证明、文件。如两用物项进出口许可证件、濒危物种进出口许可证件、黄金及其制品进出口许可证件等。

国务院商务主管部门或者国务院有关部门在各自的职责范围内，根据国家有关法律法规及国际公约的有关规定签发上述各项管理所涉及的各类许可证件。

① 进出口许可证管理的含义。进出口许可证管理是指商务部或者会同国务院其他有关部门，依法制定并调整进出口许可证管理目录，以签发进出口许可证的形式对该目录商品实行的行政许可管理。

② 进出口许可证主管部门及办理程序。进出口许可证管理属于国家限制进出口管理范畴，分为进口许可证管理和出口许可证管理。商务部是全国进出口许可证的归口管理部门，负责制定进出口许可证管理办法及规章制度，监督、检查进出口许可证管理办法的执行情况，处罚违规行为。商务部会同海关总署制定、调整和发布年度《进口许可证管理货物目录》及《出口许可证管理货物目录》。

商务部统一管理、指导全国各发证机构的进出口许可证签发工作，商务部配额许可证事务局（以下简称许可证局）、商务部驻各地特派员办事处和各省、自治区、直辖市、计划单列市以及商务部授权的其他省会城市商务厅（局）、外经贸委（厅、局）为进出口许可证的发证机构，负责授权范围内签发“中华人民共和国进口许可证”或“中华人民共和国出口许可证”。

进出口许可证是国家管理货物进出口的凭证，不得买卖、转让、涂改、伪造和变造。凡属于进出口许可证管理的货物，除国家另有规定外，对外贸易经营者应当在进口或出口前按规定向指定的发证机构申领进出口许可证，海关凭进出口许可证接受申报或验放。

在组织进出口应证商品前，经营者应事先向主管部门申领进出口许可证，可通过网上和书面两种形式申领。经营者通过网上申领的，应先办理用于企业身份认证的电子钥匙。申请时，登陆许可证局网站（www. licence. org. cn），点击“企业网上申领平台”，选择登陆“出口”或“进口”申领系统，填写许可证申请表等资料，在查询申请审核通过后，打印申请表并签字盖章，然后持申请表等资料到相应的发证机构领取进出口许可证。企业也可以从许可证局网站下载“进口许可证申请表”或“出口许可证申请表”，按要求填写申请表（一式两联）并加盖公章，持申请表及相关资料到相应发证机构办理申领手续。目前，部分发证机构全面实行网上申领方式。

进口许可证是我国进出口许可证管理制度中具有法律效力，用来证明对外贸易经营者经营列入国家进口许可证管理目录商品合法进口的证明文件，是海关验放该类货物的重要依据。

资料卡：中华人民共和国进口货物许可证（2011 年）

2011 年实行进口许可证管理的货物有消耗臭氧层物质和重点旧机电产品共 2 种，总计 132 个 10 位 HS 编码商品。许可证局负责签发重点旧机电产品的进口许可证，地方发证机构负责签发消耗臭氧层物质的进口许可证。在京中央管理企业的进口许可证由许可证局签发。凡属于进口许可证管理的货物，除国家另有规定外，对外贸易经营者应当在进口前按规定向指定的发证机构申领进口许可证，海关凭进口许可证接受申报和验放。

进口许可证的有效期为 1 年，当年有效。特殊情况需要跨年度使用时，有效期最长不得超过次年 3 月 31 日，逾期自行失效，海关不予放行。进口许可证一经签发，不得擅自更改证面内容。如需更改，经营者应当在许可证有效期内提出更改申请，并将许可证交回原发证机构，由原发证机构重新换发许可证。

进口许可证管理实行“一证一关”（“一证一关”指进口许可证只能在一个海关报关）管理。一般情况下，进口许可证为“一批一证”（“一批一证”指进口许可证在有效期内一次报关使用）。如要实行“非一批一证”（“非一批一证”指进口许可证在有效期内可多次报关使用），应当同时在进口许可证备注栏内打印“非一批一证”字样，但最多不超过 12 次，由海关在许可证背面“海关验放签注栏”内逐批签注核减进口数量。对进口实行许可证管理的大宗、散装货物，报关进口的溢装数量不得超过进口许可证所列进口数量的 5%，原油、成品油溢装数量不得超过进口许可证所列进口数量的 3%。对实行“非一批一证”制的大宗、散装货物，在每批货物进口时，按其实际进口数量进行核扣，最后一批进口货物进口时，其溢装数量按该许可证实际剩余数量并在规定的溢装上限 5%（原油、成品油溢装上限 3%）内计算。

（当年度进口许可证管制商品请参见中华人民共和国商务部网站，网址 http://www.mofcom.gov.cn）

（2）关税配额管理。关税配额管理是指一定时期内（一般是 1 年），国家对部分商品的进口制定配额优惠税率并规定该商品进口数量总额，在限额内，经国家批准后允许按照配额内税率征税进口，如超出限额则按照配额外税率征税进口的措施。一般情况，配额税率优惠幅度很大，甚至相差几十倍。国家通过这种行政管理手段对一些重要商品以规定配额税率这个成本杠杆来实现限制进口的目的，因此关税配额管理是一种相对数量的限制。根据我国《货物进出口管理条例》的规定，实行关税配额管理的进口货物，其目录由国务院商务主管部门会同国务院有关经济管理部门共同制定、调整并公布，目前，我国关税配额管理仅针对限制进口的部分货物。企业进口属于关税配额管理的商品时持国家相关部门发放的关税配额证明报关，海关按配额内税率征税，否则按配额外税率征税。

① 实施关税配额管理的农产品。农产品进口关税配额为全球关税配额，其国家主管部门为商务部及国家发展改革委员会，所有贸易方式进口上述农产品均列入关税配额管理范

围。海关凭商务部、国家发展改革委员会各自授权机构向最终用户发放的，并加盖“商务部农产品进口关税配额证专用章”或“国家发展改革委员会农产品进口关税配额证专用章”的“农产品进口关税配额证”办理验放手续。其中，以加工贸易方式进口上述农产品，海关凭企业提交的在“贸易方式”栏目中注明“加工贸易”的进口关税配额证办理通关验放手续。由境外进入保税仓库、保税区、出口加工区的上述农产品，不需提交“农产品进口关税配额证”，海关按现行规定验放并实施监管。从保税仓库、保税区、出口加工区出库或出区进口的关税配额农产品，海关凭进口关税配额证按规定办理进口手续。

“农产品进口关税配额证”实行“一证多批”制，即最终用户需分多批进口的，凭“农产品进口关税配额证”可多次办理通关手续，直至海关核注栏填满为止。“农产品进口关税配额证”有效期为每年 1 月 1 日至当年 12 月 31 日，如需要延期，应向原发证机构申请换证，但延期最迟不得超过下一年度的 2 月底。进口关税配额证证面内容不得更改，如需更改，应到发证部门焕发新证。

“农产品进口关税配额”的申请期为每年 10 月 15 日至 30 日（凭合同先来先领分配方式除外）。商务部、国家发展改革委员会分别于申请期前 1 个月在《国际商报》、《中国经济导报》以及商务部网站、国家发展改革委员会网站上公布每种农产品下一年进口关税配额总量、关税配额申请的具体条件及国务院关税税则委员会确定的关税配额农产品税则号列和适用税率。其中食糖、羊毛、毛条由商务部公布并由商务部授权机构负责受理本地区内申请；小麦、玉米、大米、棉花由国家发展改革委员会公布并由发展改革委员会授权机构负责本地区内的申请。

农产品进口关税配额将根据申请者的申请数量和以往进口实绩、生产能力、其他相关商业标准或根据先来先领的方式进行分配。分配的最小数量将以每种商品商业上可行的装运量确定。商务部、国家发展改革委员会在每年 1 月 1 日前通过各自授权机构向最终用户发放“农产品进口关税配额证”，并分别加盖“商务部农产品进口关税配额证专用章”或“国家发展改革委员会农产品进口关税配额证专用章”。

② 实施关税配额管理的工业品。化肥进口关税配额为全球配额，商务部负责全国化肥关税配额管理工作。商务部的化肥进口关税配额管理机构负责管辖范围内化肥进口关税配额的发证、统计、咨询和授权工作。关税配额内化肥进口时，海关凭进口单位提交的“化肥进口关税配额证明”，按配额内税率征税，并验放货物。

商务部负责在化肥进口关税配额总量内，根据国民经济综合平衡及资源合理配置的要求，对化肥进口关税配额进行分配。凡在中华人民共和国工商行政管理部门登记注册的企业（简称申请单位），在其经营范围内均可向所在地区的授权机构申请化肥进口关税配额。商务部于每年的 9 月 15 日至 10 月 14 日公布下一年度的关税配额数量。申请单位应当在每年的 10 月 15 日至 10 月 30 日向商务部提出化肥关税配额的申请。商务部根据各地区生产和市场需求，并参考申请单位以往的进口实绩（申请单位的生产能力、经营规模、销售状况）、以往分配的配额是否得到充分使用、新的进口经营者的申请情况、申请配额的数量情况等因素，于每年 12 月 31 日前将化肥关税配额分配到进口用户。

资料卡：中华人民共和国进口关税配额管理（2011年）

2011年我国实施进口关税配额管理的农产品有小麦、稻谷和大米、玉米、棉花、食糖、羊毛及毛条；实施进口关税配额管理的工业品有尿素、磷酸氢二铵、复合肥等3种农用肥料，共8类45个税目的商品。如表3.1所示。

表3.1　　2011年部分关税配额农产品进口税率表

序号	商品类别	税则号列	普通税率（%）	最惠国税率（%）	关税配额税率（%）
1	小麦	10011000	180	65	1
2	玉米	10051000	180	20	1
3	稻谷和大米	10061011	180	65	1
4	糖	17011100	125	50	15
5	羊毛	51011100	50	38	1
6	毛条	51051000	50	38	3

2. 限制出口货物管理

对于限制出口货物管理，《货物进出口管理条例》规定：国家规定有数量限制的出口货物，实行配额管理；其他限制出口货物，实行许可证件管理。实行配额管理的限制出口货物，由国务院商务主管部门和国务院有关经济管理部门按照国务院规定的职责划分进行管理。

目前，我国货物限制出口按照其限制方式划分为出口配额限制、出口非配额限制。

（1）出口配额限制。出口配额限制系指在一定时期内为建立公平竞争机制、增强我国商品在国际市场的竞争力、保障最大限度的收汇，保护我国产品的国际市场利益，国家对部分商品的出口数量直接加以限制的措施。在我国出口配额限制有两种管理形式，即出口配额许可证管理和出口配额招标管理。

① 出口配额许可证管理。出口配额许可证管理是国家对部分商品的出口，在一定时期内（一般是1年）规定数量总额，经国家批准获得配额的允许出口，否则不准出口的实行配额管理措施。出口配额许可证管理是国家通过行政管理手段对一些重要商品以规定绝对数量的方式来实现限制出口的目的。

出口配额许可证管理是通过直接分配的方式，由国务院商务主管部门或者国务院有关部门在各自的职责范围内根据申请者需求结合其进出口实绩、能力等条件，按照效益、公正、公开和公平竞争的原则进行分配。国家各配额主管部门对经申请有资格获得配额的申请者发放各类配额证明。

申请者取得配额证明后，到国务院商务主管部门及其授权发证机关，凭配额证明申领出口许可证。

② 出口配额招标管理。配额招标管理是国家对部分商品的出口，在一定时期内（一般

是 1 年）规定数量总额，采取招标分配的原则，经招标获得配额的允许出口，否则不准出口的配额管理措施。出口配额招标管理也是国家通过行政管理手段对一些重要商品以规定绝对数量的方式来实现限制出口的目的。

国家各配额主管部门对中标者发放各类配额证明，中标者取得配额证明后，到国务院商务主管部门及其授权发证机关，凭配额证明申领出口许可证，海关凭许可证验放。

（2）出口非配额限制。出口非配额限制系指在一定时期内根据国内政治、军事、技术、卫生、环保、资源保护等领域需要，以及为履行我国所加入或缔结的有关国际条约规定，以经国家各主管部门签发许可证件的方式来实现的各类限制出口措施。目前，我国非配额限制管理主要包括出口许可证、濒危物种、敏感物项出口以及军品出口等许可管理。

出口许可证是我国进出口许可证管理制度中具有法律效力，用来证明对外贸易经营者经营列入国家出口许可证管理目录商品合法出口的证明文件，是海关验放该类货物的重要依据。

资料卡：中华人民共和国出口货物许可证（2011 年）

2011 年实行出口许可证管理的商品有 49 种（625 个 10 位 HS 编码），分别实行出口配额许可证、出口配额招标和出口许可证管理。

1. 实行出口配额许可证管理的货物

玉米、大米、小麦、玉米粉、大米粉、小麦粉、棉花、锯材、活牛（对港澳）、活猪（对港澳）、活鸡（对港澳）、煤炭、焦炭、原油、成品油、稀土、锑及锑制品、钨及钨制品、锌矿砂、锡及锡制品、白银、铟及铟制品、钼、磷矿石。

2. 实行出口配额招标的货物

蔺草及蔺草制品、碳化硅、滑石块（粉）、轻（重）烧镁、矾土、甘草及甘草制品。

3. 实行出口许可证管理的货物

活牛（对港澳以外市场）、活猪（对港澳以外市场）、活鸡（对港澳以外市场）、冰鲜牛肉、冻牛肉、冰鲜猪肉、冻猪肉、冰鲜鸡肉、冻鸡肉、消耗臭氧层物质、石蜡、锌及锌基合金、部分金属及制品、铂金（以加工贸易方式出口）、汽车（包括成套散件）及其底盘、摩托车（含全地形车）及其发动机和车架、天然砂（其中天然砂对港、澳、台出口实行出口许可证管理，对其他国家或地区则禁止出口；标准砂实行全球出口许可证管理）、钼制品、柠檬酸、维生素 C、青霉素工业盐、硫酸二钠。

其中，玉米、小麦、棉花、煤炭、原油、成品油等 6 类商品的出口许可证，由配额许可证事务局签发；大米、玉米粉、小麦粉、大米粉、锯材、活牛、活猪、活鸡、焦炭、稀土、锑及锑制品、锌矿砂、锡及锡制品、白银、铟及铟制品、钼、磷矿石，蔺草及蔺草制品、碳化硅、滑石块（粉）、轻（重）烧镁、矾土、甘草及甘草制品，冰鲜牛肉、冻牛肉、冰鲜猪肉、冻猪肉、冰鲜鸡肉、冻鸡肉、铂金（以加工贸易方式出口）、天然砂（含标准砂）等32类商品的出口许可证，由各地特派员办事处签发；消耗臭氧层物质、石蜡、锌及锌基合金、部分金属及制品、汽车（包括成套散件）及其、摩托车（含全地形车）及其发动机和车架、钼制品、柠檬酸、青霉素工业盐、维生素C、硫酸二钠等11类商品的出口许可证，由各地发证机构签发。

出口许可证的有效期最长不得超过6个月，且有效期截止时间不得超过当年12月31日。出口许可证应当在有效期内使用，逾期自行失效。商务部可视具体情况，调整某些货物出口许可证的有效期。

出口许可证一经签发，不得擅自更改证面内容。如需更改，经营者应当在许可证有效期内将许可证退回原发证机构，重新申领出口许可证。

出口许可证管理实行“一证一关”制、“一批一证”制和“非一批一证”制。实行“非一批一证”制的，签发出口许可证时，应在许可证备注栏内打印“非一批一证”字样，但最多不超过12次，由海关在许可证背面“海关验放签注栏”内逐批签注核减出口数量。实行“非一批一证”管理的货物包括外商投资企业出口货物、加工贸易方式出口货物、补偿贸易项下出口货物、大米、玉米、小麦、活牛、活猪、活鸡、牛肉、猪肉、鸡肉、原油、成品油、煤炭、汽车（包括成套散件）及其底盘、摩托车（含全地形车）及其发动机和车架。报关出口的大宗、散装货物，溢装数量在货物总量的3%以内的原油、成品油予以免证，其他货物在出口许可证所列数量的5%以内的予以免证；对实行“非一批一证”制的大宗、散装货物，在每批货物出口时，按其实际出口数量进行核扣，最后一批出口货物出口时，应按该许可证实际剩余数量的溢装上限，即5%（原油、成品油为3%）内计算免证数额。

凡列入禁止出口、出口配额许可证、出口许可证管理货物，因添加、混合其他成分，或仅简单加工导致商品编号改变的，仍需按照原海关商品编号的管理方式进行管理；凡申报出口的商品成分中含有（添加或混合）禁止出口、出口配额许可证、出口许可证管理的商品（贵金属超过2%，其他超过10%）的，须按含有禁止出口、出口配额许可证、出口许可证管理的商品的管理方式进行管理。

（当年度出口许可证管制商品请参见中华人民共和国商务部网站，网址 http://www.mofcom.gov.cn）

（二）限制进出口技术管理

1. 限制进口技术管理

限制进口技术实行目录管理。根据《对外贸易法》、《技术进出口管理条例》以及《禁止进口限制进口技术管理办法》的有关规定，国务院商务主管部门会同国务院有关部门，制定、调整并公布限制进口的技术目录。属于目录范围的限制进口的技术，实行许可证管理，未经国家许可，不得进口。

进口属于限制进口的技术，应当向国务院商务主管部门提出技术进口申请，国务院商务主管部门收到技术进口申请后，应当会同国务院有关部门对申请进行审查，技术进口申请经批准的，由国务院商务主管部门发给《中华人民共和国技术进口许可意向书》，进口经营者取得技术进口许可意向书后，可以对外签订技术进口合同。进口经营者签订技术进口合同后，应当向国务院商务主管部门申请技术进口许可证。经审核符合发证条件的，由国务院商务主管部门颁发“中华人民共和国技术进口许可证”，凭以向海关办理进口通关手续。

目前，列入《中国禁止进口限制进口技术目录》中属限制进口的技术包括生物技术、化工技术、石油炼制技术、石油化工技术、生物化工技术和造币技术等。

经营限制进口技术的经营者在向海关申报进口手续时必须主动递交技术进口许可证，否则经营者将承担为此而造成的一切法律责任。

2. 限制出口技术管理

根据《对外贸易法》、《技术进出口管理条例》、《中华人民共和国生物两用品及相关设备和技术出口管制条例》、《中华人民共和国核两用品及相关技术出口管制条例》、《中华人民共和国导弹及相关物项和技术出口管制条例》、《中华人民共和国核出口管制条例》以及《禁止出口限制出口技术管理办法》等有关规定，限制出口技术实行目录管理，国务院商务主管部门会同国务院有关部门，制定、调整并公布限制出口的技术目录。属于目录范围的限制出口的技术，实行许可证管理；未经国家许可，不得出口。

我国目前限制出口技术目录主要有《两用物项和技术出口许可证管理目录》以及《中国禁止出口限制出口技术目录》等，涉及农、林、牧、渔、农副食品加工制造、饮料制造、纺织、造纸、化学原料制造、医药制造、橡胶制品业、金属冶炼及压延、非金属矿物制品业、金属制品业、通用及专用设备制造、电气机械及器材制造等几十个行业领域的上百项技术。出口属于上述限制出口的技术，应当向国务院商务主管部门提出技术出口申请，国务院商务主管部门经审核批准向申请者发放各类技术出口许可证件凭以向海关办理出口通关手续。

出口属于上述限制出口的技术，应当向国务院商务主管部门提出技术出口申请，国务院商务主管部门经审核批准向申请者发放各类技术出口许可证件凭以向海关办理出口通关手续。

经营限制出口技术的经营者在向海关申报出口手续时必须主动递交相关技术出口许可证件，否则经营者将承担为此而造成的一切法律责任。

三、自由进出口管理

除上述国家禁止、限制进出口货物、技术外的其他货物，均属于自由进出口范围。自由进出口货物、技术的进出口不受限制。但基于监测进出口情况的需要，国家对部分属于自由进出口的货物实行自动进出口许可管理，对自由进出口的技术实行技术进出口合同登记管理。

（一）货物自动进出口许可管理

1. 自动进口许可管理

自动进口许可管理是在任何情况下对进口申请一律予以批准的进口许可制度。这种进口许可实际上是一种在进口前的自动登记性质的许可制度，通常用于国家对这类货物的统计和监督目的，是我国进出口许可管理制度中的重要组成部分，也是目前被各国普遍使用的一种进口管理制度。自动进口许可制度是一种事前统计，与海关的统计相比，具有预知和预警功能。

进口属于自动进口许可管理的货物，进口经营者应当在办理海关报关手续前，向国务院商务主管部门或者国务院有关经济管理部门提交自动进口许可申请；进口经营者凭国务院商务主管部门或者国务院有关经济管理部门发放的自动进口许可证明，向海关办理报关手续。

商务部授权配额许可证事务局，商务部驻各地特派员办事处，各省、自治区、直辖市、计划单列市商务（外经贸）主管部门以及地方机电产品进出口机构负责自动进口许可货物管理和自动进口许可证的签发工作。目前涉及的管理目录是商务部公布的《自动许可管理货物目录》，对应的许可证件为“中华人民共和国自动进口许可证”（以下简称“自动进口许可证”）。

自动进口许可证是我国自动进口制度中具有法律效力，用来证明对外贸易经营者经营某些商品合法进口的证明文件，是海关验放该类货物的重要依据。

资料卡：中华人民共和国自动进口许可证（2011 年）

一、适用范围

2011 年实行自动进口许可管理的商品包括非机电产品、机电产品（包括旧机电产品）两大类，分目录一（非机电产品）、目录二（机电产品）、目录三（旧机电产品）3 个目录的形式分别进行管理。

二、自动进口许可证管理的贸易类别范围

进口列入自动进口许可管理目录的商品，在办理报关手续须向海关提交自动进口许可证，但下列情形免交：

（1）加工贸易项下进口并复出口的（原油、成品油除外）。

（2）外商投资企业作为投资进口或者投资额内生产自用的（旧机电产品除外）。

（3）货样广告品、试验品进口，每批次价值不超过 5000 元人民币的。

（4）暂时进口的海关监管货物。

（5）进入保税区、出口加工区等海关特殊监管区域及进入保税仓库、保税物流中心的属自动进口许可管理的货物。

（6）加工贸易项下进口的不作价设备监管期满后留在原企业使用的。

（7）国家法律、法规规定其他免领自动进口许可证的。

三、办理程序

进口属于自动进口许可管理的货物，收货人在办理海关报关手续前，应向所在地或相应的发证机构提交自动进口许可证申请，并取得自动进口许可证。其中属于法律法规规定应当招标采购的，收货人应当依法招标。收货人申请自动进口许可证，应当提交其从事货物进出口的资格证书、备案登记文件或者外商投资企业批准证书（以上证书、文件仅限公历年度内初次申领者提交），自动进口许可证申请表，货物进口合同（属于委托代理进口的，应当提交委托代理进口协议正本）。对进口货物用途或者最终用户法律法规有特定规定的，应当提交进口货物用途或者最终用户符合国家规定的证明材料，针对不同商品在管理目录中列明的应当提交的材料，商务部规定的其他应当提交的材料。同时收货人应当对所提交材料的真实性负责，并保证其有关经营活动符合国家法律规定。

收货人可以直接向发证机构书面申请《自动进口许可证》，也可以通过网上申请。其中书面申请的，收货人可以到发证机构领取或者从相关网站下载《自动进口许可证申请表》（可复印）等有关材料，按要求如实填写，并采用送递、邮寄或者其他适当方式，与其他材料一并递交发证机构。采取网上申请的，收货人应当先到发证机构申领用于企业身份认证的电子钥匙。申请时，登录相关网站，进入相关申领系统，按要求如实在线填写《自动进口许可证申请表》等资料。同时向发证机构提交本办法规定的有关材料。

申请内容正确且形式完备的，发证机构收到后应当予以签发《自动进口许可证》，最多不超过10个工作日。收货人已申领的《自动进口许可证》，如未使用，应当在有效期内交回原发证机构，并说明原因。发证机构对收货人交回的《自动进口许可证》予以撤销。《自动进口许可证》如有遗失，收货人应当立即向原发证机构以及自动进口许可证证面注明的进口口岸地海关书面报告挂失。原发证机构收到挂失报告后，经核实无不良后果的，予以重新补发。《自动进口许可证》自签发之日起1个月后未领证的，发证机构可予以收回并撤销。

四、报关规范

（1）自动进口许可证有效期为6个月，仅限公历年度内有效。

（2）自动进口许可证项下货物原则上实行"一批一证"管理，对部分货物也可实行"非一批一证"管理，对实行"非一批一证"管理的，在有效期内可以分批累计使用不得超过6次；海关在自动进口许可证原件"海关验放签注栏"内批注后，海关留存复印件，最后一次使用后，海关留存正本。同一进口合同项下，收货人可以申请并领取多份自动进口许可证。

（3）海关对散装货物溢短装数量在货物总量正负5%以内予以免证验放；对原油、成品油、化肥、钢材四种大宗散装货物溢短装数量在货物总量正负3%以内予以免证验放。对"非一批一证"进口实行自动进口许可管理的大宗散装商品，每批货物进口时，按其实际进口数量核扣自动进口许可证额度数量；最后一批货物进口时，其溢装数量按该自动进口许可证实际剩余数量并在规定的允许溢装上限内计算。

2. 自动出口许可管理

商务部是自动出口许可的管理机关，根据监测货物出口情况的需要，对部分自由出口货物实行自动出口许可管理。

我国曾于2005年3月1日临时对输往美国、欧盟等国家和地区的部分纺织品实施出口自动许可。

（二）技术进出口合同登记管理

进出口属于自由进出口的技术，应当向国务院商务主管部门或者其委托的机构办理合同备案登记。国务院商务主管部门应当自收到规定的文件之日起3个工作日内，对技术进出口合同进行登记，颁发技术进出口合同登记证，申请人凭技术进出口合同登记证，办理外汇、银行、税务、海关等相关手续。

资料卡：特殊货物的进出境管理

一、进口废物管理

这里所称的“废物”系指《中华人民共和国固体废物污染环境防治法》管理范围内的废物，即在生产建设、日常生活和其他活动中产生的污染环境的固态、半固态废弃物质。包括：工业固体废物（指在工业、交通等生产活动中产生的固体废物）、城市生活垃圾（指在城市日常生活中或者为城市日常生活提供服务的活动中产生的固体废物以及法律、行政法规规定视为城市生活垃圾的固体废物）、危险废物（指列入国家危险废物名录或者根据国家规定的危险废物鉴别标准和鉴别方法认定的具有危险特性的废物）以及液态废物和置于容器中的气态废物。

（一）含义

进口废物管理是国务院环境保护行政主管部门根据《固体废物污染环境防治法》和《废物进口环境保护管理暂行规定》等法律法规，对进口废物的禁止、限制以及自动许可措施的总和。

（二）主管部门及办理程序

为了防治固体废物污染环境，保障人体健康，促进社会主义现代化建设的发展，国家禁止进口不能用作原料的固体废物，对进口可以用作原料的固体废物实行限制管理。国家环境保护部是进口废物的国家主管部门，会同国务院商务主管部门制定、调整并公布《限制进口类可用作原料的废物目录》及《自动进口许可管理类可用作原料的废物目录》，对未列入上述两个目录的固体废物禁止进口。

进口可用作原料的废物的办理程序为：废物进口单位或者废物利用单位直接向国家环境保护部提出废物进口申请，由国家环境保护部审查批准，取得国家环境保护部签发的“中华人民共和国限制进口类可用作原料的固体废物进口许可证”或“中华人民共和国自动许可进口类可用作原料的固体废物进口许可证”（以下统称为废物进口许可证）后才可组织进口。进口废物运抵口岸后，口岸检验检疫机构凭国家环境保护部签发的废物进口许可证及其他必要单证受理报验，经审核未发现不符合环境保护要求的，向报验人出具入境货物通关单，海关凭有效废物进口许可证及入境货物通关单办理通关手续。对不符合环境保护要求的，向报验人出具检验证书并及时以检验证书副本通知口岸海关和当地环保部门，海关会同地方环保部门对废物依法处理。

（三）适用范围

废物进口许可证是我国进出口许可管理制度中具有法律效力，用来证明对外贸易经营者经营列入《限制进口类可用作原料的废物目录》及《自动进口许可管理类可用作原料的废物目录》的废物合法进口的证明文件，是海关验放货物的重要依据。不论以何种方式进口列入上述管理范围的废物，均须事先申领废物进口许可证。

（四）报关规范

(1) 向海关申报进口列入《限制进口类可用作原料的废物目录》和《自动进口许可管理类可用作原料的废物目录》的废物，报关单位应主动向海关提交有效的废物进口许可证及口岸检验检疫机构出具的入境货物通关单及其他有关单据。

（2）对未列入《限制进口类可用作原料的废物目录》及《自动进口许可管理类可用作原料的废物目录》或虽列入上述目录但未取得有效废物进口许可证的废物一律不得进口和存入保税仓库。

（3）废物进口许可证实行“非一批一证”管理。

（4）进口的废物不能转关（废纸除外），只能在口岸海关办理申报进境手续。

二、野生动植物种进出口管理

野生动植物是人类的宝贵自然财富。挽救珍稀濒危动植物种，保护、发展和合理利用野生动植物资源，对维护自然生态平衡，开展科学研究，发展经济、文化、教育、医药、卫生等事业有着极其重要的意义。为此，我国颁布了如《中华人民共和国森林法》、《中华人民共和国野生动物保护法》以及《中华人民共和国野生植物保护条例》等相关法律法规并颁布了我国物种保护目录，同时，我国也是《濒危野生动植物种国际贸易公约》的成员国。因此，我国进出口管理的濒危物种包括《濒危野生动植物种国际贸易公约》成员国（地区）应履行保护义务的物种以及为保护我国珍稀物种而自主保护的物种。我国依法对上述物种实施管理。

（一）含义

野生物种进出口管理是指国家濒危物种进出口管理办公室会同国家其他部门，依法制定或调整《进出口野生动植物种商品目录》并以签发“濒危野生动植物种国际贸易公约允许进出口证明书”（以下简称“公约证明”）、“中华人民共和国濒危物种进出口管理办公室野生动植物允许进出口证明书”（以下简称“非公约证明”）或“非《进出口野生动植物种商品目录》物种证明”（以下简称“物种证明”）的形式，对该目录列明的依法受保护的珍贵、濒危野生动植物及其产品实施的进出口限制管理。

凡进出口列入《进出口野生动植物种商品目录》的野生动植物或其产品，必须严格按照有关法律、行政法规的程序进行申报和审批，并在进出口报关前取得国家濒管办或其授权的办事处签发的“公约证明”、“非公约证明”或“物种证明’后，向海关办理进出口手续。2011 年列入进口野生动植物种商品目录管理的共有 562 个 10 位商品编码；列入出口野生动植物种商品目录管理的共有 624 个 10 位编码商品。

（二）适用范围及报关规范

1. 非公约证明

非公约证明是我国进出口许可管理制度中具有法律效力，用来证明对外贸易经营者经营列入《进出口野生动植物种商品目录》中属于我国自主规定管理的野生动植物及其产品合法进出口的证明文件，是海关验放该类货物的重要依据。

（1）适用范围。用于列入《进出口野生动植物种商品目录》中属于我国自主规定管理的野生动植物及其产品的进出口通关；不论以何种方式进出口列入上述管理范围的野生动植物及其产品，均须事先申领非公约证明。

（2）报关规范：

① 向海关申报进出口列入《进出口野生动植物种商品目录》中属于我国自主规定管理的野生动植物及其产品，报关单位应主动向海关提交有效的非公约证明及其他

有关单据。

② 非公约证明实行“一批一证”制度。

2. 公约证明

公约证明是我国进出口许可管理制度中具有法律效力，用来证明对外贸易经营者经营列入《进出口野生动植物种商品目录》中属于《濒危野生动植物种国际贸易公约》成员国（地区）应履行保护义务的物种合法进出口的证明文件，是海关验放该类货物的重要依据。

（1）适用范围。用于列入《进出口野生动植物种商品目录》属于《濒危野生动植物种国际贸易公约》成员国（地区）应履行保护义务的物种的进出口通关；不论以何种方式进出口列入上述管理范围的野生动植物及其产品，均须事先申领公约证明。

（2）报关规范：

① 向海关申报进出口列入《进出口野生动植物种商品目录》中属于《濒危野生动植物种国际贸易公约》成员国（地区）应履行保护义务的物种，报关单位应主动向海关提交有效的公约证明及其他有关单据。

② 公约证明实行“一批一证”制度。

3. 物种证明

由于受濒危管理的动植物种很多，认定工作的专业性很强，为使濒危物种进出口监管工作做到既准确又严密，海关总署和濒危物种进出口管理办公室共同商定，对海关无法认定的，由濒危物种进出口管理办公室指定机构进行认定并出具非物种证明，报关单位凭以办理报关手续。

（1）适用范围。对于进出口列入《进出口野生动植物种商品目录》中适用“公约证明”、“非公约证明”管理的《濒危野生动植物种国际贸易公约》附录及国家重点保护野生动植物以外的其他列入商品目录的野生动植物及相关货物或物品和含野生动植物成分的纺织品，均须事先申领“物种证明”。

（2）报关规范：

①“物种证明”由国家濒危物种管理办公室统一按确定的格式制作，不得转让或倒卖。证面不得涂改、伪造。

②“物种证明”分为“一次使用”和“多次使用”两种。一次使用的“物种证明”有效期自签发之日起不得超过 6 个月。多次使用的“物种证明”只适用于同一物种、同一货物类型、在同一报关口岸多次进出口的野生动植物。多次使用的“物种证明”有效期截至发证当年 12 月 31 日。持证者须于 1 月 31 日之前将上一年度使用多次“物种证明”进出口有关野生动植物标本的情况汇总上报发证机关。

③ 进出口企业必须按照“物种证明”规定的口岸、方式、时限、物种、数量和货物类型等进出口野生动植物。对于超越“物种证明”中任何一项许可范围的申报行为，海关均不予受理。

④ 海关对经营者进出口列入《进出口野生动植物种商品目录》的商品以及含野生动植物成分的纺织品是否为濒危野生动植物种提出质疑的，经营者应按海关的要求，向国家濒危物种管理办公室或其办事处申领“物种证明”；属于“公约证明”或“非公约证明”管理范围的，应申领“公约证明”或“非公约证明”。经营者未能出具证明书或“物种证明”的，海关不予办理有关手续。

⑤ 对进出境货物或物品包装或说明中标注含有商品目录所列野生动植物成分的，经营者应主动、如实向海关申报，海关按实际含有该野生动植物的商品进行监管。

三、进出口药品管理

（一）含义

进出口药品管理是指为加强对药品的监督管理，保证药品质量，保障人体用药安全，维护人民身体健康和用药合法权益，国家食品药品监督管理局依照《中华人民共和国药品管理法》、有关国际公约以及国家其他法规，对进出口药品实施监督管理的行政行为。

（二）主管部门及管理形式

我国对进出口药品管理是我国进出口许可管理制度的重要组成部分，属于国家限制进出口管理范畴，实行分类和目录管理。进出口药品从管理角度可将其分为进出口麻醉药品、进出口精神药品以及进口一般药品。国家食品药品监督管理局会同国务院商务主管部门对上述药品依法制定并调整管理目录，以签发许可证件的形式对其进出口加以管制。

目前我国公布的药品进出口管理目录有：《进口药品目录》和《生物制品目录》、《精神药品管制品种目录》、《麻醉药品管制品种目录》、《兴奋剂目录》。

2011 年列入进口药品管理目录的共有 190 个 10 位编码商品；列入精神药品进出口准许证管理目录的共有 85 个 10 位编码商品；列入麻醉药品进出口准许证管理目录的共有 58 个 10 位编码商品；列入兴奋剂管理目录的共有 87 个 10 位编码商品；列入进口兽药管理目录的共有 12 个 10 位商品编码。

药品必须经由国务院批准的允许药品进口的口岸进口。目前，允许进口药品的口岸城市共 19 个，即北京、天津、上海、大连、青岛、成都、武汉、重庆、厦门、南京、杭州、宁波、福州、广州、深圳、珠海、海口、西安、南宁。

（三）适用范围及报关规范

1. 精神药品进出口准许证

精神药品进出口准许证是我国进出口精神药品管理批件，国家食品药品监督管理局依据《药品管理法》和国务院《精神药品管理办法》以及有关国际条约，对进出口直接作用于中枢神经系统，使之兴奋或抑制，连续使用能产生依赖性的药品，制定和调整《精神药品管制品种目录》并以签发“精神药品进口准许证”及“精神药品出口准许证”的形式对该目录商品实行进出口限制管理。

精神药品进出口准许证是我国进出口许可管理制度中具有法律效力，用来证明对外贸易经营者经营列入《精神药品管制品种目录》管理药品合法进出口的证明文件，是海关验放该类货物的重要依据。

《精神药品管制品种目录》所列药品进出口时，货物所有人或其合法代理人在办理进出口报关手续前，均须取得国家食品药品监督管理局核发的精神药品进出口准许证向海关办理报关手续。海关凭上述单证办理验放手续。

（1）适用范围：

① 进出口列入《精神药品管制品种目录》的药品，包含精神药品标准品及对照品，涉及包括咖啡因、去氧麻黄碱及盐等。对于列入《精神药品管制品种目录》的药品可能存在的盐、酯、醚，虽未列入该目录，但仍属于精神药品管制范围。

② 任何单位以任何贸易方式进出口列入上述范围的药品，不论用于何种用途，均须事先申领精神药品进出口准许证。

（2）报关规范：

① 向海关申报进出口列入《精神药品管制品种目录》中的药品，报关单位应主动向海关提交有效的精神药品进出口准许证及其他有关单据。

② 精神药品的进出口准许证仅限在该证注明的口岸海关使用，并实行“一批一证”制度，证面内容不得自行更改，如需更改，应到国家食品药品监督管理局办理换证手续。

2. 麻醉药品进出口准许证

麻醉药品进出口准许证是我国进出口麻醉药品管理批件，国家药品监督管理部门依据《药品管理法》和国务院《麻醉药品管理办法》以及有关国际条约，对进出口连续使用后易使身体产生依赖性、能成瘾癖的药品，制定和调整《麻醉药品管制品种目录》，并以签发“麻醉药品进口准许证”或“麻醉药品出口准许证”的形式对该目录商品实行进出口限制管理。

麻醉药品进出口准许证是我国进出口许可管理制度中具有法律效力，用来证明对外贸易经营者经营列入《麻醉药品管制品种目录》管理药品合法进出口的证明文件，是海关验放该类货物的重要依据。

《麻醉药品管制品种目录》所列药品进出口时，货物所有人或其合法代理人在办理进出口报关手续前，均须取得国家食品药品监督管理局核发的麻醉药品进出口准许证向海关办理报关手续。海关凭上述单证办理验放手续。

（1）适用范围：

① 进出口列入《麻醉药品管制品种目录》的麻醉药品，包括：鸦片类、可卡因类、大麻类、合成麻醉药类及其他易成瘾癖的药品、药用原植物及其制剂等。对于列入《麻醉药品管制品种目录》的药品可能存在的盐、酯、醚，虽未列入该目录，但仍属于麻醉药品管制范围。

② 任何单位以任何贸易方式进出口列入上述范围的药品，不论用于何种用途，均事先申领麻醉药品进出口准许证。

(2) 报关规范：

① 向海关申报进出口列入《麻醉药品管制品种目录》中的药品，报关单位应主动向海关提交有效的麻醉药品进出口准许证及其他有关单据。

② 麻醉药品的进出口准许证仅限在该证注明的口岸海关使用，并实行"一批一证"制度，证面内容不得自行更改，如需更改，应到国家食品药品监督管理局办理换证手续。

3. 兴奋剂进出口管理

为防止在体育运动中使用兴奋剂，保护体育运动者的身心健康，维护体育竞赛的公平竞争，根据《中华人民共和国体育法》和其他有关法律，我国制定颁布了《反兴奋剂条例》。根据该条例及有关法律法规的规定，国家体育总局会同商务部、卫生部、海关总署、国家食品药品监督管理局制定颁布了《兴奋剂目录》。

(1) 适用范围。列入《兴奋剂目录》的药品包括：蛋白同化制剂品种、肽类激素品种、麻醉药品品种、刺激剂（含精神药品）品种、药品类易制毒化学品品种、医疗用毒性药品品种、其他品种等共7类。

(2) 报关规范。进出口列入《兴奋剂目录》的精神药品、麻醉药品、易制毒化学品、医疗用毒性药品，应按照现行规定向海关办理通关验方手续。对《兴奋剂目录》中的"其他品种"，海关暂不按照兴奋剂实行管理。根据《蛋白同化制剂、肽类激素进出口管理办法（暂行）》的相关规定，国家对进出口蛋白同化制剂和肽类激素分别实行"进口准许证"和"出口准许证"管理。

① 进出口蛋白同化制剂、肽类激素，进出口单位应当事先向国家食品药品监督管理局申领"进口准许证"和"出口准许证"。

② 进出口单位在办理报关手续时，应多提交一联报关单，并向海关申请签退该联报关单。海关凭药品"进口准许证"和"出口准许证"验放货物后，在该联报关单上加盖"验讫章"后退进出口单位，进出口单位应当在海关验放后1个月内，将"进口准许证"或"出口准许证"的第一联、海关签章的报关单退回发证机关。

③"进口准许证"有效期1年。"出口准许证"有效期不超过3个月（有效期时限不跨年度）。取得药品进出口准许证后未进行相关进出口贸易的，进出口单位应当于准许证有效期满后1个月内将原准许证退回发证机关。

④"进口准许证"、"出口准许证"实行"一证一关"制度，证面内容不得更改。因故延期进出口的，可以持原进出口准许证办理一次延期换证手续。

⑤ 个人因医疗需要携带或邮寄进出境自用合理数量范围内的蛋白同化制剂和肽类激素药品，凭医疗机构处方予以验方。无法出具处方，或超出处方剂量的，均不准进出境。

4. 进口药品通关单

进口药品通关单是国家针对一般药品，即除上述特殊用途药品外的其他药品的进口管理批件。

国家对一般药品的管理实行目录管理。国家食品药品监督管理局依据《中华人民共和国药品管理法》、《中华人民共和国药品管理法实施条例》制定和调整《进口药品目录》；国家食品药品监督管理局授权的口岸药品检验所以签发进口药品通关单的形式对该目录商品实行进口限制管理。

进口药品通关单是我国进出口许可管理制度中具有法律效力，用来证明对外贸易经营者经营列入《进口药品目录》的药品合法进口的证明文件，是海关验放该类货物的重要依据。

（1）适用范围：

① 进口列入《进口药品目录》的药品是指用于预防、治疗、诊断人的疾病，有目的地调节人的生理机能并规定有适应症、用法和用量的物质，包括中药材、中药饮品、中成药、化学原料药及其制剂、抗生素、生化药品、血清疫苗、血液制品和诊断等药品。

② 进口列入《生物制品目录》的药品，包括疫苗类、血液制品类及血源筛查用诊断试剂等。

③ 首次在中国境内销售的药品。

④ 对进口暂未列入《进口药品目录》的原料药的单位，必须遵守《进口药品管理办法》中的各项有关规定，主动到各口岸药品检验所报检。

（2）报关规范：

① 向海关申报进口列入《进口药品目录》中的药品，报关单位应主动向海关提交有效的进口药品通关单及其他有关单据。

② 进口药品通关单仅限在该单注明的口岸海关使用，并实行“一批一证”制度，证面内容不得更改。

③ 任何单位以任何贸易方式进口列入《进口药品目录》的药品，不论用何种用途，均须事先申领进口药品通关单。一般药品出口目前暂无特殊的管理要求。

四、黄金及其制品进出口管理

（一）概述

进出口黄金管理是指中国人民银行、商务部依据《中华人民共和国金银管理条例》等有关规定，对进出口黄金及其制品实施监督管理的行政行为。

黄金及其制品进出口管理属于我国进出口许可管理制度中限制进出口管理范畴，中国人民银行为黄金及其制品进出口的管理机关。自2008年1月1日起，进出口列入《黄金及其制品进出口管理商品目录》的货物，海关凭中国人民银行或其授权的中国人民银行分支机构签发的“黄金及其制品进出口准许证”办理验放手续。保税区、出口加工区及其他海关特殊监管区域和保税监管场所与境外之间进出，海关特殊监管区域、保税监管场所之间进出的黄金及其产品，免予办理“黄金及其制品进出口准许证”，由海关实施监管。保税区、出口加工区及其他海关特殊监管区域和保税监管场所与境内区外之间进出黄金及其产品，应办理“黄金及其制品进出口准许证”。

列入中国人民银行、海关总署联合发布的《黄金及其产品进出口管理目录》的黄金及其制品，主要包括：氰化金、氰化金钾（含金40%）、其他金化合物、非货币用金粉、非货币用未锻造金、非货币用半制成金、货币用未锻造金（包括镀铂的金）、金的废碎料、镶嵌钻石的黄金制首饰及其零件、镶嵌濒危物种制品的金首饰及零件、其他黄金制首饰及其零件、金制工业用制品、实验室用制品等。

（二）黄金及其制品进出口准许证

“黄金及其制品进出口准许证”是我国进出口许可管理制度中具有法律效力，用来证明对外贸易经营者经营黄金及其制品合法进出口的证明文件，是海关验放该类货物的重要依据。

五、两用物项和技术进出口许可证管理

（一）概述

为维护国家安全和社会公共利益，履行我国缔结或者参加的国际条约、协定中所承担的义务，加强两用物项和技术进出口许可证管理，依据《对外贸易法》、《海关法》和有关行政法规的规定，国家对两用物项和技术实行进出口许可证管理。

两用物项和技术是指《中华人民共和国核出口管制条例》、《中华人民共和国核两用品及相关技术出口管制条例》、《中华人民共和国导弹及相关物项和技术出口管制条例》、《中华人民共和国生物两用品及相关设备和技术出口管制条例》、《中华人民共和国监控化学品管理条例》、《中华人民共和国易制毒化学品管理条例》及《有关化学品及相关设备和技术出口管制办法》所规定的相关物项和技术。

商务部是全国两用物项和技术进出口许可证的归口管理部门，商务部会同海关总署依据上述法规颁布了《两用物项和技术进出口许可证管理办法》，并联合发布了《两用物项和技术进出口许可证管理目录》，规定对列入目录的物项和技术的进出口统一实行两用物项和技术进出口许可证管理。当年度《两用物项和技术进出口许可证管理目录》可参见相关网站（网址 http：//www. mofcom. gov. cn）。商务部指导全国各发证机构的两用物项和技术进出口许可证发证工作。商务部配额许可证事务局和受商务部委托的省级商务主管部门为两用物项和技术进出口许可证发证机构。两用物项和技术进出口前，进出口经营者应当向发证机关申领两用物项和技术进出口许可证，凭以向海关办理进出口通关手续。

2011 年实施两用物项和技术进口许可证管理的有监控化学品（64 种）、易制毒化学品（42 种）、放射性同位素（8 种）共三类。2011 年两用物项和技术出口许可证管理目录共 8 类。

（二）办理程序

（1）进出口经营者获相关行政主管部门批准文件后，凭批准文件到所在地发证机构申领两用物项和技术进口或者出口许可证（在京的中央企业向许可证局申领），其中：

① 核、核两用品、生物两用品、有关化学品、导弹相关物项、易制毒化学品和计算机进出口的批准文件为商务主管部门签发的两用物项和技术进口或者出口批复单。其中，核材料的出口凭国防科工委的批准文件办理相关手续。外商投资企业进出口易制毒化学品凭《商务部外商投资企业易制毒化学品进口批复单》或《商务部外商投资企业易制毒化学品出口批复单》申领进出口许可证。

② 监控化学品进出口的批准文件为国家履行禁止化学武器公约工作领导小组办公室签发的监控化学品进口或者出口核准单。监控化学品进出口经营者向许可证局申领两用物项和技术进出口许可证。

（2）两用物项和技术进出口许可证实行网上申领。申领两用物项和技术进出口许可证时应提交下列文件：有关批准文件、进出口经营者公函（介绍信）原件、进出口经营者领证人员的有效身份证明以及网上报送的两用物项和技术进出口许可证申领表。如因异地申领等特殊情况，需要委托他人申领两用物项和技术进出口许可证的，被委托人应提供进出口经营者出具的委托公函（其中应注明委托理由和被委托人身份）原件和被委托人的有效身份证明。

（3）发证机构收到相关行政主管部门批准文件（含电子文本、数据）和相关材料并经核对无误后，应在3个工作日内签发两用物项和技术进口或者出口许可证。

（4）自2009年7月1日起，《两用物项和技术出口通用许可管理办法》正式实施。该办法主要设置了通用许可管理制度。所谓通用许可是指，允许符合条件的两用物项和技术出口经营者，持通用许可批复，依据通用许可有效期和范围，多次申领两用物项和技术出口许可证，无需逐单申请出口许可。通用许可严格限制出口物项、最终用户和最终用途，对于不符合通用许可条件的出口经营者，仍按现行管理制度，“逐单申请”出口许可。

（三）报关规范

（1）以任何方式进口或出口，以及过境、转运、通运《两用物项和技术进出口许可证管理目录》中的两用物项和技术，均应申领两用物项和技术进口或出口许可证。两用物项和技术在境外与保税区、出口加工区等海关特殊监管区域、保税场所之间进出的，适用前述规定。两用物项和技术在境内与保税区、出口加工区等海关特殊监管区域、保税场所之间进出的，或者在上述海关监管区域、保税场所之间进出的，无需办理两用物项和技术进出口许可证。

（2）海关有权对进出口经营者进口或者出口的商品是否属于两用物项和技术提出质疑，进出口经营者应按规定向相关行政主管部门申请进口或者出口许可，或者向商务主管部门申请办理不属于管制范围的相关证明。省级商务主管部门受理其申请，提出处理意见后报商务部审定。对进出口经营者未能出具两用物项和技术进口或者出口许可证或者商务部相关证明的，海关不予办理有关手续。

（3）两用物项和技术进口许可证实行“非一批一证”制和“一证一关”制，同时在两用物项和技术进口许可证备注栏内打印“非一批一证”字样。两用物项和技术出口许可证实行“一批一证”制和“一证一关”制。

（4）两用物项和技术进出口许可证有效期一般不超过1年。跨年度使用时，在有效期内只能使用到次年3月31日，逾期发证机构将根据原许可证有效期换发许可证。

（5）两用物项和技术进出口许可证仅限于申领许可证的进出口经营者使用，不得买卖、转让、涂改、伪造和变造；两用物项和技术进出口许可证应在批准的有效期内使用，逾期自动失效，海关不予验放。

（6）两用物项和技术进出口许可证一经签发，任何单位和个人不得更改证面内容。如需对证面内容进行更改，进出口经营者应当在许可证有效期内向相关行政主管部门重新申请进出口许可，并凭原许可证和新的批准文件向发证机构申领两用物项和技术进出口许可证。

六、音像制品进出口管理

（一）概述

为了加强对音像制品进口的管理，我国颁布了《音像制品管理条例》、《音像制品进口管理办法》及其他有关规定，对音像制品实行进口许可管制。新闻出版总署负责全国音像制品进口的监督管理和内容审查等工作，县级以上地方人民政府新闻出版行政部门负责本行政区域内的进口音像制品的监督管理工作，各级海关在其职责范围内负责音像制品进口的监督管理工作。

新闻出版总署设立音像制品内容审查委员会，负责审查进口音像制品的内容。委员会下设办公室，负责进口音像制品内容审查的日常工作。音像制品应在进口前报新闻出版总署进行内容审查，审查批准取得“进口音像制品批准单”后方可进口。

进口音像制品，是指从外国进口音像制品成品和进口用于出版（包括利用信息网络出版）及其他用途的音像制品。包括录有内容的录音带、录像带、唱片、激光唱盘、激光视盘等。音像制品用于广播电视播放的，适用广播电视法律、行政法规。

进口音像制品实行许可管理制度，应在进口前报新闻版总署进行内容审查。音像制品成品进口业务由新闻出版总署批准的音像制品成品进口单位经营，音像制品成品进口经营单位应向新闻出版总署提出申请并报送以下材料：进口录音或录像制品报审表，进口协议草案或订单，节目样片，中外文歌词，以及内容审查所需的其他材料。进口用于出版的音像制品，应向新闻出版总署提出申请并报送以下材料：进口录音或录像制品报审表、版权贸易协议中外文文本草案、原始版权证明书、版权授权书和国家版权局的登记文件，节目样片，中外文曲目、歌词或对白，以及内容审查所需的其他材料。

进口用于展览、展示的音像制品，由展览、展示活动主办单位提出申请，并将音像制品目录和样片报新闻出版总署进行内容审查。海关按暂时进口货物管理。

图书馆、音像资料馆、科研机构、学校等单位进口供研究、教学参考的音像制品成品，应当委托新闻出版总署批准的音像制品成品进口经营单位办理进口审批手续。

（二）进口音像制品批准单

进口音像制品批准单是我国进出口许可管理制度中具有法律效力，用来证明对外贸易经营者经营音像制品合法进口的证明文件，是海关验放该类货物的重要依据。

（1）向海关申报进口音像制品，报关单位应主动向海关提交有效的“进口音像制品批准单”及其他有关单据。

（2）“进口音像制品批准单“内容不得更改，如需修改，应重新办理。”进口音像制品批准单“一次报关使用有效，不得累计使用。其中，属于音像制品成品的，批准单当年有效；属于用于出版的音像制品的，批准单有效期限为1年。

（3）在经批准进口出版的音像制品版权授权期限内，音像制品进口经营单位不得进口该音像制品成品。

（4）随机器设备同时进口以及进口后随机器设备复出口的记录操作系统、设备说明、专用软件等内容的音像制品，无须申领“进口音像制品批准单”，海关凭进口单位提供的合同、发票等有效单证验放。

七、有毒化学品管理

（一）概述

“有毒化学品”是指进入环境后通过环境蓄积、生物累积、生物转化或化学反应等方式损害健康和环境，或者通过接触对人体具有严重危害和具有潜在危险的化学品。

为了保护人体健康和生态环境，加强化学品首次进口和有毒化学品进出品的环境管理，国家根据《关于化学品国际贸易资料交流的伦敦准则》，制定了《中国禁止或严格限制的有毒化学品名录》，对进出口有毒化学品进行监督管理。2011年列入中国严格限制进出口的有毒化学品目录管理的共有93个10位编码商品。

国家环境保护部在审批有毒化学品进出口申请时，对符合规定准许进出口的，发给有毒化学品进出口环境管理放行通知单。

（二）有毒化学品环境管理放行通知单

有毒化学品环境管理放行通知单是我国进出口许可管理制度中具有法律效力，用来证明对外贸易经营者经营列入《中国禁止或严格限制的有毒化学品名录》的化学品合法进出口的证明文件，是海关验放该类货物的重要依据。

八、农药进出口管理

（一）概述

进出口农药登记证明是国家农业主管部门依据《中华人民共和国农药管理条例》，对进出口用于预防、消灭或者控制危害农业、林业的病、虫、草和其他有害生物以及有目的地调节植物、昆虫生长的化学合成或者来源于生物、其他天然物质的一种物质或者几种物质的混合物及其制剂实施管理的进出口许可证件。其国家主管部门是农业部。

我国对进出口农药实行目录管理，由农业部会同海关总署依据《中华人民共和国农药管理条例》和《在国际贸易中对某些危险化学品和农药实行事先知情同意程序国际公约》（PIC），制定《中华人民共和国进出口农药登记证明管理名录》（以下简称《农药名录》）。进出口列入上述目录的农药，应事先向农业部农药检定所申领进出口农药登记证明，凭以向海关办理进出口报关手续。2011 年列入“进出口农药登记证明管理目录”的共有 395 个 10 位编码商品。

对一些既可用作农药，也可用作工业原料的商品，如果企业以工业原料用途进出口，则企业不需办理进出口农药登记证明。对此类商品，进出口通关时海关不再验核进出口农药登记证明，改凭农业部向进出口企业出具的加盖“中华人民共和国农业部农药审批专用章”的“非农药登记管理证明”验放。

（二）进出口农药登记证明

进出口农药登记证明是我国进出口许可管理制度中具有法律效力，用来证明对外贸易经营者经营《农药名录》所列农药合法进出口的证明文件，是海关验放该类货物的重要依据。

进出口农药登记证明实行“一批一证”制，一经签发，任何单位和个人不得修改证面内容，如需更改证面内容，应在有效期内将原证交回农业部农药检定所，并申请换发新证。

九、兽药进口管理

（一）概述

兽药进口管理是指国家农业部依据《兽药管理条例》和《进口兽药管理办法》，对进口兽药实施的监督管理。受管理的兽药是指用于预防、治疗、诊断畜禽等动物疾病，有目的调节其生理机能并规定作用、用途、用法、用量的物质。

（二）进口兽药通关单

（1）进口兽药实行目录管理，《进口兽药管理目录》由农业部会同海关总署制定、调整并公布。兽药进口单位进口兽药时，应向农业部或省级人民政府兽医行政管理部门申请《进口兽药通关单》。进口单位持《进口兽药通关单》向海关办理进口手续。“进口兽药通关单”实行“一单一关”制，在 30 日有效期内只能一次性使用。兽药进口单位进口暂未列入《进口兽药管理目录》的兽药时，应如实申报，主动向海关出具《进口兽药通关单》。对进口同时列入《进口药品目录》的兽药，海关免予验核《进口药品通关单》。

（2）对进口的兽药，因企业申报不实或伪报用途所产生的后果，企业应承担相应的法律责任。

十、密码产品和含有密码技术的设备进口管理

根据《商用密码管理条例》，对密码产品和含有密码技术的设备进口实行目录管理。进口《密码产品和含有密码技术的设备进口管理目录》所列商品均实行《密码产品和含有密码技术设备进口许可证》管理。进口单位应持国家密码管理局颁发的密码进口许可证向海关办理通关手续。国家密码管理局、海关总署将适时对目录进行调整并公布。2011 年列入第一批管理目录的包括加密传真机、加密电话机、加密路由器、非光通讯加密以太网络交换机、密码机（包括电话密码机、传真密码机等）、密码卡 6 类商品。

有下列情形之一的，免于提交密码进口许可证：加工贸易项下为复出口而进口目录所列商品的；由海关监管，暂时进口后复出口的；从境外进入保税区、出口加工区及其他海关特殊监管区域和保税监管场所及在海关特殊监管区域、保税监管场所之间进出目录所列商品的。

从海关特殊监管区域、保税监管场所进入境内区外，需交验密码进口许可证。

进口单位知道或者应当知道其所进口的商品含有密码技术，但暂未列入目录的，也应当申领密码进口许可证。进口时，应主动向海关提交密码进口许可证。

十一、美术品进出口管理

根据《美术品进出口管理暂行规定》，文化部委托美术品进出口口岸所在地省、自治区、直辖市文化行政部门负责本辖区美术品的进出口审批。美术进出口管理属于国家限制进出口管理范畴。

（一）管理范围

纳入我国进出口管理的美术品是指艺术创作者以线条、色彩或者其他方式，经艺术创作者以原创方式创作的具有审美意义的造型艺术作品，包括绘画、书法、雕塑、摄影等作品，以及艺术创作者许可并签名的，数量在200件以内的复制品。

目前纳入管理范围的美术品应为艺术创作者以原创方式创作的产品，不包括工业化批量生产的工艺美术产品，不包括文物。批量临摹的作品、工业化批量生产的美术品、手工艺品、工艺美术产品、木雕、石雕、根雕、文物等均不纳入美术品进行管理。针对福建、广东等个别油画村出口的经统一印刷打底，多名画工根据分工流水作业，批量生产的油画作品，无需办理批准文件。

（二）办理程序

我国对美术品进出口实行专营，其经营企业必须是在商务部门备案登记，取得相应进出口资质的企业。美术品进出口单位应当在美术品进出口前，向美术品进出口口岸所在地省、自治区、直辖市文化行政部门提出申请，并报送以下材料：美术品进出口单位的企业法人营业执照、对外贸易经营者备案登记表，进出口美术品的来源、目的地、用途，艺术创作者名单、美术品图录和介绍，审批部门要求提供的其他材料。文化行政部门应当自受理申请之日起15日内作出决定。批准的，发给批准文件，批准文件中应附美术品详细清单。申请单位持批准文件到海关办理手续。不批准的，文化行政部门书面通知申请人并说明理由。

美术品进出口单位向海关递交的批准文件不得擅自更改。如有更改，应当及时将变更事项向审批部门申报，经审批部门批准确认后方可变更。

在境内举办涉外商业性美术品展览活动，应当由举办涉外商业性美术品展览活动的单位，于展览日45日前，向展览举办地省、自治区、直辖市文化行政部门提出申请（展品超过120件的，向文化部提出申请）。展览举办地省、自治区、直辖市文化行政部门应当在受理申请之日起20日内作出批准或者不批准的决定。申请人持批准文件到海关办理有关手续。

第三节　对外贸易经营资格管理

一、对外贸易经营资格的管理

（一）对外贸易经营资格

对外贸易经营资格，即对外贸易经营权，是国家赋予企业从事对外贸易，自行对外签订合同，进口或出口各类国家允许进出口的货物与技术，并实际履行合同的权利。获得对外贸易经营资格是经营者从事对外贸易活动的前提，只有获得对外贸易经营资格，经营者开展的对外贸易活动的利益才会受到法律的保护。

对外贸易经营者是指依法办理工商登记或者其他执业手续，依照《对外贸易法》及其相关法律、行政法规、部门规章从事对外贸易经营活动的法人、其他组织或者个人。

根据2004年7月1日开始实施的《对外贸易经营者备案登记办法》的规定，从事货物进出口或者技术进出口的对外贸易经营者，应当向中华人民共和国商务部或商务部委托的机构办理备案登记；但是，法律、行政法规和商务部规定不需要备案登记的除外。对外贸易经营者未按照本办法办理备案登记的，海关不予办理进出口的报关验放手续。

（二）备案登记机关

商务部是全国对外贸易经营者备案登记工作的主管部门。商务部对外贸易经营者备案登记管理工作实行全国联网和属地化管理。商务部委托符合条件的地方对外贸易主管部门（即备案登记机关）负责办理本地区对外贸易经营者备案登记手续；受理委托的备案登记机关不得自行委托其他机构进行备案登记。

对于符合条件的备案登记机关，商务部可出具书面委托函，发放由商务部统一监制的备案登记印章，并对外公布。备案登记机关凭商务部的书面委托函和备案登记印章，通过商务部备案登记网络办理备案登记手续。

（三）备案登记的程序

对外贸易经营者在本地区备案登记机关办理备案登记，对外贸易经营者备案登记程序如下：

1. 领取《对外贸易经营者备案登记表》（以下简称《登记表》）

对外贸易经营者可以通过商务部政府网站（http：//www. mofcom. gov. cn）下载，或到所在地备案登记机关领取《登记表》。

2. 填写《登记表》

对外贸易经营者应按《登记表》要求认真填写所有事项的信息，并确保所填写内容是完整的、准确的和真实的；同时认真阅读《登记表》背面的条款，并由企业法定代表人或个体工商负责人签字、盖章。

3. 向备案登记机关提交如下备案登记材料

（1）按本条第二款要求填写的《登记表》。

（2）营业执照复印件。

（3）组织机构代码证书复印件。

（4）对外贸易经营者为外商投资企业的，还应提交外商投资企业批准证书复印件。

（5）依法办理工商登记的个体工商户（独资经营者），须提交合法公证机构出具的财产公证证明；依法办理工商登记的外国（地区）企业，须提交经合法公证机构出具的资金信用证明文件。

备案登记机关应自收到对外贸易经营者提交的上述材料之日起 5 日内办理备案登记手续，在《登记表》上加盖备案登记印章。

备案登记机关在完成备案登记手续的同时，应当完整准确地记录和保存对外贸易经营者的备案登记信息和登记材料，依法备案登记档案。

对外贸易经营者应凭加盖备案登记印章的《登记表》在 30 日内到当地海关、检验检疫、外汇、税务等部门办理开展对外贸易业务所需的所有手续。逾期未办理的，《登记表》自动失效。

（四）备案登记的变更与撤销

《登记表》上的任何登记事项发生变更时，对外贸易经营者应在 30 日内办理《登记表》的变更手续，逾期未办理变更手续的，其《登记表》自动失效。备案登记机关收到对外贸易经营者提交的书面材料后，应当及时予以办理变更手续。对外贸易经营者已在工商部门办理注销手续或被吊销营业执照的，自营业执照注销或被吊销之日起，《登记表》自动失效。

根据外贸法的相关规定，商务部决定禁止有关对外贸易经营者在 1 年以上 3 年以下的期限内从事有关货物或者技术的进出口经营活动的，备案登记机关应当撤销其《登记表》；处罚期满后，对外贸易经营者可依据本办法重新办理备案登记。

备案登记机关应当在对外贸易经营者撤销备案登记后将有关情况及时通报海关、检验检疫、外汇、税务等部门。

对外贸易经营者不得伪造、变造、涂改、出租、出借、转让和出卖《登记表》。

对外贸易经营者如超出原核准经营范围从事进出口经营活动，仍需按照《对外贸易经营者备案登记办法》办理备案登记，见表 3. 2。

二、国营贸易

为对关系国计民生的重要进出口商品实行有效的宏观管理，国家可以对部分货物的进出口实行国营贸易管理。

实行国营贸易管理的进出口货物目录由国务院商务主管部门会同国务院有关经济管理部门制定、调整并公布。目前，我国实行国营贸易管理的商品主要包括：玉米、大米、煤炭、原油、成品油、棉花、锑及锑制品、钨及钨制品、白银等。国务院商务主管部门和国务院有关经济管理部门按照国务院规定的职责划分确定国营贸易企业名录并予以公布。一般情况下，非授权企业目录内的企业不得经营货物目录内的货物进出口，但可以委托有国营贸易经营权的企业进出口。

实行国营贸易管理的货物，国家允许非国营贸易企业从事部分数量的进出口。

国营贸易企业应当每半年向国务院商务主管部门提供实行国营贸易管理的货物的购买价格、销售价格等有关信息。国营贸易企业应当根据正常的商业条件从事经营活动，不得以非商业因素选择供应商，不得以非商业因素拒绝其他企业或者组织的委托。“非商业因素”主要是指价格、品质、供货能力、商业信誉等以外的因素，如，国营贸易企业因为委托人是私营企业或者合资企业而拒绝代理进出口是不可以的。对未经批准擅自进出口实行国营贸易管理的货物的，海关不予放行。

表 3.2　　　　　　　　　　　对外贸易经营者备案登记表

备案登记表编号：　　　　　　　　　　　进出口企业代码：

经营者中文名称			
经营者英文名称			
组织机构代码		经营者类型 （由备案登记机关填写）	
住　　所			
经营场所（中文）			
经营场所（英文）			
联系电话		联系传真	
邮政编码		电子邮箱	
工商登记注册日期		工商登记注册号	

依法办理工商登记的企业还须填写以下内容：

企业法定代表人姓名		有效证件号	
注册资金			（折美元）

依法办理工商登记的外国（地区）企业或个体工商户（独资经营者）还须填写以下内容：

企业法定代表人/个体工商负责人姓名		有效证件号	
企业资产/个人财产			（折美元）

备注：	

备案登记机关

签章

年　　月　　日

第四节　出入境检验检疫制度

出入境检验检疫管理制度是我国对外贸易管制的重要组成部分，是国家主权的具体体现，其目的主要是维护我国对外贸易信誉和保护我国的利益不受损害。它的主管部门是国家质量监督检验检疫总局。

一、进出境检验检疫的范围

（一）进出口商品检验检疫的一般范围

根据我国现行规定，下列情况下货物可以作为进出境检验检疫的对象：

（1）国家法律法规规定必须由检验检疫机构检验检疫的。

（2）输入国家或地区规定必须凭检验检疫机构出具的证书方准入境的。

（3）有关国际条约规定须经检验检疫的。

（4）申请签发普惠制原产地证或一般原产地证的。

（5）对外贸易关系人申请的鉴定业务和委托检验。

（6）对外贸易合同、信用证规定由检验检疫机构或官方机构出具证书的。

（7）未列入《出入境检验检疫机构实施检验检疫的进出口商品目录》（以下简称《检验检疫目录》）的入境货物经收、用货单位验收发现质量不合格或残损、短缺，需检验检疫局出证索赔的。

（8）涉及出入境检验检疫内容的司法和行政机关委托的鉴定业务。

（二）进出口商品的法定检验与出入境货物通关单

法定检验是指商检机构根据国家法律法规，对规定的进出口商品或有关的检验检疫项目实施强制性的检验或检疫。根据《中华人民共和国进出口商品检验法》规定，法定检验只能由出入境检验检疫机构实施。属于法定检验的出口商品，未经检验合格的，不准出口；属于法定检验的进口商品，未经检验的，不准销售、使用。对列入《检验检疫目录》以及其他法律法规规定需要检验检疫的进出口货物（包括转关运输货物），海关一律凭货物报关地出入境检验检疫局签发的“入境货物通关单”或“出境货物通关单”验放。

1. 法定检验检疫的范围

（1）出入境动植物检疫：进境、出境、过境的动植物、动植物产品和其他检疫物；装载动植物及其产品和其他检疫物的装载容器、包装物、铺垫材料；来自动植物疫区的运输工具；进境拆解的废旧船舶；有关法律、行政法规、国际条约规定或者贸易合同约定应当实施进出境动植物检疫的其他货物。

（2）出入境的人员、交通工具、运输设备以及可能传播检疫传染病的行李、货物、邮包等物品的卫生检疫。

（3）列入《检验检疫目录》的出入境货物的检验检疫。

（4）对出口危险货物的包装容器实施性能鉴定和使用鉴定。

（5）对装运出口易腐烂变质食品、冷冻品的船舱、集装箱等运载工具的适载检验。

（6）对有关国际条约或双边协议规定须经检验检疫的出入境货物的检验检疫。

（7）外商在中国境内合作、合资举办企业时，作为投资进口的机器设备等的财产鉴定。

（8）进境废物原料的检验检疫。

（9）其他法律、法规规定须经检验检疫的出入境货物的检验检疫。

2. 国家禁止下列各物进境

（1）动植物病原体（包括菌种、毒种等）、害虫及其他有害生物。

（2）动植物疫情流行的国家和地区的有关动植物、动植物产品和其他检疫物。

（3）动物尸体。

（4）土壤。

二、出入境检验检疫制度的组成

我国的出入境检验检疫由进出口商品检验、进出境动植物检疫、国境卫生监督组成。

（一）进出口商品检验制度

进出口商品检验制度是根据《中华人民共和国进出口商品检验法》及其实施条例的规定，国家质量监督检验检疫总局及其口岸出入境检验检疫机构对进出口商品所进行的商品检验和监督管理的制度。

商品检验机构实施进出口商品检验的内容，包括商品的质量、规格、数量、重量、包装以及是否符合安全、卫生的要求。我国的商品检验的种类分为四种，即法定检验、合同检验、公证鉴定和委托检验。

（二）进出境动植物检疫制度

进出境动植物检疫制度是根据《中华人民共和国进出境动植物检疫法》及其实施条例的规定，国家质量监督检验检疫总局及其口岸出入境检验检疫机构对进出境动植物、动植物产品的生产、加工、存放过程实行动植物检疫的进出境监督管理制度。

口岸出入境检验检疫机构实施动植物检疫监督管理的方式有：实行注册登记、疫情调查、检测和防疫指导等。内容包括：进境检疫、出境检疫、过境检疫、进出境携带和邮寄物检疫以及出入境运输工具检疫等。

（三）国境卫生监督制度

国境卫生监督制度是指出入境检验检疫机构根据《中华人民共和国国境卫生检疫法》及其实施细则，以及国家其他的卫生法律、法规和卫生标准，在进出口口岸对出入境的交通工具、货物、运输容器以及口岸辖区的公共场所、环境、生活设施、生产设备所进行的卫生检查、鉴定、评价和采样检验的制度。

我国实行国境卫生监督制度是为了防止传染病由国外传入或者由国内传出，实施国境卫生检疫，保护人体健康。其监督职能主要包括：进出境检疫、国境传染病检测、进出境卫生监督等。

三、我国现行的进出境商品报检制度

（一）报检制度

报检是指进出口商品的外贸关系人包括生产单位、经营单位、进出口商品的收发货人和接运单位，按《中华人民共和国进出口商品检验法》、《中华人民共和国进出境动植物检疫法》、《中华人民共和国国境卫生检疫法》和《中华人民共和国食品安全法》的规定，对法定检验检疫的进出境货物，向检验检疫机构申请办理检验、检疫、认定和鉴定的手续。

根据《出入境检验检疫报检规定》，报检单位首次报检时须持本单位营业执照和政府批文办理登记备案手续，取得报检单位代码，其报检人员参加报检员资格全国统一考试，获得《报检员资格证》，经检验检疫机构审核合格予以注册，取得《报检员证》后，方可从事报检业务。按照国家质检总局的有关要求，自 2006 年 7 月 1 日起，全国检验检疫部门将对报检企业的报检员严格执行凭证报检制度。检验检疫机构不受理没有新《报检员证》的报检人员申请办理的检验检疫业务。

（二）报检时间

1. 入境报检

入境货物、运输工具、人员：入境前或入境时报检。

入境货物需对外索赔出证的，应在索赔有效期前不少于 20 天内向到货口岸或到达地检验检疫机构报检。

2. 出境报检

出境货物最迟于报关或装运前 7 天报检。

出境运输工具、人员：出境前报检。

（三）报检应提供的单据

入境时应填报《入境货物报检单》，并提供合同、发票、提单、装箱单以及入境货物通知单等单证；实施安全质量许可、卫生检疫注册的，应提交有关证明文件复印件，在报检单上注明文件号。

出境时应填写《出境货物报检单》，并提供外贸合同（销售确认书）、信用证、生产单位的厂检结果单原件、检验检疫机构签发的《出境货物运输包装性能检验结果单》正本等资料。

（四）电子通关联网核查

2008 年 1 月 1 日起，海关总署与质检总局正式实施"通关单联网核查"。质检部门按照有关法律法规的规定对法检货物签发通关单，并以海关总署与质检总局商定的电子报文格式，将通关单电子数据通过质检电子业务平台，经中国电子口岸平台传输给海关，海关验放法检货物时验凭通关单电子数据，将电子通关单数据和纸质的通关单进行比对（若比对不通过，将做退单处理），并在办结海关手续后实时将通关单使用情况反馈质检。

第五节　进出口付收汇管理制度

国家为了保障银行结汇、售汇制度的执行，保证充足的外汇来源，打击逃、套汇行为，满足用汇需要，在货物的进出口过程中，实行较为严格的收付汇核销制度。境内出口单位向境外出口货物，应当办理出口收汇核销手续。境内单位进口货物应该办理进口付汇核销手续。

进出口货物收付汇管理与海关监管密切相关，不仅关系到售汇、用汇问题，办理收、付汇的手续问题，也关系到海关对进出口货物的实际监管问题和海关与银行、外汇管理部门、税务机关的协调配合问题。

一、出口货物收汇管理

（一）出口收汇核销制度

为了防止出口单位将外汇截留境外，提高收汇率，国家外汇管理总局先后颁布了《出口收汇核销管理办法》和《出口收汇核销管理办法实施细则》，规定了出口外汇核销单管理的方式，对出口货物实施直接收汇控制。"出口外汇核销单"是跟踪、监督出口单位出口后收汇核销和出口单位办理货物出口手续的重要凭证之一。具体内容是：国家外汇管理局制发出口外汇核销单，报关单位在出口报关时向海关提交。出口货物海关放行运输出境后，报关单位向海关申请签发由海关签注盖章的“出口货物外汇核销单”和海关打印的“出口货物报关单”出口收汇核销证明联。外汇管理部门凭海关签注的出口外汇核销单和出口货物报关单出口收汇核销联，以及银行出具的收汇凭证，办理收汇核销手续。

（二）出口收汇核销的程序

外汇管理局可以根据各地业务量和出口单位的具体情况，分别采取逐笔核销、批次核销、自动核销的出口收汇核销方式。具体的出口收汇核销业务流程如下：

（1）出口单位取得商务部或其授权单位批准的进出口经营权。

（2）出口单位到海关办理“中国电子口岸”入网手续，并到有关部门办理“中国电子口岸”企业法人IC卡和“中国电子口岸”企业操作员IC卡电子认证手续。

（3）出口单位持有关材料到注册所在地外汇管理局办理登记，外汇管理局审核无误后，为出口单位办理登记手续，建立出口单位电子档案信息。

（4）出口单位网上申领出口收汇核销单。

（5）出口单位凭操作员IC卡、核销员证、出口合同（首次申领时提供）到注册所在地外汇管理局申领纸质出口收汇核销单。

（6）出口企业网上向报关地海关进行出口核销单的报关前的备案。

（7）出口单位出口报关。

（8）出口单位可以在报关出口后通过“中国电子口岸出口收汇系统”将已用于出口报关的核销单向外汇管理局交单。

（9）出口单位在银行办理出口收汇后，到外汇管理局办理出口收汇核销手续。

（10）外汇管理局按规定办理核销后，在核销单上加盖“已核销”章，并将其中的出口退税专用联退还给出口单位，作为日后退税依据。

（三）出口收汇核销单的使用

1. 申领出口收汇核销单

企业在到外汇管理局领取新版纸质核销单之前，需上网向外汇管理局申请所需领用核销单份数。企业在网上申请后，不需等待外汇管理局的网上审批，即可凭本企业操作员IC卡到外汇管理局领取新版纸质核销单。外汇管理局根据企业网上申请的新版核销单份数以及本地出口收汇核销系统确认的企业可领单数量，向企业发放纸质新版核销单，同时将所发新版核销单电子底账数据联网存放到公共数据中心。

出口单位在核销单正式使用前，应当加盖单位名称及组织机构代码条形章，在骑缝处加盖单位公章。

2. 核销单的备案

企业到海关报关出口前，必须上网向报关地海关进行新版核销单使用的报关前备案。一张核销单只能对应于一张出口报关单。未进行报关前备案的新版核销单不能用于出口报关。

3. 出口后的交单

企业在货物出口后不需再到外汇管理局进行交单，可以上网将已用于出口报关的核销单向外汇管理局交单。

即期出口项下，企业应当在出口收汇后凭核销单、报关单、出口收汇核销专用联到外汇管理局办理出口收汇核销手续；远期出口项下，企业应当在合同规定收汇日收汇后持上述材料到外汇管理局办理出口收汇核销手续。企业可按月集中到外汇管理局办理核销。

二、进口货物付汇管理

进口货物付汇管理与出口收汇管理一样，也采取外汇核销形式。国家为了防止汇出外汇而实际不进口商品的逃汇行为的发生，通过海关对进口货物的实际监管来监督进口付汇情况。其具体程序为：进口企业在进口付汇前，需向付汇银行申请国家外汇管理局统一制发的“贸易进口付汇核销单”，以办理付汇。货物进口后，报关单位在报关时向海关提交“进口付汇核销单”，进口货物海关放行后，报关单位向海关申请签发经海关签注的“贸易进口付汇核销单”和海关打印的“进口货物报关单”进口付汇核销证明联。进口单位或其代理人凭“进口付汇核销单”和海关出具的“进口货物报关单”付汇证明联向国家外汇管理局指定银行办理付汇核销。

资料卡：关于货物贸易外汇管理制度改革试点的公告
（节选自国家外汇管理局公告2011年第2号）

为进一步促进贸易便利化，加强货物贸易外汇管理，国家外汇管理局、国家税务总局、海关总署决定改革货物贸易外汇管理制度、优化升级出口收汇与出口退税信息共享机制，自2011年12月1日起，在江苏、山东、湖北、浙江（不含宁波）、福建（不含厦门）、大连、青岛地区试点。现公告如下：

一、改革货物贸易外汇管理方式。试点期间，试点地区试行国家外汇管理局制定的《货物贸易外汇管理试点指引》和《货物贸易外汇管理试点指引实施细则》，企业不再办理出口收汇核销手续。试点地区外汇局对企业的贸易外汇管理方式由现场逐笔核销改变为非现场总量核查，通过货物贸易外汇监测系统，全面采集企业货物进出口和贸易外汇收支逐笔数据，定期比对、评估企业货物流与资金流总体匹配情况，便利合规企业贸易外汇收支；对存在异常的企业进行重点监测，必要时实施现场核查。

二、对试点地区企业实施动态分类管理。试点地区外汇局根据企业贸易外汇收支合规性，将企业分为A、B、C三类。A类企业进口付汇单证简化，可凭进口报关单、合同或发票等任何一种能够证明交易真实性的单证在银行直接办理付汇，出口收汇无需联网核查；银行办理收付汇审核手续相应简化。对B、C类企业在贸易外汇收支单证审核、业务类型、结算方式等方面实施严格监管。B类企业贸易外汇收支由银行实施电子数据核查，C类企业贸易外汇收支须经外汇局逐笔登记后办理。试点地区外汇局结合企业在分类监管期内遵守试点法规情况，动态调整分类结果。A类企业违反外汇管理法规将被降级为B类或C类，B、C类企业在分类监管期内守法合规经营的，监管期届满后可升级为A类。

三、简化出口退税凭证。试点期间，试点地区出口企业申报出口退税时，不再提供纸质出口收汇核销单。税务局参考外汇局提供的企业出口收汇信息和分类情况，依据相关规定，审核企业出口退税。

四、调整出口报关流程。试点期间，试点地区企业出口报关仍按现行规定提供出口收汇核销单。货物贸易外汇管理制度改革全国推广后，海关总署与国家外汇管理局将调整出口报关流程，取消出口收汇核销单。

五、加强部门联合监管。试点地区企业应当严格遵守相关规定，增强诚信意识，加强自律管理，自觉守法经营。国家外汇管理局与国家税务总局、海关总署将进一步加强合作，实现数据共享；完善协调机制，形成监管合力；严厉打击各类违规跨境资金流动；严厉打击骗税、走私等违法行为。

第六节　贸易救济措施

世界贸易组织允许成员方在进口产品倾销、补贴和过激增长等给其产业造成损害的情况下，使用反倾销、反补贴和保障措施手段来保护产业不受损害。

贸易救济措施主要有反倾销、反补贴和保障措施，其基本目的是要限制外国进口产品在我国市场上的恶意竞争和不公平竞争，防止我国经济和市场受到损害。反倾销、反补贴措施针对的是价格歧视，保障措施针对的则是进口产品激增的情况。

为充分利用 WTO 规则，维护国内市场的国内外商品的自由贸易和公平竞争秩序，我国依据 WTO《反倾销协议》、《补贴与反补贴措施协议》、《保障措施协议》以及我国《对外贸易法》的有关规定，制定并颁布了《中华人民共和国反补贴条例》、《中华人民共和国反倾销条例》以及《中华人民共和国保障措施条例》。

一、反倾销措施

反倾销，是指当一国产品以低于正常价值的价格进入另一国家市场，并对进口国相似产品产业造成实质性损害或威胁，且倾销与损害有因果关系时，则进口国为抵消或阻止倾销，可实施反倾销措施。反倾销措施包括临时反倾销措施和最终反倾销措施。

（一）临时反倾销措施

临时反倾销措施是指被调查产品的进口方政府经反倾销调查后，初步认定存在倾销并且认定倾销给其国内产业造成了损害，据此可以依据 WTO 所规定的程序进行调查，在全部调查结束之前，对外国进口产品采取的临时限制进口的措施。

临时反倾销措施的主要形式有：临时反倾销税、现金保证金、保函或其他形式的担保。

征收临时反倾销税，由商务部提出建议，国务院关税税则委员会作出决定，由商务部予以公告。采取保证金、保函或其他形式的担保由商务部作出决定并公告。海关自公告规定实施之日起执行。

临时反倾销措施实施期限，自临时反倾销措施决定公告实施之日起，不超过 4 个月，特殊情形下，可以延长至 9 个月。

（二）最终反倾销措施

对终裁决定确定倾销成立并由此对国内产业造成损害的，可以征收反倾销税。征收反倾销税应当符合公共利益。

征收反倾销税由商务部提出建议，国务院关税税则委员会作出决定，由商务部予以公告，海关自公告规定实施之日起执行。

二、反补贴措施

补贴是指一国政府以各种形式的价格支持或收入支持，以直接或间接增加某种产品的出口或者减少某种产品进口的政府性措施。补贴作为公共经济政策的重要组成部分，为各国广泛采用。世界贸易组织并不否定补贴的作用，但补贴措施如使用不当，也会导致不公平竞争，对进口方或第三方的相关产业或其他合法利益造成损害，扭曲贸易和影响资源的合理配置。反补贴措施是指进口成员方针对出口成员方对其出口产品进行法律不允许的补贴而对该产品征收反补贴税的措施。反补贴措施与反倾销措施基本相似，也分为临时反补贴措施和最终反补贴措施。

（一）临时反补贴措施

临时反补贴措施是指被调查产品的进口方政府经反补贴调查后，初步认定存在补贴并且认定补贴给其国内产业造成了损害，可以采取临时反补贴限制进口的措施。临时反补贴措施的主要形式有：临时反补贴税、现金保证金、保函或其他形式的担保等形式。

采取临时反补贴措施由商务部提出建议，国务院关税税则委员会作出决定，由商务部予以公告。海关自公告规定实施之日起执行。

临时反补贴措施实施期限，自临时反补贴措施决定公告实施之日起，不超过 4 个月。

（二）最终反补贴措施

对终裁决定确定补贴成立并由此对国内产业造成损害的，可以征收反补贴税。征收反补贴税应当符合公共利益。

征收反补贴税由商务部提出建议，国务院关税税则委员会作出决定，由商务部予以公告，海关自公告规定实施之日起执行。

三、保障措施

保障措施是指进口产品数量增加，并对生产同类产品或者直接竞争产品的国内产业造成严重损害或者严重损害威胁时采取的贸易救济措施。保障措施针对的是公平贸易条件下的进口产品，反倾销和反补贴措施针对的是不公平贸易或不公平竞争。

根据 WTO《保障措施协议》的有关规定，保障措施分为临时保障措施和最终保障措施。

（一）临时保障措施

临时保障措施是指在有明确证据表明进口产品数量增加，将对国内产业造成难以补救的损害的经济情况下，进口方与成员方之间可以不经磋商而作出初裁决定，并采取临时保障措施。临时保障措施的实施期限自临时保障措施决定公告规定实施之日起不得超过 200 天，并且此期限计入保障措施总期限。

临时保障措施采取提高关税的形式，如事后调查不能证实进口激增对国内有关产业已经造成损害的，已征收的临时关税应当予以退还。

（二）最终保障措施

最终保障措施，可以采取提高关税、纯粹数量限制和关税配额等形式。但保障措施应当限于防止、补救严重损害并便利调整国内产业所必要的范围内。

保障措施的实施期限一般不超过4年，如果继续采取保障措施对于防止或补救严重损害仍有必要，或有证据表明相关国内产业正在调整，或延长后的措施不严于延长前的措施，则可适当延长实施期限。但保障措施全部实施期限（包括临时保障措施期限）不超过10年。

关键名词

贸易管制　进出口许可制度　许可证件管理　配额　关税配额管理　进口许可证　出口许可证　自动进口许可管理　对外贸易经营资格　国营贸易　出口外汇核销单

不定项选择题

1. 下列选项不属于贸易救济措施的：

A. 禁止进出口措施　　B. 反倾销措施

C. 反补贴措施　　D. 临时保障措施

2. 下列哪些选项属于国家限制进出口货物的范围：

A. 禁止进出口货物

B. 实行进口许可证的货物

C. 实行出口许可证的货物

D. 实行进口自动许可证的货物

3. 下列哪些货物属于自由进出口的货物：

A. 自动进口许可证目录所列货物　　B. 消耗臭氧层物质

C. 虎骨　　D. 氯丹

4. 下列哪些选项免领自动进口许可证：

A. 加工贸易项下进口并复出口的（原油、成品油除外）

B. 外商投资企业作为投资进口或者投资额内生产自用的（旧机电产品除外）

C. 货样广告品、实验品进口，每批次价值不超过5 000元人民币的

D. 暂时进口的海关监管货物

5. 下列说法错误的是：

A. 进口关税配额管理的货物，实行关税配额税率管理，是绝对数量限制的措施

B. 实行进口关税配额管理的商品，国家实行进口配额许可证管理，无关税配额许可证，海关不予放行

C. 按照规定对列入《出入境检验检疫机构实施检验检疫的进出境商品目录》的进出口商品，海关应凭出入境检验检疫局签发的《出入境货物通关单》，所以出口到美国、韩国的非上述目录的货物不必申请报检

D. 国家实行国营贸易的商品，只能由国家指定的国营进出口公司经营

思考题

1. 简述我国贸易管制的基本框架与主要内容。
2. 简述我国对外贸易管制法律体系。
3. 我国许可管理中限制货物进出口的措施有哪些?
4. 简述法定检验检疫的范围。
5. 常见的贸易救济措施有几种，其采取的具体形式各是什么?

•实 务 篇

工作任务

如何为摩托车申领出口许可证

“申请一张许可证只需20元，我却付出了30万。”某外贸公司经理在向宁波海关交纳30万元保证金时后悔不迭。该公司由于不清楚排量在50cc至250cc的摩托车及脚踏两用车需提供出口许可证，无证出货被海关查获，既耽误了船期，又受到了处罚。那么，该如何为摩托车申领出口许可证呢?

【操作指引】

2005年1月1日起，摩托车及摩托车发动机等原实行出口配额无偿招标管理的商品已改为实行出口许可证管理。“自行车、摩托车（含全地形车）及其发动机、车架”为《2010年出口许可证管理商品目录》实行出口许可证管理的货物，属于地方发证的限制类出口货物。企业需凭加盖经营者公章的出口许可证申请表、商务主管部门的批准文件及出口合同（正本复印件）前往当地发证机构申请，一般3个工作日内即可办妥。此外也可办理网上申请，登陆许可证局网站（https：//licenceapp. ec. com. cn），点击“网上企业申领”，登陆出口申领系统，手续极为简便。

能力拓展

海关应如何处理未申领许可证件的进出口货物

【案情】某年1月12日，某公司以一般贸易方式向某海关申报进口农药一批，总价值人民币50万元。某海关经审查发现，某公司所进口农药属于国家限制进口货物，该公司申报时未提交有关许可证件，其行为违反了《海关法》的有关规定。1月25日，某海关根据《海关行政处罚实施条例》第十四条的规定，认定该公司的上述行为违反海关监管规定，对该公司处以人民币5万元的罚款，同时决定不予放行涉案货物。该公司对海关的行政处罚决定未提出异议，如数缴纳了罚款，并在此后多次向海关申请办理该批货物的通关放行手续。因该公司一直不能提交涉案农药的进口许可证，该海关对其放行申请未予批准。

该公司不服海关对其进口货物不予放行的处理决定，向该海关的上一级海关申请行政复议。该公司在《复议申请书》中称，该公司未领取许可证件违反了法律规定，但其已因此受到海关处罚，承担了相应的法律责任，该公司在正常情况下所负有的提交许可证件的法律义务已得以免除；某海关在对该公司“无证进口”行为实施处罚后不应再要求其提交许可证件，更不能以此为由对涉案货物作不予放行处理，致使有关货物长时间滞留港口无法通关，给该公司造成了巨大经济损失，请复议机关依法纠正某海关上述违法行为，尽快放行涉案货物，同时责令该海关赔偿其经济损失人民币10万元。

2月25日，复议机关对此作出行政复议决定：确认某海关对该公司进口农药不予放行的处理决定合法，驳回某公司的复议申请和赔偿请求。

【评析要点】

（一）事先申领许可证件

根据《海关法》第二十四条规定，进口货物的收货人、出口货物的发货人应当向海关如实申报，交验进出口许可证件和有关单证。国家限制进出口的货物，没有进出口许可证件的，不予放行。本案涉案货物农药属于限制类商品，须事先取得“进口农药登记证明”方能进口；同时，《海关行政处罚实施条例》第十四条规定，违反国家进出口管理规定，进出口国家限制进出口的货物，进出口货物的收发货人向海关申报时不能提交许可证件的，进出口货物不予放行，处货物价值30%以下罚款。违反国家进出口管理规定，进出口属于自动进出口许可管理的货物，进出口货物的收发货人向海关申报时不能提交自动许可证明的，进出口货物不予放行。

综上，无论是国家限制进出口货物还是自动进出口许可管理货物，当事人如果不能提交许可证件，有关货物均不得通关放行；两者的区别主要在于是否对当事人给予处罚。某海关依据《海关行政处罚实施条例》第十四条之规定对其处以罚款并无不当。

（二）当事人接受海关处罚后是否仍须履行交验许可证件的法律义务

根据《海关行政处罚实施条例》第五条的规定：依照本实施条例处以警告、罚款等行政处罚，但不没收进出境货物、物品、运输工具的，不免除有关当事人依法缴纳税款、提交进出口许可证件、办理有关海关手续的义务。某公司就上述货物所负有的提交许可证件、缴纳应缴税款及办理相关海关手续的义务不能因海关行政处罚而得以免除，在该公司不能交验进口许可证件的情况下，某海关不予放行涉案货物的决定于法有据，并不构成对当事人合法权益的侵害，某公司因货物无法通关所受到的经济损失是由于其自身过错造成的，海关无须承担行政赔偿责任。

（三）“无证进出口”当事人在此情况下可选择如何处理

第一，最好积极争取补办有关许可证件，以便货物顺利通关。

第二，如果无法补办有关许可证件，经海关核准，符合条件的，当事人可向海关申请退运无证货物。

第三，对于既无法补办许可证件也不便或不能退运的货物，当事人可声明放弃。

项目四　进出口商品归类

• 知识储备篇

• 实务篇

◉ **知识目标**

了解“协调制度”，掌握六大归类总规则和七大部类货物归类要点。

◉ **能力目标**

能够利用海关网站、报关手册或进出口税则等工具完成进出口货物的海关商品归类。

◉ **素质目标**

养成计划决策、时间管理、团队合作、谨慎细致、沟通、开放探究等素质。

·知识储备篇

在进出口通关过程中，进出口商品按照其所属类别分别适用不同的监管条件，并按照不同税率征收关税，同时在海关统计中也将不同商品的类别作为一项重要的统计指标。因此，需要按照商品的性质、用途、功能或加工程度等将其归入某一类别，即进出口商品归类。商品归类是海关监管、海关征税及海关统计的基础，归类的正确与否直接影响到进出口货物的顺利通关，与进出口货物的收发货人或其代理人的切身利益也密切相关，因此，商品归类知识是报关必须掌握的基本技能之一。

第一节 《商品名称及编码协调制度》

《商品名称及编码协调制度》（Harmonized Commodity Description and Coding System，简称 HS）（以下简称《协调制度》）是指原海关合作理事会（1995 年更名为世界海关组织（WCO））在《海关合作理事会商品分类目录》（CCCN）和联合国的《国际贸易标准分类》（SITC）的基础上，参照国际上主要国家的税则、统计、运输等分类目录而制定的一个多用途的国际贸易商品分类目录，1988 年 1 月 1 日起正式生效，目前已为 200 多个国家（地区）和经济联盟所采用，涵盖全球国际贸易量的 98% 以上。

经国务院批准，我国海关自 1992 年 1 月 1 日起开始采用《协调制度》，使进出口商品归类工作成为我国海关最早实现与国际接轨的执法项目之一。

一、《协调制度》的基本结构

《协调制度》将国际贸易涉及的各种商品按照生产部类、自然属性和不同功能用途等分为 21 类、97 章（其中第 77 章是空章）。从总体结构上讲，《协调制度》目录与《海关合作理事会商品分类目录》基本一致，主要是由税（品）目和子目构成［税（品）目号中前 4 位称为税（品）目，第 5 位开始称为子目］。为了避免各税（品）目和子目所列商品发生交叉归类，在许多类、章下加有类注、章注和子目注释，设在类、章之首，是解释税（品）目、子目的文字说明，同时设有归类总规则，作为指导整个《协调制度》商品归类的总原则。

《协调制度》是一部系统的国际贸易商品分类表，所列商品名称的分类和编排是有一定规律的。从类来看，基本上是按社会生产的分工（或称生产部类）分类的，将属于同一生产部类的产品归在同一类里，如第一类、第二类的农业产品；第六类的化学工业产品等。

从章来看，基本上是按商品的自然属性或用途（功能）来划分的。第 1 章至第 83 章（第 64 章至第 66 章除外）基本上是按商品的自然属性来分章，而每章的前后顺序是按照动、植、矿物质和先天然后人造的顺序排列的，如第 1 章至第 5 章是活动物和动物产品；第 6 章至第 14 章是活植物和植物产品；第 25 章至第 27 章是矿产品。又如第十一类纺织品包括了动、植物和化学纤维的纺织原料及其产品；第 50 章和第 51 章是动物纤维；第 52 章和

第 53 章是植物纤维；第 54 章和第 55 章为化学纤维。

从品目的排列看，一般也是按动、植、矿物质顺序排列，同时更为明显的是原材料先于成品，加工程度低的先于加工程度高的产品。如在第 45 章内，税（品）目号 4501 是未加工或简单加工的天然软木；4502 是经简单加工，如切成一定形状的天然软木；4503 是软木制品，如塞子等；4504 是压制软木及其制品。此外，对同类商品，通常列名具体的品种先于列名一般和未列名的品种。如第 7 章品目 0707 黄瓜（具体列名）；品目 0708 豆类蔬菜（一般列名）；品目 0709 其他蔬菜（未列名）。

二、《协调制度》的主要优点

《协调制度》是各国专家长期共同努力的结晶，它吸收了国际上多种商品分类目录的长处，成为国际贸易商品分类的一种“标准语言”，具有严密的逻辑性和科学性。《协调制度》方便了国际贸易，避免了各工作环节的重新分类和重新编号。其主要优点是：

（一）完整

《协调制度》目录将迄今世界上国际贸易的主要商品全部分类列出，同时，为了适应各国征税、统计等商品分类的要求和将来技术发展的需要，还在各类、章列有起到“兜底”作用的“其他”目，使国际贸易中的任何商品，包括目前还无法预计到的新产品都能在目录的体系中归入合适的位置。例如，第六类化学产品税（品）目号“3824”，就包括了其他税（品）目号未列名的化学工业及其相关工业的产品，这样，凡在其他地方找不到合适税（品）目号的化工产品就可放在该项中。加之规则四“最相类似”原则的综合运用，这就保证了目录对所有货品无所不包的特点。

（二）系统

《协调制度》遵循了科学的分类原则和规则，将商品按人们所熟悉的自然属性、生产部类和不同用途来分类排列，同时，还照顾了商业习惯和实际操作的可能，从而便于理解和归类。

（三）通用

《协调制度》目录在国际上影响很大，目前已为 200 多个国家（地区）所采用。由于采用同一分类目录的国家的进出口商品相互之间具有可比性，同时，该目录既适合于做海关税则目录，又适合于作对外贸易统计目录，还可适用于作国际运输、保险、生产、贸易等部门的商品分类目录。同时《协调制度国际公约》规定了缔约国的权利和义务，保证了该目录的有效统一实施。

（四）准确

该目录所列税（品）目条文非常清楚的表达了货品范围，各税（品）目互相绝不存在交叉或重复。《协调制度》还通过归类总规则以及类注、章注、子目注释和一系列的辅助刊物加以说明，使各条税（品）目的范围都非常清楚。如税（品）目号 0405.10 的条文为“黄油及其他从乳中提取的脂和油”，但第四章的子目注释二又特地注明了脱水黄油及印度酥油不归入该税（品）目号之下，这样就把税（品）目号 0405.10 所包括的范围规定得十分清楚了。

此外，《协调制度》目录作为《协调制度国际公约》的一个附件，在国际上有专门的机构和人员对其进行维护和管理，各国还可通过对《协调制度》目录提出修正意见，统一疑难商品的归类。这些都是国际上采用的其他商品分类目录无法比拟的，其准确性也是前所未有的。

第二节　我国海关进出口商品分类目录

我国现行的《中华人民共和国海关进出口税则》（以下简称《税则》）和《中华人民共和国海关统计商品目录》（以下简称《统计商品目录》）均是以《协调制度》为基础，结合我国进出口货物的实际情况编制而成的。这两个分类目录品目号列在第 1 章至 97 章完全一致，结束了我国海关税则和统计所用商品分类目录不同的历史，为我国参加国际间关税与贸易谈判，开展海关征税、监管和统计等工作带来了极大的便利。

一、产生与发展

《税则》和《统计商品目录》自 1992 年 1 月 1 日起实施，当时的分类目录是以 1992 年版《协调制度》为基础编制的。协调制度是一个以公约形式保证其统一实施的国际商品分类目录，根据公约规定，设立了协调制度委员会。协调制度委员会的第一届会议上决定，每隔 4 ~6 年就要对目录做一次全面的重审和修订。因此自 1988 年协调制度实施起已进行了四次全面修订，形成了 1988 年、1992 年、1996 年、2002 年和 2007 年版五个版本。根据《协调制度国际公约》对缔约国权利、义务的规定，中国海关进出口税则和统计目录于 2007 年 1 月 1 日起采用新的《协调制度》，并据此编制了 2007 年版《海关进出口税则》和《海关统计商品目录》。

2011 年版《税则》8 位数税目为 7 977 个。上述目录第 1 章至第 97 章（其中第 77 章为空章）的前 6 位数码及其商品名称与《协调制度》完全一致，第 7、8 两位数码是根据我国关税、统计和贸易管理的需要细分的。

二、商品号列的意义、编排规律及其表示方法

《税则》中的商品编码号列称为税则号列（简称税号），为征税需要，每项税号后列出了该商品的税率；《统计商品目录》中的商品号列称为商品编码，为统计需要，每项商品编码后列出了该商品的计量单位，并增加了第二十二类“特殊交易品及未分类商品”（内分第 98 章和第 99 章）。

以《协调制度》为基础的海关商品分类目录对商品的分类和编排是有一定规律的。从类来看，基本上按社会生产的分工（或称生产部类）划分的，即将属于同一生产部类的产品归在同一类里。从章来看，基本上按商品的属性或功能、用途划分。而每章中各税（品）目的排列顺序一般按照动物、植物、矿物质产品或原材料、半制成品、制成品的顺序编排。

目录采用结构号列，即税（品）目的号列不是简单的顺序号，而是有一定含义的编码。我国进出口商品编码的表示方法如下例所示：

编　　码：	01	05	9	9	9	1	活鸭，重 2 500 克，食用
位数含义：	章	顺序号	5 位数级	6 位数级	7 位数级	8 位数级	

子　子　子　子
目　目　目　目

其中，章、税（品）目、5、6位数级子目号列为《协调制度》原有的编码（又称HS子目），7、8位数级子目号列为我国增加的编码（又称中国子目）。

第三节　《协调制度》归类总规则

《协调制度》归类总规则，位于协调制度文本的卷首，是指导整个协调制度商品归类的总原则。归类总规则共有6条，是商品具有法律效力的归类依据，适用于品目条文、子目条文以及注释无法解决商品归类的场合，可参见本节最后的表4.1。现逐条介绍如下：

一、规则一

（一）规则原文

类、章及分章的标题，仅为查找方便而设。具有法律效力的归类，应按税（品）目条文和有关类注或章注确定，如税（品）目、类住或章注无其他规定，按以下规则确定。

（二）对规则的解释及运用说明

规则一有三层含义：首先，它指出“类、章及分章的标题，仅为查找方便而设”。《协调制度》系统地列出了国际贸易的货品，将这些货名分为类、章及分章。但是要将数以千万计的商品分别归入目录几千个子目中实非易事，为了便于寻找适当的税（品）目号，便将一类或一章商品加以概括，列出该类或该章的标题。但在许多情况下，类、章及分章的标题，仅为查找方便而设，不是归类的法律依据。例如，冻牛胃归在05040029，虽然牛胃属于牛杂碎，按0206的税（品）目条文“鲜、冷、冻牛的食用杂碎”似乎可归入0206，但第2章章注二表明，本章不包括动物的肠、膀胱、胃，所以应归入05040029。

其次，该规则说明：“具有法律效力的归类应按税（品）目条文和有关类注或章注确定。”这里有两层意思：第一，只有按税（品）目条文、类注或章注确定的归类，才是具有法律效力的商品归类；第二，许多货品可直接按目录条文规定进行归类，而类注、章注的作用在于限定类、章和税（品）目的商品范围。

再次，规则一说明了税（品）目、类注和章注与其他归类原则的关系，即明确在商品归类时，税（品）目条文及任何相关的类、章注释是最重要的，是首先必须遵循的规定。例如，第31章肥料的注释规定该章某些税（品）目号仅包括某些货品，因此，这些税（品）目号就不能够根据总规则二（二）扩大为包括该章注释规定不包括的货品，只有在税（品）目和类、章注释无其他规定的条件下，可根据总规则二、三、四及五的规定办理。

二、规则二

（一）规则原文

（1）税（品）目所列货品。应视为包括该项货品的不完整品或未制成品，只要在进口或出口时该项不完整品或未制成品具有完整品或制成品的基本特征；还应视为包括该项商品的完整品或制成品（或按本款可作为完整品或制成品归类的货品）在进口或出口时的未组装件或拆散件。

（2）税（品）目中所列材料或物质，应视为包括该种材料或物质与其他材料或物质混合或组合的物品，税（品）目所列某种材料或物质构成的货品，应视为包括全部或部分由该种材料或物质构成的货品，由一种以上材料或物质构成的货品，应按规则三归类。

（二）对规则的解释及运用说明

规则二旨在扩大货品税（品）目条文适用的范围，适用于品目条文、章注、类注无其他规定的情况。

规则二（一）的第一部分将制成的某一些物品的税（品）目适用范围扩大为不仅包括完整的物品，而且还包括该物品的不完整品或未制成品，只要报验时它们具有完整品或制成品的基本特征即可。所谓“不完整品”，是指一个物品主要的部分都有了，但缺少一些非关键部分，如一套山地自行车未安装车座等。所谓“未制成品”是指一个物品已具有制成品的形状、特征，还不能直接使用，还需经加工才能使用，如连衣裙裁剪片应按制成的连衣裙归类。但该“未制成品”不包括尚未具有制成品基本形状的半制成品，如常见的杆、板、管材等。

规则二（一）的第二部分规定，完整品或制成品的未组装件或拆散件应归入已组装物品的同一税（品）目号。所谓“未组装件或拆散件”必须是因运输、包装等原因而被拆散或未组装，仅经铆接、焊等简单组装方法便可装配起来的物品。以未组装或拆散形式报验的不完整品或未制成品，只要按照本规则第一部分的规定，它们可作为完整品或制成品看待。例如税（品）目号 8470 所列的电子计算器，不仅包括不缺任何零件的未装配的电子计算器成套散件，还应包括仅缺少一些非关键零件（如垫圈、导线、螺丝等）的已装配好的电子计算器或未装配的电子计算机套装散件。

鉴于第一类至第六类的商品范围所限，规则二（一）一般不适于这六类（即第 38 章及以前各章所包括的货品）。

规则二（二）是关于混合及组合的材料或物质，以及由两种或多种材料或物质构成的货品的归类。这部分内容有两方面的含义，一是指税（品）目号中所列某种材料或物质，既包括单纯的该种材料或物质，也包括以该种材料或物质为主，与其他材料或物质混合或组合而成的货品；二是指税（品）自中所列某种材料或物质构成的货品，既包括单纯由该种材料或物质构成的货品，还包括以这种材料或物质为主，兼有或混有其他材料或物质的货品。这样，就将税（品）目所列的适用范围扩大了，但其适用条件是加进去的东西或组合起来的东西不能使原来商品的特征或性质发生改变。例如，加维生素的牛奶仍具有牛奶的特征，仍按鲜牛奶归类。

同时，还应注意到，仅在税（品）目条文和类、章注释无其他规定的条件下（即必须在遵守总规则（一）的前提下）才能运用本款规则。例如，税（品）目号 1503 列出“液体猪油、未经混合”，这就不能运用上述规则。

运用规则二（二）应注意，混合及组合的材料或物质，以及由一种以上材料或物质构成的货品，如果看起来可归入两个或两个以上税（品）目号，应按规则三的原则进行归类。

三、规则三

（一）规则原文

当货品按规则二（二）或由于其他任何原因看起来可归入两个或两个以上税（品）目

时，应按以下规则归类：

（1）列名比较具体的税（品）目，优先于列名一般的税（品）目。但是，如果两个或两个以上税（品）目都仅述及混合或组合货品所含的某部分材料或物质，或零售的成套货品中的某些货品，即使其中某个税（品）目对该货品描述得更为全面、详细，这些货品在有关税（品）目的列名应视为同样具体。

（2）混合物、不同材料构成或不同部件组成的组合物以及零售的成套货品，如果不能按照规则三（一）归类时，在本款可适用的条件下，应按构成货品基本特征的材料或部件归类。

（3）货品不能按照规则三（一）或（二）归类时，应按号列顺序归入其可归入的最末一个税（品）目。

（二）对规则的解释及运用说明

对于根据规则二（二）或由于其他原因看起来可归入两个或两个以上税（品）目的货品，本规则规定了三条归类办法。这三条办法应按照其在本规则的先后顺序加以运用，据此，只有在不能按照规则三（一）归类时，才能使用规则三（二）进行归类，不能按照前两款归类时，才能规则三（三）。简言之，优先权的次序为：（1）具体列名；（2）基本特征；（3）从后归类。同样，只有在税（品）目条文和类、章注释无其他规定的条件下，才能运用本规则。例如，第97章章注释4（2）规定，根据税（品）目条文既可归入税（品）目号9701－9705中的一个税（品）目号，又可归入税（品）目号9706的货品，应归入9701－9705中相应的税（品）目号，如手绘的超过百年的古画应归入税（品）目号9701，而不归入税（品）目号9706，即货品应按第97章章注释四（二）的规定而不能根据本规则归类。

规则三（一）款是指当一种商品似乎在两个或更多的税（品）目中都涉及的情况下，应该比较一下哪个税（品）目的描述更为详细、具体，更为接近要归类的商品。通常有两种情况：一是同一类商品名称的比较，如紧身胸衣是一种女内衣，看起来既可以归入6208女内衣品目下，又可以归入6212妇女紧身胸衣品目下，比较两个名称，女内衣是类别名称属一般列名，妇女紧身胸衣是具体列名，故本商品应归入品目6212。二是不同类商品名称的比较，如汽车用钢化安全玻璃，看起来可以归入两个品目：汽车零件（品目8708）或钢化安全玻璃（品目7007）。比较品目条文，品目7007的钢化或层压玻璃制的安全玻璃较品目8708机动车辆用的零件、附件列名具体，因此该商品应归入品目7007。但是，如果两个或两个以上税（品）目都仅述及混合或组合货品所含的某部分材料或物质，或零售成套货品中的某些货品，即使其中某个税（品）目比其他税（品）目对该货品描述得更加全面详细，这些货品在有关税（品）目的列名应视为同样具体，在这种情况下，货品应按规则三（二）或规则三（三）的规定进行归类。

规则三（二）款是指对不能按以上规则归类的混合物、组合货品以及零售的成套货品，如能确定构成其主要特征的材料和部件，则应按这种材料或部件归类。但是，不同的货品，确定其基本特征的基本因素会有所不同，需要具体情况作具体分析，既可根据其所含材料或部件的性质、价值、重量、体积等来确定货品的基本特征，也可根据所含材料、货品的主要用途等诸多因素综合考虑来确定货品的基本特征。本款所谓的“不同部件的组合物”，不仅包括部件相互固定组合在一起构成了实际不可分离整体的货品，还包括其部件可相互分离的货品，但这些部件必须是相互补充、配合使用、构成一体并且通常不单独销售的。例如由一个特制的架子（通常为木制的）及几个形状、规格相配的空调味料瓶组成的家用调味架，这类组合货品的各件一般都装于同一普通包装内。本款所谓的“零售的成套货品”，必须同时符合3个条件：（1）零售包装；（2）由归入不同税（品）目号的货品组成；（3）用途上是相互补充、配合使用的。例如，一个纸盒内装有一个三明治（夹牛肉饼，牛肉占三明治总重的25%）和一杯法式土豆条，因三明治具有该成套货品的基本特征，故归入16025090。本款不适用于归入同一税（品）目号的相同物品（如六把乳酪叉不能作为本款所称的成套货品），也不适用于包装在一起的混合产品（如一瓶醋、一瓶酱油、一瓶番茄沙司装在一个纸盒内）。

如果不能按规则三（一）或规则三（二）归类的上述货品，则应按规则三（三）办理，这是一条“从后归类”的原则，即将某个商品可以归入的所有税（品）目号加以比较，并按排列在最后的税（品）目号归类。例如，大麦和燕麦组成的等量混合物，按大麦（品目1003）、燕麦（品目1004）的后一个品目1004归类，归入10040090。

四、规则四

（一）规则原文

根据上述规则无法归类的货品，应归入与其最相类似的税（品）目。

（二）对规则的解释及运用说明

随着科学技术的发展，新产品层出不穷，任何商品分类目录都会因形势的发展出现不尽适应的情况，因此，当一个新产品出现时，《协调制度》所列的商品不一定已经将其明确地包括进去，为了增强《协调制度》的适应能力，解决这类归类问题，本规则规定了产品按最相类似的货品归入有关税（品）目。货品在不能按规则一至规则三归类的情况下，应归入最相类似的货品的税（品）目中。但是，货品的“最相类似”要看诸多因素，如货物的名称、特征、用途、功能、结构等，因此，这条规则实际应用起来有一定的困难。如不得不使用这条规则时，其归类方法是先列出最相类似的税（品）目号，然后从中选择一个最为合适的税（品）目号。

五、规则五

（一）规则原文

除上述规则外，本规则适用于下列货品的归类：

（1）制成特殊形状仅适用于盛装某个或某套物品并会被长期使用的，如照相机套、乐器盒、绘图仪器盒、项链盒及类似容器，如果与所装物品同时进口或出口，并通常与所装物品一同出售的，应与所装物品一并归类。但本款不适用于本身构成整个货品基本特征的容器。

（2）除规则五（一）规定的以外，与所装货品同时进口或出口的包装材料或包装容器，如果通常是用来包装这类货品的，应与所装货品一并归类。但明显可重复使用的包装材料和包装容器不受本款限制。

（二）对规则的解释及运用说明

规则五（一）仅适用于同时符合以下规定的容器：

（1）制成特定形状或形式，专门盛装某一物品或某套物品的，即专门按所要盛装的物品进行设计的，有些容器还制成所装物品的特殊形状。

（2）适合长期使用的，即容器的使用期限与所盛装的物品相比是相称的。在物品不使用期间（例如，运输或储藏期间），这些容器还起到保护物品的作用。

（3）与所装物品一同报验的，不论其是否为了运输方便而与所装物品分开包装，单独报验的容器则应归入其所应归入的税（品）目号。

（4）通常与所装物品一同出售。

（5）包装物本身不构成货品基本特征，容器本身只是物品的包装物，无论是从价值或是从作用看，它都是从属于物品的，例如皮革制小提琴盒和适于装在该盒内的小提琴（同时报验），则小提琴盒符合规则五（一）的条件，按小提琴归入92021000。

但本款规则不适用于本身构成了物品基本特征的容器，如装有茶叶的银质茶叶罐，银罐本身价值昂贵，已构成整个货品的基本特征，应按银制品归入税（品）目号7114。

规则五（二）实际上是对规则五（一）规定的补充，它适用于明显不能重复使用的包装材料和容器。这些材料和容器都是货物的一次性包装物，向海关报验时，它们必须是包装着货物的，当货物开拆后，包装材料和容器一般不能再按原用途使用，例如包装大型机器设备的木板箱，应与所装物品一并归类。但本款不适用于明显可以重复使用的包装材料或包装容器，例如，用以装压缩或液化气体的钢铁容器。

六、规则六

（一）规则原文

货品在某一税（品）目项下各子目的法定归类，应按子目条文或有关的子目注释以及以上各条规则来确定，但子目的比较只能在同一数级上进行。除《协调制度》条文另有规定的以外，有关的类注、章注也适用于本规则。

（二）对规则的解释及运用说明

规则六是为解决商品在《协调制度》子目中的归类而制定的，它有以下的含义：

（1）以上规则一至规则五在必要的地方加以修改，即将“品”改为“子”，也可适用于同一税（品）目项下的各级子目。

（2）规则六中所称“同一数级”子目，是指5位数级子目或6位数级子目。当按照规则三（一）规定考虑某一物品在同一税（品）目项下的两个及两个以上5位数级子目的归类时，只能依据有关5位数级子目所列名称进行比较。只有确定了哪个5位数级子目列名更为具体后，而且该子目项下又再细分出6位数级子目，才能根据有关6位数级子目条文考虑物品应归入这些6位数级子目中的某个子目。如每平方米重180克的全棉染色平纹布，先确定该商品的4位数的税（品）目号为5208，然后比较其所属的5位数级子目所列名称哪个更为具体，应归入5位数号5208.3，最后再比较其所属6位数级子目的条文，确定本品应归入5208.32。

本规则所称“除条文另有规定的以外”，是指类、章注释与子目条文或子目注释不相一致的情况，例如，第71章章注释四（二）所规定的“铂”的范围比该章子目注释二所规定的“铂”的范围要大，在解释子目号7110.11和7110.19的商品范围时，应采用子目注释二的规定而不应考虑该章章注释四（二）的规定。

（3）6位数级子目的货品范围不得超出其所属的5位数级子目的范围；同样，5位数级子目的范围也不得超出其所属的4位税（品）目范围，因此，只有在货品归入适当的4位数级税（品）目后方可考虑将其归入合适的5位数级或6位数级子目，并且在任何情况下，应优先考虑5位数级、再考虑6位数级子目范围或子目注释。

常见章的商品名称及编码的速记与速查见表4.1。

表 4.1　　商品名称及编码的速记与速查表（常见章）

所属大类	所在章号	商品类别	所属大类	所在章号	商品类别
动植物类	1	活动物	化工品	36	烟火制品、易燃制品
	2	食用肉及杂碎		37	感光材料
	3	鱼类		38	杂项化工品
	4	乳、蛋、蜜及其他可食用动物产品	塑料橡胶	39	塑料及其制品
	5	其他非食用动物产品		40	橡胶及其制品
	6	活植物	皮革及制品	41	生皮及皮革
	7	食用蔬菜		42	皮革制品
	8	食用水果		43	毛皮、人造毛皮及制品
	9	咖啡、茶、调料	木及编结品	44、45	木、软木及其制品
	10	谷物		46	编结材料制品
	11	面粉、淀粉、麦芽	纸浆及纸制品	47	纸浆、废纸、废纸板
	12	含油子仁、工业、药用植物、初级饲料（草料）		48	纸、纸板及其制品
				49	印刷制品
	13	植物液汁	纺织品	50	蚕丝及其机织物
	14	编结材料		51	动物毛及其机织物
	15	动植物油脂		52	棉花及其机织物
	16	肉制品		53	其他植物纤维，纸纱线及其机织物
	17	糖及糖食		54、55	化纤长丝、短纤及其机织物
	18	可可及其制品		56	絮胎、毡呢、无纺布，特种纱线，线、绳及制品
	19	谷物及面食品			
	20	蔬菜、水果食品		57	地毯
	21	杂项食品		58	特种机织物，刺绣品
	22	饮料、酒、醋		59	浸渍涂布的纺织品、工业用纺织品
	23	食品工业残渣、配制饲料		60	针织或钩编织物
矿产品	25	非金属矿产品		61	针织或钩编服装及衣着附件
	26	金属矿产品		62	非针织或钩编服装及衣着附件
	27	煤、石油及其蒸馏产品		63	其他纺织制品、成套物品旧衣物
化工品	28	无机化工品	鞋帽伞人造花	64、65	鞋靴、帽及其零件
	29	有机化工品		66	雨伞、杖、鞭
	30	药品		67	羽毛、羽绒制品，人造花
	31	有机肥、化肥	矿物制品陶瓷玻璃	68	石料、水泥石棉等矿物制品
	32	鞣料、染料、颜料、油漆		69	陶瓷制品
	33	化妆品		70	玻璃及其制品
	34	肥皂、表面活性剂、润滑剂	贵金属	71	珍珠、宝石、贵金属、硬币
	35	蛋白质、酶	金属品	72	钢铁

续表 4.1

所属大类	所在章号	商品类别	所属大类	所在章号	商品类别
金属品	73	钢铁制品	运输工具	87	车辆
	74	铜及其制品		88、89	航空器、船舶
	76	铝及其制品	仪器仪表	90	仪器、仪表
	82	贱金属工具、餐匙、叉		91、92	钟表、乐器及其零件
	83	贱金属杂项制品	杂项制品	94	家具、寝具、灯具、活动房屋
机电产品	84	机械器具		95	玩具、游戏品、运动用品
	85	电器设备、音像、通讯设备		96	杂项制品
运输工具	86	铁道运输设备	艺术收藏品	97	艺术品、收藏品、古物

关键名词

商品归类　《商品名称及编码协调制度》　子目　中国子目

不定项选择题

请确定以下商品在税则中的位置:

1. 鲜水蜜桃

A. 第 6 章　B. 第 7 章　C. 第 8 章　D. 第 20 章

2. 两套缺少鞍座的摩托车未组装件（装在一个木箱内）一起报验。

A. 44. 15　B. 87. 11

3. 一套成套的理发工具，由一个电动理发推子〔税（品）目号 8510〕、一把梳子〔税（品）目号 9615〕、一把剪子〔税（品）目号 8213〕、一把刷子〔税（品）目号 9603〕及一条毛巾〔税（品）目号 6302〕，装于一个皮匣子〔税（品）目号 4202〕

A. 8510　B. 9615　C. 8213　D. 9603

E. 6302　F. 4202

4. 蛋形巧克力（内装小玩具）

A. 18 章　B. 4 章　C. 95 章　D. 35 章

思考题

1. 《协调制度》的基本结构。

2. 简述《协调制度》归类总规则。

• 实务篇

工作任务

进出口商品的海关监管条件如何得知

某公司需要代理进口机动混凝土搅拌车，请问，办理相应的通关手续需要准备什么资料，去哪里办?

【操作指引】

第一步，确定商品归类。

查"进出口税则"确定机动混凝土搅拌车的商品编码为87054000，如商品编码不能确定，可到进境海关商品归类处咨询。

第二步，确定海关监管条件。

查阅"进出口税则"（见表4.2）得知，机动混凝土搅拌车（87054000）的海关监管条件为A（入境货物通关单）、B（出境货物通关单）、6（旧机电产品禁止进口）、O（自动进口许可证），或者登陆中国海关网（www.customs.gov.cn），通过"网上服务大厅查询表"的"商品信息查询"获知。每种进出口商品后面都有海关监管条件的代码，这些监管条件代码的含义可以参考本书项目九"监管证件代码表"。

表4.2　2011年进出口税则节选

特殊用途的机动车辆（例如，抢修车、起重车、救火车、混凝土搅拌车、道路清洁车、喷洒车、流动工场车及流动放射线检查车），但主要用于载人或运货的车辆除外

商品编码	附加编号	商品名称	进口税率		出口税率	增值税	消费税	计量单位	监管条件
			优惠	普通					
87053010		装有云梯的机动救火车	3	8	0	17	0	辆	AB6O
87053090		其他机动救火车	3	8	0	17	0	辆	AB6O
87054000		机动混凝土搅拌车	15	35	0	17	0	辆	AB6O

第三步，明确监管条件后，办理相应进出口证件。

入境货物通关单或者出境货物通关单需到检验检疫部门办理法定检验检疫手续，检验检疫合格的，签发入境货物通关单或者出境货物通关单；自动进口许可证根据《货物自动进口许可管理办法》（商务部、海关总署令2004年第26号）的规定，由商务部授权配额许可证事务局、商务部驻各地特派员办事处、各省、自治区、直辖市、计划单列市商务主管部门和地方机电产品进出口机构负责自动进口许可货物管理和《自动进口许可证》的签发工作，自动进口许可证根据商品的不同在不同的发证机构发证。根据商务部每年发布的《自动进口许可管理货物目录》的规定向该商品的进口发证机构申领自动进口许可证。

另外，通过商品归类除了可以明确海关监管条件以外，还可以明确商品的进口税率、出

口税率、增值税税率、消费税税率等（可参见表4.2），便于企业加强成本核算，实现预期利润。

能力拓展

商品编码申报不符引发的问题

【案情一】某外贸出口企业出口汽车风扇，认为汽车风扇属于汽车配件，归入第87章。但第87章章注规定：本税目包括品目87.01至87.05所列机动车辆的零件及配件，但它们必须同时符合下列两个条件：必须是可确定为专用于或主要用于上述车辆的；必须是不列入第十七类注释二规定不包括的货品范围的。经查阅：汽车风扇应属于第84章。如果归入第87章，得出的HS编码不属于出口法定检验的范围，而根据第84章的归类规定得出的HS编码应属于出口法定检验的范围。由于企业人员对归类理解错误，货物虽已到达上海港，却由于没有经过法检，造成无法在口岸海关报关出口。货物延误了船期，造成了不小的损失和麻烦。

【案情二】某海产品有限公司通过某口岸进口了十批盐渍海蜇。该公司报关员在报关时，按照日常生活经验，将货物申报为税率为15%的“制作或保藏的海蜇”。某海关在定期的归类核查中发现，按照这批货物的加工流程和制作工艺，应将其归入税率为10%的“其他冻、干、盐制水生无脊椎动物”。某海关经过进一步核实，确认企业申报错误，多缴税款12万元。

【评析要点】

第一，企业使用不正确的商品编码可能引起进出口税率适用的错误，造成税款多征、漏征，同时也会影响出口退税的计算的正确性。

第二，企业使用不正确的商品编码可能会造成海关监管条件适用错误。比如应申领许可证件而未申领许可证件的，无法及时通关；需要办理法检的商品而未申请法检，影响顺利通关，非法检的商品却申请了法检，产生了报检费用的浪费等。

第三，进口料件商品编码申报不准确，还涉及相关出口成品的商品编码更改及相关合同的更改、核销问题，企业必须重新向海关申报，由海关审核、批准、备案，手续复杂，时间较长。商品编码的临时更改将影响货主报检、报关和通关，进而影响口岸通关速度和企业正常生产。

项目引导文
报关程序

公司例会后，同事们在讨论一个客户的加工贸易成品的处理方式的问题，李师傅问小林听懂了没有。有一家生产浮法玻璃的客户，因为金融危机的影响，成品一直没有复运出境，手册经过展期后已经无法再延期，按规定，继续留在境内需办理内销手续，内销需要征税，客户不想办理内销征税，又不舍得放弃或销毁，这批成品如何处理妥当?

货物进出境的目的不同，其适用的报关程序也不相同。按曼昆对关税的定义：关税是对在国外生产而在国内销售的物品征收的税，即没有实际进入我国关境并在我国关境内销售的货物并不产生关税。按照海关对不同类别货物的监管方式，进出境货物可以分为一般进出口货物、保税货物、特定减免税货物、暂准进出境货物、其他进出境货物。其中，像保税货物、暂准进出境货物都属于拟复出境货物，故关税方面享有缓税或担保免税等优惠。

报关程序按照时间先后可以分为三个阶段：前期阶段、进出境阶段和后续阶段。其中，进出境阶段包括申报、配合查验、缴税、提取或装运货物四个环节。不同报关程序项下的货物在报关阶段的适用上会有所不同。一般进出口货物只需要通过进出境报关程序即完成全部报关活动，但对于保税货物、特定减免税货物、暂准进出境货物，除了进出境程序外，在货物实际进出境前，通常还需经过前期阶段，办理相关的备案申请手续；在货物实际进出境后，需经过后续阶段，办理相应的核销、销案及解除海关监管手续后才能完成全部报关活动。

常见报关程序的适用可以参见下表：

<table>
<tr><th>报关程序
（货物类别）</th><th>前期阶段
（进境前办理）</th><th>进出境阶段
（进出境时办理）</th><th>后续阶段
（进出关境后办理）</th></tr>
<tr><td>一般进出口货物</td><td>不需要办理</td><td rowspan="4">申报（接受申报）
↓
配合查验（查验）
↓
缴纳税费（征税）
↓
提取或装运货物（放行）</td><td>不需要办理</td></tr>
<tr><td>保税进出口货物</td><td>登记备案</td><td>核销结案</td></tr>
<tr><td>特定减免税
货物</td><td>特定减免税申请和
申领免税证明</td><td>解除监管</td></tr>
<tr><td>暂准进出境货物</td><td>展览品备案申请</td><td>销案</td></tr>
</table>

项目五　一般进出口货物的报关

- 知识储备篇
- 实务篇

◉ **知识目标**

掌握海关监管货物的含义和分类，掌握一般进出口货物的含义和报关步骤及海关管理特征。

◉ **能力目标**

能够按照一般进出口货物的报关步骤进行规范操作，能够对一般进出口货物进行报关流程优化设计。

◉ **素质目标**

养成计划决策、时间管理、团队合作、细致、沟通、礼仪等素质。

• 知识储备篇

第一节　一般进出口货物的报关

一、一般进出口货物的含义

一般进出口货物是指一般进口货物和一般出口货物的合称，是指在进出境环节缴纳了应征的进出口税费并办结了所有必要的海关手续，海关放行后不再进行监管，可以直接进入生产和消费领域流通的进出口货物。

一般进出口货物并不完全等同于一般贸易货物。一般贸易是指国际贸易中的一种贸易方式，是指中国境内有进出口经营权的企业单边进口或单边出口的贸易。按一般贸易方式进出口的货物即一般贸易货物，是相对于加工贸易、寄售、代理等其他贸易方式货物而言；一般进出口货物，是指按照海关一般进出口监管制度监管的进出口货物，是相对于保税货物、特定减免税货物等而言的。一般贸易货物在进口时可以按一般进口货物办理海关手续；也可以按特定减免税货物办理海关手续；也可以经海关批准按保税货物办理海关手续。

二、一般进出口货物的海关监管特征

（1）进出境时应缴纳各种进出口税费。一般进出口货物的收发货人应当按照《海关法》和其他有关法律、行政法规的规定，在货物进出境时向海关缴纳应当缴纳的税费。

（2）进出口时应提交相关的许可证件。货物进出口应受国家法律、行政法规管制的，进出口货物收发货人或其代理人应当向海关提交相关的进出口许可证件。

（3）海关放行即办结海关手续。海关征收了全额的税费，审核了相关的进出口许可证件，并对货物进行实际查验（或作出不予查验的决定）以后，按规定签印放行。这时，进出口货物收发货人或其代理人才能办理提取进口货物或者装运出口货物的手续。

对一般进出口货物来说，海关放行即意味着海关手续已经全部办结，海关不再进行监管，可以直接进入生产和消费领域流通。

三、一般进出口货物的范围

海关监管货物按货物进境、出境后是否复运出境、复运进境，可以分为两大类：一类是进境、出境后不再复运出境、复运进境的货物，我们称为实际进出口的货物；另一类是进境、出境后还将复运出境、复运进境的货物，我们称为非实际进出口的货物。实际进出口货物，除特定减免税货物外，都属于一般进出口货物的范围，主要包括：

（1）一般贸易进口货物。

（2）一般贸易出口货物。

（3）转为实际进口的保税货物、暂准进境货物；转为实际出口的暂准出境货物。

（4）易货贸易、补偿贸易进出口货物。

（5）不批准保税的寄售代销贸易货物。

（6）承包工程项目实际进出口货物。

（7）外国驻华商业机构进出口陈列用样品。

（8）外国旅游者小批量订货出口的商品。

（9）随展览品进出境的小卖品。

（10）免费提供的进口货物，如：

① 外商在经济贸易活动中赠送的进口货物；

② 外商在经济贸易活动中免费提供的试车材料等；

③ 我国在境外的企业、机构向国内单位赠送的进口货物。

四、一般进出口货物的报关程序

一般进出口货物报关程序没有前期阶段和后续阶段，只有进出境阶段，由进出口申报、配合查验、缴纳税费、提取或装运货物四个环节构成。所有进出境货物的报关程序都有进出境阶段，因此一般进出口货物的报关程序除了缴纳税费环节外，也适用于其他所有进出境货物的报关。

（一）申报

1. 概述

（1）申报的含义。申报是指进出口货物的收发货人、受委托的报关企业，依照《海关法》以及有关法律、行政法规的要求，在规定的期限、地点，采用电子数据报关单和纸质报关单形式，向海关报告实际进出口货物的情况，并接受海关审核的行为。

（2）申报的地点。进口货物应当由收货人或其代理人在货物的进境地海关申报；出口货物应当由发货人或其代理人在货物的出境地海关申报。

经收发货人申请，海关同意，进口转关运输的货物可以在设有海关的货物指运地申报；出口转关运输的货物可以在设有海关的货物起运地申报。

以保税、特定减免税和暂准进境方式申报的货物，因故改变使用目的从而改变货物性质转为一般进口时，进口货物的收货人或其代理人应当在货物所在地的主管海关申报。

（3）申报的期限。进口货物的申报期限为自装载货物的运输工具申报进境之日起 14 日内（从运输工具申报进境之日的第二日开始算，下同）。申报期限的最后一天是法定节假日或休息日的，顺延至法定节假日或休息日后的第一个工作日。进口货物的收货人或其代理人未按规定期限向海关申报产生滞报的，由海关按规定征收滞报金。进口货物自装载货物的运输工具申报进境之日起超过 3 个月仍未向海关申报的，货物由海关提取依法变卖。对属于不宜长期保存的货物，海关可以根据实际情况提前处理。

出口货物的申报期限为货物运抵海关监管区后、装货的 24 小时以前。

经电缆、管道或其他特殊方式进出境的货物，进出口货物收发货人或其代理人应当按照海关的规定定期申报。

（4）申报的日期。进出口货物收发货人或其代理人的申报数据自被海关接受之日起，其申报的数据就产生法律效力，即进出口货物收发货人或其代理人应当向海关承担“如实申报”、“按期申报”等法律责任。

申报日期是指申报数据被海关接受的日期。不论是以电子数据报关单方式申报，还是以纸质报关单方式申报，海关接受申报数据的日期即为接受申报的日期。

采用先电子数据报关单申报，后提交纸质报关单，或者仅以电子数据报关单申报的，申报日期为海关计算机系统接受申报数据时记录的日期。该日期将反馈回原数据发送单位，或公布于海关业务现场，或通过公共信息系统发布。电子数据报关单经过海关计算机系统检查被退回的，视为海关不接受申报，进出口货物收发货人或其代理人应当按照要求修改后重新申报，申报日期为海关接受重新申报的日期。海关已接受申报的报关单电子数据，送人工审核后，需要对部分内容进行修改的，进出口货物收发货人或其代理人应当按照海关规定进行修改并重新发送，申报日期仍为海关原接受申报的日期。

先采用纸质报关单申报，后补报电子数据，或只提供纸质报关单申报的，海关工作人员在报关单上作登记处理的日期为海关接受申报的日期。

（5）滞报金。滞报金的起征日期为自运输工具申报进境之日起第 15 日开始，截止日为海关接受申报之日（即申报日期）。起始日和截止日均计入滞报期间。（滞报天数从运输工具申报日的第二天开始计算，即运输工具申报日不计入。）

进口货物收货人在向海关传送报关单电子数据申报后，未在规定期限或核准的期限内递交纸质报关单，海关予以撤销电子数据报关单处理。进口货物收货人重新向海关申报产生滞报的，滞报金的征收，以自运输工具申报进境之日起第 15 日为起征日，以海关重新接受申报之日为截止日。

进口货物收货人申报并经海关依法审核，必须撤销原电子数据报关单重新申报的产生滞报的，经进口货物收货人申请并经海关审核同意，滞报金的征收，以撤销原电子数据报关单之日起第 15 日为起征日，以海关重新接受申报之日为截止日。（滞报天数，从撤销原电子数据报关单当日的第二天开始计算，即撤销原电子数据报关单的当日并不计入。）

进口货物因收货人在运输工具申报进境之日起超过 3 个月未向海关申报，被海关提取作变卖处理后，收货人申请发还余款的，滞报金的征收，以自运输工具申报进境之日起第 15 日为起征日，以该 3 个月期限的最后一日为截止日。

滞报金按日征收，日征收额为进口货物完税价格的 0.5‰，滞报金的起征点为 50 元。滞报金以人民币“元”计收，不足人民币 1 元的部分免收。

征收滞报金公式：滞报金金额 = 进口货物完税价格 ×0.5‰ × 滞报天数

因完税价格调整等原因需补征滞报金的，滞报金金额应当按照调整后的完税价格重新计算，补征金额不足人民币 50 元的，免予征收。

资料卡：滞报金的减免

以下几种特殊情况下，进口货物的经营单位或实际收货人可向海关提出申请减免滞报金，并提交有关证明文件：

（1）政府主管部门有关贸易管理规定变更，要求收货人补办有关手续或政府主管部门延迟签发许可证件，导致进口货物产生滞报的。

（2）产生滞报的进口货物属于政府间或国际组织无偿援助和捐赠用于救灾、社会公益福利等方面的进口物资的或其他特殊货物的。

（3）因不可抗力导致收货人无法在规定期限内申报，从而产生滞报的。

（4）因相关及相关执法部门工作原因致使收货人无法在规定期限内申报，从而产生滞报的。

（5）其他特殊情况经海关批准的。

有下列情形之一的，海关不予征收滞报金：

（1）收货人在运输工具申报进境之日起超过3个月未向海关申报，进口货物被依法变卖处理，余款按《海关法》第三十条规定上缴国库的。

（2）进口货物收货人在申报期限内，根据《海关法》有关规定向海关提供担保，并在担保期限内办理有关进口手续的。

（3）进口货物收货人申报并经海关依法审核，必须撤销原电子数据报关单重新申报，因删单重报产生滞报的。

（4）进口货物经海关批准直接退运的。

（5）进口货物应征收滞报金金额不满人民币50元的。

2. 步骤

（1）准备申报的单证。准备申报的单证是报关员开始进行申报工作的第一步，是整个报关工作能否顺利进行的关键一步。申报单证可以分为主要单证、随附单证两大类，主要单证就是报关单，随附单证包括基本单证和特殊单证。

报关单是由报关员按照海关规定格式填制的申报单，是指进出口货物报关单或者带有进出口货物报关单性质的单证，比如特殊监管区域进出境备案清单，进出口货物集中申报清单、ATA单证册等。

基本单证是指进出口货物的货运单据和商业单据，主要有进口提货单据、出口装货单据、商业发票、装箱单等。一般来说，任何货物的申报，都必须有基本单证。

特殊单证是指涉及到各类国家管制的进出口货物以及适用不同报关程序项下的货物在进出境环节必须向海关出具的单证。主要包括进出口许可证件、加工贸易货物的《登记手册》（包括电子账册和纸质手册）、特定减免税货物的《征免税证明》、作为特殊货物进出境证明的原进出口货物报关单证、出口收汇核销单、原产地证明书，贸易合同等。

进出口货物收发货人或代理人应向报关员提供基本单证和特殊单证，报关员审核这些单证后据此填制报关单向海关申报。

准备申报单证的原则是：单证必须齐全、有效、合法；报关单填制必须真实、准确、完整；报关单与随附单证数据必须一致。

（2）申报前看货取样。进口货物的收货人，向海关申报前，为了确定货物的品名、规格、型号类等，可以向海关提出查看货物或者提取货样的书面申请。海关审核同意的，派员到场监管。

提取货样的货物如涉及动植物及其产品以及其他须依法提供检疫证明的，应当按照有关法律的规定，在取得主管部门签发的书面批准证明后提取。提取货样后，到场监管的海关关员与进口货物的收货人在取样记录和取样清单上签字确认。收货人如经确认发现货物系境外错发错运，可终止申报程序，向主管海关办理直接退运手续。

（3）正式申报。

① 电子数据申报。进出口货物收发货人或其代理人可以选择终端申报方式、委托 EDI 方式、自行 EDI 方式、网上申报方式等 4 种电子申报方式中适用的一种，将报关内容录入海关电子计算机系统，生成电子数据报关单。一旦接收到海关发送的“接受申报”报文和“现场交单”或“放行交单”通知，即表示电子申报成功。如果接收到海关发送的“不接受申报”报文后，表示海关不接受申报。报关人应当根据报文提示修改报关单内容后重新发送申报。

海关接到电子数据后，对电子单据进行集中电子审单。通过计算机系统对报关企业及报关员进行资格认证后，开始进入计算机自动审核程序。报关单电子数据通过规范性审核的，计算机自动接受申报。报关单电子数据经通道判别，交由现场海关进行接单审核、征收税费处理，以及经专业化审核通过后，系统自动完成计征税费程序处理。

② 提交纸质报关单及随附单证。进出口货物收发货人或其代理人应自接到海关“现场交单”或“放行交单”通知之日起 10 日内，持打印的纸质报关单，备齐规定的随附单证并签名盖章，到海关提交书面单证并办理相关海关手续。

（4）报关单的修改和撤销。海关接受进出口申报后，电子数据和纸质的报关单不得修改或撤销。确有正当理由的，经海关审核批准，可以修改或者撤销：

修改或撤销有两种情况。

第一种情况是进出口收发货人要求修改或撤销。如有以下正当理由，可以向原接受申报的海关申请修改或撤销：

① 由于报关人员操作或者书写失误造成所申报的报关单内容有误，并且未发现有走私违规或者其他违法嫌疑的。

② 出口货物放行后，由于装运、配载等原因造成原申报货物部分或者全部退关、变更运输工具的。

③ 进出口货物在装载、运输、存储过程中因溢短装、不可抗力的灭失、短损等原因造成原申报数据与实际货物不符的。

④ 根据贸易惯例先行采用暂时价格成交、实际结算时按商检品质认定或者国际市场实际价格付款方式需要修改申报内容的。

⑤ 由于计算机、网络系统等方面的原因导致电子数据申报错误的。

⑥ 其他特殊情况经海关核准同意的。

海关已经决定布控、查验的以及涉案的进出口货物的报关单在办结前不得修改或者撤销。

进出口货物收发货人或者其代理人申请修改或者撤销进出口货物报关单的，应当提交“进出口货物报关单修改/撤销申请表”，并相应提交可以证明进出口实际情况的合同、发票、装箱单等相关单证；外汇管理、国税、检验检疫、银行等有关部门出具的单证；应税货物的海关专用缴款书、用于办理收付汇和出口退税的进出口货物报关单证明联等海关出具的相关单证。

第二种情况是海关发现报关单需要进行修改或者撤销。海关发现报关单需要进行修改或者撤销，但进出口货物收发货人或者其代理人未提出申请的，海关应当通知进出口货物的收发货人或其代理人。进出口货物收发货人或者其代理人应当填写“进出口货物报关单修改/撤销确认书”，对进出口货物报关单修改或者撤销的内容进行确认，确认后海关完成对进出口货物报关单的修改或者撤销。

因修改或者撤销进出口货物报关单导致需要变更、补办进出口许可证件的，进出口货物收发货人或者其代理人应当向海关提交相应的进出口许可证件。

资料卡　货物分类通关改革试点

（1）分类通关是指海关通过科学运用风险管理理念和方法，以企业守法管理为核心，以风险分析为手段，以前期和后续管理为保障，综合企业类别、商品归类、价格、原产地、监管证件、贸易国别、航线、物流信息等各类风险要素，对不同风险等级的报关单（货物）采取不同的管理要求和管理程序，实施差别化作业的通关管理模式。

（2）对诚信守法企业的低风险货物，海关计算机系统对电子数据报关单完成电子审核后，快速放行。纸质报关单证有“事后交单”和“现场交单”两种方式供企业自主选择。

①“事后交单”，即经海关审核准予适用“事后交单”通关方式的企业采取“无纸报关”方式录入报关单向海关申报，经海关审核满足计算机自动放行条件的，货物放行后在规定期限内向海关递交纸质报关单证。

②“现场交单”，即企业按照《中华人民共和国海关进出口货物申报管理规定》（海关总署令第103号）要求，在货物放行前向海关递交纸质报关单证。

（3）涉及监管证件的货物不适用“事后交单”通关方式。

（4）试点海关范围内A类及以上的进出口企业和代理报关企业，可以向注册地海关申请适用“事后交单”通关方式。

经海关审核准予适用“事后交单”通关方式的进出口企业需要委托报关企业代理报关的，应当委托经海关审核准予适用“事后交单”通关方式的报关企业。

（5）A类及以上企业经注册地海关同意，并与海关、电子口岸签订协议书后，可在全国试点海关范围内适用“事后交单”通关方式。

（6）适用“事后交单”通关方式的企业应当自货物放行之日起10日内到海关办理交单验核等相关手续。

（二）配合查验

1. 海关查验

（1）含义。海关查验是指为确定进出境货物的归类、价格、数量、原产地等真实状况是否与报关单上已申报的内容相符，对货物进行实际核查的行政执法行为。

海关通过查验，核实有无伪报、瞒报、申报不实等走私、违规行为，同时也为海关征税、统计、后续管理提供可靠的资料。

（2）查验时间。当海关决定查验时，即将查验的决定以书面通知的形式通知进出口货物收发货人或其代理人，约定查验的时间。查验时间一般约定在海关正常工作时间内。在一些进出口业务繁忙的口岸，海关也可接受进出口货物收发货人或其代理人的请求，在海关正常工作时间以外安排查验作业。对进出口鲜活商品、危险品、易腐或易变质货物，及其他因特殊事由需要紧急验放的货物、物品，经进出口货物收发货人、物品所有人或其代理人申请，海关可优先安排查验。

（3）查验地点。查验应当在海关监管区内进行。因货物易受温度、静电、粉尘等自然因素影响，不宜在海关监管区内实施查验，或者因其他特殊原因，需要在海关监管区外查验的，经进出口货物收发货人或者其代理人书面申请，海关可以派员到海关监管区外实施查验。

（4）查验方法。海关实施查验可以彻底查验，也可以抽查。查验操作可分为人工查验和设备查验。人工查验包括外形查验、开箱查验。外形查验是指对外部特征直观、易于判断基本属性的货物的包装、运输标志和外观等状况进行验核；开箱查验是指将货物从集装箱、货柜车箱等箱体中取出并拆除外包装后对货物实际状况进行验核。设备查验是指利用技术检查设备为主对货物实际状况进行验核。海关根据货物情况和实际执法需要，确定具体的查验方式。

（5）复验。海关可以对已查验货物进行复验。有下列情形之一的，海关可以复验：

① 经初次查验未能查明货物的真实属性，需要对已查验货物的某些性状做进一步确认的。

② 货物涉嫌走私违规，需要重新查验的。

③ 进出口货物收发货人对海关查验结论有异议，提出复验要求经海关同意的。

④ 其他海关认为必要的情形。

复验时，查验人员在查验记录上应当注明“复验”字样。已经参加过查验的查验人员不得参加对同一票货物的复验。

（6）径行开验。径行开验是指海关有权在进出口货物收发货人或其代理人不在场的情况下，对进出口货物进行开拆包装查验。

有下列情况之一的，海关可以径行开验：

① 进出口货物有违法嫌疑的。

② 经海关通知查验，进出口货物收发货人或者其代理人届时未到场的。

海关径行开验时，存放货物的海关监管场所经营人、运输工具负责人应当到场协助，并在查验记录上签名确认。

2. 配合查验

海关查验时，进出口货物的收发货人或其代理人应当到场，配合海关查验工作的开展，并签字确认最终查验结果。配合查验的工作如下：

（1）负责按照海关要求搬移货物，开拆包装以及重新封装货物。

（2）预先了解和熟悉所申报的货物的情况，如实回答查验人员的询问及提供必要的资料。

（3）协助海关提取需要作进一步检验、化验或鉴定的货样，收取海关出具的取样清单。

（4）查验结束后，认真阅读核对查验人员填写的“海关进出境货物查验记录单”。注意以下情况的记录是否符合实际：① 开箱的具体情况；② 货物残损情况以及造成残损的原因；③ 提取货样的情况；④ 查验结论。

查验记录准确的，配合查验人员应即签名确认。配合查验人员如不签名，海关查验人员在查验记录中予以注明，并由货物所在监管场所的经营人签名证明。

3. 货物损坏赔偿

因进出口货物所具有的特殊属性，容易因开启、搬运不当等原因导致货物损毁，需要查验人员在查验过程中予以特别注意的，进出口货物收发货人或者其代理人应当在海关实施查验前申明。

在查验过程中，或者证实在径行开验中，因为查验人员的责任造成被查验货物损坏的，进出口货物的收发货人或其代理人可以要求海关赔偿。海关赔偿的范围仅限于在实施查验过程中，由于查验人员的责任造成被查验货物损坏的直接经济损失。直接经济损失的金额根据被损坏货物及其部件的受损程度确定，或者根据修理费确定。

以下情况造成的损失不属于海关赔偿范围：

（1）进出口货物的收发货人或其代理人搬移、开拆、封装货物或者保管不善造成的损失。

（2）易腐、易失效货物在海关正常工作程序所需时间内（含扣留或代管期间）所发生的变质或失效。

（3）海关正常查验时产生的不可避免的磨损。

（4）在海关查验之前已发生的损坏和海关查验之后发生的损坏。

（5）由于不可抗拒的原因造成的货物的损坏、损失。

进出口货物收发货人或其代理人在海关查验时对货物是否受损坏未提出异议，事后发现货物有损坏的，海关不负赔偿的责任。

资料卡：查验赔偿

当事人应自收到《海关损坏货物、物品赔偿通知单》之日起3个月内凭该通知单向海关领取赔款，或将银行账号通知海关划拨。无正当理由逾期的，不再赔偿。

当事人对赔偿有异议的，可以在收到《海关损坏货物、物品赔偿通知单》之日起60日内向上一级海关申请复议，对复议决定不服的，可在收到复议决定之日起15日内或在收到《海关损坏货物、物品赔偿通知单》之日起3个月内向人民法院起诉。

（三）缴纳税费

《海关法》第二十九条规定：“除海关特准的外，进出口货物收发货人缴清税款或者提供担保后，由海关签印放行。”

进出口货物收发货人或其代理人将报关单及随附单证提交给货物进出境地指定海关，海关对报关单进行审核，对需要查验的货物先由海关查验，然后核对计算机系统计算的税费，开具税款书和收费票据。进出口货物收发货人或其代理人在规定时间内，持缴款书或收费票据向指定银行办理税费交付手续；在试行中国电子口岸网上缴税和付费的海关，进出口货物收发货人或其代理人可以通过电子口岸接收海关发出的税款缴款书和收费票据，在网上向指定银行进行电子支付税费。一旦收到银行缴款成功的信息，即可报请海关办理货物放行手续。（详细内容见本书项目八“进出口税费”）

（四）提取或装运货物

1. 海关进出境现场放行

海关进出境现场放行是指海关结束对进出口货物的现场监管，允许进出口货物离开海关监管现场的工作环节。

海关进出境现场放行一般由海关在进口货物提货凭证或者出口货物装货凭证上签盖“海关放行章”。进出口货物收发货人或其代理人签收进口提货凭证或者出口装货凭证，凭以提取进口货物或将出口货物装运到运输工具上离境。

在实行“无纸通关”申报方式的海关，海关作出现场放行决定时，通过计算机系统将“海关放行”报文发送给进出口货物收发货人或其代理人和海关监管货物保管人。进出口货物收发货人或其代理人在计算机上自行打印海关通知放行的凭证，凭以提取进口货物或将出口货物装运到运输工具上离境。

2. 提取货物或装运货物

进口货物收货人或其代理人签收海关加盖“海关放行章”戳记的进口提货凭证（提单、运单、提货单等），凭以到货物进境地的港区、机场、车站、邮局等地的海关监管仓库提取进口货物。

出口货物发货人或其代理人签收海关加盖“海关放行章”戳记的出口装货凭证（运单、装货单、场站收据等），凭以到货物出境地的港区、机场、车站、邮局等地的海关监管仓库办理将货物装上运输工具运离关境的手续。

3. 申请签发报关单证明联和办理其他证明手续

进出口货物收发货人或其代理人在办理完提取进口货物或者装运出口货物的手续以后，如需要海关签发有关的货物进口、出口证明联或办理其他证明手续的，可向海关提出申请。

（1）申请签发的报关单证明联。

① 进口付汇证明联。对需要到银行或外汇管理部门办理进口付汇核销的进口货物，报关员应向海关申请签发“进口货物报关单”付汇证明联。海关在“进口货物报关单”上签名、加盖海关验讫章，同时通过电子口岸执法系统向银行和外汇管理部门发送报关单进口付汇证明联电子数据。

② 出口收汇证明联。对需要到银行或外汇管理部门办理出口收汇核销的出口货物，报关员应向海关申请签发“出口货物报关单”付汇证明联。海关在“出口货物报关单”上签名、加盖海关验讫章，同时通过电子口岸执法系统向银行和外汇管理部门发送报关单证明联电子数据。

③ 出口退税证明联。出口退税证明即报关单出口退税证明联。对需要在国家税务机构办理出口退税的出口货物，报关员应当向海关申请签发“出口货物报关单”出口退税证明

联。海关经审核，对符合条件的，予以签发并在证明联上签名、加盖海关“验讫章”，交给报关员。同时，通过电子口岸执法系统向国家税务机构发送证明联电子数据。

（2）办理其他证明手续。

① 出口收汇核销单。对需要办理出口收汇核销的出口货物，报关员应当在申报时向海关提交由国家外汇管理部门核发的“出口收汇核销单”。海关放行货物后，在出口收汇核销单上签字、加盖海关单证章。出口货物发货人凭“出口货物报关单”收汇证明联和“出口收汇核销单”办理出口收汇核销手续。

② 进口货物证明书。对进口汽车、摩托车等，报关员应当向海关申请签发“进口货物证明书”，进口货物收货人凭以向国家交通管理部门办理汽车、摩托车的牌照申领手续。

海关放行汽车、摩托车后，向报关员签发“进口货物证明书”。同时，将“进口货物证明书”上的内容通过计算机系统发送给海关总署，再传输给国家交通管理部门。其他进口货物如需申请“进口货物证明书”，收货人或其代理人也可向海关提出申请。

资料卡：放行与结关

海关监管上的货物结关与货物放行是不同的概念。“办结海关手续”简称结关，对货物而言，是指报关单位已经在海关办结进出口货物所有报关手续，完全履行了法律规定的与进出口有关的义务，包括纳税、提交许可证件及其他单证等，进口货物可以进入国内市场自由流通，出口货物可以运出境外，海关不再进行监管。放行有两种情况，对于一般进出口货物，放行即结关；另一种情况是货物现场放行未结关，如暂准进出境货物、保税货物、特定减免税货物，经审单、查验、放行后仍处于未办结海关手续的状态，即后续管理阶段，依然属于海关监管货物。

第二节　海关监管货物转关的报关程序

为加快进出境口岸进出口货物的疏运，方便收发货人办理海关手续，进出口货物可以办理转关手续。

一、概述

（一）转关含义

转关是指海关监管货物在海关监管下，从一个海关运至另一个海关办理某项海关手续的行为。包括货物由进境地入境后，向海关申请转关，运往另一设关地点办理进口海关手续；货物在起运地出口报关后运往出境地，由出境地海关监管出境；已经办理入境手续的海关监管货物从境内某一设关地点运往境内另一设关地点。其中，进境地是指货物进入关境的口岸；指运地是指进口转关货物运抵报关的地点；出境地是指货物离开关境的口岸；起运地是指出口转关货物报关发运的地点。

（二）转关的条件

1. 申请转关应符合的条件

（1）指运地和起运地设有海关机构的。

（2）指运地和起运地应当设有经海关批准的监管场所。

（3）转关承运人应当在海关注册登记，承运车辆符合海关监管要求，并承诺按海关对转关路线范围和途中运输时间所作的限定将货物运往指定的场所。

2. 不得申请转关的货物

（1）进口固体废物（废纸除外）。

（2）易制毒化学品、监控化学品、消耗臭氧层物质。

（3）进口汽车整车，包括成套散件和二类底盘。

（4）国家检验检疫部门规定必须在口岸检验检疫的商品。

二、转关的方式

转关有提前报关转关、直转转关和中转转关三种方式。

（一）提前报关转关

提前报关是指进口货物在指运地先申报，再到进境地办理进口转关手续；出口货物在货物未运抵起运地监管场所前先申报，货物运抵监管场所后再办理出口转关手续。

（二）直转转关

进口直转转关是指进口货物在进境地海关办理转关手续，货物运抵指运地再在指运地海关办理报关手续的转关；出口直转转关在运抵起运地海关监管场所报关后，在起运地海关办理出口转关手续再到出境地海关办理出境手续的转关。

（三）中转转关

进口中转转关是指持全程提运单需换装境内运输工具的进口中转货物由收货人或其代理人先向指运地海关办理进口申报手续，再由境内承运人或其代理人批量向进境地海关办理转关手续的转关。出口中转转关是指持全程提运单需换装境内运输工具的出口中转货物由发货人或其代理人先向起运地海关办理出口申报手续，再由境内承运人或其代理人按出境工具分列舱单向起运地海关批量办理转关手续，并到出境地海关办理出境手续的转关。

三、转关货物的报关期限

（一）直转方式转关的期限

直转方式转关的进口货物应当自运输工具申报进境之日起 14 天内向进境地海关办理转关手续，在海关限定期限内运抵指运地之日起 14 天内，向指运地海关办理报关手续。逾期按规定征收滞报金。

（二）提前转关方式转关的期限

（1）进口转关货物应在电子数据申报之日起 5 日内，向进境地海关办理转关手续，超过期限仍未到进境地海关办理转关手续的，指运地海关撤销提前报关的电子数据。

（2）出口转关货物应于电子数据申报之日起 5 日内，运抵起运地海关监管场所，办理转关和验放等手续，超过期限的，起运地海关撤销提前报关的电子数据。

转关货物申报的电子数据与书面单证具有同等的法律效力。

四、转关货物的申报程序

（一）进口货物的转关

1. 提前报关的转关

（1）进口货物的收货人或代理人在指运地海关录入《进口货物报关单》电子数据，指运地海关提前受理电子申报。接受申报后，计算机自动生成“进口转关货物申报单”，并传输至进境地海关。

（2）进口货物的收货人或代理人应向进境地海关提供《进口转关货物申报单》编号，并提交下列单证办理转关手续：

①《进口转关货物核放单》（广东省内公路运输的，提交“进境汽车载货清单”）。

②《中华人民共和国海关境内汽车载运海关监管货物载货登记簿》（以下简称《汽车载货登记簿》）或《船舶监管簿》。

③ 提货单。提前报关的进口转关货物，进境地海关因故无法调阅进口转关数据时，可以按直转方式办理转关手续。

2. 直转方式的转关

（1）进口货物收货人或代理人在进境地录入转关申报数据，直接办理转关手续。货物收货人或代理人应持以下单证向进境地海关办理转关手续：

①《进口转关货物申报单》（广东省内公路运输的，提交“进境汽车载货清单”）。

②《汽车载货登记簿》或《船舶监管簿》。

3. 中转方式的转关

具有全程提运单、需换装境内运输工具的中转转关货物的收货人或其代理人向指运地海关办理进口报关手续后，由境内承运人或其代理人持“进口转关货物申报单”、“进口货物中转通知书”、按“指运地目的港”分列的“纸质舱单”（空运方式提交“联程运单”）等单证向进境地海关办理货物转关手续。

（二）出口货物的报关

1. 提前报关的转关

由货物的发货人或其代理人在货物未运抵起运地海关监管场所前，先向起运地海关录入“出口货物报关单”电子数据，由起运地海关提前受理电子申报，生成“出口转关货物申报单”数据，传输至出境地海关。

货物应于电子数据申报之日起 5 日内，运抵起运地海关监管场所，并持下列单证向起运地海关办理出口转关手续：

（1）“出口货物报关单”。

（2）《汽车载货登记簿》或《船舶监管簿》。

（3）广东省内公路运输的，提交“出境汽车载货清单”。

超过期限的，将被起运地海关撤销提前报关产生的电子数据。

货物到达出境地后，发货人或其代理人持下列单证向出境地海关办理转关货物出境手续：

（1）起运地海关签发的“出口货物报关单”。

（2）《汽车载货登记簿》或《船舶监管簿》。

（3）“出口转关申报单”或“出境汽车载货清单”。

2. 直转方式的转关

由发货人或其代理人在货物运抵起运地海关监管场所后，向起运地海关录入“出口货物报关单”电子数据，起运地海关受理电子申报，生成“出口转关货物申报单”数据，传输至出境地海关。

发货人或其代理人应持下列单证向起运地海关办理出口转关手续：

（1）“出口货物报关单”。

（2）《汽车载货登记簿》或《船舶监管簿》。

（3）广东省内公路运输的，提交“出境汽车载货清单”。

直转的出口转关货物到达出境地后，发货人或其代理人应持下列单证向出境的海关办理出境手续：

（1）起运地海关签发的“出口货物报关单”。

（2）《汽车载货登记簿》或《船舶监管簿》。

（3）“出口转关申报单”或“出境汽车载货清单”。

3. 中转方式的转关

具有全程提运单、需换装境内运输工具的出口中转转关货物，货物的发货人或其代理人向起运地海关办理出口报关手续后，由承运人或其代理人向起运地海关录入并提交“出口转关货物申报单”、凭出境运输工具分列的电子或“纸质舱单”、《汽车载货登记簿》或《船舶监管簿》等单证向起运地海关办理货物出口转关手续。

经起运地海关核准后，签发“出口货物中转通知书”，承运人或其代理凭以办理中转货物的出境手续。

（三）海关监管货物的转关

海关监管货物的转关，除加工贸易深加工结转按有关规定办理外，均按进口转关方式办理。

1. 提前报关的转关

由转入地（相当于指运地）货物收货人或其代理人在转出地（相当于进境地）海关办理监管货物转关手续前，向转入地海关录入进口货物报关单电子数据报关。由转入地海关提前受理电子申报，并生成“进口转关货物申报单”，向转出地海关传输。

转入地货物收货人或其代理人持“进口转关货物核放单”和《汽车载货登记簿》或《船舶监管簿》，并提供“进口转关货物申报单”编号，向转出地海关办理转关手续。

2. 直转方式的转关

由转入地货物收货人或其代理人在转出地录入转关申报数据，持“进口转关货物申报单”和《汽车载货登记簿》或《船舶监管簿》，直接向转出地海关办理转关手续。货物运抵转入地后，转入地货物收货人或其代理人向转入地海关办理货物的报关手续。

第三节 进出境货物集中申报程序

一、概述

（一）含义

集中申报是指经海关备案，进出口货物收发货人在同一口岸多批次进出口规定范围内货物，可以先以集中申报清单申报货物进出口，再以报关单集中办理海关手续的特殊通关方式。

（二）范围

1. 适用集中申报方式的仅限于以下货物

（1）图书、报纸、期刊类出版物等时效性较强的货物。

（2）危险品或者鲜活、易腐、易失效等不宜长期保存的货物。

（3）公路口岸进出境的保税货物。

2. 不适用集中申报方式的情形

（1）涉嫌走私或者违规，正在被海关立案调查的收发货人进出口货物。

（2）因进出口侵犯知识产权货物被海关依法给予行政处罚的收发货人进出口货物。

（3）适用C类或者D类管理类别的收发货人进出口货物。

3. 停止适用集中申报方式的情形

（1）担保情况发生变更，不能继续提供有效担保的。

（2）涉嫌走私或者违规，正在被海关立案调查的。

（3）进出口侵犯知识产权货物，被海关依法给予行政处罚的。

（4）海关分类管理类别被降为C类或者D类的。

（5）收发货人在备案有效期内主动申请终止适用集中申报通关方式的。

（三）管理

1. 备案管理

（1）备案地点。收发货人应当在货物所在地海关办理集中申报备案手续；加工贸易企业应当在主管地海关办理集中申报备案手续。

（2）备案单证。收发货人申请办理集中申报备案手续的，应当向海关提交“适用集中申报通关方式备案表”。

（3）备案担保。收发货人申请办理集中申报备案手续的，应当提供符合海关要求的担保，担保有效期最短不得少于3个月。

（4）备案有效期。备案有效期限按照收发货人提交的担保有效期核定。在备案有效期内，收发货人可以适用集中申报通关方式。

（5）备案变更、延期和终止。申请适用集中申报通关方式的货物、担保情况等发生变更时，收发货人应当向原备案地海关书面申请变更。

备案有效期届满可以延续。收发货人需要继续适用集中申报方式办理通关手续的，应当在备案有效期届满10日前向原备案地海关书面申请延期。

收发货人在备案有效期届满前未向原在案地海关申请延期的，备案表效力终止。收发货人需要继续按照集中申报方式办理通关手续的，应当重新申请备案。

2. 报关管理

进出口货物收发货人可以委托B类以上管理类别（含B类）的报关企业办理集中申报有关手续。

二、申报程序

（一）电子申报

1. 申报时间

进口货物申报时间为载运进口货物的运输工具申报进境之日起14日内。

收货人在运输工具申报进境之日起14日后向海关申报进口的，不适用集中申报通关方式。收货人应当以报关单向海关申报。出口货物申报时间为货物运抵海关监管区后、装货的24小时前。

2. 申报单证

进出口货物根据货运单据填制“中华人民共和国海关进（出）口货物集中申报清单”，按清单格式录入电子数据向海关申报。

3. 退单

海关审核集中申报清单电子数据，对保税货物核扣加工贸易手册（账册）或电子账册数据；对一般贸易货物核对集中申报备案数据。经审核，海关发现集中申报清单电子数据与集中申报备案数据不一致的，应当予以退单。凡被退单的，收发货人应当以报关单方式向海关申报。

（二）纸质单证申报

1. 提交集中申报清单及随附单证

（1）提交纸质单证的期限。收发货人应当自海关审结集中申报清单电子数据之日起3日内，持集中申报清单及随附单证到货物所在地海关办理交单验放手续。属于许可证件管理的，收发货人还应当提交相应的许可证件，海关应当在相关证件上批注并留存复印件。

收发货人未在规定期限办理相关海关手续的，海关删除集中申报清单电子数据，收发货人应当重新向海关申报。重新申报日期超过运输工具申报进境之日起14日的，应当以报关单申报。

（2）修改或撤销集中申报清单。收发货人在清单申报后申请修改或者撤销集中申报清单的，按报关单修改和撤销的规定办理。

2. 报关单集中申报

（1）集中申报的期限。收发货人应当对一个月内以集中申报清单申报的数据进行归并，填制进出口货物报关单，一般贸易货物在次月10日之前、保税货物在次月底之前到海关办理集中申报手续。

一般贸易货物集中申报手续不得跨年度办理。

（2）报关单填制要求。集中申报清单归并为同一份报关单的，各清单中的进出境口岸、经营单位、境内收发货人、贸易方式（监管方式）、起运国（地区）、装货港、运抵国（地区）、运输方式栏目及适用的税率、汇率必须一致。

各清单中规定项目不一致的，收发货人应当分别归并为不同的报关单进行申报。对确实不能归并的，应当填写单独的报关单进行申报。

各清单归并为同一份报关单时，各清单中载明的商品项在商品编号、商品名称、规格型号、单位、原产国（地区）、单价和币制均一致的情况下可以进行数量和总价的合并。

（3）办理相应的手续。收发货人对集中申报清单申报的货物以报关单方式办理海关手续时，应当按照海关规定对涉税的货物办理税款缴纳手续。涉及许可证件管理的，应当提交海关批注过的相应许可证件。

对适用集中申报通关方式的货物，海关按照接受清单申报之日实施的税率、汇率计征税费。

（4）申领报关单证明联。收发货人办结集中申报海关手续后，海关按集中申报进出口货物报关单签发报关单证明联。“进出口日期”以海关接受报关单申报的日期为准。

关键名词

报关程序　一般进出口货物　申报　径行开验　放行　结关　海关监管货物　转关运输　指运地　启运地

不定项选择题

1. 不适用于海关后续管理的货物是下列哪一选项：

A. 外商在经贸活动中赠送的进口货物

B. 进料加工进口料件

C. 进境展览品

D. 我国香港地区影视公司摄制电影电视用的暂时进口的摄制仪器

2. 报关员小王于10月17日以EDI方式为本企业进口的货物向海关申报，当日收到海关“不接受申报的报文”，他修改报关单内容后于次日再次以EDI方式申报，并在当日收到海关“接受申报”和“现场交单通知”。小王于10月20日到海关递交打印的纸质报关单和其他单证。该批货物的申报日期为：

A. 10月17日　　B. 10月18日　　C. 10月19日　　D. 10月20日

3. 载运某批进口货物的船舶于4月17日（星期五）向海关申报进境，而货物至5月4日（5月1日到5月3日为节假日）报关，收货人滞报几日？

A. 滞报5天　　B. 滞报4天　　C. 滞报3天　　D. 滞报0天

4. 某批易腐进口货物通关时，因涉嫌走私被海关扣留，在此期间货物发生变质，对此损失应以下列哪种方式处理？

A. 因货物发生变质与收货人或其代理人涉嫌走私有关，故该损失由其承担50%，海关赔偿50%

B. 因其变质与海关扣留货物有关，故该损失应由海关承担

C. 因其变质是在海关正常工作程序所需时间内发生，海关不予以赔偿

D. 构成走私，损失由收货人或其代理人自负；未构成走私，损失由海关负责赔偿

5. 某批货物由列车载运进境，经海关批准，收货人（内地某外贸公司）在列车上申报

进境21天后委托专业报关公司向进境地海关办理转关运输手续，并于货物运抵指运地后第8天向该企业所在地海关正式申报。因下列哪项原因，申报人必须缴付滞报金？

A. 未在规定期限向货物指运地海关正式报关

B. 未在规定期限向进境地海关办理转关运输手续

C. 未在规定期限向进境地海关正式报关

D. 既未在规定期限办理转关运输手续，又未在规定期间正式报关

6. 济南某企业向我国香港地区出口服装一批，该批货物运抵济南海关监管现场前，先向该海关录入出口货物报关单电子数据，货物运至海关监管现场后，转关至青岛口岸装运出境。其转关运输采用的是：

A. 提前报关方式　　B. 直转方式　　C. 中转方式　　D. 直通方式

思考题

1. 比较报关程序的前期阶段、进出境阶段、后续阶段在适用范围上的区别。
2. 简述一般进出口货物的适用范围。
3. 简述一般进出口货物的报关步骤。
4. 简要说明申报时应提交的单证以及收发货人向海关申请签发的常见证明。
5. 简述海关接受申报后报关单内容的修改或撤销。
6. 比较转关运输货物三种不同的报关方式。

• 实 务 篇

工作任务

一般进口货物报关程序实例

2010年1月，某电视机厂为生产电视机内销，通过某外贸公司向A国订购了100吨卷钢、50吨PVC粒子、10吨盐酸，并委托某货运报关公司B办理报关手续。卷钢进口后，经检验只到货96吨，而且其中有7吨与合同规定的质量不符。与A方商人协商后，A商答应退还11吨卷钢的货款，并没要求退运7吨质量不符的卷钢。

作为B公司的报关员，应当办理哪些海关手续？

（注：国家临时决定A国产PVC粒子暂不准进口）

报关程序解析：

（一）进口手续

（1）明确不同货物所适用的海关监管条件：

① 卷钢属于2010年自动进口许可证目录商品，要办自动进口许可证。

② A国的PVC暂时停止进口。

③ 盐酸为易制毒化学品，要报化工部审批，凭批件到许可证局和省级商务主管部门申领两用物项和技术进口许可证。

(2) 如果3种货物在一只提货单上，则要到运输工具代理公司办理分提货单手续，将不能进口的A国PVC另列。

(3) 凭自动进口许可证和两用物项和技术进口许可证办理卷钢和盐酸的进口报关手续，填写报关单，贸易方式为“一般贸易”，征免性质为“一般征税”；预录入，电子通关，向现场海关交单，陪同查验，缴纳进口关税。

(二) 7吨质量不符的卷钢的处理（未要求退运）

(1) 如果电视机厂留用，则办理进口纳税手续。由海关按照卷钢的实际情况估价征税，使用原自动进口许可证号。

(2) 放弃交由海关处理。书面申请，海关提取后出具收据。

(三) 办理11吨卷钢的退税手续

(1) 向征税海关提出书面退税申请，提供下列单证：

① 原进口报关单。

② 已缴纳税款的税款缴纳证正本。

③ 有关索赔的协议或来往函电。

④ 商检证明。

⑤ 7吨质量不符又没有退运的卷钢已妥善处理的凭证。

⑥ 海关认为需要的其他单证。

(2) 按规定支付退税手续费。

(3) 在原征税金额内按原征税汇率、税率申请退还11吨卷钢的进口税。

(四) PVC的处理

暂不准进口是政府禁令，在对外贸易合同的条款中属于“不可抗力”条款，买卖双方都不承担违约的责任。

货物可以先堆放在口岸仓库，待国家作出进一步决定。如责令退运，则按直接退运程序办理直接退运手续。如征反倾销税，则按征反倾销税的货物办理。

能力拓展

转口业务的报关程序适用

【案情】 中国某物资装备总公司A向美国某工业公司B订购了8套价值共42.7万美元的“气动管线夹”，用于该公司在苏丹援建石油管道工程建设项目。后A公司委托某外贸公司C办理该批货物由美国经中国再转口至苏丹的手续，并于2月6日与C公司经理陈某签订了委托代理合同。同日，陈某代表C公司与B公司签订了购货合同。期间，陈某低报货物价值，办理了价值6.4万美元的机电产品进口审批手续，后又伪造了货物价值为6.4万美元的供货合同及发票，并委托某国际货运代理有限公司D办理报关手续和负责在北京提货及运至天津新港再转口到苏丹的事宜。在办理报关过程中，陈某按6.4万美元的货物价值缴纳了进口关税、增值税共计人民币240 000余元。4月3日，北京海关查验货物发现货值不符，涉嫌走私，遂将货物扣留，并依法提起公诉。

后法院经审理认为，陈某在为A公司代理转口业务过程中，虽然擅自采用低报货物价值的违法手段，但公诉机关不能证明C公司的法定代表人及其他主要负责人参与预谋，指使或允许陈某使用违法手段为单位谋取利益，认定该公司具有走私普通货物的主观故意和客观行为均证据不足，C公司犯走私普通货物罪的指控不能成立；陈某不如实报关的行为属违法行为，但货物转口对国家不产生税赋，且陈某缴纳的税款按有关规定不产生退税，现有证据亦不能证实陈某不如实报关的违法行为可获取非法利益，故指控陈某具有走私犯罪的主观故意并造成偷逃税款770 000余元的危害结果证据不足。据此，C公司和陈某被判定无罪。

【评析要点】

（一）转口业务是否适用一般进出口货物报关程序

关税是对在国外生产而在国内销售的货物、物品征收的税，即没有实际进入我国关境并在我国关境内销售的货物并不产生关税。根据《海关法》第五十九条的规定，经海关批准暂时进口或者暂时出口的货物，以及特准进口的保税货物，在货物收发货人向海关缴纳相当于税款的保证金或提供担保后，准予暂时免纳关税。本案中陈某为他人代理转口业务，货物用于苏丹援建石油管道工程建设项目，并未在我国关境内销售和使用，所以不适用一般进出口货物的报关程序，即无需缴纳进口关税亦可办理进口报关。

（二）低报货物价值是否构成走私

本案中，陈某在为他人代理转口业务过程中，低报货物价值不如实报关的行为构成走私，但实际上货物转口不需交纳税费，对国家也不产生税赋，对于其按一般贸易货物进口时交纳的税费，出口时亦无任何退税的规定。陈某在主观认识上对此存在错误，继而采取不法手段低报货物价值，不过并未给国家税赋造成损失，陈某的行为不符合走私普通货物罪犯罪构成中“偷逃应缴关税税额较大”的要求，其违法行为社会危害性不大，根据海关法等有关规定应受行政处罚，但不构成走私普通货物罪。

（三）C公司是否构成单位犯罪

根据法律规定，构成单位走私普通货物罪要求犯罪主体是单位，表现为单位法定代表人和其他主要领导参与走私活动，主观上是出于以单位的名义，为单位谋取利益。而现有证据不能证明陈某实施的低报货物价值，不如实报关的行为系C公司的单位意志或主要负责人的决定，因此，认定C公司构成走私普通货物罪证据不足。

（四）构成走私普通货物、物品罪的条件

走私普通货物、物品罪，是指违反海关法规，逃避海关监管，运输、携带、邮寄除武器、弹药、核材料、假币、文物、贵重金属、珍贵动物及其制品、珍稀植物及其制品、淫秽物品以外的其他普通货物、物品进出国（边）境，偷逃应缴关税税额较大的行为。其犯罪构成如下：

（1）犯罪客体是国家对普通货物、物品进出口监管、征收关税的制度，即《海关法》及《进出口关税条例》等法律、法规规定的海关对进出境普通货物、物品进行监管、征收关税的制度。

（2）客观方面表现为违反海关法规，逃避海关监管，运输、携带、邮寄普通货物、物品进出国（边）境、偷逃应缴关税税额较大的行为。所谓“偷逃应缴关税税额较大”，是指偷逃应缴的进口税额或出口税额达到5万元以上的行为，即偷逃应缴税额如果在5万元以下，不构成犯罪。

（3）犯罪主体为一般主体，自然人和单位均可构成走私犯罪。单位犯罪，一般是指公司、企业、事业单位、机关、团体为本单位谋取非法利益，经单位集体研究决定或者由负责人员决定，由单位直接责任人员具体实施的犯罪。

（4）如果行为人没有走私的故意，只有违反海关法规，逃避海关监管的行为，则不属于走私行为，应由海关依照海关法等规定予以行政处理。

项目六　保税进出口货物的报关

• 知识储备篇

• 实务篇

◉ **知识目标**

熟悉保税货物的含义、特征和分类，掌握保税加工货物和保税物流货物所适用的报关程序及海关监管要点。

◉ **能力目标**

能够按照保税货物的报关步骤进行规范操作，能够对保税加工货物及保税物流货物开展报关流程优化设计。

◉ **素质目标**

养成计划决策、时间管理、团队合作、细致、沟通、礼仪等素质。

• 知识储备篇

第一节　保税货物概述

一、保税货物的含义

保税货物，是指经海关批准未办理纳税手续进境，在境内加工装配、储存后复运出境的货物。

二、保税货物的种类

保税货物分为两类，一类是保税加工货物，一类是保税物流货物。

保税加工货物是指专为加工、装配出口产品而从国外进口且海关准予保税的原材料、零部件、元器件、包装物料、辅助材料（简称料件）以及用上述料件生产的成品、半成品。通常有来料加工和进料加工两种形式，海关对保税加工货物的监管类型还包括保税工厂、保税集团、出口加工区等。

保税物流货物是指经海关批准保税进境暂时存放后再复运出境的货物。主要包括转口贸易货物、供应给国际运输工具的货物、免税品等。海关对保税物流货物的监管类型包括保税仓库、出口监管仓库、保税物流中心、保税物流园区、保税区、保税港区等。

三、保税货物的基本特征

（一）经海关批准

进境货物能否保税，要由海关依据国家的有关法律、法规和政策来决定。货物经海关批准才能保税进境。批准保税的条件原则上有三条。

1. 合法经营

申请保税的料件或保税申请人本身不属于国家禁止的范围，并且获得有关主管部门的许可，有合法进出口的凭证。

2. 复运出境

保税货物进境储存、加工、装配后最终流向应复运出境。

3. 可以监管

保税货物无论在进出口环节，还是在境内储存、加工、装配环节，都应符合海关监管要求，必要时海关可要求有关当事人提供担保。

（二）进口时暂缓纳税

保税货物进境时可以暂缓办理纳税手续进境，待货物最终流向确定后，海关再决定征税或免税。

（三）监管延伸

保税货物的海关监管无论是地点，还是时间，都必须延伸。

从地点上说，保税货物储存、加工、装配的地点均是海关监管地点。

从时间上说，保税货物从在进境地被提取开始，一直到储存、加工、装配后复运出境或者办结正式进口手续为止都要受到海关监管。

（四）核销结关

一般进出口货物放行即等于结关，但保税货物海关放行后货物可以提取或装运但并不等于监管结束，只有经过海关核销后才能“结关”。核销是保税货物监管的最后一道程序，也是区别于一般进出口货物的一个重要特征。

四、保税货物的期限

保税加工货物保税期限，原则上不超过1年，经批准可以申请延长，延长的最长期限原则上也是1年，但具体执行要根据不同的合同和进口料件作具体的规定；保税仓库存放保税物流货物的时间是1年，可以申请延长，延长的时间，最长1年；出口监管仓库存放保税物流货物的时间是6个月，可以申请延长，延长的时间，最长6个月；保税物流中心存放保税物流货物的时间是2年，可以申请延长，延长的时间，最长1年；保税物流园区存放保税物流货物的时间没有限制；保税区存放保税物流货物的时间没有限制；保税港区存放保税物流货物的时间没有限制（但存储期限超过2年的，区内企业应当每年向海关备案）。

第二节　保税加工货物的报关

一、保税加工货物概述

（一）含义

保税加工货物指经海关批准未办理纳税手续进境，在境内加工、装配后复运出境的货物。保税加工货物不完全等同于加工贸易货物。加工贸易是指企业全部或部分进口境外原材料、零部件以及成品或半成品，经加工增值后再出口境外的一种贸易方式。主要包括来料加工和进料加工。加工贸易货物只有经过海关批准才能保税进口，按保税加工货物监管。

来料加工是指由关境外企业提供料件，经营企业不需要付汇进口，按照境外企业的要求进行加工或装配，只收取加工费，制成品由境外企业销售的经营活动。

进料加工是指经营企业用外汇购买料件进口，制成成品后外销出口的经营活动。

来料加工和进料加工的共同点都是“两头在外”，即原料来自国外，成品又销往国外。区别在于：

（1）来料加工在加工过程中均未发生所有权的转移，原料运进和成品运出属于同一笔交易，原料供应者即是成品接受者，是以商品为载体的劳务出口；而在进料加工中，原料进口和成品出口是两笔不同的交易，均发生了所有权的转移，原料供应者和成品购买者之间也没有必然的联系。

（2）在来料加工中，我方不承担销售风险，不负盈亏，只收取工缴费；而在进料加工中，我方是赚取从原料到成品的附加价值，要自筹资金、自寻销路、自担风险、自负盈亏。

（二）特征

（1）料件进口时暂缓缴纳进口关税及进口环节海关代征税，成品出口时除另有规定外无需缴纳关税。

（2）料件进口时除国家另有规定外，免于交验进口许可证件，成品出口时凡属许可证件管理，必须交验出口许可证件。

（3）进出境海关现场放行并未结关。

（三）管理

海关对保税加工货物的监管模式有两大类：一类是非物理围网监管模式（采用纸质手册管理或计算机联网监管）；另一类是物理围网的监管模式（出口加工区和跨境工业园区，采用电子账册管理）。所谓物理围网监管，是指经国家批准设立的海关特殊监管区域，企业在物理围网封闭区域内从事保税加工业务，海关在卡口进行监管的监管方式。

纸质手册管理模式是一种传统监管模式，这种监管模式的主要特征是以合同为单元进行监管。这种监管模式在海关对保税加工货物监管中曾起到相当重要的作用，但随着对外贸易和现代科技的发展，将逐渐被联网所替代。

计算机联网监管是应用计算机手段实现海关对加工贸易企业实行联网监管，建立电子账册或电子化手册，备案、进口、出口、核销全部通过计算机进行。这种监管模式又分为两种：一种是针对大型企业的，以建立电子账册为主要标志，以企业为单元进行管理；一种是针对中小企业的，以建立电子化手册为标志，继续以合同为单元进行管理。

海关对各种监管模式的保税加工货物的管理，可以归纳为以下五点：

1. 商务审批

加工贸易必须经过商务主管部门审批才能进入海关备案的程序，分为两种情况：

（1）由商务主管部门审批加工贸易合同。加工贸易经营企业在向海关办理加工贸易合同备案手续或者申请设立电子化手册之前，应先到商务主管部门办理合同审批手续。审批后，凭商务主管部门出具的“加工贸易业务批准证书”和“加工贸易经营企业经营状况和生产能力证明”以及商务主管部门审批同意的加工贸易合同到海关备案。

（2）由商务主管部门审批加工贸易经营范围。加工贸易经营企业在向海关申请联网监管和建立电子账册、电子化手册前，先到商务主管部门办理审批加工贸易经营范围的手续，由商务主管部门对加工贸易企业与海关联网监管的申请作出前置审批，凭商务主管部门出具的“经营范围批准证书”和“加工贸易企业经营状况和生产能力证明”到海关申请联网监管并建立电子账册、电子化手册。

2. 备案保税

保税加工货物报关都有备案程序，海关通过受理备案实现批准保税。纸质手册管理和联网监管下的保税加工货物报关都有备案程序，海关特殊监管区域的保税加工货物备案程序主要体现在建立加工贸易电子账册。

3. 纳税暂缓

国家规定用于加工出口产品而进口的料件，按实际加工复出口成品所耗用料件的数量准予免缴进口关税和进口环节税。料件进境时未办理纳税手续，在产品实际出口并最终确定使用在出口成品上的料件数量后，再确定征免税范围，即用于出口的不予征税，不出口的征税。这里有两个问题值得注意：

（1）保税加工货物经批准不复运出境，在征收进口关税和进口环节代征税时要征收缓税利息（边角料和特殊监管区域的保税加工货物除外）。

内销征收缓税利息适用的利息率根据填发税款缴款书时海关总署参照中国人民银行的活期存款利率决定并公布。

$$内销时应征缓税利息 = 应征税额 \times 计息期限 \times 缓税利息率/360$$

（2）料件进境时未办理纳税手续，适用海关事务担保，具体担保手续按加工贸易银行保证金台账制度执行。

① 加工银行保证金台账制度概述。加工贸易银行保证金台账制度，是指保税贸易的经营企业在签订了加工贸易合同后，向海关办理合同备案手续前，持有关核准单证和文件，向指定的中国银行申请设立保证金台账，成品全部按规定出口或按最终流向办结海关手续并由海关核销后，再由银行核销保证金台账的管理制度。

② 银行保证金台账的分类管理。加工贸易银行保证金台账制度的核心是对不同地区的加工贸易企业和加工贸易涉及的进出口商品实行分类管理，对部分企业进口的部分料件，由银行按照海关根据规定计算的金额征收保证金。

加工贸易的企业按地区分为东部地区和中西部地区，按报关单位分类管理中“收货人的审定标准”分为 AA 类、A 类、B 类、C 类、D 类 5 个管理类别。见表 6. 1。

表 6. 1　　加工贸易银行保证金台账分类管理

<table>
<tr><th rowspan="2">台账分类管理内容</th><th colspan="2">禁止类商品</th><th colspan="2">限制类商品</th><th colspan="2">允许类商品</th></tr>
<tr><th>东部</th><th>中西部</th><th>东部</th><th>中西部</th><th>东部</th><th>中西部</th></tr>
<tr><td>AA 类企业</td><td colspan="2" rowspan="4">不准开展加工贸易</td><td colspan="2">空转</td><td colspan="2">不转</td></tr>
<tr><td>A 类企业</td><td colspan="4">空转</td></tr>
<tr><td>B 类企业</td><td>半实转</td><td colspan="3">空转</td></tr>
<tr><td>C 类企业</td><td colspan="4">实转</td></tr>
<tr><td>D 类企业</td><td colspan="6">不准开展加工贸易</td></tr>
<tr><td>特殊监管区域企业</td><td colspan="2">不准开展加工贸易</td><td colspan="4">不转</td></tr>
</table>

注：东部地区是指北京市、天津市、上海市、辽宁省、山东省、河北省、江苏省、浙江省、福建省、广东省。中西部地区指除东部地区以外的其他地区。

加工贸易的商品分为禁止类、限制类、允许类三类。

加工贸易禁止类商品，是指《对外贸易法》中规定禁止进口的商品，以及海关无法实行保税监管的商品。目前公布的加工贸易禁止类目录共计 1 700 余个 10 位商品编号，主要包括：国家明令禁止进出口的商品；为种植、养殖而进口的种子、种苗、种畜、化肥、饲料、添加剂、抗生素等；可能引起高能耗、高污染的商品；低附加值、低技术含量的商品；生产出口仿真枪支；其他列名的加工贸易禁止类商品。列入加工贸易禁止类进口商品目录的，凡用于深加工结转转入，或从具有保税加工功能的海关特殊监管区域内企业经实质性加工后进入区外的商品，不按加工贸易禁止类进口商品管理。列入加工贸易禁止类出口商品目录的，凡用于深加工结转转出，或进入具有保税加工功能的海关特殊监管区域内企业加工生产的商品，不按加工贸易禁止类出口商品管理。前述商品未经实质性加工不得直接出境。

加工贸易限制类商品，是指进口料件属国内外差价大、海关不易监管的敏感商品。目前公布的加工贸易限制类目录共计 500 个商品编号，其中限制进口 394 个，涉及的商品包括冻鸡，植物油，初级形状聚乙烯，聚酯切片，天然橡胶，糖，棉、棉纱、棉坯布和混纺坯布，化学短纤，铁和非合金钢材、不锈钢，电子游戏机等；限制出口 106 个，涉及的商品包括线型低密度聚乙烯、初级形状聚苯乙烯、初级形状环氧树脂、初级形状氨基树脂等化工品，拉敏木家具、容器等制成品，玻璃管、棒、块、片及其他型材和异型材，羊毛纱线，旧衣物，部分有色金属（如铜及其合金型材、异型材，镍及其合金、型材、异型材，铅及其合金型材、异型材）等。以加工贸易深加工结转方式转出、转入的商品属于限制类的按允许类商品管理。

加工贸易允许类商品，是指除禁止类和限制类以外的其他商品。

③ 加工贸易银行保证金台账分类运作：

不转。所谓不转，是指不需开设台账，亦不用征收保证金。AA 类从事允许类商品的加工贸易可不设台账；适用 AA 类、A 类、B 类管理的加工贸易企业，不管什么地区，进口限制类或允许类料件，金额在 1 万美元及以下的，可以不设台账，不征收保证金；在特殊监管区域（如出口加工区、保税区）的企业，从事限制类和允许类商品的加工贸易，不设台账。

空转。所谓保证金台账的“空转”，是指企业在指定银行开设保证金台账，但并不须向银行交付保证金。AA 类企业从事限制类商品加工贸易为“空转”。A 类企业从事限制类及允许类商品的加工贸易为“空转”。B 类企业从事允许类商品加工贸易以及在中西部地区从事限制类商品的加工贸易，都是“空转”。

实转，所谓保证金台账的“实转”，是指企业在指定银行开设保证金台账后，还须将一定保证金（保证金数额相当于料件进口应缴税费金额）存入海关在中国银行设立的指定账户。企业在规定的期限内加工出口并办理核销后，中国银行凭海关开具的台账核销通知单办理保证金退还手续，并按活期存款利率支付利息，对在合同规定的加工期限内未能出口或经批准转内销的，海关应及时通知中国银行将保证金及利息转为税款和缓税利息。B 类企业在东部地区从事限制类商品加工贸易，缴纳进口料件应征税款的 50% 作为保证金（俗称“半实转”）。C 类企业开展加工贸易，设台账，且按全部进口料件应征税款金额全额征收保证金。此外，任何企业都不得开展禁止类商品的加工贸易，适用 D 类管理的企业不得开展加工贸易。

东部 B 类管理的企业，从事限制类商品加工贸易台账保证金计算公式为：

进口料件属限制类商品或进口料件、出口成品均属限制类商品

台账保证金 =（进口限制类料件的关税 + 进口限制类料件的增值税）×50%

出口成品属限制类商品

台账保证金 = 进口料件备案总值 ×（限制类成品备案总值 ÷ 全部出口成品备案总值）×22% ×50%

C 类企业从事限制类商品加工贸易台账保证金计算公式为：

台账保证金 =（进口全部料件的进口关税 + 进口全部料件的进口增值税）×100%

资料卡：关于推广加工贸易银行保证金台帐电子化联网管理工作有关问题（节选自海关总署公告2010年第5号）

为进一步简化和完善现行加工贸易银行保证金台账管理，在不改变台账管理流程基础上，实现台账电子化联网管理，增加办理台账手续银行，方便加工贸易企业办理台账业务，提高台账管理质量和效率。在前期成功试点的基础上，经研究决定在全国范围内对采用电子化手册管理的加工贸易企业（以下简称企业）开展台账电子化联网管理。现就有关事项公告如下：

一、推广范围

（一）企业范围

各海关可结合关区实际情况确定分步推广计划和各阶段的适用企业范围，并由各海关另行公告执行。

（二）银行范围

推广银行为与各海关关区对应的中国银行、中国工商银行辖属分支机构。

二、台账保证金专用帐户的设立

企业在首次办理台账开设手续时，应向银行办理台账保证金专用帐户的设立手续。企业在申请电子化手册备案时，应在海关手册录入环节选择拟开设台账账户的银行，并在录入端收到海关已开出《银行保证金台账开设联系单》（以下简称《开设联系单》）的回执后，持《企业法人营业执照》、《海关注册登记证明》及其他相关材料至所选择的银行办理台账账户设立手续。对此前已在中国银行网点设立过台账保证金专用账户的企业，推广期间亦应凭《海关注册登记证明》向中国银行进行一次性备案登记（在试点期间已经备案登记的除外）。同一加工贸易合同项下，企业在录入时选择的台账银行（中国银行或中国工商银行）以及实转台账缴纳方式（保证金或税款保付保函）不得变更。

三、台账开设、变更与正常核销

银行与海关间采用台账电子化联网管理模式后，在有关业务流程不变的同时，企业勿需再往返于海关与银行之间传递单证，有关单证的电子数据均实现网上传输。企业在预录入端收到回执后，直接凭银行签发的电子《银行保证金台账登记通知单》（以下简称《登记通知单》）、《银行保证金台账变更通知单》（以下简称《变更通知单》）、《银行保证金台账核销通知单》（以下简称《核销通知单》）向海关办理加工贸易备案、合同变更和核销手续。

四、实转台账保证金的缴纳与补缴

实转台账开设或变更需缴纳保证金的，企业应按照主管海关签发的《开设联系单》或《银行保证金台账变更联系单》（以下简称《变更联系单》）向台账开户银行办理保证金缴纳或补缴手续。

五、税款保付保函的开立、变更（包括展期）

选择以税款保付保函方式进行实转的，企业可在向银行申请开立或变更后，选择自行或由银行将税款保付保函正本或修改函正本送交主管海关留存。

对因特殊情况海关出具《税款保付保函展期通知单》的，企业须持通知单第三、四联、税款保付保函展期申请书及有关材料，向银行申请税款保付保函展期。

4. 监管延伸

进口保税料件在海关放行后并未结关，在时间、地点上都处在海关监管下。这里涉及两个期限：一是准予保税的期限，指经海关批准保税后在境内加工、装配，复运出境的时间限制；二是申请核销的期限，指加工贸易经营人向海关申请核销的最后日期。见表 6. 2。

表 6. 2　　保税加工期限和核销期限

类　型	保税期限	申请核销期限
纸质手册、电子化手册管理	原则上不超过 1 年，经批准原则上可以延长 1 年	手册到期之日起或最后一批成品出运后 30 天内核销
电子账册管理	企业电子账册记录第一批料件进口之日起到该电子账册被撤销止	180 天为 1 个报核周期：首次报核从海关批准电子账册建立之日起算，满 180 天后的 30 天内报核，以后则从上一次的报核日期起算，满 180 天后的 30 天内报核

5. 核销结关

保税加工货物须经海关核销后才能结关。核销是非常复杂的工作，不仅要确认进出数量是否平衡，还要确认成品是否由进口料件生产。

二、纸质手册管理下的保税加工货物及其报关程序

纸质手册管理模式主要是以合同为单元，其报关程序大致有三个阶段：前期报关阶段即合同备案——货物实际进出境报关阶段——后期报核结关阶段。见图 6. 1。

（一）前期报关阶段即合同备案阶段

1. 合同备案的含义

加工贸易合同备案，是指加工贸易企业持合法的加工贸易合同到主管海关备案，申请保税并领取“加工贸易登记手册”或其他准予备案凭证的行为。

海关受理合同备案，是指海关根据国家规定，在接受加工贸易企业合同备案后，批准合同约定的进口料件保税，并把合同内容转化为登记手册内容或作必要的登记，然后核发登记手册。

海关受理备案的加工贸易合同必须合法有效。加工贸易合同是否合法有效的标志主要是商务主管部门合同审批是否通过，以及合同所涉及的加工贸易进出口国家管制商品是否获得许可。经商务主管部门审批通过并获得加工贸易业务批准证和必须的许可证件的加工贸易合同，应当视为合法有效的合同。

对符合规定的加工贸易合同，海关应当在规定的期限内予以备案，并核发“加工贸易登记手册”或其他准予备案的凭证。对不予备案的合同，海关应当书面告知经营企业。

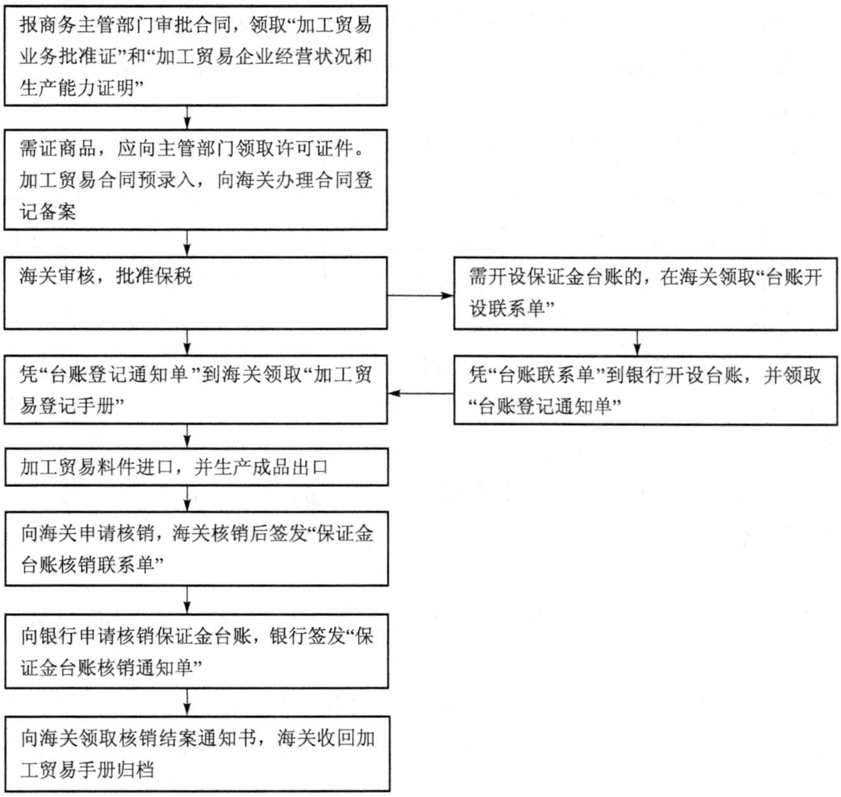

图 6.1　保税加工货物的报关程序

企业凭《登记手册》或其他准予备案的凭证在备案的范围内进出口货物，海关根据合同和相应的登记数据对企业的加工贸易建立底账，记录进出口情况，并实施监管直至最后核销。

2. 合同备案的企业

合同备案的企业可分为两类，一类是经营企业，包括负责对外签订加工贸易进出口合同的各类进出口企业和外商投资企业，或者是各类经批准获得来料加工经营许可的对外加工装配服务公司。另一类是加工企业，包括受经营企业的委托，负责对进口料件进行加工组装，具有法人资格的企业以及虽不具有法人资格，但是实行相对独立核算，并已经办理工商营业执照的工厂。

3. 合同备案的步骤

在向海关进行合同备案前，企业对外签订加工合同后，需报商务主管部门审批合同。对符合规定并确实具有加工复出口能力的经营企业，商务主管部门签发“加工贸易业务批准证”和“加工企业经营状况和生产能力证明”。需要领取其他许可证件的，还须向有关主管部门领取许可证件。

经营企业持“加工贸易业务批准证”和“加工企业经营状况和生产能力证明”和加工贸易合同以及其他所需许可证件向企业所在地主管海关办理合同备案手续。其步骤为：加工企业应将《合同基本情况表》、《进口料件表》、《出口成品表》、《单耗表》、《加工贸易外商免费提供设备表》等相关内容预录入与主管海关联网的计算机，主管海关对合同及上述单证表格进行审核后，根据企业状况和合同情况审核确定是否准予备案，准予备案的，还要由海关确定是否需要开设“加工贸易银行保证金台账”，不需要开设台账的，直接向海关领取“加工贸易登记手册”或其他备案凭证。需要开设台账的，还应去办理银行保证金台账手续。

4. 合同备案的内容

（1）备案单证。商务主管部门签发的“加工贸易业务批准证”和“加工贸易企业经营状况和生产能力证明”；加工贸易合同或合同副本；加工贸易合同备案申请表及企业加工贸易合同备案呈批表；属于加工贸易国家管制商品的，需交验主管部门的许可证件或许可证件复印件；为确定单耗和损耗率所需要的有关资料；其他备案所需要的单证。

（2）备案商品。加工贸易禁止类商品不准备案；进出口消耗臭氧层物质、易制毒化学品、监控化学品，在备案时需要提供进出口许可证或两用物项进出口许可证复印件；进出口音像制品、印刷品、地图产品及附有地图的产品，进口工业再生废料等，在备案时需提供有关主管部门签发的许可证件或批准文件。

（3）保税额度。加工贸易合同项下海关准予备案的料件全额保税。加工贸易合同项下海关不予备案的料件，以及试车材料、未列名消耗性物料等不予保税，进口时按照一般进口货物照章征税。

（4）台账制度。按台账分类管理的原则，或不设台账，或设台账不付保证金，或设台账并付保证金。

为了简化手续，国家还规定对列名的拉链、纽扣、鞋扣、扣绊、摁扣、垫肩、花边等78种客供服装辅料，适用AA类、A类、B类管理加工贸易企业进口金额在5 000美元及以下的列名的78种客供服装辅料不仅可以不设台账，还可以免申领登记手册，但必须凭出口合同向主管海关备案。

资料卡：单耗申报

单耗申报是指加工贸易企业应向海关报告单耗的行为。

单耗是指加工贸易企业在正常加工条件下加工单位成品所耗用的料件量，单耗包括净耗和工艺损耗。净耗是指物化在单位成品中的料件数量；工艺损耗是指因加工生产工艺要求，在正常生产过程中必须耗用而并不物化在成品中的料件数量，包括有形损耗和无形损耗；工艺损耗率是指工艺损耗占所耗用的料件的百分比。

单耗 = 净耗/(1 − 工艺损耗率)

单耗申报的具体内容包括：

（1）加工贸易项下料件和成品的商品名称、商品编号、计量单位、规格型号和品质。

（2）加工贸易项下成品的单耗。

（3）加工贸易同一料件有保税和非保税料件的，应当申报非保税料件的比例。

单耗标准是指供通用或者重复使用的加工贸易单位成品耗料量的准则。单耗标准设定最高上限值，其中出口应税成品单耗标准增设最低下限值。单耗管理应当遵循如实申报、据实核销的原则。

加工贸易企业可以在备案时，货物出口、深加工结转或内销前向海关申报单耗。经海关批准后，加工贸易企业也可在报核前向海关申报单耗。

表 6.3　　亚码男西裤加工贸易单耗

（海关总署　国家发展改革委联合公告 2009 年第 18 号）

<table>
<tr><th rowspan="2">序号</th><th colspan="4">成　品</th><th colspan="4">原　料</th><th rowspan="2">耗
（米/条）</th></tr>
<tr><th>名称</th><th>单位</th><th>商品编号</th><th>规格</th><th>名称</th><th>单位</th><th>商品编号</th><th>规格</th></tr>
<tr><td>1</td><td rowspan="2">棉制
男西裤</td><td rowspan="2">条</td><td rowspan="2">6203
4290</td><td rowspan="2">正装、
亚码
卷脚口、
网脚口</td><td rowspan="2">纯棉
及混纺
机织物</td><td rowspan="2">米</td><td rowspan="2">5208、5209、5210、5211、5212、5801 品目项下全部税号</td><td>面料幅宽 44 英寸（或 112 厘米）</td><td>1.88</td></tr>
<tr><td>2</td><td>面料幅宽 58 英寸（或 147 厘米）</td><td>1.40</td></tr>
<tr><td>3</td><td rowspan="2">化纤
男西裤</td><td rowspan="2">条</td><td rowspan="2">6203
4390</td><td rowspan="2">正装、
亚码
卷脚口、
网脚口</td><td rowspan="2">化纤
及混纺
机织物</td><td rowspan="2">米</td><td rowspan="2">5407、5408、5512、5513、5514、5515、5516、5801 品目项下全部税号</td><td>面料幅宽 44 英寸（或 112 厘米）</td><td>1.85</td></tr>
<tr><td>4</td><td>面料幅宽 58 英寸（或 147 厘米）</td><td>1.38</td></tr>
</table>

5. 合同备案的凭证

海关受理准予备案后，企业领取海关签章的“加工贸易登记手册”或其他准予备案的凭证。

（1）加工贸易登记手册。按规定如合同可不设台账，准予备案后，直接申领“加工贸易登记手册”；如合同开设台账，凭银行签发的“银行保证金台账登记通知单”申领“加工贸易登记手册”。

经海关核准，企业在领取加工贸易手册的基础上，可以根据不同的情况，申领加工贸易手册分册。“加工贸易登记手册”分册，是指海关在企业多口岸报关周转困难或异地深加工结转需要的情况下，由企业申请并经主管海关核准，在“加工贸易登记手册”（总册）的基础上，将“总册”的部分内容重新登记备案，载有该部分内容、有独立编号的另一本登记手册。“加工贸易登记手册”分册进出口报关时可以与原手册分开使用，但必须同时报核。

（2）其他准予备案的凭证。对为生产出口产品而进口的属于国家规定的 78 种列名服装辅料金额不超过 5 000 美元的合同，除适用 C 类管理加工贸易企业外可以免申领登记手册，直接凭出口合同备案准予保税后，凭海关在备案出口合同上的签章和编号直接进入进出口报关阶段。

6. 合同备案后的变更

已向海关登记备案的加工贸易合同，其品名、规格、金额、数量、加工期限、单损耗、商品编码等发生变化的，须向主管海关办理合同备案变更手续，开设台账的合同还须变更台账。

合同变更应在合同有效期内报原商务主管部门批准。为简化合同变更手续，对贸易性质不变、商品品种不变，变更金额小于1万美元（含1万美元）和延长不超过3个月的合同，企业可直接到海关和银行办理变更手续，不需再经商务主管部门重新审批。

原1万美元及以下备案合同，变更后进口金额超1万美元的，AA类、A类、B类管理企业，需重新开设台账，东部地区B类企业的合同金额变更后，进口料件如果涉及限制类商品的，由银行加收相应的保证金。

因企业管理类别调整，合同从“空转”转为“实转”的，应对原备案合同交付台账保证金。经海关批准，可只对原合同未履行出口部分收取台账保证金。

管理类别调整为D类的企业，经海关批准，已备案合同允许交付全额台账保证金后继续执行，但合同不得再变更和延期。

对允许类商品转为限制类商品的，已备案的合同不再交付台账保证金。对原限制类或允许类商品转为禁止类的，已备案合同，按国家即时发布的规定办理。

7. 与合同备案相关的事宜

（1）跨关区异地加工贸易合同的备案。异地加工贸易，是指一个直属海关的关区内加工贸易经营企业，将进口料件委托另一个直属海关的关区内加工生产企业加工，成品回收后，再组织出口的加工贸易。

开展异地加工贸易应在加工企业所在地设立台账，由加工贸易经营企业向加工企业所在地主管海关办理合同备案手续。海关对开展异地加工贸易的经营企业和加工企业实行分类管理，如果两者的管理类别不相同，按其中较低类别管理。如需实行保证金台账“实转”的，应按规定由经营单位缴纳货物税款的保证金。经营单位不得委托D类企业开展加工贸易。

办理异地加工贸易的步骤如下：

① 经营企业凭所在地商务主管部门核发的“加工贸易业务批准证”和加工企业所在地县级在上商务主管部门出具的“加工贸易加工企业经营状况和生产能力证明”，填制“异地加工贸易申请表”，向经营企业所在地主管海关提出异地加工贸易申请，经海关审核后，领取经营企业所在地主管海关的“关封”。

② 经营企业持“关封”和合同备案的必要单证，到加工企业所在地主管海关办理合同备案手续。由加工企业向海关办理合同备案手续的，应持有经营单位出具的委托书。

（2）加工贸易外发加工申请。外发加工，是指加工贸易企业因受自身生产特点和条件限制，经海关批准并办理有关手续，委托承揽企业对加工贸易货物进行加工，在规定期限内将加工后的产品运回本企业并最终复出口的行为。

外发加工的成品、剩余料件及生产过程中产生的边角料、残次品、副产品等加工贸易货物，经经营企业所在地主管海关批准，可以不运回本企业。承揽外发加工企业不得将加工贸易货物再次外发至其他企业进行加工。

经营企业申请时应提交的以下文件经海关审核批准后可外发加工：

① 经企业签章的“加工贸易货物外发加工申请审批表”。

② 加工贸易外发加工货物外发清单。

③ 经营单位与承揽企业签订的加工合同或协议。

④ 承揽企业的营业执照复印件。

⑤ 经营企业签章确认的“承揽企业生产能力状况和生产能力证明”。

⑥ 海关认为需要的其他单证。

经营企业或承揽企业生产经营管理不符合海关监管要求，以及申请外发的货物属于涉案货物且案件未审结的，海关不予批准外发加工业务。

有下列情形之一的，申请开展外发加工业务的经营企业应当向海关提供相当于外发加工货物应缴税款金额的保证金或者银行保函：

① 外发加工业务跨关区的。

② 全部工序外发加工的。

③ 外发加工后的货物不运回，直接出口的。

④ 申请外发加工的货物未涉案，但经营企业或者承揽企业涉嫌走私、违规，已被海关立案调查、侦查且未审结的。

申请外发加工的货物之前已向海关提供不低于应缴税款金额的保证金或者银行保函的，经营企业无需再按照本条前款规定向海关提供保证金或者银行保函。

外发加工货物保证金或银行保函金额以外发加工货物所使用的保税料件应缴税金额为基础予以确定。

（3）加工贸易串料申请。所谓串料，是指加工贸易生产过程中企业内部不同手册保税料件之间和保税料件与非保税料件之间的串换使用。

加工贸易货物应当专料专用。因加工出口产品急需，经海关核准，经营企业保税料件之间、保税料件与非保税料件之间可以进行串换，但料件串换限于同一企业，并应当遵循同品种、同规格、同数量、不牟利的原则。来料加工保税进口料件不得串换。

（4）加工贸易抵押申请。经经营企业申请，海关批准，加工贸易货物可以抵押。

但有下列情形之一的，不予办理抵押手续：

① 抵押影响加工贸易货物生产正常开展的。

② 抵押加工贸易货物或其使用的保税料件涉及进出口许可证件管理的。

③ 抵押加工贸易货物属来料加工货物的。

④ 以合同为单元进行管理，抵押期限超过手册有效期限的。

⑤ 以企业为单元进行管理，抵押期限超过 1 年的。

⑥ 经营企业或加工企业涉嫌走私、违规，已被海关立案调查、侦查，案件未审结的。

⑦ 经营企业或加工企业因为管理混乱被海关要求整改，在整改期内的。

⑧ 海关认为不予批准的其他情形。

经营企业在申请办理加工贸易货物抵押手续时，应向主管海关提交以下材料，主管海关按照上述条件进行审核：

① 正式书面申请。

② 银行抵押贷款书面意向材料。

③ 海关认为必要的其他单证。

经审核符合条件的，经营企业在缴纳相应保证金或者银行保函后，主管海关准予其向境内银行办理加工贸易货物抵押，并将抵押合同、贷款合同复印件留存主管海关备案。

保证金或者银行保函按抵押加工贸易货物对应成品所使用全部保税料件应缴税款金额计算。

（二）加工贸易货物的实际进出境报关

1. 保税加工货物的进出境报关

保税加工货物的进出境报关包括料件进口报关和成品出口报关。报关环节同前面一般进出口货物一样，也包含四个环节，其中申报、配合查验、提取货物或装运货物三个环节与一般进出口货物基本一致，但第三个环节不是缴纳税费，而是暂缓纳税，即保税。

加工贸易企业在主管海关备案的情况在计算机系统中已生成电子底账，有关电子数据通过网络传输到相应的口岸海关，因此企业在口岸海关报关时提供的有关单证内容必须与电子底账数据相一致。也就是说，报关数据必须与备案数据完全一致，一种商品报关的商品编码号、品名、规格、计量单位、数量、币制等必须与备案数据无论在字面上还是计算机格式上都完全一致。只要在某一方面不一致，报关就不能通过。

加工贸易保税货物进出境由加工贸易经营单位或其代理人申报。加工贸易保税货物进出境申报必须持有“加工贸易登记手册”或其他准予合同备案的凭证。

加工贸易保税货物进出境报关的许可证件管理和税收征管要求如下：

（1）关于进出口许可证件的管理规定。

① 进口料件，除易制毒化学品、监控化学品、消耗臭氧层物质、原油、成品油等个别规定商品外，均可以免予交验进口许可证件，但涉及公共道德、公共卫生、公共安全所实施的许可证件不予免验。

② 出口成品，属于应交验出口许可证的，在出口报关时必须交验出口许可证。

（2）关于进出口税收征管的规定。准予保税的加工贸易料件进口，暂缓纳税。加工贸易项下出口应税商品，如系全部使用进口料件加工生产的产（成）品，不征收出口关税。

加工贸易项下出口应税商品，如系部分使用进口料件部分使用国产料件加工的产（成）品，则按海关核定的比例征收出口关税。

加工贸易货物出口关税的计算公式如下：

出口关税＝出口货物完税价格×出口关税税率×出口产（成）品中使用的国产料件和全部料件的价值比例

加工贸易出口的特殊商品，应征出口关税的，按照有关规定办理。如：加工贸易出口未锻铝，不论是否有国产料件投入，一律按一般贸易出口货物从价计征出口关税。

2. 跨关区深加工结转的报关

加工贸易保税货物深加工结转，是指加工贸易企业将保税进口料件加工的产品转至另一海关关区内的加工贸易企业进一步加工后复出口的经营活动。其程序分为计划备案、收发货登记、结转报关3个环节。

（1）计划备案。加工贸易企业开展深加工结转，转入、转出企业应当向各自主管海关提交加工贸易保税货物深加工结转申请表，申报结转计划：

① 转出企业在申请表（一式四联）中填写本企业的转出计划并签章，凭申请表向转出地海关备案。

② 转出地海关备案后，留存申请表第一联，其余三联退转出企业交转入企业。

③ 转入企业自转出地海关备案之日起20日内，持申请表其余三联，填制本企业的相关内容后，向转入地海关办理报备手续并签章。转入企业在20日内未递交申请表，或者虽向

海关递交但因申请表的内容不符合海关规定而未获准的，该份申请表作废。转出、转入企业应当重新填报和办理备案手续。

④ 转入地海关审核后，将申请表第二联留存，第三、第四联交转入、转出企业凭以办理结转收发货登记及报关手续。

（2）收发货登记。转出、转入企业办理结转计划申报手续后，应当按照经双方海关核准后的申请表进行实际收发货。

转入、转出企业的每批次收发货记录应当在保税货物实际结转情况登记表上进行如实登记，并加盖企业结转专用名章。

结转货物退货的，转入、转出企业应当将实际退货情况在登记表中进行登记，同时注明“退货”字样，并各自加盖企业结转专用名章。

（3）结转报关。转出、转入企业实际收发货后，应当按照以下规定办理结转报关手续：

① 转出、转入企业分别在转出地、转入地海关办理结转报关手续。转出、转入企业可以凭一份申请表分批或者集中办理报关手续。转出（入）企业每批实际发（收）货后，在90日内办结该批货物的报关手续。

② 转入企业凭申请表、登记表等单证向转入地海关办理结转进口报关手续，并在结转进口报关后的第二个工作日内将报关情况通知转出企业。

③ 转出企业自接到转入企业通知之日起10日内，凭申请表、登记表等单证向转出地海关办理结转出口报关手续。

④ 结转进口、出口报关的申报价格为结转货物的实际成交价格。

⑤ 一份结转进口报关单对应一份结转出口报关单，两份报关单之间对应的申报序号、商品编号、数量、价格和手册号应当一致。

⑥ 结转货物分批报关的，企业应当同时提供申请表和登记表的原件及复印件。

3. 其他保税加工货物的报关

其他保税加工货物是指履行加工贸易合同过程中产生的剩余料件、边角料、残次品、副产品和受灾保税货物。

剩余料件，是指加工贸易企业在从事加工复出口业务过程中剩余的，可以继续用于加工制成品的加工贸易进口料件。

边角料，是指加工贸易企业从事加工复出口业务，在海关核定的单耗标准内，加工过程中产生的，无法再用于加工该合同项下出口制成品的数量合理的废、碎料及下脚料。

残次品，是指加工贸易企业从事加工复出口业务，在生产过程中产生的有严重缺陷或者达不到出口合同标准，无法复出口的制成品（包括完成品和未完成品）。

副产品，是指加工贸易企业从事加工复出口业务，在加工生产出口合同规定的制成品（主产品）过程中同时产生的，且出口合同未规定应当复出口的一个或一个以上的其他产品。

受灾保税货物，是指加工贸易企业从事加工出口业务中，因不可抗力原因或其他经海关审核认可的正当理由造成损毁、灭失、短少等导致无法复出口的保税进口料件和加工制成品。

对于履行加工贸易合同中产生的上述剩余料件、边角料、残次品、副产品、受灾保税货物，企业必须在手册有效期内处理完毕。处理的方式有内销、结转、退运、放弃、销毁等。

除销毁处理外，其他处理方式都必须填制报关单报关。有关报关单是企业报核的必要单证。

（1）内销报关。保税加工货物转内销应经商务主管部门审批，加工贸易企业凭“加工贸易保税进口料件内销批准证”办理内销料件正式进口报关手续，缴纳进口税和缓税利息。剩余料件、制成品、残次品、副产品内销均应交付缓税利息，边角料内销免交付缓税利息。

经批准允许转内销的加工贸易保税货物属进口许可证件管理的，企业应按规定向海关补交进口许可证件；申请内销的剩余料件，如果金额占该加工贸易合同项下实际进口料件总额3% 及以下且总值在人民币 1 万元（含 1 万元）以下的，免审批，免交许可证件。

（2）结转报关。加工贸易企业可以向海关申请将剩余料件结转至另一个加工贸易合同生产出口，但必须在同一经营单位、同一加工厂、同样的进口料件和同一加工贸易方式的情况下结转。

加工贸易企业申请办理剩余料件结转时应当向海关提供以下单证：

① 企业申请剩余料件结转的书面材料。

② 企业拟结转的剩余料件清单。

③ 海关按规定需收取的其他单证和材料。

海关依法对企业结转申请予以审核，对不符合规定的应当作出不予结转决定，并告知企业按照规定将不予结转的料件退出境外、征税内销、放弃或者销毁；对符合规定的应当作出准予结转剩余料件的决定，并向企业签发加工贸易剩余料件结转联系单，由企业在转出手册的主管海关办理出口报关手续，在转入手册的主管海关办理进口报关手续。在特殊情况下，对准予结转企业将剩余料件结转到另一加工厂的，收取相当于拟结转料件应缴税款金额的保证金或银行保函（对海关收取担保后备案的手册或者已实行银行保证金台账实转的手册，担保金额或者台账实转金额不低于拟结转保税料件庆缴税款金额的，可免收取保证金或银行保函）。

加工贸易企业因合同变更、外商毁约等原因无法履行原出口合同，申请将尚未加工的剩余保税料件结转到另一个加工贸易合同项下加工复出口的，可以比照上述剩余料件结转的办法办理报关手续。

（3）退运报关。加工贸易企业因故申请将剩余料件、边角料、残次品、副产品等保税加工货物退运出境的，应持登记手册等有关单证向口岸海关报关，办理出口手续，留存有关报关单证，以备报核。

（4）放弃报关。企业放弃剩余料件、边角料、残次品、副产品等，交由海关处理，应当提交书面申请。对符合放弃规定的，海关应当作出准予放弃的决定，开具加工贸易企业放弃加工贸易货物交接单。企业凭以在规定的时间内将放弃的货物运至指定的仓库，并办理货物的报关手续，留存有关报关单证准备报核。

主管海关凭接受放弃货物的部门签章的加工贸易企业放弃加工贸易货物交接单以及其他有关单证核销企业的放弃货物。

经海关核定，有下列情形的，海关将作出不予放弃的决定，并告知企业按规定将有关货物退运、征税内销、在海关或者有关部门监督下予以销毁或者进行其他妥善处理：申请放弃的货物属于国家禁止或限制进口的废物的；申请放弃的货物属于对环境造成污染的；法律、行政法规、规章规定不予放弃的其他情形。

但是，企业进口保税料件不属于国家禁止或者限制进口的废物，在国内加工过程中产生的边角料、残次品、副产品属国家禁止或限制进口的废物的，海关应当依企业申请作出准予放弃的决定。

（5）销毁。被海关作出不予结转决定或不予放弃决定的加工贸易货物或涉及知识产权等原因企业要求销毁的加工贸易货物，企业可以向海关提出销毁申请，海关经核实同意销毁的，由企业按规定销毁，必要时海关可以派员监督。货物销毁后，企业应当收取有关部门出具的销毁证明材料，以备报核。

（6）受灾保税加工货物的报关。对于受灾保税加工货物，加工贸易企业应在灾后 7 日内向主管海关书面报告，并提供如下证明材料，海关可视情况派员核查取证：

① 商务主管部门的签注意见。

② 有关主管部门出具的证明文件。

③ 保险公司出具的保险赔款通知书或检验检疫部门出具的有关检验检疫证明文件。

不可抗力受灾保税加工货物灭失，或者已完全失去使用价值无法再利用的，可由海关审定，并予以免税。

不可抗力受灾货物需销毁处理的，同其他加工贸易保税货物的销毁处理一样。

不可抗力受灾保税加工货物虽失去原使用价值但可再利用的，应按海关审定的受灾保税货物价格，按对应的进口料件适用的税率，缴纳进口税和缓税利息。其对应进口料件属于实行关税配额管理的，按照关税配额税率计征税款。

对非不可抗力因素造成的受灾保税加工货物，海关应当按照原进口货物成交价格审定完税价格照章征税，属于实行关税配额管理的，无关税配额证，应当按关税配额外适用的税率计征税款。

因不可抗力造成的受灾保税货物对应的原进口料件内销征税，如属进口许可证件管理的，免交许可证件，非因不可抗力造成的受灾保税货物对应的原进口料件内销征税，应当交验进口许可证件。

（三）合同报核

1. 报核和核销的含义

加工贸易合同报核，是指加工贸易企业在加工贸易合同履行完毕或终止合同并按规定对未出口部分货物进行处理后，按照规定的期限和规定的程序，向加工贸易主管海关申请核销要求结案的行为。

加工贸易合同核销，是指加工贸易经营企业加工复出口并对未出口部分货物办妥有关海关手续后，凭规定单证向海关申请解除监管，海关经审查、核查属实且符合有关法律、行政法规的规定，予以办理解除监管手续的海关行政许可事项。

2. 报核的时间

经营企业应当在规定的期限内将进口料件加工复出口，并自加工贸易手册项下最后一批成品出口或者加工贸易手册到期之日起 30 日内向海关报核。

经营企业所签订的合同因故提前终止的，应当自合同终止之日起 30 日内向海关报核。

3. 报核的单证

经营企业应向海关提供企业合同核销申请表、加工贸易登记手册、进出口报关单、核销核算表和其他海关需要的资料进行报核。

4. 报核的步骤

（1）合同履约后，应及时将登记手册和进出口报关单进行收集、整理、核对。

（2）根据有关账册记录、仓库记录、生产工艺资料等查清此合同加工生产的“实际单耗”，并据以填写核销核算表（产品的实际单耗如与合同备案单耗不一致的，应在最后一批成品出口前进行单耗的变更）。

（3）填写核销预录入申请单，办理“报核预录入”手续。

（4）携带有关报核需要的单证，到主管海关报核，并填写报核签收“回联单”。

资料卡：特殊情况的报核

一、遗失登记手册的报核

企业如果遗失了“加工贸易登记手册”，海关将移交给缉私部门处理。缉私部门处理后，企业应持以下单证向主管海关报核：① 经营企业关于加工贸易手册遗失的书面报告；② 经营企业申请核销的书面材料；③ 加工贸易货物进出口报关单；④ 缉私部门出具的“行政处罚决定书”；⑤ 海关按规定需要收取的其他单证和材料。

二、遗失进出口报关单的报核

企业如果遗失了报关单，可以报关单复印件向原报关地海关申请加盖海关印章后报核。

三、无需申领登记手册的5 000美元及以下的78种列名服装辅料合同的报核

企业可直接持进出口报关单、合同、核销核算表报核。报核的出口报关单应当是注明备案编号的一般贸易出口报关单。

四、撤销合同报核

加工贸易合同备案后因故提前终止执行，未发生进出口而申请撤销的，应报商务主管部门审批，企业凭审批件和手册报核。

五、有违规走私行为的加工贸易合同报核

加工贸易企业因走私行为被海关缉私部门或者法院没收加工贸易保税货物的，海关凭相关证明材料，如“行政处罚决定书”、“行政复议决定书”、“判决书”、“裁决书”等办理核销手续。

加工贸易企业因违规等行为被海关缉私部门或法院处以警告、罚款等处罚但不没收保税加工货物的，不予免除加工贸易企业办理相关海关手续的义务。

5. 海关受理报核和核销

海关对企业的报核应当依法进行审核，不符合规定不予受理的应当书面告知理由，并要求企业重新报核；符合规定的，应当受理。

海关自受理企业报核之日起20个工作日内，应当核销完毕，情况特殊，可以由直属海关关长批准或者由直属海关关长授权的隶属海关关长批准延长10个工作日。

经核销情况正常的，未开设台账的，海关应当立即签发“核销结案通知书”；经核销情况正常的，已开设台账的，应当签发“银行保证金台账核销联系单”，企业凭以到银行销台账，其中“实转”的台账，企业应当在银行领回保证金和应得的利息或者撤销保函，并领取“银行保证金台账核销通知单”，凭以向海关领取核销结案通知书。

三、电子账册管理下的保税加工货物及其报关程序

（一）电子账册概述

1. 含义及特点

海关对加工贸易企业实施联网监管，是指加工贸易企业通过数据交换平台或者其他计算机网络方式向海关报送能满足海关监管要求的物流、生产经营等数据，海关对数据进行核对、核算，并结合实物进行核查的一种加工贸易海关监管方式。

海关为联网企业建立电子底账，一家企业只设立一个电子账册。根据联网企业的生产情况和海关的监管需要确定核销周期，并按照该周期对实行电子账册管理的联网企业进行核销。电子账册模式的适用对象是加工贸易进出口较为频繁、规模较大、原料和产品较为复杂、管理信息化程度较高较完善的大型加工贸易企业。电子账册模式联网监管的基本管理原则是“一次审批、分段备案、滚动核销、控制周转、联网核查”。

2. 电子账册的建立

电子账册的建立要经过加工贸易经营企业的联网监管的申请和审批、加工贸易业务的申请和审批、建立商品归并关系和电子账册等三个步骤。

（1）联网监管的申请和审批。实施联网监管的加工贸易企业（以下简称联网企业）应当具备以下条件：

① 在中国境内具有独立法人资格，并具备加工贸易经营资格，在海关注册的生产型企业。

② 守法经营，资信可靠，内部管理规范，对采购、生产、库存、销售等实行全过程计算机管理。

③ 能按照海关监管要求提供真实、准确、完整并具有被查核功能的数据。

申请电子账册管理模式的加工贸易联网监管的企业在向海关申请联网监管前，应当先向企业所在地商务主管部门办理前置审批手续，由商务主管部门对申请联网监管企业的加工贸易经营范围进行依法审批。

经商务主管部门审批同意后，加工贸易企业向所在地直属海关提出书面申请，并提供下列资料：加工贸易企业联网监管申请表；企业进出口经营权批准文件；企业上一年度经审计的会计报表；工商营业执照复印件；经营范围清单（含进口料件和出口制成品的品名及4位数的HS编码）及其他海关认为需要的单证。

主管海关在接到加工贸易企业电子账册管理模式的联网监管申请后，对申请实施联网监管的企业进口料件、出口成品的归类和商品归并关系进行预先审核和确认。经审核符合联网监管条件的，主管海关制发“海关实施加工贸易联网监管通知书”。

（2）加工贸易业务的申请和审批。联网企业的加工贸易业务由商务主管部门审批。商

务主管部门对联网企业的加工贸易业务取消合同审批，总体审定联网企业的加工贸易资格、业务范围和加工生产能力。经过审核，予以批准的，签发“联网监管企业加工贸易业务批准证”。

（3）建立商品归并关系和电子账册。

① 建立电子账册。联网企业凭商务主管部门签发的“联网监管企业加工贸易业务批准证”向所在地主管海关申请建立电子账册。

海关以商务主管部门批准的加工贸易经营范围、年生产能力等为依据，建立电子账册，取代纸质加工贸易登记手册。

② 建立商品归并关系。商品归并关系，是指海关与联网企业根据监管的需要按照中文品名、HS 编码、价格、贸易管制等条件，将联网企业内部管理的“料号级”商品与电子账册备案的“项号级”商品归并或拆分，建立一对多或多对一的对应关系。

应同时满足以下条件，才可归入同一个联网监管商品项号：10 位 HS 编码相同；商品名称相同；申报计量单位相同；规格型号虽不同但单价相差不大。

海关审核通过后，联网监管企业的商品归并关系即可建立。联网监管企业在归并原则基础上产生了“企业物料表”（BOM，Bill of Material）及归并关系数据。每个联网监管企业只有一份 BOM 及归并关系数据，据此生成电子账册。

资料卡：电子账册的分类

电子账册包括加工贸易“经营范围电子账册”和“便捷通关电子账册”。“经营范围电子账册”用于检查控制“便捷通关电子账册”进出口商品的范围，不能直接报关。“便捷通关电子账册”用于加工贸易货物的备案、通关和核销。电子账册编码为 12 位，“经营范围电子账册”第一、二位为标记代码“IT”，“便捷通关电子账册”第一位为标记代码“E”，因此“便捷通关电子账册”也叫“E”账册。

（二）电子账册管理下的保税加工货物的报关程序

1. 备案

（1）“经营范围电子账册”备案。企业凭商务主管部门的批准证通过网络向海关办理“经营范围电子账册”备案手续。备案内容包括经营单位名称及代码；加工单位名称及代码；批准证件编号；加工生产能力；加工贸易进口料件和成品范围（商品编码前 4 位）。

企业在收到海关的备案信息后，应将商务主管部门的纸质批准证交海关存档。

（2）“便捷通关电子账册”备案。企业可通过网络向海关办理“便捷通关电子账册”备案手续。“便捷通关电子账册”的备案包括以下内容：

① 企业基本情况表，包括经营单位及代码、加工企业及代码、批准证编号、经营范围账册号、加工生产能力等。

② 料件、成品部分，包括归并后的料件、成品名称、规格、商品编码、备案计量单位、

币制、征免方式等。

③ 单耗关系，包括出口成品、对应料件的净耗、损耗率等。

其他部分可同时申请备案，也可分阶段申请备案，但料件必须在相关料件进口前备案，成品和单耗关系最迟在相关成品出口前备案。

海关根据企业的加工能力设定电子账册最大周转金额，并可对部分高风险或需要重点监管的料件设定最大周转数量。电子账册进口料件的金额、数量加上电子账册剩余料件的金额、数量不得超过最大周转金额和最大周转数量。

（3）备案变更。

①“经营范围电子账册”变更。企业的经营范围、加工能力等发生变更时，经商务主管部门批准后，企业可通过网络向海关申请变更。海关予以审核通过，并收取商务主管部门出具的“联网监管企业加工贸易业务批准证变更证明”等相关书面材料。

② 便捷通关电子账册变更。“便捷通关电子账册”的最大周转金额、核销期限等需要变更时，企业应向海关提交书面申请，海关批准后由海关直接变更。“便捷通关电子账册”的基本情况表中的内容、料件、成品发生变化的，包括料件、成品品种、单损耗关系的增加等，只要未超出经营范围和加工能力，企业不必报商务主管部门审批，可通过网络直接向海关申请变更，海关予以审核通过。

2. 进出口报关

（1）进出境报关。

① 报关清单的生成。使用便捷通关电子账册办理报关手续，企业应先应从企业管理系统导出料号级数据生成归并前的报关清单，并向电子口岸数据中心报送。报关清单填制的总金额不得超过电子账册最大周转金额的剩余值，其余项目参照报关单的填制规范。

② 报关单的生成。数据中心按归并关系和其他合并条件，将企业申报的清单分拆成报关单后发送回企业。企业通过联网监管系统的报关申报系统调出清单所生成的报关单信息后，将报关单上剩余各项填写完毕，即可生成完整的报关单，向海关进行申报。

③ 报关单的修改、撤销。不涉及报关清单的报关单内容可直接进行修改，涉及报关清单的报关单内容修改必须先修改报关清单，再重新进行归并。

报关单申报后，一律不得修改，只能删除。

④ 报关单填制的要求。企业报关单申报数据与备案数据应当一致。企业按实际进出口的“货号”（料件号和成品号）填报报关单，并按照加工贸易货物的实际性质填报监管方式。海关审核申报数据，进口报关单总金额不得超过电子账册最大周转金额的剩余值，如果电子账册对某项下料件的数量进行限制，则报关单上该商品的申报数量不得超过电子账册最大周转量的剩余值。

⑤ 申报方式的选择。联网企业可以选择有纸报关和无纸报关方式申报。选择无纸报关的，海关凭盖申报单位和其代理企业的提货专用章的放行通知书办理“实货放行”；报关单位凭盖有经营单位、报关单位及报关员印章的纸质单证办理“事后交单”。联网企业进行有纸报关的，由报关员办理现场申报手续。

有关许可证件管理和税收征管的规定与纸质手册管理下货物进出境报关相同。

（2）深加工结转报关。联网企业深加工结转报关与纸质手册管理下的保税加工货物深加工结转报关相同。

（3）其他保税加工货物报关。经主管海关批准，联网企业可按月度集中办理内销征税手续。按月度集中办理内销征税手续的企业，在每个核销周期结束前，必须办结本期所有的内销征税手续。

联网企业以内销、结转、退运、放弃、销毁等方式处理保税进口料件、成品、副产品、残次品、边角料和受灾货物的报关手续与纸质手册管理下的其他保税加工货物报关相同。后续缴纳税款时，缓税利息计息日为电子账册上期核销之日（未核销过的为“便捷通关电子账册”记录首次进口料件之日）的次日至海关开具税款缴纳证之日。

3. 报核和核销

电子账册以企业为单元进行监管，一个企业只有一个电子账册，实行滚动核销的形式，即按照时间段对企业的加工贸易进出口情况进行平衡核算。企业必须在规定的时间进行报核，确有正当理由不能按期报核的，经主管海关批准可以延期，延期最长不超过60天。

联网企业“报核”步骤如下：

（1）报核。

① 预报核。预报核是加工贸易联网企业报核的组成部分。企业须将本核销期内申报的所有的电子账册进出口报关数据按海关要求的内容，包括报关单号、进出口岸、扣减方式、进出标志等以电子报文形式向海关申请报核。联网企业应当在海关确定的核销周期到期之日起30日内完成报核。

② 正式报核。正式报核是指企业预报核通过海关审核后，以预报核海关核准的报关数据为基础，准确、详细填报本期保税进口料件的应当留存数量、实际留存数量等内容，以电子报文形式向海关正式申请报核。

海关认为必要时可以要求企业进一步报送料件的实际进口数量、耗用数量、内销数量、结转数量、边角料数量、放弃数量、实际损耗等内容，如比对不相符且属于企业填报有误的，可以退单，企业必须重新申报。

经海关认定企业实际库存多于应存数，有合理正当理由的，可以计入电子账册下期核销，对其他原因造成的，依法处理。

联网企业不再使用电子账册的，应当向海关申请核销。海关对电子账册核销完毕，予以注销。

（2）海关核销。海关核销的基本目的是掌握企业在某个时段所进口的各项保税加工料件的使用流转、损耗的情况，确认是否符合以下平衡关系：

进口保税料件（含深加工结转进口）= 出口成品折料（含深加工结转出口）+ 内销料件 + 内销成品折料 + 剩余料件 + 损耗 - 退运成品折料

海关核销除了对书面数据进行核算外，还会根据实际情况采取盘库的方式。经核对，企业报核数据与海关底账数相符的，核销通过，系统自动将本期结余数转为下期期初数。企业实际库存数多于电子账册底账的，海关会根据实际存量调整电子底账的当期结余数量；企业实际库存数少于电子账册底账核算结果且可以提供正当理由的，对短缺的部分，联网企业按照内销处理；如不能提供正当理由的，对短缺部分，移交缉私部门处理。

四、电子化手册管理下的保税加工货物报关程序

（一）电子化手册的管理概述

电子化手册管理是以企业的单个加工贸易合同为单元实施监管，但不再使用纸质手册。海关为联网企业建立电子底账，一个加工贸易合同建立一个电子化手册。

1. 电子化手册的管理特点：

（1）以合同为单元进行管理，商务部审批合同，海关根据合同建立电子底账，企业按合同数量对应建立多本电子化手册。

（2）企业通过计算机网络向商务主管部门和海关申请办理合同审批和合同备案、变更等手续。

（3）纳入加工贸易银行保证金台账制度管理。

（4）纳入电子化手册的加工贸易货物进口时全额保税。

（5）无需调度手册，凭身份认证卡实现全国口岸的报关。

（二）报关程序

1. 备案

（1）按合同常规备案，其管理与纸质手册管理基本相同，只是增加备案资料库的备案环节，一家企业只需备案一次。备案资料库是企业的基础物料信息，其中料件的品名、规格、计量单位等基本信息必须与手册一致。

合同备案环节的备案内容有三部分，即表头数据、料件表和成品表。

① 表头数据。主要包括企业及合同的基本信息，如经营单位、加工单位、手册类型、主管海关、商务主管部门、贸易方式、征免性质、加工贸易业务批准证编号、进口合同、备案进口金额、进口币制、备案出口总额、出口币制、加工种类、有效日期、管理对像等内容。

② 料件表。主要包括料件序号、商品编号、商品名称、申报计量单位、法定计量单位、申报数量、申报单价、总价、币制等内容。

③ 成品表。主要包括成品序号、商品编号、商品名称、申报计量单位、法定计量单位、申报数量、申报单价、总价、币制等内容。

电子化手册审核通过后，系统自动生成手册编号。

（2）备案变更。企业办理合同备案变更手续应通过电子口岸向主管海关发送合同备案变更数据，并提供企业的变更申请与商务主管部门出具的“加工贸易业务批准证变更证明”以及相关单证材料。

2. 进出口报关

（1）进出境货物报关。

① 报关清单的生成。企业在加工贸易货物进出口报关前，应从企业管理系统导出料号级数据生成报关清单或通过电子口岸电子化手册系统按规定格式录入当次进出口的料号级清单数据，并向电子口岸数据中心报送。

② 报关单的生成。数据中心按归并关系和其他合并条件，将企业申报的清单生成报关单。企业通过中小企业模式联网监管系统的报关申报系统调出清单所生成的报关单信息后，将报关单上剩余各项填写完毕，即可生成完整的报关单，向海关进行申报。

如属异地报关的，本地企业将报关单补充完整后，将报关单上载，由异地报关企业下载

报关单数据，进行修改、补充后向海关申报。

③ 报关单的修改、撤销。异地报关的报关单被退单，且涉及修改表体商品信息的，应该由本地企业从清单开始修改，并重新上载报关单，异地下载后重新申报；如仅需修改表头数据的，则可在异地直接修改报关单表头信息后，直接向海关申报。

有关许可证件管理和税收征管的规定与纸质手册管理下的保税加工货物进出境报关一样，参照纸质手册部分的有关内容。

（2）深加工结转报关。电子化手册保税加工货物深加工结转报关与纸质手册管理下的保税加工货物深加工结转报关一样，参照纸质手册部分的有关内容。

（3）其他保税加工货物报关。电子化手册模式的联网企业以内销、结转、退运、放弃、销毁等方式处理保税进口料件、成品、副产品、残次品、边角料和受灾货物的报关手续与纸质手册管理下的其他保税加工货物报关一样，参照纸质手册部分的有关内容。

后续缴纳税费时，同样要缴纳缓税利息（边角料除外）。缓税利息计息的起始日期为内销料件或者制成品所对应的加工贸易合同项下的电子化手册记录的首批料件进口之日，截止日为海关签发税款缴款书之日。

3. 报核和核销

海关对电子化手册核销的基本要求是掌握企业在某个电子化手册下所进口的各项加工贸易保税料件的使用、流转、损耗的情况，确认是否符合以下平衡关系：

进口保税料件（含深加工结转进口）= 出口成品折料（含深加工结转出口）+ 内销料件 + 内销成品折料 + 剩余料件 + 损耗 - 退运成品折料

海关核销除了对书面数据进行必要的核算外，还会根据实际情况采取盘库的方式进行核对。

电子化手册采用的是以企业合同（或订单）为单元的管理模式，一个企业可以有多本电子化手册，海关根据加工贸易合同的有效期限确定核销日期，对实行电子化手册管理的联网企业进行定期核销管理，即对电子化手册按照对应的合同项下加工贸易进出口情况进行平衡核算。报核和核销的大体程序如下：

（1）报核。企业通过电子口岸数据中心向主管海关传送报核表头、报关单、进口料件、出口成品、单损耗等五方面的报核数据。

（2）核销。海关对报核的电子化手册进行数据核算，核对企业报核的料件、成品进出口数据与海关底账数据是否相同，核实企业申报的成品单损耗与实际耗用量是否相符，企业内销征税情况与实际内销情况是否一致。

（3）结案。海关对通过核销核算的电子化手册进行结案，打印结案通知书交付企业。

第三节　出口加工区进出货物的报关

一、出口加工区概述

（一）出口加工区的含义

出口加工区是指由省、自治区、直辖市人民政府报国务院批准在中华人民共和国境内设立的，由海关对保税加工进出口货物进行封闭式监管的特定区域。

（二）出口加工区的功能

出口加工区的主要功能是保税加工，在此基础上可以拓展保税物流及研发、检测、维修等业务。

加工区内设置出口加工企业，为出口加工企业生产提供服务的仓储物流企业，以及经海关核准专门从事加工区内货物进、出的运输企业。

（三）出口加工区的海关监管规定

加工区是海关监管的特定区域。加工区与境内其他地区之间设置符合海关监管要求的隔离设施及闭路电视监控系统，在进出区通道设立卡口。海关在加工区内设立机构，并对进出加工区的货物及区内相关场所实行24小时监管。区内企业应与海关实行电子计算机联网，进行电子数据交换。区内不得经营商业零售、一般贸易、转口贸易及其他与加工区无关的业务，不得建立营业性的生活消费设施。除安全人员和企业值班人员外，其他人员不得在加工区内居住。

加工区与境外之间进出的货物，除国家另有规定外，不实行进出口许可证件管理。国家禁止进出口的货物，不得进出加工区。因国内技术无法达到产品要求，须将国家禁止出口商品运至加工区内进行某项工序加工的，应报经商务主管部门批准，海关比照出料加工管理办法进行监管，其运入加工区的货物，不予签发出口退税报关单。

境内区外进入出口加工区的货物视同出口，办理出口报关手续，除属于取消出口退税的基建物资外，可以办理出口退税手续。

从境外运入出口加工区的加工贸易货物全额保税。出口加工区区内企业开展加工贸易业务不实行加工贸易银行保证金台账制度，适用电子账册管理，出口加工区内企业从境外进口的自用的生产、管理所需设备、物资，除交通车辆和生活用品外，属于特定减免税货物，予以免税。

二、报关程序

出口加工区内企业在进出口货物前，应向出口加工区主管海关申请建立电子账册。出口加工区企业电子账册包括“加工贸易电子账册（H账册）”和“企业设备电子账册”。出口加工区进出境货物和进出区货物通过电子账册办理报关手续。

（一）出口加工区与境外之间进出货物的报关

出口加工区企业从境外运进货物或运出货物到境外，由收发货人或其代理人填写进、出境货物备案清单，向出口加工区海关报关。

对于跨越关区进出境的出口加工区货物，除邮递物品、个人随身携带物品、跨越关区进口车辆和出区在异地口岸拼箱出口货物以外，可以按转关运输中的直转转关方式办理转关。

对于同一直属海关关区内的出口加工区进出境货物，可以按直通式报关。

按转关运输中直转转关的报关程序如下：

1. 境外货物运入出口加工区

货物到港后，收货人或其代理人向口岸海关录入转关申报数据，持“进口转关货物申报单”、“汽车载货登记簿”向口岸海关物流监控部门办理转关手续；口岸海关审核同意企业转关申请后，向出口加工区海关发送转关申报电子数据，并对运输车辆进行加封。

货物运抵出口加工区后，收货人或其代理人向出口加工区海关办理转关核销手续，出口加工区海关物流监控部门核销“汽车载货登记簿”，并向口岸海关发送转关核销电子回执；同时收货人或其代理人录入“出口加工区进境货物备案清单”，向出口加工区海关提交运单、发票、装箱单、电子账册编号、相应的许可证件等单证办理进境报关手续；出口加工区海关审核有关报关单证，确定是否查验，对不需查验的货物予以放行；对须查验的货物，由海关实施查验后，再办理放行手续，签发有关备案清单证明联。

2. 出口加工区货物运出境外

发货人或其代理人录入“出口加工区出境货物备案清单”，向出口加工区海关提交运单、发票、装箱单、电子账册编号等单证办理出口报关手续，同时向出口加工区海关录入转关申报数据，并持“出口加工区出境货物备案清单”、“汽车载货登记簿”向出口加工区海关物流监控部门办理出口转关手续；出口加工区海关审核同意企业转关申请后，向口岸海关发送转关电子数据，并对运输车辆进行加封。

货物运抵出境地海关后，发货人或其代理人向出境地海关办理转关核销手续，出境地海关核销“汽车载货登记簿”，并向出口加工区海关发送转关核销电子回执；货物实际离境后，出境地海关核销清洁载货清单并反馈出口加工区海关，出口加工区海关凭以签发有关备案清单证明联。

（二）出口加工区与境内区外之间进出货物的报关

1. 出口加工区货物运往境内区外

出口加工区运往境内区外的货物，按照对进口货物的有关规定办理报关手续。由区外企业录入进口报关单，凭发票、装箱单、相应的许可证件等单证向出口加工区海关办理进口报关手续。进口报关结束后，区内企业填制出口加工区出境货物备案清单，凭发票、装箱单、电子账册编号等向出口加工区海关办理出区报关手续。

出口加工区海关放行货物后，向区外企业签发“进口货物报关单”付汇证明联，向区内企业签发“出口加工区出境货物备案清单”收汇证明联。

出口加工区内加工企业内销的制成品（包括残次品），以接受申报内销的同时或大约同时进口的相同货物或者类似货物的进口成交价格为基础审查确定完税价格。出口加工区内的加工企业内销加工过程中产生的边角料或者副产品，以内销价格作为完税价格。由区外企业缴纳进口关税和进口环节海关代征税，免交付缓税利息。属于许可证件管理的商品，应向海关出具有效的进口许可证件。区内企业在保税加工过程中产生的边角料、残次品、废品等应当复运出境。因特殊情况需要运往区外时，由企业申请，经主管海关核准后，按内销时的状态确定归类并征税。如属于进口许可证件管理商品，免交验进口许可证件。如属于“限制进口类可用作原料的废物目录”所列商品，应按规定向环保部门申领进口许可证件。对无商业价值的边角料和废品，运到区外销毁，凭出口加工区管理委员会和环保部门的批件办理出区手续，免税、免证。

区内企业在需要时，可将有关模具、半成品等运往区外进行加工，经加工区主管海关的关长批准，由接受委托的区外企业，向加工区主管海关缴纳货物应征关税和进口环节增值税等值的保证金或银行保函后方可办理出区手续。加工完毕后，加工产品应按期（一般6

个月）运回加工区。区内企业向加工区主管海关提交出区时填写的“委托区外加工申请书”及有关单证，办理验放核销手续。加工区主管海关在核销后应及时退还保证金或撤销保函。

区内企业经主管海关批准，可在区外进行产品的测试、检验和展示活动。测试、检验和展示的产品，应比照海关对暂时进口货物的管理规定办理出区手续。

区内使用的机器、设备、模具和办公用品等，须运往区外进行维修、测试或检验时，区内企业或管理机构应向主管海关提出申请，并经主管海关核准、登记、查验后，方可将机器、设备、模具和办公用品等运往区外维修、测试或检验。区内企业将模具运往区外维修、测试或检验时，应留存模具所生产产品的样品，以备海关对运回区内的模具进行核查。

运往境内区外维修、测试或检验的机器、设备、模具和办公用品等，不得用于区外加工生产和使用。

运往境内区外维修、测试或检验的机器、设备、模具和办公用品等，应自运出之日起60天内运回加工区。因特殊情况不能如期运回的，区内企业应于期限届满前7天内，向主管海关说明情况，并申请延期。申请延期以1次为限，延长期限不得超过30天。

运往区外维修的机器、设备、模具和办公用品等，运回区内时，要以海关能辨认其为原物或同一规格的新零件、配件或附件为限，但更换新零件、配件或附件的，原零件、配件或附件应一并运回区内。

2. 境内区外货物运入出口加工区

境内区外运入出口加工区的货物，按照对出口货物的有关规定办理报关手续。由区外企业录入出口货物报关单，凭购销合同（协议）、发票、装箱单等单证向出口加工区海关办理出口报关手续费。出口报关结束后，区内企业填制出口加工区进境货物备案清单，凭购销发票、装箱单、电子账册编号等单证向出口加工区海关办理进区报关手续。

出口加工区海关查验、放行货物后，向区外企业签发“出口货物报关单”收汇证明联和出口退税证明联，向区内企业签发“出口加工区进境货物备案清单”付汇证明联。

从境内区外运进加工区供区内企业使用的国产机器、设备、原材料、零部件、元器件、包装物料以及建造基础设施、加工企业和行政管理部门生产、办公用房所需合理数量的基建物资等，海关按照对出口货物的有关规定办理出口报关手续，并签发出口退税报关单（除不予退税的基建物资外）。境内区外企业凭报关单出口退税联向税务部门申请办理出口退（免）税手续。

3. 出口加工区货物出区深加工结转报关

出口加工区货物出区深加工结转是指区内加工贸易企业（以下简称“转出企业”）经海关批准并办理相关手续，将本企业生产的产品直接或通过保税仓库转入其他出口加工区、保税区等海关特殊监管区域内或区外加工贸易企业（以下简称“转入企业”）进一步加工后复出口的经营活动。未经实质性加工的保税料件，不得进行出口加工区货物出区深加工结转。

出口加工区企业开展深加工结转时，转出企业凭出口加工区管委会批复，向所在地的出口加工区海关办理海关备案手续后方可开展货物的实际结转；对转入其他出口加工区、保税区等海关特殊监管区域的，转入企业凭其所在区域管委会的批复办理结转手续，对转入出口加工区、保税区等海关特殊监管区域外加工贸易企业的，转入企业凭商务主管部门的批复办理结转手续。

对结转至海关特殊监管区域外的加工贸易企业的货物，海关比照对保税加工进口货物的有关规定办理手续。结转产品如属加工贸易进口涉证商品，转入企业须向有关主管部门提供相关的进口许可证件。

对转入特殊监管区域的深加工结转，转出、转入企业分别在自己的主管海关办理结转手续；对转入特殊监管区域外的加工贸易企业的，转出、转入企业在转出地主管海关办理结转手续。

对转入特殊监管区域的深加工结转，除特殊情况外，比照转关运输方式办理；不能比照转关运输方式的，在向主管海关提供相应的担保后，由企业自行运输。

对转入特殊监管区域外的加工贸易企业的深加工结转报关程序如下：

（1）转入企业在“中华人民共和国海关出口加工区出区深加工结转申请表”（一式四联）中填写本企业的转入计划，凭申请表向转入地海关备案。

（2）转入地海关备案后，留存申请表第一联，其余三联退还转入企业，由转入企业送交出口加工区转出企业。

（3）转出企业自转入地海关备案之日起30天内，持申请表其余三联，填写本企业的相关内容后，向主管海关办理备案手续。

（4）转出地海关审核后，留存申请表第二联，将第三、第四联分别交给转出企业、转入企业。

（5）转出、转入企业办理结转备案手续后，凭双方海关核准的申请表进行实际收发货。转出企业的每批次发货记录应当在一式三联的“出口加工区货物实际结转情况登记表”上如实登记，转出地海关在卡口签注登记表后，货物出区。

（6）转出、转入企业每批实际发货、收货后，可以凭申请表和转出地卡口海关签注的登记表分批或者集中办理报关手续。转出、转入企业每批实际发货、收货后，应当在实际发货、收货之日起30天内办理该批货物的报关手续。转入企业填报结转进口报关单，转出企业填报结转出口备案清单。转出企业填报结转出口备案清单。一份结转进口报关单对应一份结转出口备案清单。

区内转出的货物因质量不符等原因发生退运、退换的，转入企业为特殊监管区以外的加工贸易企业的，按退运货物或退换货物办理相关手续。

第四节　保税仓库货物的报关

一、保税仓库概述

（一）含义

保税仓库是指经海关批准设立的专门存放保税货物及其他未办结海关手续货物的仓库。

我国的保税仓库根据使用对象分为公用型和自用型两种。

1. 公用型保税仓库

“公用型”保税仓库由主营仓储业务的中国境内独立企业法人经营，专门向社会提供保税仓储服务。

2. 自用型保税仓库

“自用型”保税仓库由特定的中国境内独立企业法人经营，仅存储供本企业自用的保税货物。

根据所存货物的特定用途，保税仓库还衍生出一种专用型保税仓库，即专门用来存储具有特定用途或特殊种类的商品的保税仓库，包括液体危险品保税仓库、备料保税仓库、寄售维修保税仓库和其他专用保税仓库。其中液体危险品保税仓库是指符合国家关于危险化学品存储规定的，专门提供石油、成品油或者其他散装液体危险化学品保税仓储服务的保税仓库。

（二）功能

保税仓库是单一仓储功能，而且只能存放进境货物。

经海关批准可以存入保税仓库的货物有：

（1）加工贸易进口货物。

（2）转口货物。

（3）供应国际航行船舶和航空器的油料、物料和维修用零部件。

（4）供维修外国产品所进口寄售的零配件。

（5）外商进境暂存货物。

（6）未办结海关手续的一般贸易进口货物。

（7）经海关批准的其他未办结海关手续的进境货物。

保税仓库不得存放国家禁止的进境货物，不得存放未经批准的影响公共安全、公共卫生或健康、公共道德或秩序的国家限制进境货物以及其他不得存入保税仓库的货物。

（三）设立

保税仓库应设立在设有海关机构、便于海关监管的区域，申请设立保税仓库的企业应当是已在海关办理进出口收发货人注册登记的，不同时拥有报关企业身份的企业，还应当具备下列条件：

（1）经工商行政管理部门注册登记，具有企业法人资格。

（2）注册资本最低限额为300万元人民币。

（3）具备向海关缴纳税款的能力。

（4）经营特殊许可商品存储的，应当持有规定的特殊许可证件。

（5）经营备料保税仓库的加工贸易企业，年出口额最低为1 000万美元。

（6）具有专门存储保税货物的营业场所并应达到海关的有关要求：

① 符合海关对保税仓库布局的要求。

② 具备符合海关监管要求的安全隔离设施、监管设施和办理业务必需的其他设施。

③ 具备符合海关监管要求的保税仓库计算机管理系统并与海关联网。

④ 具备符合海关监管要求的保税仓库管理制度、符合会计法要求的会计制度。

⑤ 符合国家土地管理、规划、交通、消防、安全、质检、环保等方面法律、行政法规及有关规定。

⑥ 公用保税仓库面积最低为2 000平方米，液体危险品保税仓库容积最低为5 000立方米，寄售维修保税仓库面积最低为2 000平方米。

企业申请设立保税仓库的，应当向仓库所在地主管海关提交书面申请，并随附能够证明上述条件已经具备的相关材料。主管海关自受理申请之日起20个工作日内对申请材料提出初审意见后报请直属海关审批，直属海关自接到材料之日起20个工作日内审查完毕，对符合条件的，出具批准文件，批准文件的有效期为1年；对不符合条件的，书面告知申请人理由。

（四）管理

（1）保税仓库所存货物的储存期为1年。如因特殊情况需要延长储存期限，应向主管海关申请延期，经海关批准可以延长，无特殊情形，延长的期限最长不超过1年。特殊情况下，延期后货物存储期超过2年的，由直属海关审批。

保税仓库货物超出规定的存储期限未申请延期或海关不批准延期申请的，经营企业应当办理超期货物的退运、纳税、放弃、销毁等手续。

（2）保税仓库所存货物是海关监管货物，未经海关批准并按规定办理有关手续，任何人不得出售、转让、抵押、质押、留置、移作他用或者进行其他处置。

（3）货物在仓库储存期间发生损毁或者灭失，除不可抗力原因外，保税仓库应当依法向海关缴纳损毁、灭失货物的税款，并承担相应的法律责任。

（4）保税仓库货物可以进行分级分类、分拆分拣、分装、计量、组合包装、打膜、加刷或刷帖运输标志、改换包装、拼装等辅助性简单作业。在保税仓库内从事上述作业必须事先向主管海关提出书面申请，经主管海关批准后方可进行。

（5）保税仓库经营企业应于每月前5个工作日内，向海关提交月报关单报表、库存总额报表及其他海关认为必要的月报单证，将上一个月仓库货物入、出、转、存、退等情况以计算机数据和书面形式报送仓库主管海关。

二、保税仓库货物报关程序

保税仓库货物是保税物流货物的一种，保税物流货物进境时暂缓缴纳进口关税及进口环节税，内销时应当补税，但不征收缓税利息。同时，除另有规定外，免交进出口许可证件。

（一）进仓报关

保税仓库货物进境入仓，经营企业应当在仓库主管海关办理报关手续，经主管海关批准，也可以直接在进境口岸海关办理报关手续。保税仓库货物进境入仓，除易制毒化学品、监控化学品、消耗臭氧层物质外，免领进口许可证件。

如果仓库主管海关与进境口岸海关不是同一直属海关的，经营企业可以按照“提前转关报关”的方式申报，即先到仓库主管海关报关，后办口岸海关转关，货物运到仓库由主管海关验放入仓；或按“直转转关”方式，即先办口岸海关转关，后到仓库主管海关报关；如果仓库主管海关与进境地口岸海关是属于同一直属海关的，经直属海关批准，可由经营企业直接在口岸海关办理报关手续，口岸海关放行后，企业自行提取货物入仓。

（二）出仓报关

保税仓库货物出仓可能出现出口报关和进口报关两种情况，可以逐批报关，也可集中报关。

1. 出口报关

保税仓库货物为转口或退运到境外而出库的，保税仓库经营企业或其代理人按一般出口货物的报关程序办理出口报关手续，但可免缴纳出口关税，免交验出口许可证件。仓库主管海关和口岸海关属于同一直属海关，经直属海关批准，可由企业自行提取货物出仓到口岸海关办理出口报关手续。

2. 进口报关

保税仓库货物转为正式进口的，按一般进口货物办理，同一票货物填写两张报关单：一张办结出仓报关手续，填出口货物报关单，监管方式“1200”（保税间货物）；一张办理进口申报手续，按实际监管方式填制进口货物报关单：

（1）保税仓库货物出仓用于加工贸易的，由加工贸易企业或其代理人按加工贸易货物的报关程序办理进口报关手续。

（2）保税仓库货物出仓用于可以享受特定减免税的特定地区、特定企业和特定用途的，由享受特定减免税的企业或其代理人按特定减免税货物的报关程序办理进口报关手续。

（3）保税仓库货物出仓进入国内市场或使用于境内其他方面，包括保修期外维修，按一般进口货物的报关程序办理进口报关手续。

（4）保税仓库内的寄售维修零配件申请以保修期内免税出仓的，由保税仓库经营企业办理进口报关手续，填制进口报关单，贸易方式栏填“无代价抵偿货物”。

3. 集中报关

保税货物出库批量少、批次频繁的，经海关批准可以办理定期集中报关手续。

为保证监管有效，企业当月出仓的货物最迟应在次月前5个工作日办理报关手续，且不得跨年度申报。

（三）流转报关

保税仓库与海关特殊监管区域或其他海关保税监管场所往来流转的货物，按转关运输的有关规定办理相关手续。如属同一直属海关关区，经直属海关批准，可不按转关运输方式办理。

保税仓库货物转往其他保税仓库的，应当各自在仓库主管海关报关，报关时应先办理进口报关，再办理出口报关。

资料卡：出口监管仓库

出口监管仓库，是指经海关批准设立，对已办结海关出口手续的货物进行存储、保税货物配送、提供流通性增值服务的海关专用监管仓库。出口监管仓库分为出口配送型仓库和国内结转型仓库。出口配送型仓库是指存储以实际离境为目的的出口货物的仓库。国内结转型仓库是指存储用于国内结转的出口货物的仓库。

出口监管仓库的功能只有仓储，主要用于存放出口货物。经海关批准可存入出口监管仓库的货物一般有以下几种：一般贸易出口货物，加工贸易出口货物，从其他海关特殊监管区域、场所转入的出口货物，以及其他已办结海关出口手续的货物。出口配送型仓库还可以存放为拼装出口货物而进口的货物。

第五节　保税物流中心货物的报关

保税物流中心主要以整合保税仓库和出口监管仓库的功能为基础，打破保税仓库和出口监管仓库分别专门存放进境、出口货物且相互隔离的状态，集成、拓展“两仓”功能，并根据现代物流的发展需要赋予若干新功能。

一、保税物流中心简介

（一）含义

保税物流中心，是指经海关总署批准，由中国境内一家企业法人经营，多家企业进入并从事保税仓储物流业务的海关集中监管场所。

（二）功能

1. 存放货物的范围

（1）国内出口货物。

（2）转口货物和国际中转货物。

（3）外商暂存货物。

（4）加工贸易进出口货物。

（5）供应国际航行船舶和航空器的物料、维修用零部件。

（6）供维修外国产品所进口寄售的零配件。

（7）未办结海关手续的一般贸易进口货物。

（8）经海关批准的其他未办结海关手续的货物。

2. 开展业务的范围

（1）保税存储进出口货物及其他未办结海关手续货物。

（2）对所存货物开展流通性简单加工和增值服务。

（3）全球采购和国际分拨、配送。

（4）转口贸易和国际中转业务。

（5）经海关批准的其他国际物流业务。

但不得开展以下业务：

（1）商业零售。

（2）生产和加工制造。

（3）维修、翻新和拆解。

（4）存储国家禁止进出口货物，以及危害公共安全、公共卫生或者健康、公共道德或者秩序的国家限制进出口货物。

（5）存储法律、行政法规明确规定不能享受保税政策的货物。

（6）其他与物流中心无关的业务。

（三）设立

保税物流中心应当设在靠近海港、空港、陆路枢纽及内陆国际物流需求量较大，交通便利，设有海关机构且便于海关集中监管的地方。

1. 经营企业的资格条件

（1）经工商行政管理部门注册登记，具有独立的企业法人资格。

（2）注册资本不低于5 000万元人民币。

（3）具备对中心内企业进行日常管理的能力。

（4）具有协助海关对进出物流中心的货物和中心内企业的经营行为实施监管的能力。

2. 设立条件

（1）符合海关对物流中心的监管规划建设要求。

（2）物流中心的仓储面积，东部地区不低于10万平方米，中西部地区不低于5万平方米。

（3）经省级人民政府确认，符合地方发展总体布局，满足加工贸易发展对保税物流的需求。

（4）建立符合海关监管要求的计算机管理系统，提供海关查阅数据的终端设备，并按照海关规定的认证方式和数据标准，通过电子口岸与海关联网，以便海关在统一平台上与国税、外汇管理等部门实现数据交换及信息共享。

（5）设置符合海关监管要求的安全隔离设施、视频监控系统等监管、办公设施。

设立物流中心的申请由直属海关受理，报海关总署审批，并由海关总署出具批准其筹建物流中心文件。

物流中心验收合格后，由海关总署向企业核发“保税物流中心验收合格证书”和“保税物流中心注册登记证书”，颁发保税物流中心标牌。

物流中心在验收合格后方可以开展有关业务。

3. 保税物流中心内企业的设立

企业进入保税物流中心需满足以下条件：

（1）具有独立的法人资格或者特殊情况下的中心外企业的分支机构。

（2）具有独立法人资格企业注册资本最低限额为500万元人民币，属企业分支机构的，该企业注册资本不低于1 000万人民币。

（3）具备向海关缴纳税款和履行其他法律义务的能力。

（4）建立符合海关监管要求的计算机管理系统并与海关联网。

（5）在物流中心内有专门存储海关监管货物的场所。

企业申请进入保税物流中心应当向所在地主管海关提交书面申请，提供能够证明上述条件已经具备的有关文件。

主管海关受理后报直属海关审批。直属海关对经批准的企业核发“中华人民共和国海关保税物流中心企业注册登记证书”。

中心内企业需变更有关事项的，由主管海关受理后报直属海关审批。

（四）管理

（1）物流中心经营企业设立管理机构，负责物流中心的日常工作，制定完善的物流中心管理制度，协助海关实施对中心货物及企业的监管。

（2）物流中心经营企业不得在本中心内直接从事保税仓储物流的经营活动。

（3）物流中心内货物保税存储期限为2年，确有正当理由的，经主管海关同意可以予以延期，除特殊情况外，延期不得超过1年。

（4）企业经批准可以分批进出货物，月度集中报关，但不得跨年度办理，集中申报的货物适用每次货物进出口时海关接受申报之日实施的税率、汇率。

(5) 未经批准不得擅自将所存货物抵押、质押、留置、移作他用或者进行其他处置；物流中心内货物可以在中心内企业之间进行转让、转移，但必须办理相关手续。

(6) 货物在存储期间发生损毁、灭失的，除不可抗力外，物流中心经营企业应当依法办理纳税手续并承担相应的法律责任。

二、保税物流中心进出货物报关程序

(一) 保税物流中心与境外之间的进出货物报关

(1) 物流中心与境外之间进出的货物，应当在物流中心主管海关办理相关手续。物流中心与口岸不在同一主管海关的，经主管海关批准，可以在口岸海关办理相关手续。

(2) 物流中心与境外之间进出的货物，除实行出口被动配额管理和中华人民共和国参加或者缔结的国际条约及国家另有明确规定的以外，不实行进出口配额、许可证件管理。

(3) 从境外进入物流中心内的货物，凡属于规定存放范围内的货物予以保税；属于物流中心企业进口自用的办公用品、交通运输工具、生活消费品等，以及物流中心开展综合物流服务所需进口的机器、装卸设备、管理设备等，按照进口货物的有关规定和税收政策办理相关手续。

(二) 保税物流中心与境内之间的进出货物报关

1. 出中心

(1) 出中心进入关境内的其他地区。物流中心货物出中心进入关境内的其他地区视同进口，按照货物进入境内的实际流向和实际状态办理进口报关手续；属于许可证件管理的商品，企业还应当出具有效的许可证件。

进口申报手续同保税仓库出仓进入境内货物的报关手续相似。

从物流中心进入境内在保修期内免费维修外国产品并符合无代价抵偿货物规定的零部件，或国际航行船舶和航空器的物料或属于国家规定可以免税的货物，免征进口关税和进口环节代征税。

(2) 出中心运往境外。物流中心货物出中心运往境外应填制出口货物报关单，办理出口报关手续。具体手续和保税仓库货物出仓运往境外的报关手续相似。

2. 进中心

货物从境内进入物流中心视同出口，应办理出口报关手续。如需缴纳出口关税的，应当按照规定纳税；属于许可证件管理的商品，还应当向海关出具有效的出口许可证件。

从境内运入物流中心的原进口货物，境内发货人应当向海关办理出口报关手续，经主管海关验放；已经缴纳的关税和进口环节海关代征税，不予退还。

从境内进入物流中心已办结报关手续的货物或从境内运入物流中心供中心内企业自用的国产的机器设备、装卸设备、管理设备、检验检测设备等及转关出口货物（起运地海关在已收到物流中心主管海关确认转关货物进入物流中心的转关回执后），海关给予签发用于办理出口退税的出口货物报关单证明联。

从境内运入物流中心的下列货物，海关不予签发用于办理出口退税报关单证明联：供中心内企业自用的生活消费用品、交通运输工具；供中心内企业自用的进口的机器设备、装卸设备、管理设备、检验检测设备等；物流中心之间，物流中心与出口加工区、保税物流园区和已实行国内货物入仓环节出口退税政策的出口监管仓库等海关特殊监管区域或者海关保税监管场所往来的货物。

第六节　保税物流园区进出货物的报关

一、保税物流园区概述

保税物流园区（以下简称“园区”）是指经国务院批准，在保税区规划面积或者毗邻保税区的特定港区内设立的，专门发展现代国际物流业的海关特殊监管区域。

二、保税物流园区的功能

（1）存储进出口货物及其他未办结海关手续货物。

（2）对所存货物开展流通性简单加工和增值服务，包括分级分类、分拆分拣、分装、计量、组合包装、打膜、加刷唛码、刷贴标志、改换包装、拼装等具有商业增值的辅助性作业。

（3）进出口贸易，包括转口贸易。

（4）国际采购、分销和配送。

（5）国际中转。

（6）商品展示。

（7）检测、维修。

（8）经海关批准的其他国际物流业务。

园区内不得开展商业零售、加工制造、翻新、拆解及其他与园区无关的业务。法律、行政法规禁止进出口的货物、物品不得进出园区。

三、报关程序

（一）保税物流园区与境外之间进出货物的报关

海关对园区与境外之间进出货物，除园区自用的免税进口货物、国际中转货物外，实行备案制管理，适用进出境备案清单。

园区与境外之间进出的货物应当向园区主管海关申报。园区货物的进出境口岸不在园区主管海关管辖区域的，经园区主管海关批准，可以在口岸海关办理申报手续。

园区内开展整箱进出、二次拼箱等国际中转业务的，由开展此项业务的企业向海关发送电子舱单数据，园区企业向园区主管海关申请提箱、集运等，提交舱单等单证，办理进出境申报手续。

1. 境外运入园区

境外货物到港后，园区企业（或者其代理人）可以先凭舱单将货物直接运至园区，再凭进境货物备案清单向园区主管海关办理申报手续。除另有规定外，境外运入园区的货物不实行许可证件管理。

下列货物、物品从境外进入园区，海关予以办理免税手续：

（1）园区的基础设施建设项目所需的设备、物资等。

（2）园区企业为开展业务所需的机器、装卸设备、仓储设施、管理设备及其维修用消耗品、零配件及工具。

（3）园区行政管理机构及其经营主体和园区企业自用合理数量的办公用品。

下列货物从境外进入园区，海关予以办理保税手续：

（1）园区企业为开展业务所需的货物及其包装物料。

（2）加工贸易进口货物。

（3）转口贸易货物。

（4）外商暂存货物。

（5）供应国际航行船舶和航空器的物料、维修用零配件。

（6）进口寄售货物。

（7）进境检测、维修货物及其零配件。

（8）供看样订货的展览品、样品。

（9）未办结海关手续的一般贸易货物。

（10）经海关批准的其他进境货物。

园区行政管理机构及其经营主体、园区企业从境外进口的自用交通运输工具、生活消费用品，按一般进口货物的有关规定向海关办理申报手续。

2. 园区运往境外

从园区运往境外的货物，除法律、行政法规另有规定外，免征出口关税，不实行许可证件管理。进境货物未经流通性简单加工、原状退运出境的，园区企业可以向园区主管海关申请退运手续。

（二）保税物流园区与区外之间进出货物报关

园区与区外之间进出的货物，由园区企业或者区外收、发货人（或者其代理人）向园区主管海关办理申报手续。

园区企业在区外从事进出口贸易业务且货物不实际进出园区的，可以在收、发货人所在地的主管海关或者货物实际进出境口岸的海关办理申报手续。

除法律、行政法规规定不得集中申报的货物外，园区企业少批量、多批次进、出货物的，经主管海关批准可以办理集中申报手续，并适用每次货物进出口时海关接受该货物申报之日实施的税率、汇率。集中申报的期限不得超过1个月，且不得跨年度办理。

（1）园区货物运往区外视同进口，园区企业或者区外收货人（或者其代理人）按照进口货物的有关规定向园区主管海关申报，海关按照货物出园区时的实际监管方式的有关规定办理。

园区企业跨关区配送货物或者异地企业跨关区到园区提取货物的，可以在园区主管海关办理申报手续，也可以按照海关规定办理进口转关手续。

供区内行政管理机构及其经营主体和区内企业使用的机器、设备和办公用品等需要运往区外进行检测、维修的，应当向园区主管海关提出申请，经主管海关核准、登记后方可运往区外，但该物资不得留在区外使用，并自运出之日起60天内运回。因特殊情况不能如期运回的，应当由原单位在期满前10天内，以书面形式向园区主管海关申请延期，延长期限不得超过30天。

检测、维修完毕运进园区的机器、设备等应当为原物。有更换新零配件或者附件的，原零配件或者附件应一并运回。

对在区外更换的国产零件或附件，如需退税，由区内企业或者区外企业提出申请，园区主管海关按照出口货物的有关规定办理，并签发出口退税证明联。

园区企业在区外其他地方举办商品展示活动的，应当比照海关对暂准进境货物的管理规定办理有关手续。

（2）区外货物运入园区视同出口，由园区企业或者区外发货人（或者其代理人）向园区主管海关办理出口申报手续。属于应征出口关税的商品，照章缴税；属于许可证件管理的商品，交验有效的出口许可证件。

用于办理出口退税的“出口货物报关单”证明联的签发手续，按照下列规定办理：

① 从区外进入园区供园区企业开展业务的国产货物及其包装物料，由园区企业或者区外发货人（或者其代理人）填写出口货物报关单，海关按照对出口货物的有关规定办理，签发出口货物报关单证明联；货物转关出口的，起运地海关在收到园区主管海关确认转关货物已进入园区的电子回执后，签发出口货物报关单证明联。

② 从区外进入园区供园区行政管理机构及其经营主体和园区企业使用的国产基建物资、机器、装卸设备、管理设备等，海关按照对出口货物的有关规定办理，除属于取消出口退税的基建物资外，签发出口货物报关单退税证明联。

③ 从区外进入园区供园区行政管理机构及其经营主体和园区企业使用的生活消费用品、办公用品、交通运输工具等，海关不予签发出口货物报关单证明联。

④ 从区外进入园区的原进口货物、包装物料、设备、基建物资等，区外企业应当向海关提供上述货物或者物品的清单，按照出口货物的有关规定办理申报手续，海关不予签发出口货物报关单证明联，原已缴纳的关税、进口环节增值税和消费税不予退还。

⑤ 除已经流通性简单加工的货物外，区外进入园区的货物，因质量、规格型号与合同不符等原因，需原状返还出口企业进行更换的，园区企业应当在货物申报进入园区之日起1年内向园区主管海关申请办理退换手续。更换的货物进入园区时，可以免领出口许可证件，免征出口关税，但海关不予签发出口货物报关单退税证明联。

（3）海关对于保税物流园区与其他特殊监管区域、保税监管场所之间往来的货物继续保税监管，不签发出口退税证明联。但货物从未实行国内货物入区、入仓环节出口退税制度的海关特殊监管区域或者保税监管场所转入园区的，按照货物实际离境的有关规定办理申报手续，由转出地海关签发出口货物报关单退税证明联。

园区与其他特殊监管区域、保税监管场所之间的货物交易、流转，不征收进出口环节和国内流通环节的有关税收。

四、监管要求

保税物流园区是海关监管的特定区域。园区与境内其他地区之间应当设置符合海关监管要求的卡口、围网隔离设施、视频监控系统及其他海关监管所需的设施。

海关在园区派驻机构，依照有关法律、行政法规，对进出园区的货物、运输工具、个人携带物品以及园区内相关场所实行24小时监管。

（一）禁止事项

（1）除安全人员和相关部门、企业值班人员外，其他人员不得在园区内居住。

（2）园区内不得建立工业生产加工场所和商业性消费设施。

（3）园区内不得开展商业零售、加工制造、翻新、拆解及其他与园区无关的业务。

（4）法律、行政法规禁止进出口的货物、物品不得进出园区。

（二）企业管理

保税物流园区行政机构及其经营主体、在保税物流园区内设立的企业等单位的办公场所应当设置在园区规划面积内、围网外的园区综合办公区内。

海关对园区企业实行电子账册监管制度和计算机联网管理制度。

园区行政管理机构或者其经营主体应当在海关指导下通过“电子口岸”建立供海关、园区企业及其他相关部门进行电子数据交换和信息共享的计算机公共信息平台。

园区企业应当建立符合海关监管要求的计算机管理系统，提供供海关查阅数据的终端设备，按照海关规定的认证方式和数据标准与海关进行联网。

园区企业应当依照有关法律、行政法规的规定，规范财务管理，设置符合海关监管要求的账簿、报表，记录本企业的财务状况和有关进出园区货物、物品的库存、转让、转移、销售、简单加工、使用等情况，如实填写有关单证、账册，凭合法、有效的凭证记账和核算。

（三）物流管理

园区内设立仓库、堆场、查验场和必要的业务指挥调度操作场所。园区货物不设存储期限。但园区企业自开展业务之日起，应当每年向园区主管海关办理报核手续。园区主管海关应当自受理报核申请之日起30天内予以核库。企业有关账册、原始数据应当自核库结束之日起至少保留3年。园区企业应当编制月度货物进、出、转、存情况表和年度财务会计报告，并定期报送园区主管海关。

经主管海关批准，园区企业可以在园区综合办公区专用的展示场所举办商品展示活动。展示的货物应当在园区主管海关备案，并接受海关监管。

园区内货物可以自由流转。园区企业转让、转移货物时应当将货物的具体品名、数量、金额等有关事项向海关进行电子数据备案，并在转让、转移后向海关办理报核手续。

未经园区主管海关许可，园区企业不得将所存货物抵押、质押、留置、移作他用或者进行其他处置。

园区与区外非海关特殊监管区域或者保税监管场所之间货物的往来，企业可以使用其他非海关监管车辆承运。承运车辆进出园区通道时应当经海关登记，海关可以对货物和承运车辆进行查验、检查。

（四）特殊情况处理

除法律、行政法规另有规定外，园区企业可以申请放弃货物。放弃的货物由主管海关依法提取变卖，变卖后企业凭放弃申请和变卖该货物的相关单证办理核销。确因无使用价值无法变卖并经海关核准的，由企业自行处理，园区海关直接办理核销手续。放弃货物在变卖前的仓储等费用由企业承担。对按规定应销毁的放弃货物，由企业负责销毁，园区主管海关可以派员监管，销毁后凭相关证明材料办理核销手续。

因不可抗力造成园区货物损坏、损毁、灭失的，园区企业应当及时书面报告园区主管海关，说明理由并提供保险、灾害鉴定部门的有关证明。经园区主管海关核实确认后，按照下列规定处理：

（1）货物灭失，或者完全失去使用价值的，海关予以办理核销和免税手续。

（2）进境货物损坏、损毁，失去原使用价值但可以再利用的，园区企业可以向园区主管海关办理退运手续。如不退运出境并要求运往区外的，由园区企业提出申请，并经园区主管海关核准，根据受灾货物的使用价值进行估价、征税后运出园区外。

（3）区外进入园区的货物损坏、损毁，失去原使用价值但可以再利用，且需向出口企业进行退换的，可以退换为与损坏货物同一品名、规格、数量、价格的货物，并向园区主管海关办理退运手续。退运到区外，如未办理出口退税的可以办理出口退税，如已经办理出口退税的，则按进境货物运往区外的有关规定办理。

非因不可抗力造成货物的灭失、损毁、损毁的，按以下规定办理：

（1）对于从境外进入园区的货物，园区企业按一般进口货物的规定，以货物进入园区时海关接受申报之日适用的税率、汇率，依法向海关缴纳损毁、灭失货物原价值的关税、进口环节增值税、消费税。

（2）对于区外进入园区的货物，园区企业应当重新缴纳因出口而退还的国内环节有关税收，海关据此办理核销手续。

第七节　保税区进出货物的报关

一、保税区概述

（一）含义

保税区是指经国务院批准在中华人民共和国境内设立的由海关进行监管的特定区域。

（二）功能

保税区具有出口加工、转口贸易、商品展示、仓储运输等多种功能，既有保税加工的功能，又有保税物流的功能。

（三）管理

保税区与境内其他地区之间，设置符合海关监管要求的隔离设施。

1. 禁止事项

（1）除安全保卫人员外，其他人员不得在保税区居住。

（2）国家禁止进出口的货物、物品，不得进出保税区。

（3）国家明令禁止进出口的货物和列入加工贸易禁止类商品目录的商品在保税区内也不准开展加工贸易。

2. 物流管理

（1）海关对进出保税区的货物、物品、运输工具、人员及区内有关场所，有权依法进行检查、查验。

（2）在保税区内设立的企业，必须向海关办理注册手续。区内企业必须依照国家有关法律、行政法规的规定设置账簿、编制报表，凭合法、有效凭证记账并进行核算，记录有关进出保税区货物和物品的库存、转让、转移、销售、加工、使用和损耗等情况。

(3) 区内企业必须与海关实行电子计算机联网，进行电子数据交换。

(4) 进出保税区的运输工具负责人，必须持保税区主管机关批准的证件连同运输工具的名称、数量、牌照号码及驾驶员姓名等清单，向海关办理登记备案手续。未经海关批准，从保税区到非保税区的运输工具和人员不得运输、携带保税区内的免税、保税货物。

(5) 从非保税区进入保税区的货物，按照出口货物办理手续。企业在办结海关手续后，可办理结汇、外汇核销、加工贸易核销等手续。出口退税必须在货物实际报关离境后才能办理。

(6) 保税区内的转口货物可以在区内仓库或者区内其他场所进行分级、挑选、印刷运输标志、改换包装等简单加工。

3. 加工贸易管理

(1) 除易制毒化学品、监控化学品、消耗臭氧层物质要提供进口许可证件，生产激光光盘需主管部门批准外，区内企业进口加工贸易料件免予交验许可证件。

(2) 保税区内企业开展加工贸易，不实行银行保证金台账制度。

(3) 区内加工企业加工的制成品及其在加工过程中产生的边角余料运往境外时，应当按照国家有关规定向海关办理手续，除法律、行政法规另有规定外，免征出口关税。

(4) 区内加工企业将区内加工贸易料件及制成品，在加工过程中产生的副产品、残次品、边角料，运往非保税区时，应当依照国家有关规定向海关办理进口报关手续，并依法纳税，免交缓税利息。

二、保税区进出货物报关程序

保税区货物报关分进出境报关和进出区报关。

(一) 进出境报关

进出境报关采用报关制和备案制相结合的运行机制，即保税区与境外之间进出境货物，属自用的，采取报关制，填写进出口报关单；属非自用的，包括加工出口、转口、仓储和展示，采取备案制，填写进出境备案清单。保税区内企业所需的加工料件和转口货物、仓储货物进出境，由收货人或代理人填写货物备案清单向保税区海区备案；对区内企业进口的自用合理数量的机器设备、管理设备、办公用品及工作人员所需自用合理数量的应税物品及货样，实行报关制，履行报关手续。

保税区与境外之间进出的货物，除易制毒化学品、监控化学品、消耗臭氧层物质外，不实行进口许可证件管理，免予交验许可证件。

为保税加工、保税仓储、转口贸易、展示而从境外进入保税区的货物可以保税。

从境外进入保税区的以下货物可以免税，海关按照特定减免税货物进行监管：

(1) 区内生产性的基础设施建设项目所需的机器、设备和其他基建物资。

(2) 区内企业自用的生产、管理设备和自用合理数量的办公用品及其所需的维修零配件，生产用燃料，建设生产厂房、仓储设施所需的物资、设备，除交通车辆和生活用品外。

(3) 保税区行政管理机构自用合理数量的管理设备和办公用品及其所需的维修零配件。

（二）进出区报关

1. 保税加工货物进出区

进区应报出口，填写出口报关单，提供有关的许可证件。出口应当征收出口关税的商品，须缴纳出口关税；海关不签发出口货物报关单退税证明联。

出区应报进口，按不同的流向填写不同的进口货物报关单：

（1）出区进入国内市场的，按一般进口货物报关，填写“进口货物报关单”，提供有关的许可证件。

保税区加工货物内销征税的完税价格由海关按审查确定，保税区内的加工企业内销的进口料件或者其制成品（包括残次品），海关以接受内销申报的同时或者大约同时进口的相同或者类似货物的进口成交价格为基础审查确定完税价格。具体估价方法可参考本书项目八“进出口税费”相关内容。

（2）出区用于加工贸易的，按加工贸易货物报关，填写进口货物报关单，提供登记手册或者电子账册、电子化手册。

（3）出区用于可以享受特定减免税企业的，按特定减免税货物报关，提供“进出口货物征免税证明”和应当提供的许可证件，免缴进口税。

2. 进出区外发加工

保税区企业出区外发加工，或区外企业进区外发加工都需经海关批准。进区凭外发加工合同向保税区海关备案，加工出区后核销，不填写进出口货物报关单，不必办理报关纳税手续。出区外发加工的，须由区外加工企业在其所在地海关备案，进入加工贸易合同备案程序，申领纸质手册，或者建立电子账册、电子化手册，需要建立银行保证金台账的应当设立台账，加工期限最长为 6 个月，有特殊情况的，经海关批准可以延长，最长可延长 6 个月。备案后进入保税加工货物出区报关程序。

3. 设备进出区

不管是施工还是投资设备，进出区均需向保税区海关备案，设备进区不填写报关单，不缴纳出口税，海关不签发出口货物报关单退税证明联，设备系从国外进口已征进口税的，不退进口税；设备退出区外，也不必填写报关单进行申报，但要报保税区海关销案。

资料卡：

表 6.4　各种监管形式下的保税物流货物的部分管理要点比较表

监管场所、区域名称	存货范围	存储期限	服务功能	注册资本	面积（不低于）		审批权限	入区退税	备注
					东部	中西部			
保税仓库	进口	1 年 +1 年	储存	RMB：300 万	公用/维修 2 000m² 液体 5 000m³		直属海关	否	按月报核
出口监管仓库	出口①	半年 + 半年	储存/出口配送/国内结转		配送 5 000m² 结转 1 000m²		直属海关	否②	退换货物先入后出

续表 6.4

监管场所、区域名称	存货范围	存储期限	服务功能	注册资本	面积（不低于）		审批权限	入区退税	备注
					东部	中西部			
保税物流中心	进出口	2 年 +1 年	储存/全球采购配送/国内结转/转口/中转③	RMB：5 000 万	100 000m^2	50 000m^2	有关部门	是	
保税物流园区	进出口	无期限	储存/贸易/全球采购配送/中转/展示				国务院	是	按年报核
保税区	进出口	无期限	物流园区功能 + 维修/加工				国务院	否	离境退税
保税港区	进出口	无期限	保税区功能 +港口功能				国务院	是	

注：① 出口配送型仓库可以存放为拼装出口货物而进口的货物；② 经批准享受入仓即退税政策的除外；③ 保税物流中心的经营者不得开展物流业务。

表 6.5　　出口加工区内、保税区、保税物流园区、保税港区政策比较表

比较项目	保税港区	保税区	保税物流园区	出口加工区内
区港关系	区港一体，一个海关监管	区港分离，分属两个海关监管	区港间专用通道，卡口通行涉及两个海关	区港分离，分属两个海关监管
税收政策	入区退税	离境退税	入区退税	入区退税
主要功能	物流、加工、贸易、展示、研发、检测、维修、分拨	物流、加工、贸易、展示	物流贸易	加工、研发、检测、维修
集装箱业务	中转分销采购拆拼箱	无	拆拼箱	无
多式联运	直接的海铁联运、水水联运	无	有限水水联运	无

续表 6.5

比较项目	保税港区	保税区	保税物流园区	出口加工区内
监管方式	海关实行围网管理，进出境24小时通关，全天侯作业	海关实行围网管理，对部分经批准企业实行24小时全天候工作制度	进出境24小时通关，全天侯作业	全封闭、卡口式管理，实行24小时工作制度
管理	不实行台账和合同核销制度，不实行单耗标准管理	计算机联网，电子数据交换	电子账册监管和计算机联网监管	电子账册监管和计算机联网监管
进出境申报方式	进出境备案制	进出境自用的报关制，非自用的备案制	进出境直接通过海关区域信息平台电子备案（自用免税进口货物、国际中转的除外）	进出境电子账册备案
进出境税、证	从境外进区并复出境的货物保税，从境外进区的管理机构、企业自用的免税（交通车辆、生活用品除外）；运往境外货物免税			
	除另有规定外，运往境外的货物不实行出口配额、许可证件管理			
进出区	进区按一般出口，除基建物资外，签发退税联	进区按一般出口，但不签发退税联	进区按一般出口，除基建物资、生活消费品、办公用品、交通运输工具外，签发退税联	进区按一般出口，除基建物资外，签发退税联
	出区，报进口，按货物的实际去向办理海关手续			
委托加工	进区，按货物出口报关；出区外发加工，区内企业在区内海关备案，运回后核销（加工期6个月）	进区，在区内海关备案，加工出区后核销，不填报关单，不缴税费；出区外发加工，区外企业在所在地海关备案，领册或建册，台账管理，按加工货物出区报关（加工期6个月，可延6个月）	不得开展加工贸易	进区，区外企业向加工区海关出口报关后区内企业备案进区；出区外发加工，区外企业缴税或担保后办出区，运回后区内企业核销（加工期6个月）

续表 6.5

比较项目	保税港区	保税区	保税物流园区	出口加工区内
其他	设备从区外进区按一般出口办理	设备进出区需向区外海关备案，免填报关单，免税；退出区外销案	设备从区外进区按一般出口办理	设备从区外进区按一般出口办理

关键名词

保税货物　来料加工　进料加工　登记手册　银行保证金台账　合同备案　核销　电子账册　联网监管　深加工结转　外发加工　异地加工　出口加工区　保税仓库　保税物流中心　保税物流园区　保税区

不定项选择题

1. 天津某加工贸易经营企业（B 类管理企业）进口 12 590 美元的棉纱（限制类），委托河北廊坊某加工企业（A 类管理企业）加工后返销出口。该异地加工贸易的银行保证金台账应当：

A. 由经营企业到所在地银行设台账，半实转

B. 由加工企业到所在地银行设台账，空转

C. 由经营企业到加工企业所在地银行设台账，半实转

D. 由加工企业到经营企业所在地银行设台账，空转

2. 天津商业保税仓库存放一批冷压薄板，至 2009 年 4 月 5 日已经存放满 1 年，仍未能转为进口或退运出口，企业要求延长该批保税货物存放期限，根据上述情况海关批准延长期最长不能超过：

A. 2009 年 5 月 5 日　　B. 2009 年 7 月 5 日

C. 2009 年 10 月 5 日　　D. 2010 年 4 月 5 日

3. 采用纸质手册管理的加工贸易企业向海关申请将剩余料件结转至另一个加工贸易合同生产出口时，如不收取保证金、银行保函或采取其他相应的税收保全措施，应符合：

A. 同一经营单位　B. 同一加工厂　C. 同样进口料件　D. 同一加工贸易方式

4. 某企业购进生产原料一批，其中 80% 的加工产品直接返销境外，20% 加工产品结转给另一关区其他加工贸易企业继续加工后返销境外，那么，某企业将 20% 加工产品结转给另一关区其他加工贸易企业继续加工后返销的做法，在海关管理中称为：

A. 跨关区异地加工　　B. 跨关区深加工结转

C. 跨关区委托加工　　D. 跨关区外发加工

5. 下列关于加工贸易深加工结转程序的表述正确的是：

A. 先进行加工贸易深加工结转的计划申报，再办理收发货登记，最后办理报关手续

B. 先进行加工贸易深加工结转的计划申报，再办理报关手续，最后再收、发货

C. 先由转出企业向转出企业所在地海关进行计划申报，再由转入企业向转入企业所在地海关进行计划申报

D. 先由转出企业向转出企业所在地海关办理结转出口报关手续，再由转入企业向转入企业所在地海关办理结转进口报关手续

6. 采用纸制手册管理的保税加工货物，开展加工贸易的货物不需要领取许可证，不需要开设台账。在办理合同备案阶段步骤正确的是：

A. 合同内容预录入——海关审核——审批合同——领取加工贸易登记手册

B. 审批合同——合同内容预录入——海关审核——领取加工贸易登记手册

C. 审批合同——海关审核——合同内容预录入——领取加工贸易登记手册

D. 领取加工贸易登记手册——合同内容预录入——海关审核——审批合同

思考题

1. 保税货物的特征有哪些？
2. 保税加工货物的银行保证金台账是如何分类管理的？
3. 保税加工货物的银行保证金台账的设立程序是什么？
4. 保税加工货物的合同备案的内容有哪些？
5. 试述保税加工货物的通关程序。
6. 什么是深加工结转，如何办理料件的深加工结转手续？
7. 深加工结转、异地加工、外发加工有何异同点？
8. 试述实行电子联网监管的保税货物的通关程序。
9. 保税仓库、保税物流中心、保税物流园区、保税区的从功能上有何异同点？
10. 试述保税区货物报关程序。

·实 务 篇

工作任务

保税加工货物的报关程序实例

专营进料加工集成块出口的外商投资企业A公司，是适用海关B类管理的东部地区企业。该企业于3月份对外签订了主料硅片（非限制类）等原材料的进口合同，按企业合同（章程）部分加工成品内销，另一部分加工成品外销，原料交货期为4月底。5月初又对外签订了生产集成块所必需的价值20 000美元的三氯氧磷进口合同。6月初与境外某商人订立了集成块出口合同，交货期10月底。9月底，产品全部出运，仅有些边角余料残次品没有处理。作为A公司的报关员，完成这个进料加工业务，需要做些什么工作？

【操作指引】

（一）外销部分进行电子化手册备案

A公司系B类管理的东部企业，因主料硅片为非限制商品，故设台账，“空转”。

作为 A 公司的报关员应当在料件进口前完成电子化手册的建立和备案。

建立电子化手册要经过加工贸易经营企业的联网监管的申请和审批、加工贸易业务的申请和审批、建立电子化手册等三个步骤。

在进行电子化手册备案前，企业应持进口合同向商务主管部门申请办理《加工贸易业务批准证》和《加工企业生产能力证明》。

电子化手册备案的程序和手续如下：

（1）备案资料库：录入企业料件、成品等数据信息，建立备案资料库，料件、成品等数据信息，包括货号、商品编码、商品名称、计量单位以及是否主料等数据。海关审批通过后，向企业返回备案资料库编号。

（2）电子化手册备案（通关备案）：依据加工贸易合同和“加工贸易业务批准证”及《加工企业生产能力证明》向海关申请备案电子化手册。企业录入电子化手册表头信息，表体料件和成品的货号、商品编码、商品名称、计量单位等信息调用备案资料库数据，进出口数量、价格、单损耗等信息依据合同录入。

（3）企业打印台账联系单，到指定的中国银行开设保证金台账。

（4）海关核注银行开出的《银行保证金台账登记通知单》，海关审核通过后系统生成电子化手册。

（二）主料报关进口

货物到港后，按企业合同规定的内外销比例将货物拆成两部分预录入、申报：

（1）加工成品内销部分报“一般贸易”，提供发票、装箱单、提货单，硅片不需要许可证件。如海关决定查验，则陪同查验，搬移货物、开拆包装、重封包装。从接单人员处取得“税款缴纳证”，到银行付税。凭银行收税款后签章的“税款缴纳证”正本到现场海关取得已签放行章的提货单。凭此提货单到口岸提货，放行即结关。

（2）加工成品外销部分进行通关数据申报，企业自行或通过代理录入报关单通关数据，办理硅片的报关手续，“进料对口”，全额保税。

（三）三氯氧磷报批领证

（1）三氯氧磷为能够制造化学武器的化工原材料，应报化工部批准；

（2）凭化工部的批准件到商务部许可证局申领许可证。

（四）材料增补和报关

（1）三氯氧磷系加工增补材料，应以“合同变更”方式办理，因为价值已超过 10 000 美元，所以要到商务主管部门审批。

批准后，向海关提交变更申请和“加工贸易业务批准证变更证明”，海关审核通过后变更台账，增补该项进口材料，同时增补对应项的单损耗数据。

（2）同样要按内外销比例拆单。内销部分要征税。

（五）出口合同办手册

进料加工出口合同签订后对电子化手册备案数据做相应变更，同样需商务主管进行合同变更审批，预录入，经海关审核通过，变更台账，变更通关备案数据。待成品出口后办理产品出口手续。

（六）报核和注销台账

企业的加工贸易合同完成后，通过电子化手册子系统的数据报核界面，向海关进行电子化手册的报核。提交《加工贸易合同核销申请表》、《电子化手册边角料处理情况申请表》等，海关审批通过后，从主管海关处取得《核销联系单》，凭海关《核销联系单》到银行办理台账销账。

能力拓展

一、单耗管理应当如实申报、据实核销

【案情】深圳某家具有限公司是一家利用进口原料生产出口家具的企业，从美国进口一批木材，并向当地海关申请保税，其报关报表上填写的单耗计量单位为：200 块/套，即做成 1 套家具需要耗用 200 块木材。2 月份该公司由于引进先进设备，做成 1 套家具只需耗用 150 块木材，企业并没有到海关办理单耗的变更。5 月份，企业按期复运出口，完成了一个保税过程，获得部分节余木材，对此行为应如何认定?

【评析要点】

根据海关总署第 155 号令《中华人民共和国海关加工贸易单耗管理办法》(2007 年 3 月 1 日起施行）规定：加工贸易企业应当在加工贸易备案环节向海关进行单耗备案。单耗管理应当遵循如实申报、据实核销的原则。

加工贸易企业加工的成品实际加工出口或深加工结转前，应如实申报成品的单耗。

加工贸易企业在生产中因发生合同内容变更或因生产工艺流程的改变，导致实际成品单耗、损耗与其向海关备案时申报的单耗、损耗不符时，应在成品实际报关出口（包括深加工结转）前主动向主管地海关申报办理变更手续，海关按规定办理变更。

违反本办法，构成走私或者违反海关监管规定行为的，由海关依照《海关法》和《海关行政处罚实施条例》的有关规定予以处理；构成犯罪的，依法追究刑事责任。

二、走私普通货物罪与保税货物的监管

【案情】某市 A 公司是一家个体工商户，代理销售中国台湾地区某 B 公司的胶水，负责人是林某。森泰公司、龙达公司等 20 多家企业均是某市的外资加工贸易企业，用海关备案合同免税进口胶水、木材或皮料等原料，加工生产家具或皮具，成品全部复运出境。林某与这些企业协商，由他联系将台湾地区某 B 公司生产的胶水进口到境内，进口时由这些企业用海关备案合同报关，进口后的胶水由他储存于他自己的仓库，然后这些企业根据提供合同的指标数陆续向他购买胶水，用于加工成品出口。1 月至 12 月，林某共用上述方式进口胶水 740 877 公斤，又分别根据合同指标数销售给森泰公司等 20 多家企业。

海关缉私部门在起诉意见书中将林某及森泰公司、龙达公司等 20 家企业的上述行为认定为走私普通货物行为，林某的行为为伪报贸易性质的走私行为，认定其偷逃税款 280 多万元，而辰森公司等企业的行为属于为林某走私提供帮助，各帮助林某偷逃了应缴税款 110 多万元及几十万元不等，相应认定这些企业走私，偷逃应缴税款 110 多万元及几十万元不等，应该以走私普通货物的共犯论处。

该市检察院对此提出了不同意见：首先，林某与辰森公司等企业的这种操作是一个是不可分割的整体，将任何一个环节与其他部分割裂开来，都不能得出客观全面的认识；其次，走私普通货物罪是以偷逃进出口环节应缴税款为要件的；第三，从证据上看，海关缉私部门

并没有查到林某致使以保税合同手册免税进口的货物流入国内市场，而森泰公司等企业的合同手册也能够平衡，应推定以保税合同手册进口的货物都由森泰公司等企业按各自的合同手册指标购买，并用于生产成品复运出境。由此进一步分析：林某整体上完成的行为包括从境外组织货源，运输进境，在境内他自己的仓库储存及向各个企业销售。从事后来看，林某在这一过程中，主观认识是为这一批加工贸易企业供货。虽然，货物在进口时是用这批加工贸易企业的合同手册报关的，并且由于在进口时这些货物尚未完成交付，所有权仍属于林某，但是由于林某主观上认识到，所进口的货物是要销售给向其提供保税合同报关的企业，用于加工成品复运出境，而不是用于在国内市场销售，客观上他也将这些货物基本按合同指标数交付给了保税企业使用，所以，尽管这一行为在具体操作上违反了海关监管规定，但由于以加工贸易企业的合同报关的货物，最终回到这些加工贸易企业，接着被用于加工出口，所以整个过程并没有导致国家税款的流失，因而林某的行为并不是走私普通货物的行为。林某的行为不构成犯罪，森泰公司等企业也就无所谓是走私的帮助犯。

【评析要点】

（一）走私普通货物罪的犯罪构成与个案定性

根据《海关法》第八十二条，同时结合《刑法》第一百五十三条，走私普通货物应是违反国家法律法规，逃避海关监管，偷逃进出境普通货物的应纳税款的行为。在主观上，行为人明知自己的行为违反国家法律法规，逃避海关监管，并逃避应缴的国家税款，却对自己行为及造成的后果持希望或放任的态度。在客观上，行为人的行为违反国家法律法规，不接受应有的海关监管，不缴纳应缴税款，导致国家应对其进出口货物征收的税款流失。构成走私普通货物罪除了符合主体要件外，还必须具备三个核心要素：（1）行为的对象是上述意义上的普通货物；（2）实施了以偷逃税款为目的的违反海关监管规定的行为；（3）行为一旦完成，能够导致国家税款的流失。本案中，林某与森泰公司、龙达公司这些企业这样的操作方式没有反映出以偷逃应缴税款为目的，其行为也不具有致国家税款流失的性质，所以不应当是走私行为，不能构成走私普通货物罪。

（二）关于“伪报贸易性质”

“伪报”是《海关行政处罚实施条例》规定的一种走私行为，怎样判断以真正的加工贸易登记手册进口货物是否属于将本应以一般贸易进口的货物伪报为保税货物呢？关键是根据进口后的货物的去向判断贸易性质是否属于一般进口性质。如果将以加工贸易企业登记手册报关进口的货物提供给为其提供登记手册报关的特定一个或几个企业，就不应认定为走私意义上的“伪报贸易性质”，因为在这种情况下，货物进境后基本以保税性质被加工、复运出境，而且在海关有相应的备案。而如果进口货物所有人将货物在国内市场销售给国内企业，或者销售给未向其提供合同指标并且也未约定事后提供合同指标的加工贸易企业，其以其他加工贸易企业的登记手册进口货物的行为，就应属于走私意义上的“伪报贸易性质”，因为此时，其进口及销售的行为完全属于一般进口性质。

（三）关于“内销保税货物”

擅自内销保税货物作为一种走私行为，应当是对保税货物负有监管义务的企业和个人将保税货物在国内市场销售。其前提必须销售的是保税货物，其本质是让保税货物脱离海关的监管流入国内市场，使得国家本可以根据未复运出境的事实补征的税款流失，同时保税政策的目的也未达到。而本案中，情况并不属于此类。因为首先林某并不是对保税货物负有监管义务的人，其次，用这些加工贸易企业的合同进口货物属于保税货物的话，那么林某的销售行为导致的结果是保税货物又回到了加工贸易企业，回到海关的视界中，让保税货物重新得到监管。综上，林某的行为不属于擅自内销保税货物的行为。

（四）从保税货物监管的角度做进一步思考

本案中违反海关监管规定的操作，被查的企业均有自己的辩解，一致的理由如下：一是因为胶水是其企业生产中的辅料，其企业在一段时间内所需的数量不大。二是因为胶水是易燃物，不易储存。如果该企业一次性进口大量的胶水后储存起来，供长期使用，一方面会导致胶水过期失效，另一方面会导致资金积压，同时还有储存上的风险；而如果每隔一段时间少量进口一次胶水仅供自己使用，进口的成本则较大。相反，各家企业均将保税合同提供给林某，林某可以大批量地进口胶水，储存于他自己的仓库，各家企业可以根据自己企业当时实际所需用量购买，既可以节约成本，也不会有储存的风险，比较便捷。

随着保税货物的监管模式在实践中不断完善，本案完全可以利用保税仓库、保税物流中心或保税区等保税形式来进行运作保税货物，既保证符合法律法规的要求，又不致于引起企业成本的增加。而对海关来说，应更多思考如何加强对企业的培训和沟通，不能动辄动用刑事制裁来维护行政管理的有序，同时又以牺牲对社会经济发展的利益为代价。

项目七　其他进出境货物的报关

• 知识储备篇

• 实务篇

◉ **知识目标**

熟悉特定减免税货物、暂准进出境货物及其他进出境货物的范围和报关要点。

◉ **能力目标**

能够掌握特定减免税货物、暂准进出境货物及其他进出境货物的报关程序，能够进行规范操作及报关流程优化设计。

◉ **素质目标**

养成计划决策、时间管理、团队合作、细致、沟通、礼仪等素质。

• 知识储备篇

第一节　特定减免税货物的报关

进出境环节的减免税是海关根据国家政策的规定，对应税的进出口货物在税收上给予的减免的待遇。我国的减免税主要包括三种类型：法定减免、特定减免、临时减免。本节主要介绍特定减免税货物。自2009年1月1日起，国家实施增值税转型改革后，部分进口减免税货物恢复征收进口增值税，只免征进口关税。

一、特定减免税货物的含义

特定减免税货物是指海关根据国家的政策规定准予减免税进境使用特定地区、特定企业、特定用途的货物。

特定地区是指我国关境内由行征法规规定的某一特别限定区域，享受减免税优惠的进口货物只能在这一特别限定的区域内使用。

特定企业是指由国务院特定的行政法规专门规定的企业，享受减免税优惠的进口货物只能由这些专门规定的企业使用。

特定用途是指国家规定可以享受减免税优惠的进口货物只能用于行政法规专门规定的用途。

二、特定减免税货物的海关监管特征

（1）特定条件下减免进口关税。这种优惠待遇的给予是一次性的，而不是暂时的。

（2）除另有规定外，进口申报应提交进口许可证件。属于自动许可管理范围的，外商投资企业作为投资进口或者投资额内生产自用的货物（旧机电产品除外）可免领自动进口许可证。

（3）进口后在特定的海关监管期限内接受海关监管。进口货物享受特定减免税的条件之一就是在规定的期限，用于规定的地区、企业和用途，并接受海关的监管。

特定减免税进口货物的海关监管期限规定如下（自货物进口之日起算）：

① 船舶、飞机，8年。

② 机动车辆，6年。

③ 其他货物，5年。

三、报关要点

（1）减免税备案、审批、税款担保和后续管理业务等相关手续应当由进口货物减免税申请人或其代理人办理。

进口货物减免税申请人，是指根据有关进口税收优惠政策和有关法律法规的规定，可以

享受进口税收优惠，并依法向海关申请办理减免税相关手续的具有独立法人资格的企事业单位、社会团体、国家机关；符合规定的非法人分支机构；经海关总署审查确认的其他组织。

减免税申请人可以自行向海关申请办理减免税备案、审批、税款担保和后续管理业务等相关手续，也可以由已经在海关办理注册登记并取得报关注册登记证书的报关企业代理，还可以由进口货物收货人代理。委托他人办理的，应当由被委托人持减免税申请人出具的"减免税手续办理委托书"及其他相关材料向海关申请，海关审核同意后可准予被委托人办理相关手续。

（2）减免税申请人面临下列情形之一的，可以向海关申请凭税款担保先予放行货物：

① 主管海关按照规定已经受理减免税备案或者审批申请，尚未办理完毕的。

② 有关进口税收优惠政策已经国务院批准，具体实施措施尚未明确，海关总署已确认减免税申请人属于享受该政策范围的。

③ 其他经海关总署核准的情况。

国家对进出口货物有限制性规定，应当提供许可证件而不能提供的，以及法律、行政法规规定不得担保的其他情形，不得办理减免税货物凭税款担保放行手续。

减免税申请人在货物申报进口前向主管海关提出申请，主管海关准予担保的，出具"中华人民共和国海关准予办理减免税货物税款担保证明"，进口地海关凭主管海关出具的准予担保证明，办理货物的税款担保和验放手续。税款担保期限不超过6个月，经直属海关关长或者其授权人批准可以予以延期，延期时间自税款担保期限届满之日起算，延长期限不超过6个月。特殊情况仍需要延期的，应当经海关总署批准。海关按规定延长减免税备案、审批手续办理时限的，减免税货物税款担保时限可以相应延长，主管海关应当及时通知减免税申请人向海关申请办理减免税货物税款担保延期的手续。

（3）在海关监管年限内，减免税申请人应当自进口减免税货物放行之日起，在每年的第一季度向主管海关递交减免税货物使用状况报告书，报告减免税货物使用状况。在海关监管年限及其后3年内，海关依照《海关法》和《中华人民共和国海关稽查条例》的有关规定对减免税申请人进口和使用减免税货物情况实施稽查。

（4）减免税货物转让给进口同一货物享受同等减免税优惠待遇的其他单位的，不予恢复减免税货物转出申请人的减免税额度，减免税货物转入申请人的减免税额度按照海关审定的货物结转时的价格、数量或者应缴税款予以扣减。减免税货物因品质或者规格原因原状退运出境，减免税申请人以无代价抵偿方式进口同一类型货物的，不予恢复其减免税额度；未以无代价抵偿方式进口同一类型货物的，减免税申请人在原减免税货物退运出境之日起3个月内向海关提出申请，经海关批准，可以恢复其减免税额度。对于其他提前解除监管的情形，不予恢复减免税额度。

四、特定减免税货物的报关程序

特定减免税货物的报关程序包含三个阶段：前期报关阶段（减免税备案和审批）——货物实际进口报关阶段——后续处置和解除监管阶段。

减免税申请人除特殊情况外应当向其所在地主管海关申请办理减免税备案、减免税审批、减免税税款担保和后续管理业务等相关手续，向进口口岸海关办理减免税货物进出口通关手续。

（一）减免税备案和审批

减免税申请人向投资项目所在地海关申请办理减免税备案、审批手续。投资项目所在地涉及多个海关的，减免税申请人可以向其所在地海关或有关海关的共同上级海关申请办理减免税备案、审批手续。有关海关的共同上级海关可以指定相关海关办理减免税备案、审批手续。

投资项目由投资项目单位所属非法人分支机构具体实施的，在获得投资项目单位的授权并经投资项目所在地海关审核同意后，该非法人分支机构可以向投资项目所在地海关申请办理减免税备案、审批手续。

1. 减免税备案手续

减免税申请人应当在申请办理减免税审批手续前，向主管海关申请办理减免税备案手续。减免税申请人按照有关进出口税收优惠政策的规定申请减免税进出口货物，海关需要事先对减免税申请人的资格或者投资项目等情况予以确认。

2. 减免税审批手续

减免税备案后，货物进口前，减免税申请人应当持以下单证向主管海关申领减免税证明：

（1）进出口货物征免税申请表。

（2）企业营业执照或者事业单位法人证书、国家机关设立文件、社团登记证书、民办非企业单位登记证书、基金会登记证书等证明材料。

（3）进出口合同、发票及相关货物的产品情况资料。

（4）相关政策规定的享受进出口税收优惠政策资格的证明材料。

（5）海关认为需要提供的其他材料。

上述单证应当交验原件，同时提交加盖减免税申请人有效印章的复印件。

主管海关收到减免税申请后，审核确定其所申请货物的免税方式，依据其是否符合减免税政策要求决定签发"进出口货物征免税证明"。

"进出口货物征免证明"有效期按照具体政策规定签发，但最长不得超过半年，持证人应当在征免税证明的有效期内进口经批准的特定减免税货物。如情况特殊，可以向海关申请延期一次，延期时间自有效期届满之日起算，延长期限不得超过6个月。海关总署批准的特殊情况除外。"进出口货物征免税证明"使用一次有效，即一份征免税证明上的货物只能在一个进口口岸一次性进口。如果同一合同项下货物需要分口岸进口或分批到货，应当事先向审批海关申明，并按到货口岸、到货日期分别申领征免税证明。

（二）减免税货物进口报关

特定减免税货物进口报关程序可参考一般进出口货物的报关程序，但又有所不同：

（1）特定减免税货物进口报关时，进口货物收货人或其代理人除了向海关提交报关单及随附单证以外，还应当向海关提交"进出口货物征免税证明"。海关在审单时从计算机查阅征免税证明的电子数据，核对纸质的"进出口货物征免税证明"。

（2）特定减免税货物进口，填制报关单时，报关员应当特别注意报关单上"备案号"栏目的填写。"备案号"栏内填写"进出口货物征免税证明"上的12位编号，12位编号写错将不能通过海关计算机逻辑审核，或者在提交纸质报关单证时无法顺利通过海关审单。

（三）后续处置和解除监管阶段

1. 后续处置

（1）变更使用地点。在海关监管年限内，减免税货物应当在主管海关核准的地点使用。需要变更使用地点的，减免税申请人应当向主管海关提出申请，说明理由，经海关批准后方可变更使用地点。减免税货物需要移出主管海关管辖地使用的，减免税申请人应当事先持有关单证及需要异地使用的说明材料向主管海关申请办理异地监管手续，经主管海关审核同意并通知转入地海关后，减免税申请人可以将减免税货物运至转入地海关管辖地，转入地海关确认减免税货物情况后进行异地监管。

减免税货物在异地使用结束后，减免税申请人应当及时向转入地海关申请办结异地监管手续，经转入地海关审核同意并通知主管海关后，减免税申请人应当将减免税货物运回主管海关管辖地。

（2）结转。企业如将货物转让给同样享受减免税优惠的企业，减免税货物的转出申请人持有关单证向转出地海关提出申请，转出地海关审核同意后通知转入地海关。转入申请人向转入地主管海关申请办理减免税审批手续。转入地主管海关审核无误后签发征免税证明。

转出、转入减免税货物的申请人应当分别向各自的主管海关申请办理减免税货物的出口、进口报关手续。

转出地主管海关办理转出减免税货物的解除监管手续。结转减免税货物的监管年限应当连续计算，转入地主管海关在剩余监管年限内对结转减免税货物继续实施后续监管。

接受货物的企业应当先向主管海关申领“进出口货物征免税证明”，凭以办理货物的结转手续。

（3）转让。在监管年限内，企业如将进口减免税货物转让给不享受进口税收优惠政策或者进口同一货物不享受同等减免税优惠待遇的其他单位的，应当事先向减免税申请人主管海关申请办理减免税货物补缴税款和解除监管手续。

（4）移作他用。在海关监管年限内，减免税申请人需要将减免税货物移作他用的，应当事先向主管海关提出申请。经海关批准，减免税申请人可以按照海关批准的使用地区、用途，将减免税货物移作他用。包括将减免税货物交给减免税申请人以外的其他单位使用；未按照原定用途、地区使用减免税货物；未按照特定地区、特定企业或者特定用途使用减免税货物的其他情形。

将减免税货物移作他用，减免税申请人应当按照移作他用的时间补缴相应税款；移作他用时间不能确定的，应当提交相应的税款担保，税款担保不得低于剩余监管年限应补缴税款总额。

（5）变更、终止。在海关监管年限内，减免税申请人发生分立、合并、股东变更、改制等变更情形的，权利义务承受人应当自营业执照颁发之日起 30 日内，向原减免税申请人的主管海关报告主体变更情况及原减免税申请人进口减免税货物的情况。经海关审核，需要补征税款的，承受人应当向原减免税申请人主管海关办理补税手续；可以继续享受减免税待遇的，承受人应当按照规定申请办理减免税备案变更或者减免税货物结转手续。

在海关监管年限内，因破产、改制或者其他情形导致减免税申请人终止，没有承受人的，原减免税申请人或者其他依法应当承担关税及进口环节海关代征税缴纳义务的主体应当自资产清算之日起 30 日内向主管海关申请办理减免税货物的补缴税款和解除监管手续。

（6）退运、出口。在海关监管年限内，减免税申请人要求将进口减免税货物退运出境或者出口的，应当报主管海关核准。减免税货物退运出境或者出口后，减免税申请人应当持出口报关单向主管海关办理原进口减免税货物的解除监管手续。减免税货物退运出境或者出口的，海关不再对退运出境或者出口的减免税货物补征相关税款。

（7）贷款抵押。在海关监管年限内，减免税申请人要求以减免税货物向金融机构办理贷款抵押的，应当向主管海关提出书面申请。经审核符合有关规定的，主管海关可以批准其办理贷款抵押手续。减免税申请人不得以减免税货物向金融机构以外的公民、法人或者其他组织办理贷款抵押。减免税申请人以减免税货物向境内金融机构办理贷款抵押的，应当向海关提供与货物应缴税款等值的保证金或境内金融机构提供的相当于货物应缴税款的保函或减免税申请人、境内金融机构共同向海关提交“进口减免税货物贷款抵押承诺保证书”，书面承诺当减免税申请人抵押贷款无法清偿需要以抵押物抵偿时，抵押人或者抵押权人先补缴海关税款，或者从抵押物的折（变）价款中优先偿付海关税款。

减免税申请人以减免税货物向境外金融机构办理贷款抵押的，应当向海关提交与货物应缴税款等值的保证金或者境内金融机构提供的相当于货物应缴税款的保函。

（8）解除监管：

① 自动解除监管。减免税货物监管期限届满时，减免税申请人不必向海关申领“减免税进口货物解除监管证明”，有关减免税货物自动解除监管，可以自行处置。

② 申请解除监管。

期满申请解除监管。减免税货物监管期限届满时，减免税申请人需向海关申领“减免税进口货物解除监管证明”，可在期限届满之日起 1 年内申领，海关在接到申请之日起的 20 日内核实并填发“减免税进口货物解除监管证明”。

期内申请解除监管。特定减免税货物在监管期限内，因特殊原因出售、转让、放弃或者企业破产清算，原特定减免税申请人应当向原签发减免税证明的海关提出解除监管申请。海关核准后，签发“减免税进口货物解除监管证明”。至此，特定减免税进口货物办结了全部海关手续。

第二节　暂准进出境货物的报关

一、暂准进出境货物的概述

（一）含义

暂准进出境货物是暂准进境货物和暂准出境货物的合称。暂准进境货物是指为了特定的目的经海关批准暂时进境并在规定的期限内原状复运出境的货物；暂准出境货物是指为了特定的目的经海关批准暂时出境并在规定的期限内原状复运进境的货物。

按照《关税条例》的表述，暂准进出境货物分为两大类：第一类是经海关批准暂时进境或者暂时出境的货物，在进境或者出境时纳税义务人向海关缴纳相当于应纳税款的保证金或者提供其他担保的，可以暂不缴纳关税；第二类是指第一类以外的其他暂准进境货物，如工程施工中使用的设备等，应当按照该货物的完税价格和其在境内滞留时间与折旧时间的比例计算缴纳进口关税。本节对第二类货物暂不作介绍。第一类的暂准进出境货物主要包括：

（1）在展览会、交易会、会议及类似活动中展示或者使用的货物。

（2）文化、体育交流活动中使用的表演、比赛用品。

（3）进行新闻报道或者摄制电影、电视节目使用的仪器、设备及用品。

（4）开展科研、教学、医疗活动使用的仪器、设备及用品。

（5）上述四项所列活动中使用的交通工具及特种车辆。

（6）暂时进出的货样。

（7）供安装、调试、检测设备时使用的仪器、工具。

（8）盛装货物的容器。

（9）海关批准的其他用于非商业目的的暂准进出境货物。

（二）海关监管特征

1. 有条件暂时免予缴纳税费

暂准进出境货物在向海关申报进出境时，不必缴纳进出口税费，但收发货人须向海关提供担保。

2. 免予提交进出口许可证件

暂准进出境货物不是实际进出口货物，只要按照暂准进出境货物的有关法律、行政法规办理进出境手续，可以免予提交进出口许可证件。但是，涉及公共道德、公共安全、公共卫生所实施的进出境管制制度的暂准进出境货物，应当凭许可证件进出境。

3. 规定期限内按原状复运进出境

暂时进出境货物应当在进出境之日起6个月内复运出境或者复运进境。因特殊情况需要延长期限的，ATA单证册持证人、非ATA单证册项下暂时进出境货物收发货人应当向主管地海关提出延期申请，经直属海关批准可以延期，延期最多不超过3次，每次延长期限不超过6个月。延长期届满应当复运出境、进境或者办理进出口手续。国家重点工程、国家科研项目使用的暂时进出境货物以及参加展期在24个月以上展览会的展览品，在18个月延长期届满后仍需要延期的，由主管地直属海关报海关总署审批。

4. 按货物实际使用情况办结海关手续

暂准进出境货物都必须在规定期限内，由货物的收发货人根据货物不同的情况向海关办理核销结关手续。

二、使用ATA单证册的暂准进出境货物的报关程序

暂准进出境货物的报关程序大致包括三个阶段：前期报关阶段（进境前的担保手续）——进出境报关阶段——后期核销阶段（担保销案）。

下面介绍使用ATA单证册报关的暂准进出境货物的报关程序。

（一）ATA单证册概述

1. ATA单证册的含义

ATA单证册（ATA CARNET），即暂准进口单证册，是指根据世界海关组织有关协议规定，适用于暂准进口货物的，用以替代进出口货物报关单及相关担保的国际性通关单证，又称货物通关护照。ATA是英文和法文的合称，即Admission Temporaire & Temporary Admission，即暂准进口；它是建立在1961年的《关于货物暂准进口的ATA单证册海关公约》基础之上的，其主要目的是通过ATA单证册的使用来实现对特定货物的简化的进出境

通关程序，以促进国际间经济、科技、文化的交流。

2. ATA 单证册的适用范围

ATA 单证册在我国目前仅限于展览会、交易会、会议及类似活动项下的货物。除此以外的货物，我国海关不接受持 ATA 单证册办理进出口申报手续。

3. ATA 单证册的格式和印刷文字

一份 ATA 单证册一般由 8 页 ATA 单证组成：一页绿色封面单证、一页黄色出口单证、一页白色进口单证、一页白色复出口单证、两页蓝色过境单证、一页黄色复进口单证、一页绿色封底。

我国只接受英文或中文填写的 ATA 单证册。

（二）ATA 单证册的使用

1. 出证担保机构

ATA 单证册的担保协会和出证协会一般是由国际商会国际局和各国海关批准的各国国际商会。中国国际商会是我国 ATA 单证册的出证和担保机构，负责签发出境 ATA 单证册，向海关报送所签发单证册的中文电子文本，协助海关确认 ATA 单证册的真伪，并且向海关承担 ATA 单证册持证人因违反暂时进出境规定而产生的相关税费、罚款。

2. 管理机构

海关总署在北京海关设立 ATA 核销中心。ATA 核销中心对 ATA 单证册的进出境凭证进行核销、统计以及追索，应成员国担保人的要求，依据有关原始凭证，提供 ATA 单证册项下暂时进出境货物已经进境或者从我国复运出境的证明，并且对全国海关 ATA 单证册的有关核销业务进行协调和管理。

3. 延期审批

使用 ATA 单证册报关的货物暂准进出境期限为自货物进出境之日起 6 个月，超过 6 个月的，持证人需向海关申请延期，延期最多不超过 3 次，每次延期不超过 6 个月，且持证人应当在规定期限届满 30 个工作日前向货物暂准进出境申请核准地海关提出延期申请，并提交“货物暂时进/出境延期申请书”及相关材料。直属海关受理延期申请的，应当于受理申请之日起 20 个工作日内制发“中华人民共和国海关货物暂时进/出境延期申请批准决定书”或者“中华人民共和国海关货物暂时进/出境延期申请不予批准决定书”。

参加展期在 24 个月以上展览会的展览品，在 18 个月延长期届满后仍需要延期的，由主管地直属海关报海关总署审批。

ATA 单证册项下的暂时进境货物申请延长期限超过 ATA 单证册有效期的，持证人应当向原出证机构申请续签 ATA 单证册。续签的 ATA 单证册经主管地直属海关确认后用以替代原册。续签的 ATA 单证册只能变更单证册有效期限，其他项目均应当与原单证册一致。续签的 ATA 单证册启用时，原册失效。

4. 追索

我国 ATA 单证册项下暂时进境货物未能按照规定复运出境或者过境的，ATA 核销中心将向中国国际商会提出追索。自提出追索之日起 9 个月内，中国国际商会向海关提供货物已经在规定限内复运出境或者已举办了进口手续证明的，ATA 核销中心可以撤销追索；9 个月期满后未能提供上述证明的，中国国际商会应当向海关支付税款和罚款。

（三）适用ATA单证册的暂准进出境货物的报关程序

1. 进出境申报

持ATA单证册向海关申报进出境展览品，不需向海关提交进出口许可证件，也不需另外再提供担保。但如果进出境展览品及相关货物受公共道德、安全和卫生、动植物检疫、濒危野生动植物保护、知识产权保护等限制的，展览品收发货人或其代理人应当向海关提交进出口许可证件。

（1）进境申报。进出境货物收发货人或其代理人持ATA单证册向海关申报进境展览品时，先在海关核准的出证协会中国国际商会以及其他商会，将ATA单证册上的内容预录入海关与商会联网的ATA单证册电子核销系统，然后向展览会主管海关提交纸质单证册、提货单等单证。

海关在白色进口单证上签注，并留存白色进口单证（正联），存根联随ATA单证册其他各联退给进出境货物收发货人或其代理人。

（2）出境申报。出境货物发货人或其代理人持ATA单证册向海关申报出境展览品时，向出境地海关提交国家主管部门的批准文件、纸质ATA单证册、装货单等单证。

海关在绿色封面单证和黄色出口单证上签注，并留存黄色出口单证（正联），存根联随ATA单证册其他各联退展览品所有人或其代理人。

（3）异地复运出境、进境申报。使用ATA单证册进出境的货物异地复运出境、进境申报，持证人应当持主管地海关签章的海关单证向复运出境、进境地海关办理手续。货物凭复运出境、进境后，主管地海关凭复运出境、进境地海关签章的海关单证办理核销结案手续。

（4）过境申报。过境货物承运人或其代理人持ATA单证册向海关申报将货物通过我国转运至第三国参加展览会的，不必填制过境货物报关单。海关在两份蓝色过境单证上分别签注后，留存蓝色过境单证（正联），存根联随ATA单证册其他各联退承运人或其代理人。

2. 核销结关

（1）正常结关。持证人在规定期限内将进境展览品、出境展览品复运出境、复运进境，海关在白色复出口单证和黄色复进口单证上分别签注，留存单证正联，存根联随ATA单证册其他各联退持证人，正式核销结关。

（2）非正常结关。ATA单证册项下暂时进境货物复运出境时，因故未经我国海关核销、签注的，ATA核销中心凭由另一缔约国海关在ATA单证上签注的该批货物从该国进境或者复运进境的证明，或者我国海关认可的能够证明该批货物已经实际离开我国境内的其他文件，作为已经从我国复运出境的证明，对ATA单证册予以核销。

发生上述情形的，持证人应当按照规定向海关交纳调整费。在我国海关尚未发出“ATA单证册追索通知书”之前，如果持证人凭其他国家海关出具的离境证明要求核销单证册的，免予收取调整费。

暂时进出境货物因不可抗力的原因受损，无法原状复运出境、进境的，ATA单证册持证人、非ATA单证册项下暂时进出境货物收发货人应当及时向主管地海关报告，可以凭有关部门出具的证明材料办理复运出境、进境手续；因不可抗力的原因灭失或者失去使用价值的，经海关核实后可以视为该货物已经复运出境、进境。

暂时进出境货物因不可抗力以外其他原因灭失或者受损的，ATA单证册持证人、非ATA单证册项下暂时进出境货物收发货人应当按照货物进出口的有关规定办理海关手续。

三、不使用 ATA 单证册报关的进出境展览品

（一）进出境展览品的范围

1. 进境展览品

进境展览品包含在展览会中展示或示范用的货物、物品，为示范展出的机器或器具所需用的物品，展览者设置临时展台的建筑材料及装饰材料，供展览品作示范宣传用的电影片、幻灯片、录像带、录音带、说明书、广告、光盘、显示器材等。

下列在境内展览会期间供消耗、散发的用品（简称“展览用品”），由海关根据展览会性质、参展商规模、观众人数等情况，对其数量和总值进行核定，在合理范围内的，按照有关规定免征进口关税和进口环节税：

（1）在展览活动中的小件样品，包括原装进口的或者在展览期间进口的散装原料制成的食品或者饮料的样品。

（2）为展出的机器或器具进行操作示范，并在示范过程中被消耗或损坏的物料。

（3）布置、装饰临时展台消耗的低值货物。

（4）展览期间向观众免费散发的有关宣传品。

（5）供展览会使用的档案、表格及其他文件。

上述货物、物品应当符合下列条件：

① 由参展人免费提供并在展览期间专供免费分送给观众使用或者消费的。

② 单价较低，做广告样品使用的。

③ 不适用于商业用途，并且单位容量明显小于最小零售包装容量的。

④ 食品及饮料的样品虽未包装分发，但确实在活动中消耗掉的。

以下货物虽然在展览活动中使用，但不适用有关免税的规定：

① 展览会期间出售的小卖品，按一般进口货物管理，进口时应当缴纳进口关税和进口环节税，属于许可证件管理的商品，应当交验许可证件。

② 展览会期间使用的酒精饮料、烟草制品及燃料，不适用有关免税的规定。

2. 出境展览品

出境展览品包含国内单位赴境外举办展览会或参加境外博览会、展览会而运出的展览品，以及与展览活动有关的宣传品、布置品、招待品及其他公用物品。

与展览活动有关的小卖品、展卖品，可以按照展览品报关出境，但如果不按规定期限复运进境的，要办理一般出口手续，交验出口许可证件，缴纳出口关税。

（二）展览品的暂准进出境期限

不使用 ATA 单证册进出境展览品的暂准进出境期限、延长期限及延期审批程序可参考使用 ATA 单证册进出境的展览品，两者相同。

（三）展览品的进出境申报

1. 进境申报

境内展览会的办展人或者参加展览会的办展人、参展人应在展览品进境 20 个工作日前，向主管地海关提交有关部门备案证明或批准文件及展览品清单等相关单证办理备案手续。展览会不属于有关部门行政许可项目的，办展人、参展人应当向主管地海关提交展览会邀请函、展位确认书等其他证明文件以及展览品清单办理备案手续。

展览品进境申报手续可以在展出地海关办理。从非展出地海关进境的，可以申请在进境

地海关办理转关手续，展览品在海关监管下从进境口岸转运至展览会举办地主管海关办理报关手续。

展览会主办单位或其代理人应当向海关提交报关单、展览品清单、提货单、发票、装箱单等。展览品涉及检验检疫等管制的，还应当向海关提交有关许可证件。

展览会主办单位或其代理人应当向海关提供担保。在海关指定场所或者海关派专人监管的场所举办展览会的，经主管地直属海关批准，可免予向海关提供担保。

海关一般在展览会举办地对展览品开箱查验。展览品开箱前，展览会主办单位或其代理人应当通知海关。海关查验时，展览品所有人或其代理人应当到场，并负责搬移、开拆、重封货物包装等。

展览会展出或使用的印刷品、音像制品及其他需要审查的物品，还要经过海关的审查，才能展出或使用。对我国政治、经济、文化、道德有害的，以及侵犯知识产权的印刷品、音像制品，不得展出，由海关没收、退运出境或责令更改后使用。

2. 出境申报

境内出境举办或者参加展览会的办展人、参展人应在展览品出境 20 个工作日前，向主管地海关提交有关部门备案证明或批准文件及展览品清单等相关单证办理备案手续。展览会不属于有关部门行政许可项目的，办展人、参展人应当向主管地海关提交展览会邀请函、展位确认书等其他证明文件以及展览品清单办理备案手续。

展览品出境申报手续应当在出境地海关办理。在境外举办展览会或参加境外展览会的企业应当向海关提交国家主管部门的批准文件、报关单、展览品清单一式两份等单证。

展览品属于应当缴纳出口关税的，向海关缴纳相当于税款的保证金。属于核用品、核两用品及相关技术的出口管制商品的，应当提交出口许可证。

海关对展览品开箱查验，核对展览品清单。查验完毕，海关留存一份清单，另一份封入“关封”交还给出口货物发货人或其代理人，凭以办理展览品复运进境申报手续。

（四）进出境展览品的核销结关

1. 复运进出境

进境展览品和出境展览品在规定期限内复运出境或复运进境后，海关分别签发报关单证明联，展览品所有人或其代理人凭以向主管海关办理核销结关手续。

异地复运出境、进境的展览品，收发货人应持主管地海关签章的海关单证向复运出境、进境地海关办理手续。货物复运出境、进境后，主管地海关凭复运出境、进境地海关签章的海关单证办理核销结案手续。

展览品未能在规定期限内复运进出境的，展览会主办单位或出境举办展览会单位应当向主管海关申请延期，在延长期内办理复运进出境手续。

2. 转为正式进出口

进境展览品在展览期间被人购买的，由展览会主办单位或其代理人向海关办理进口申报、纳税手续，其中属于许可证件管理的，还应当提交进口许可证件。

出口展览品在境外参加展览后被销售的，由海关核对展览品清单后要求企业补办有关正式出口手续。

3. 展览品放弃或赠送

展览会结束后，进境展览品的所有人决定将展览品放弃给海关的，由海关变卖后将款项上缴国库。有单位接受放弃展览品的，应当向海关办理进口申报、纳税手续。

展览品的所有人决定将展览品赠送的，受赠人应当向海关办理进口手续，海关根据进口礼品或经贸往来赠送品的规定办理。

4. 展览品毁坏、丢失、被窃

进境展览品因毁坏、丢失、被窃而不能复运出境的，展览会主办单位或其代理人应当向海关报告。对于毁坏的展览品，海关根据毁坏程度估价征税；对于丢失或被窃的展览品，海关按照进口同类货物征收进口税。

进出境展览品因不可抗力的原因受损，无法原状复运出境、进境的，进出境展览品的收发货人应当及时向主管地海关报告，可以凭有关部门出具的证明材料办理复运出境、进境手续；因不可抗力的原因灭失或者失去使用价值的，经海关核实后可以视为该货物已经复运出境、进境。

进出境展览品因不可抗力以外其他原因灭失或者受损的，进出境展览品的收发货人应按货物进出口的有关规定办理海关手续。

四、集装箱箱体

集装箱箱体既是一种货物，更多的时候又是一种运输设备。当货物用集装箱装载进出口时，集装箱箱体就作为一种运输设备暂时进出境。

暂准进出境的集装箱箱体报关有两种情况：

（1）境内生产的集装箱及我国营运人购买进口的集装箱在投入国际运输前，营运人应当向其所在地海关办理登记手续。海关准予登记并符合规定的集装箱箱体，无论是否装载货物，海关准予暂时进境和异地出境，营运人或其代理人无需对箱体单独向海关办理报关手续，进出境时也不受规定的期限限制。

（2）境外集装箱箱体暂准进境，无论是否装载货物，承运人或其代理人应当对箱体单独向海关申报，并应当于入境之日起 6 个月内复运出境。如因特殊情况不能按期复运出境的，营运人应当向暂准进境地海关提出延期申请，经海关核准后可以延期，但延长期最长不得超过 3 个月，逾期应按规定向海关办理进口报关纳税手续。

五、其他暂准进出境货物

（一）概述

1. 范围

除前面使用 ATA 单证册报关的暂准进出境货物，以及不使用 ATA 单证册报关的展览品、集装箱箱体按各自的监管要求由海关进行监管外，其余的均属于其他暂准进出境货物的范围，按其他暂准进出境货物进行监管。

2. 期限

海关同意暂准进出境的其他货物应当自进出境之日起 6 个月内复运出境或复运进境，超过 6 个月的，收发货人可以向海关申请延期。延期最多不超过 3 次，每次延长期限不超过 6 个月。延长期届满应当复运出境、进境或者办理进出口手续。国家重点工程、国家科研项目使用的暂准进出境货物，在 18 个月延长期届满后仍需要延期的，由主管地直属海关报海关总署审批。

3. 管理

其他暂准进出境货物进出境审批属于海关行政许可事项，应当按照海关行政许可程序办理。

暂准进出境货物收发货人向海关申请暂准进出境时，应当按照海关要求提交“货物暂时进/出境申请书”、暂准进出境货物清单、发票、合同或者协议以及其他相关单据。海关进行审批，并制发“中华人民共和国海关货物暂时进/出境申请批准决定书”或“中华人民共和国海关货物暂时进/出境申请不予批准决定书”。

暂准进出境货物申请延长复运出境、进境期限的，收发货人应当在规定期限届满30个工作日前向货物暂准进出境申请核准地海关提出延期申请，并提交“货物暂时进/出境延期申请书”及相关材料。直属海关作出决定并制发相应的决定书。申请延长超过18个月的由海关总署作出决定。

（二）报关程序

1. 进出境申报

（1）进境申报。其他暂准进境货物进境时，收货人或其代理人应当向海关提交主管部门允许暂时进境的批准文件、进口货物报关单、商业及货运单据等，向海关办理暂时进境申报手续。

其他暂准进境货物不必提交进口货物许可证件，但对国家规定需要实施检验检疫的，或者为公共安全、公共卫生等实施管制措施的，仍应当提交有关的许可证件。

其他暂准进境货物在进境时，收货人或其代理人免予缴纳进口税，但必须向海关提供担保。

（2）出境申报。其他暂准进境货物出境，发货人或其代理人应当向海关提交主管部门允许暂时出境的批准文件、出口货物报关单、商业及货运单据等，向海关办理暂时出境申报手续。

其他暂准出境货物，除易制毒化学品、监控化学品、消耗臭氧层物质、有关核出口、核两用品及相关技术的出口管制条例管制的商品以及其他国际公约管制的商品外，不需交验出口许可证件。

进出口货物收、发货人或其代理人留存由海关签章的复运进出境的报关单，以备报核结关。

（3）异地复运出境、进境申报。异地复运出境、进境的其他暂准进出境货物，收发货人应当持主管地海关签章的相关单证向复运出境、进境地海关办理手续。货物复运出境、进境后，主管地海关凭复运出境、进境地海关签章的单证办理核销手续。

2. 结关

（1）复运进出境。其他暂准进出境货物复运出境、进境的，收发货人或其代理人凭海关签章的复运出境、进境的报关单报核。

（2）转为正式进出口。其他暂准进出境货物因特殊情况，转为正式进出口的，收发货人应当在货物复运出境、进境期限届满30个工作日前向主管地海关申请，经主管地直属海关批准后，按照规定提交有关许可证件，办理货物正式进口或者出口的报关纳税手续。

（3）放弃。其他暂准进境货物在境内完成暂时进境的特定目的后，如货物所有人不准备将货物复运出境的，可以向海关声明将货物放弃，海关按放弃货物的有关规定处理。

（4）不可抗力。因不可抗力的原因受损，无法原状复运出境、进境的，收发货人应当及时向主管地海关报告，凭有关部门出具的证明材料办理复运出境、进境手续；因不可抗力的原因灭失或者失去使用价值的，经海关核实后可以视为该货物已经复运出境、进境。因不可抗力以外其他原因灭失或者受损的，收发货人应当按照货物进出口的有关规定办理海关手续。

其他暂准进出境货物复运出境或进境，或者转为正式进口或出口，或者放弃后，收发货人向海关提交经海关签注的进出口货物报关单，或者处理放弃货物的有关单据，以及其他有关单证，申请报核。海关经审核，情况正常的，退还保证金或办理其他担保销案手续，予以结关。

第三节　其他各类进出境货物的报关

一、过境、转运、通运货物

（一）过境货物

1. 过境货物的含义

过境货物是指从境外启运，在我国境内不论是否换装运输工具，通过陆路运输继续运往境外的货物。

2. 过境货物的范围

（1）下列货物准予过境：

① 与我国签有过境货物协定国家的过境货物，或在同我国签有铁路联运协定的国家收发货的过境货物，按有关协定准予过境。

② 对于未同我国签有上述协定国家的过境货物，应当经国家商务、运输主管部门批准，并向入境地海关备案后准予过境。

（2）下列货物禁止过境：

① 来自或运往我国停止或禁止贸易的国家和地区的货物。

② 各种武器、弹药、爆炸品及军需品（通过军事途径运输的除外）。

③ 各种烈性毒药、麻醉品和鸦片、吗啡、海洛因、可卡因等毒品。

④ 我国法律、法规禁止过境的其他货物、物品。

3. 海关对过境货物的监管规定

（1）监管目的。海关对过境货物的监管目的是为了防止过境货物在我国境内运输过程中滞留在国内，或将我国货物混入过境货物随运出境，防止我国禁止的过境货物从我国过境。

（2）海关对过境货物经营人的要求：

① 过境货物经营人应当持主管部门的批准文件和工商行政管理部门颁发的营业执照，向海关主管部门申请办理注册登记手续。

② 装载过境货物的运输工具，应当具有海关认可的加封条件或装置。海关认为有必要时，可以对过境货物及其装载装置进行加封；任何人不得擅自开启或损毁海关封志。

（3）对过境货物监管的其他规定：

① 过境货物自进境起到出境止属海关监管货物，应当接受海关监管。未经海关许可，任何单位和个人不得开拆、提取、交付、发运、调换、改装、抵押、转让或者更换标记。

② 过境货物应当按照运输主管部门规定的路线运输，运输主管部门没有规定的，由海关指定。海关认为有必要时也可派员押运。

③ 过境货物进境后因换装运输工具等原因需要卸地储存时，应当经海关批准并在海关监管下存入经海关指定或同意的仓库或场所。

④ 过境货物在境内发生损毁或者灭失的（除不可抗力的原因外），经营人应当负责向出境地海关补办进口纳税手续。

⑤ 过境货物的过境期限为 6 个月，因特殊原因，可以向海关申请延期，经海关同意后，可延期 3 个月。过境货物超过规定的期限 3 个月仍未过境的，海关按规定依法提取变卖，变卖后的货款按有关规定处理。

⑥ 民用爆炸品、医用麻醉品等的过境运输，应经海关总署商有关部门批准后，方可过境。

⑦ 有伪报货名和国别，借以运输我国禁止过境货物的，以及其他违反我国法律、行政法规情事的，海关可依法将货物作扣留处理。

⑧ 海关可以对过境货物实施查验。海关在查验过境货物时，经营人或承运人应当到场，负责搬移货物，开拆、封装货物。

4. 过境货物报关程序

（1）过境货物的进境报关。过境货物进境时，过境货物经营人或报关企业应当向海关递交“过境货物报关单”和运单、装载清单、载货清单以及发票、装箱清单等，办理过境手续；过境货物经进境地海关审核无误后，进境地海关在提运单上加盖“海关监管货物”的戳记，并将过境货物报关单和过境货物清单制作关封后加盖“海关监管货物”专用章，连同上述提运单一并交经营人或报关企业；过境货物经营人或承运人应当负责将上述单证完整及时地交出境地海关验核。

（2）过境货物复出境报关。过境货物出境时，过境货物经营人或报关企业应当及时向出境地海关申报，并递交进境地海关签发的关封和其他单证；经出境地海关审核有关单证、关封和货物无误后，由海关加盖放行章，在海关的监管下出境。

（二）转运货物

1. 转运货物的含义

转运货物是指由境外启运，通过我国境内设立海关的起点换装运输工具（转船、转机），不通过境内陆路运输，继续运往境外的货物。

2. 转运货物的条件

具备下列条件之一的，方可办理转运手续：

（1）持有转运或联运提货单的。

（2）进口载货清单上注明是转运货物的。

（3）持有普通提货单，但在起卸前向海关声明转运的。

（4）误卸的进口货物，经运输工具经理人提供确认证件的。

（5）因特殊原因申请转运，经海关批准的。

3. 海关对转运货物的监管要求

（1）外国转运货物在中国口岸存放期间，不得开拆、换包装或进行加工。

（2）转运货物必须在3个月之内办理海关有关手续并转运出境，超出规定期限3个月仍未转运出境或办理其他海关手续的，海关将提取依法变卖处理。

（3）海关对转运货物有权进行查验。

4. 转运货物的报关程序

（1）载有转运货物的运输工具进境后，承运人应当在进口载货清单上列明转运货物的名称、数量、起运地和到达地，并向主管海关申报进境。

（2）申报经海关同意后，在海关指定的地点换装运输工具。

（3）在规定时间内运送出境。

（三）通运货物

1. 通运货物的含义

通运货物是指由境外启运，由船舶、航空器载运进境并由原运输工具载运出境的货物。通运货物通常是由于运输工具的原因而进行中途的停靠或降落。

海关对通运货物的监管主要是防止通运货物与其他货物混卸或误卸，保证通运货物继续运外境外。

2. 通运货物的报关程序

（1）运输工具进境时，运输工具的负责人应凭注明通运货物名称和数量的船舶进口报告书或国际民航机使用的“进口载货舱单”向进境地海关申报。

（2）进境地海关在接受申报后，在运输工具抵、离境时对申报的货物予以核查，并监管货物实际离境。

运输工具因装卸货物需搬运或倒装货物时，应向海关申请并在海关的监管下进行。

二、货样、广告品

（一）概述

货样是指专供订货参考的进出口货物样品；进出口广告品系指进出口用以宣传有关商品内容的广告宣传品。

有进出口经营权的企业价购或售出货样、广告品为货样广告品A；没有进出口经营权企业（单位）进出口以及免费提供进出口的货样、广告品为货样广告品B。

（二）报关程序

进出口货样、广告品的报关程序除暂准进出境的货样、广告品外只有进出口报关阶段的四个环节，即申报、配合查验、缴纳税费、提取或装运货物。

1. 证件管理

（1）有进出口经营权的企业，进口非许可证件管理的货样、广告品（不论价购、价售或是否免费提供），凭经营权向海关申报。

没有进出口经营权的单位进口数量合理且价值在人民币1 000元以下的非许可证件管理货样、广告品凭其主管司局级以上单位证明向海关申报；数量不合理或价值在人民币1 000元以上的，凭省级商务主管部门审批证件申报。

（2）进口属于许可证件管理的货样、广告品，凭进口许可证件申报。

（3）进口属于自动进口许可管理的机电产品和一般商品，每批次价值人民币 5 000 元以下的，免领自动进口许可证。进口的货样、广告品属于旧机电产品，需按程序审批并按有关旧机电产品进口的规定申报。

（4）出口货样每批次价值人民币 3 万元以下的免领出口许可证；运出境外的两用物项和技术的货样或实验用品，按规定办理两用物项出口许可证，凭证申报。

（5）列入《法检目录》的进出口货样、广告品，凭报关地出入境检验检疫机构签发的出入境货物通关单申报。

2. 税收管理

进出口无商业价值的货样和广告品准予免征关税和进口环节海关代征税，其他进出口货样和广告品一律照章征税。

三、退运货物

退运货物是指原出口货物或进口货物因各种原因造成退运进口或退运出口的货物。退运货物包括直接退运货物和一般退运货物。

（一）直接退运货物

直接退运货物是指进口货物收发货人、原运输工具负责人或者其代理人（以下统称“当事人”）在有关货物进境后海关放行前，向海关申请直接退运境外，或者海关根据国家有关规定责令直接退运境外的全部或部分货物。

进口转关货物在进境地海关放行后，当事人申请办理退运手续的，不属于直接退运货物，应当按照一般退运货物办理退运手续。

1. 当事人申请直接退运的货物

（1）有下列情形之一的，当事人可以向海关申请办理直接退运手续：

① 因国家贸易管理政策调整，收货人无法提供相关证件的。

② 属于错发、误卸或者溢卸货物，能够提供发货人或者承运人书面证明文书的。

③ 收发货人双方协商一致同意退运，能够提供双方同意退运的书面证明文书的。

④ 有关贸易发生纠纷，能够提供法院判决书、仲裁机构仲裁决定书或者无争议的有效货物所有权凭证的。

⑤ 货物残损或者检验检疫不合格，能够提供国家检验检疫部门根据收货人申请而出具的相关检验证明文书的。

对在当事人申请直接退运前，海关已经确定查验或者认为有走私违规嫌疑的货物，不予办理直接退运，待查验或者案件处理完毕后，按照海关有关规定处理。

（2）报关程序。当事人向海关申请直接退运，应当按照海关要求提交《进口货物直接退运申请书》、证明进口实际情况的合同、发票、装箱清单、已报关货物的原报关单、提运单或者载货清单等相关单证、符合申请条件的相关证明文书以及海关要求当事人提供的其他文件。海关按行政许可程序受理或者不予受理，受理并批准直接退运的，制发《准予直接退运决定书》。

当事人办理进口货物直接退运的申报手续时，除另有规定外，应当先填写出口报关单向海关申报，再填写进口报关单，并在进口报关单“关联报关单”栏填报出口报关单号。

进口货物直接退运的，应当按照报关单填制规范填制进出口货物报关单，并符合下列要求：

①“备注”栏填写《准予直接退运决定书》编号。

②“贸易方式”栏均填写“直接退运”（代码“4500”）。

因进口货物收发货人或者承运人的责任造成货物错发、误卸或者溢卸，经海关批准或者责令直接退运的，当事人免予填制报关单，凭《准予直接退运决定书》向海关办理直接退运手续。

经海关批准直接退运的货物不需要验凭进出口许可证或者其他监管证件，免予征收各种税费及滞报金，不列入海关统计。

对货物进境申报后经海关批准直接退运的，在办理进口货物直接退运出境申报手续前，海关应当将原进口报关单或者转关单数据予以撤销。

进口货物直接退运应当从原进境地口岸退运出境。对因运输原因需要改变运输方式或者由另一口岸退运出境的，应当经由原进境地海关批准后，以转关运输方式出境。

2. 海关责令直接退运的货物

（1）有下列情形之一依法应当退运的，由海关责令当事人将进口货物直接退运境外：

① 进口国家禁止进口的货物，经海关依法处理后的。

② 违反国家检验检疫政策法规，经国家检验检疫部门处理并且出具《检验检疫处理通知书》或者其他证明文书后的。

③ 未经许可擅自进口属于限制进口的固体废物用作原料，经海关依法处理后的。

④ 违反国家有关法律、行政法规，应当责令直接退运的其他情形。

对需要责令进口货物直接退运的，由海关根据相关政府行政主管部门出具的证明文书，向当事人制发《中华人民共和国海关责令进口货物直接退运通知书》。

（2）报关程序

当事人办理进口货物直接退运的申报手续时，应当先填写出口报关单向海关申报，再填写进口报关单，并在进口报关单“关联报关单”栏填报出口报关单号。

进口货物直接退运的，应当按照报关单填制规范填制进出口货物报关单，并符合下列要求：

①“备注”栏填写《责令直接退运通知书》编号。

②“贸易方式”栏均填写“直接退运”（代码“4500”）。

因进口货物收发货人或者承运人的责任造成货物错发、误卸或者溢卸，经海关批准或者责令直接退运的，当事人免予填制报关单，凭《责令直接退运通知书》向海关办理直接退运手续。

海关责令直接退运的货物不需要验凭进出口许可证或者其他监管证件，免予征收各种税费及滞报金，不列入海关统计。

对货物进境申报后经海关批准直接退运的，在办理进口货物直接退运出境申报手续前，海关应当将原进口报关单或者转关单数据予以撤销。

进口货物直接退运应当从原进境地口岸退运出境。对因运输原因需要改变运输方式或者由另一口岸退运出境的，应当经由原进境地海关批准后，以转关运输方式出境。

（二）一般退运货物

1. 含义

一般退运货物是指已办理申报手续且海关已放行出口或进口，因各种原因造成退运进口或退运出口。

2. 一般退运进口货物的报关

（1）原出口货物已收汇。原出口货物退运进境时，若该批出口货物已收汇、已核销，原发货人或其代理人应填写进口货物报关单向进境地海关申报，并提供原货物出口时的出口货物报关单，现场海关应凭加盖有已核销专用章的“外汇核销单出口退税专用联”（正本），或税务部门出具的“出口商品退运已补税证明”，保险公司证明或承运人溢装、漏卸的证明等有关资料办理退运进口手续，同时签发一份进口货物报关单。

（2）原出口货物未收汇。原出口货物退运进口时，若出口未收汇，原发货人或其代理人在办理退运手续时，提交原出口货物报关单、出口收汇核销单、报关单退税证明联向进口地海关申报退运进口，同时填制一份进口货物报关单；若出口货物部分退运进口，海关应在原出口货物报关单上批注退运的实际数量、金额后退回企业并留存复印件，海关核实无误后，验放有关货物进境。

因品质或者规格原因，出口货物自出口之日起 1 年内原状退货复运进境的，经海关核实后不予征收进口税，原出口时已经征收出口关税的，只要重新缴纳因出口而退还的国内环节税，自缴纳出口税款之日起 1 年内准予退还。

3. 一般退运出口货物的报关

因故退运出口的进口货物，原收货人或其代理人应填写出口货物报关单申报出境，并提供原货物进口时的进口报关单、保险公司证明或承运人溢装、漏卸的证明等有关资料，经海关核实无误后，验放有关货物出境。

因品质或者规格原因，进口货物自进口之日起 1 年内原状退货复运出境的，经海关核实后可以免征出口税，已征收的进口税，自缴纳进口税款之日起 1 年内准予退还。

四、出口退关货物

出口退关货物是指出口货物在向海关申报出口后被海关放行，因故未能装上运输工具，发货单位请求将货物退运出海关监管区域不再出口的行为。

出口货物的发货人及其代理人应当在得知出口货物未装上运输工具，并决定不再出口之日起 3 天内，向海关申请退关。经海关核准且撤销出口申报后方能将货物运出海关监管场所。

已缴纳出口税的退关货物，可以在缴纳税款之日起 1 年内，提出书面申请，向海关申请退税。

出口货物的发货人及其代理人办理出口货物退关手续后，海关应对所有单证予以注销，并删除有关报关电子数据。

五、无代价抵偿货物

（一）含义

无代价抵偿货物是指进出口货物在海关放行后，因残损、短少、品质不良或者规格不符等原因，由进出口货物的发货人、承运人或者保险公司免费补偿或者更换的与原货物相同或者与合同规定相符的货物。

收发货人申报进出口的无代价抵偿货物应该与原货物相同或相符。如果不完全相同或者与合同规定不完全相符的，经收发货人说明理由，海关审核认为理由正当且税则号列未发生改变的，仍属于无代价抵偿货物范围，否则按照一般进出口货物办理。

（二）特征

（1）进出口无代价低偿货物免予交验进出口许可证件。

（2）进口无代价低偿货物，不征收进口关税和进口代征税；出口无代价低偿货物，不征收出口关税。但是进出口与原货物或合同规定不完全相符的无代价低偿货物应当按规定计算与原进出口货物的税款差额，高出原征收税款数额的应当征收超出部分的税款，低于原征收税款且原进出口货物的发货人、承运人或者保险公司同时补偿货款的，应当退还补偿款部分的税款，未补偿货款的，不予退还。

（3）现场放行后，海关不再进行监管。

（三）报关程序

无代价抵偿大体上可以分为两种，一种是短少抵偿，一种是残损、品质不良或规格不符抵偿。对两种抵偿引起的两类进出口无代价抵偿货物在报关程序上有所区别。

1. 残损、品质不良或规格不符引起的无代价抵偿货物进出口海关手续

残损、品质不良或规格不符引起的无代价低偿货物，进出口前应当先办理被更换的原进出口货物中残损、品质不良或规格不符货物的有关海关手续，比如退运、放弃等。

（1）原进出口货物退运出、进境。原进出口货物的收发货人或其代理人应当办理被更换的原进出口货物中残损、品质不良或规格不符货物的退运出境或退运进境的报关手续。被更换的原进口货物退运出境时不征收出口关税；被更换的原出口货物退运进境时不征收进口关税和进口代征税。

（2）原进口货物放弃交由海关处理。被更换的原进口货物中残损、品质不良或规格不符货物不退运出境，但原进口货物的收货人愿意放弃、交由海关处理的，海关应当依法处理并向收货人提供依据，凭以申报进口无代价低偿货物。

（3）原进口货物不退运出境也不放弃，原出口货物不退运出境。被更换的原进口货物中残损、品质不良或规格不符货物不退运出境且不放弃交由海关处理的，或者被更换的原出口货物中残损、品质不良或规格不符的货物不退运进境，原进出口货物的收发货人应当按照海关接受无代价低偿货物申报进出口之日适用的有关规定申报出口或进口，并缴纳出口关税或进口关税和进口代征税，属于许可证件管理的商品还应当交验相应的许可证件。

2. 向海关申报办理无代价低偿货物进出口手续的期限

向海关申报进出口无代价低偿货物应当在原进出口合同规定的索赔期内且不超过原货物进出口之日起 3 年。

3. 无代价抵偿货物报关应当提供的单证

收发货人向海关申报无代价低偿货物进出口时除应当填制报关单和提供其他必须的报关单证外，还应当提供以下特殊单证：

（1）进口。① 原“进口货物报关单”；② 原进口货物退运出境的“出口货物报关单”或者原进口货物交由海关处理的货物放弃处理证明或者已经办理纳税手续的单证（短少抵偿的除外）；③ 原进口货物税款缴纳书或者“进出货物征免税证明”；④ 买卖双方签订的索赔协议。

海关认为需要时，纳税义务人还应当提交具有资质的商品检验机构出具的原进口货物残

损、短少、品质不良或者规格不符的检验证明书或者其他有关证明文件。

（2）出口。① 原“出口货物报关单”；② 原出口货物退运进境的“进口货物报关单”或者已经办理纳税手续的单证（短少抵偿的除外）；③ 原出口货物税款缴纳书；④ 买卖双方签订的索赔协议。

海关认为需要时，纳税义务人还应当提交具有资质的商品检验机构出具的原出口货物残损、短少、品质不良或者规格不符的检验证明书或者其他有关证明文件。

六、进出境修理货物

（一）含义

进出境修理货物是指运出境或运进境进行维护修理后复运进境或复运出境的机械器具、运输工具或者其他货物以及为维修这些货物需要进出口的原材料、零部件。

进出境修理包括原进出口货物运出境或运进境修理和其他货物的运进境或运出境修理两种情况。

原进口货物出境修理包括原进口货物在保修期内运出境修理和原进口货物在保修期外运出境修理。

（二）海关监管特征

（1）进境维修货物免纳进口关税和进口代征税，但要向海关提供担保，并接受海关后续监管。对于一些进境维修的货物，也可以申请按照保税货物办理进境手续。

（2）出境修理货物进境时，在保修期内并由境外免费维修的，可以免征进口关税和进口代征税；在保修期外的或者虽在保修期内但境外维修收费的，应当按照境外修理费和料件费审定完税价格计征进口关税和进口代征税。

（3）进出境修理货物免予交验许可证件。

（三）报关程序

1. 进境修理货物

货物进境后，收货人或其代理人持维修合同或者含有保修条款的原出口合同及申报进口需要的所有单证办理货物进口申报手续，并提供进口税款担保。

货物进口后在境内维修的期限为自进口之日起 6 个月，可以申请延长，延长的期限最长不超过 6 个月。在境内维修期间受海关监管。

修理货物复出境申报时除应当提供的出口申报单证外，还应当提供原修理货物进口申报时的报关单留存联或复印件。

修理货物复出境后应当申请销案，正常销案的，海关应当退还保证金或撤销担保。未复出境部分货物应当办理进口申报纳税手续。

2. 出境修理货物

发货人在货物出境时，应向海关提交维修合同或含有保修条款的原进口合同以及申报出口需要的所有单证，办理出境申报手续。

货物出境后，在境外维修的期限为自出境之日起 6 个月，可以申请延长，延长的期限最长不超过 6 个月。

货物复运进境时应当向海关申报在境外实际支付的修理费和料件费，由海关审查确定完税价格，计征进口关税和进口代征税。

超过海关规定期限复运进境的，海关按一般进口货物计征进口关税和进口代征税。

七、出料加工货物

（一）含义

出料加工货物是指我国境内企业运到境外进行技术加工后复运进境的货物。

出料加工的目的是为了借助国外先进的加工技术提高产品的质量和档次，因此只有在国内现在的技术手段无法或难以达到产品质量要求而必须运到境外进行某项工序加工的情况下，才可开展出料加工业务。

出料加工原则不能改变原出口货物的物理形态。对完全改变原出口货物物理形态的出境加工，属于一般出口。

（二）报关程序

1. 备案

开展出料加工，经营企业凭出料加工合同到主管海关办理登记备案手续，由海关根据出料加工的有关规定审核决定是否受理备案，受理备案的应当核发出料加工登记手册。

2. 境外加工的期限

出料加工货物自运出境之日起 6 个月内应当复运进境；因正当理由不能在海关规定期限内将出料加工货物复运出境的，应当在到期之前书面向海关说明情况，申请延期。经海关批准可以延期，延长的期限最长不得超过 3 个月。

3. 进出境申报

（1）出境申报。出料加工货物出境，发货人或其代理人应当向海关提交登记手册、出口货物报关单、货运单据及其他海关需要的单证申报出口，属许可证件管理的商品，免交许可证件；属应征出口税的，应提供担保。

为有效监管，海关可以对出料加工出口货物附加标志、标记或留取货样。

（2）进境申报。出料加工货物复运进口，收货人或其代理人应当向海关提交登记手册、进口报关、货运单据及其他海关需要的单证申报进口，海关对出料加工复进口货物以境外加工费和料件费以及复运进境的运输及其相关费用和保险费审查确定完税价格征收进口税。

4. 核销

出料加工货物全部复运进境后，经营人应当向海关报核，海关进行核销，提供担保的，应当退还保证金或者撤销担保。

出料加工货物未在海关允许期限内复运进境的，海关按照一般进出口货物办理，将货物出境时收取的税款担保金转为税款，货物进境时按一般进口货物征收进口关税和进口代征税。

八、租赁货物

（一）概述

租赁是指所有权和使用权之间的一种借贷关系，即由资产所有者（出租人）按契约规定，将租赁物件租给使用人（承租人），使用人在规定期限内支付租金并享有租赁物件使用权的一种经济行为。跨越国（地区）境的租赁就是国际租赁，而以国际租赁方式进出境的货物，即为租赁进出口货物。

国际租赁大体上有两种：一种是金融租赁，带有融资性质；一种是经营租赁，带有服务性质。因此租赁进口货物包含金融租赁进口货物和经营租赁进口货物两类。

金融租赁进口货物一般是不复运出境的，租赁期满，以很低的名义价格转让给承租人，承租人按合同规定分期支付租金，租金的总额一般都大于货价；经营租赁进口的货物一般是暂时性质的，按合同规定的期限复运出境，承租人按合同规定支付租金，租金总额一般都小于货价。

（二）报关程序

根据《关税条例》的规定，租赁进口货物的纳税义务人对租赁进口货物应当按照海关审查确定的租金作为完税价格缴纳进口税款，租金分期支付的可以选择一次性缴纳税款或者分期缴纳税款。选择一次性缴纳税款的可以按照海关审查确定的货物的价格作为完税价格，也可以按照海关审查确定的租金总额作为完税价格。租赁进口货物的报关程序要根据纳税义务人对缴纳税款的完税价格的选择来决定。

1. 金融租赁进口货物的报关程序

金融租赁进口货物由于租金大于货价，纳税义务人会选择一次性按货价缴纳税款或者选择按租金分期缴纳税款，不可能选择一次性按租金的总额缴纳税款。这样，金融租赁进口货物的报关就可能出现下面两种情况：

（1）按货物的完税价格缴纳税款。收货人或其代理人在租赁货物进口时应当向海关提供租赁合同，按进口货物的实际价格向海关申报，提供相关的进口许可证件和其他单证，按海关审查确定的货物完税价格计算税款数额缴纳进口关税和进口环节海关代征税。海关现场放行后，不再对货物进行监管。

（2）按租金分期缴纳税款。收货人或其代理人在租赁货物进口时应当向海关提供租赁合同，按照第一期应当支付的租金和按照货物的实际价格分别填制报关单向海关申报，提供相关的进口许可证件和其他单证，按海关审查确定的第一期租金的完税价格计算税款数额缴纳进口关税和进口环节海关代征税，海关按照货物的实际价格统计。海关现场放行后，对货物继续进行监管。纳税义务人在每次支付租金后的15日内（含第15日）按支付租金额向海关申报，并缴纳相应的进口关税和进口环节海关代征税，直到最后一期租金支付完毕。

需要后续监管的金融租赁进口货物自租期届满之日起30日内，纳税义务人应当申请办结海关手续，将租赁进口货物退运出境，如不退运出境，以残值转让，则应当按照转让的价格审查确定完税价格计征进口关税和进口环节海关代征税。

2. 经营租赁进口货物的报关程序

经营租赁进口货物由于租金小于货价，货物在租赁期满应当返还出境，纳税义务人只会选择按租金缴纳税款，不会选择按货物的实际价格缴纳税款。因此经营租赁进口货物的报关程序只有下面这一种：

收货人或其代理人在租赁货物进口时应当向海关提供租赁合同，按照第一期应当支付的租金或者租金总额和按照货物的实际价格分别填制报关单向海关申报，提供相关的进口许可证件和其他报关单证，按海关审查确定的第一期租金或租金总额的完税价格计算税款数额，缴纳进口关税和进口代征税，海关按照货物的实际价格统计。海关现场放行后，对货物继续进行监管。

分期缴纳税款的，纳税义务人在每次支付租金后15日内（含第15日）按支付租金额向海关申报，提供报关单证，并缴纳相应的进口关税和进口环节海关代征税，直到最后一期租金支付完毕。

经营租赁进口货物租期届满之日起30日内，纳税义务人应当申请办结海关手续，将租赁进口货物复运出境或者办理留购、续租的申报纳税手续。

九、溢卸货物和误卸货物

（一）溢卸货物和误卸货物

1. 含义

溢卸货物是指未列入进口载货清单、运单的货物，或者多于进口载货清单、提单或运单所列数量的货物。

误卸货物是指将只运往境外港口、车站或境内其他港口、车站而在本港（站）卸下的货物。

2. 报关程序

（1）就地进口。溢卸进境货物由原收货人接受的，原收货人或其代理人应填写进口货物报关单向进境地海关申报，并提供相关的溢卸货物证明，如属于国家限制进口商品的，应提供有关的许可证件，海关验核后按规定征税放行货物。

（2）溢短相补。对运输工具负责人或其代理人要求以溢卸货物抵补短卸货物的，应与短卸货物原收货人协商并经其同意，并限于同一运输工具、同一品种的货物。如非同一运输工具或不同航次之间以溢卸货物抵补短卸货物的，则只限于同一运输公司、同一发货人、同一品种的进口货物。对上述两种情况，都应由短卸货物原收货人或其代理人按照无代价抵偿货物向海关申报。

（3）退运境外。误卸货物，如属于应运往国外的，运输工具负责人或其代理人要求退运至境外时，经海关核实后可退运至境外。

（4）境内转售。对溢卸、误卸进境货物，原收货人不接受或不办理退运手续的，运输工具负责人或其代理人可以要求在国内进行销售，由购货单位向海关办理相应的进口手续。

（5）物归“原主”。溢卸、误卸进境货物，经海关审定确实的，由载运该货物的原运输工具负责人，自该运输工具卸货之日起3个月内，向海关申请办理退运出境手续；或者由该货物的收发货人，自该运输工具卸货之日起3个月内，向海关申请办理退运或者申报进口手续。如属于运往国内其他口岸的，可由原收货人或其代理人就地向进境地海关办理进口申报手续，也可以经进境地海关同意办理转关运输手续。

经载运该货物的原运输工具负责人或者该货物的收发人申请，海关批准，可以延期3个月办理退运出境或者申报进口手续。超出上述规定的期限，未向海关办理退运或者申报进口手续的，由海关提取依法变卖处理。

（6）依法变卖处理。溢卸、误卸进境货物属于危险品或者鲜活、易腐、易烂、易失效、易变质、易贬值等不宜长期保存的货物，海关可以根据实际情况，提前提取，依法变卖处理，变卖所得价款按有关规定作出相应处理。

十、放弃货物

（一）概述

放弃进口货物是指进口货物的收货人或其所有人声明放弃，由海关提取依法变卖处理的货物。

放弃交由海关处理的货物范围如下：

（1）没有办结海关手续的一般进口货物。

（2）保税货物。

（3）在监管期内的特定减免税货物。

（4）暂准进境货物。

（5）其他没有办结海关手续的进境货物。

国家禁止或限制进口的废物、对环境造成污染的货物不得声明放弃。

（二）处理

由海关提取依法变卖处理的放弃进口货物的所得价款，优先拨付变卖处理实际支出的费用后，再扣除运输、装卸、储存等费用。所得价款不足以支付运输、装卸、储存等费用的，按比例支付。

变卖价款扣除相关费用后尚有余款的，上缴国库。

十一、超期未报关货物

（一）含义

超期未报关货物是指在规定的期限内未办结海关手续的海关监管货物。

（二）范围

（1）自运输工具申报进境之日起，超过 3 个月未向海关申报的进口货物。

（2）在海关批准的延长期满仍未办结海关手续的溢卸、误卸进境货物。

（3）超过规定期限 3 个月未向海关办理复运出境或者其他海关手续的保税货物。

（4）超过规定期限 3 个月未向海关办理复运出境或者其他海关手续的暂准进境货物。

（5）超过规定期限 3 个月未运输出境的过境、转运和通运货物。

（三）超期未报关进口货物由海关提取依法变卖处理

（1）被决定变卖处理的货物如属于法检目录范围的，由海关在变卖前提请出入境检验检疫机构进行检验检疫，检验检疫的费用与其他变卖处理实际支出的费用从变卖款中支付。

（2）变卖所得价款，在优先拨付变卖处理实际支出的费用后，按照如下顺序扣除相关费用和税款：① 运输、装卸、储存等费用；② 进口关税；③ 进口环节海关代征税；④ 滞报金。所得价款不足以支付同一顺序的相关费用的，按照比例支付。

（3）按照规定扣除相关费用和税款后，尚有余款的，自货物依法变卖之日起 1 年内，经进口货物收货人申请，予以发还。其中属于国家限制进口的，应当提交许可证件，如不能提供的，不予发还；不符合进口货物收货人资格、不能证明其对进口货物享有权利的，申请不予受理。逾期无进口货物收货人申请、申请不予受理或者不予发还的，余款上缴国库。

（4）经海关审核符合被变卖进口货物收货人资格的发还余款申请人，应当按照海关对进口货物的申报规定补办进口申报手续。

十二、进出境快件

（一）概述

1. 含义

进出境快件是指进出境快件运营人以向客户承诺的快速商业运作方式承揽、承运的进出境货物、物品。

进出境快件运营人（以下简称“运营人”）是指在中华人民共和国境内依法注册，在海关登记备案的从事进出境快件运营业务的国际货物运输代理企业。

2. 分类

进出境快件分为文件类、个人物品类和货物类三类。

（1）文件类进出境快件是指法律、法规规定予以免税且无商业价值的文件、单证、票据及资料。

（2）个人物品类进出境快件是指海关法规规定自用、合理数量范围内的进出境的旅客分离运输行李物品、亲友间相互馈赠物品和其他个人物品。

（3）货物类进出境快件是指文件类、个人物品类进出境快件以外的快件。

（二）报关

1. 申报

（1）申报时间。进出境快件通关应当在海关正常办公时间内进行，如需在海关正常办公时间以外进行的，需事先征得所在地海关同意。

（2）申报方式。运营人应当按照海关的要求采用纸质文件方式或电子数据交换方式向海关办理进出境快件的报关手续。

（3）申报期限。进境快件自运输工具申报进境之日起 14 日内，出境快件在运输工具离境 3 小时之前，应当向海关申报。

（4）申报单证。

① 文件类快件报关时，运营人应当向海关提交《中华人民共和国海关进出境快件 KJ1 报关单》、总运单（副本）和海关需要的其他单证。

② 个人物品类进出境快件报关时，运营人应当向海关提交《中华人民共和国海关进出境快件个人物品申报单》、每一进出境快件的分运单、进境快件收件人或出境快件发件人身份证件影印件和海关需要的其他单证。

③ 货物类进境快件报关时，运营人应当按下列情形分别向海关提交报关单证：

对关税税额在《进出口关税条例》规定的关税起征数额以下的货物和海关规定准予免税的货样、广告品，应提交《中华人民共和国海关进出境快件 KJ2 报关单》、每一进境快件的分运单、发票和海关需要的其他单证。

对应予征税的货样、广告品（法律、法规规定实行许可证件管理的、需进口付汇的除外），应提交《中华人民共和国海关进出境快件 KJ3 报关单》、每一进境快件的分运单、发票和海关需要的其他单证。

其他进出境的货物类快件，一律按进口货物的报关程序报关。

④ 货物类出境快件报关时，运营人应按下列情形分别向海关提交报关单证：

对货样、广告品（法律、法规规定实行许可证件管理的、应征出口关税的、需出口收汇的、需出口退税的除外），应提交《中华人民共和国海关进出境快件 KJ2 报关单》、每一出境快件的分运单、发票和海关需要的其他单证。

对上述以外的其他货物，按照海关对出口货物通关的规定办理。

2. 查验

海关查验进出境快件时，运营人应派员到场，并负责进出境快件的搬移、开拆和重封包装。海关对进出境快件中的个人物品实施开拆查验时，运营人应通知进境快件的收件人或出境快件的发件人到场，收件人或发件人不能到场的，运营人应向海关提交其委托书，代理其义务，并承担相应法律责任。海关认为必要时，可对进出境快件予以径行开验、复验或者提取货样。

关键名词

特定减免税进口货物　暂准进出境货物　ATA 单证册　过境货物　转运货物　通运货物　进出境快件　出口退关货物　直接退运货物　退运进出口货物　无代价抵偿货物　溢卸货物和误卸货物　超期未报关货物

不定项选择题

1. 北京某外资企业从美国购进大型机器成套设备，分三批运输进口，其中两批从天津进口，另一批从青岛进口。该企业在向海关申请办理该套设备的减免税手续时，下列做法正确的是：

A. 向北京海关分别申领两份征免税证明

B. 向北京海关分别申领三份征免税证明

C. 向天津海关申领一份征免税证明，向青岛海关申领一份征免税证明

D. 向天津海关申领两份征免税证明，向青岛海关申领一份征免税证明

2. 下列关于 ATA 单证册说法正确的是：

A. ATA 单证册必须使用英语或法语，如果需要，可以同时使用第三种语言印刷

B. 我国接受中文或英文的 ATA 单证册的申报，用英文填写的 ATA 单证册，海关可要求提供中文译本

C. 向我国海关申报的用其他文字填写的 ATA 单证册，必须随附忠实原文的中文或英文译本

D. 一般情况下，持 ATA 单证向海关申报进出境展览品，需要向海关提交进出口许可证件，并提供担保

3. 下列哪些货物属于转运货物的范围：

A. 某船舶自美国装运机器设备一批，运抵连云港卸下，通过铁路运输至新疆阿拉山口运往哈萨克斯坦

B. 某船舶自印度尼西亚运抵张家港保税区卸地储存，并在规定的时间装船运往日本

C. 某船舶自韩国装运移动通讯设备一批，经过上海港时卸下，换装另一艘船舶运往澳大利亚

D. 某国际航班的飞机从东京装运精密仪器一批经北京运往莫斯科

4. 上海某航运公司完税进口一批驳船，使用不久后发现大部分驳船油漆剥落，于是向

境外供应商提出索赔，供应商同意减价60万美元，并应进口方的要求以等值的驳船用润滑油补偿。该批润滑油进口时应当办理的海关手续是：

A. 按一般贸易进口报关，缴纳进口税　　B. 按一般贸易进口报关，免纳进口税

C. 按无代价抵偿货物报关，缴纳进口税　　D. 按无代价抵偿货物报关，免纳进口税

5. 进口货物的收货人自运输工具进境之日起超过3个月未向海关申报的，其进口货物由海关提取依法变卖处理。变卖所得价款在优先拨付变卖处理实际支出的费用后，其他费用和税款的扣除顺序是：

A. 运输、装卸、储存等费用——进口关税——进口环节税——滞报金

B. 进口关税——进口环节税——滞报金——运输、装卸、储存等费用

C. 滞报金——进口关税——进口环节税——运输、装卸、储存等费用

D. 运输、装卸、储存等费用——滞报金——进口关税——进口环节税

6. 对进口误卸、溢卸、放弃及超期未报货物，海关均可依法变卖处理，但前提条件各不一样，下列表述中错误的是：

A. 误卸、溢卸货物经海关审定确定，当事人又未在规定的期限内向海关申报办理进口或退运手续的，由海关变卖处理

B. 因可能对环境造成污染，收货人申明放弃的货物由海关变卖处理

C. 进口货物自运输工具申报进境之日起超过3个月未向海关申报，即为超期未报货物由海关变卖处理

D. 保税货物超过规定的期限3个月未向海关申请办理复运出境或其他海关手续的，由海关变卖处理

7. 原出口货物因故退运进境时，若该批货物已收取外汇、已核销，其原发货人在向海关申报入境时，应提供：

A. 进口货物报关单

B. 原货物出口时的出口报关单

C. 国税局出具的“出口商品退运已补税证明”

D. 外汇核销单已核销证明

思考题

1. 简述特定减免税进口货物的海关监管特征。
2. 简述暂准进出境货物的海关监管特征。
3. 简述快件的分类报关。
4. 简述直接退运货物的报关程序。
5. 简述退运进出口货物的税费如何规定。
6. 简述无代价抵偿货物税费如何规定。
7. 简述超期未报关货物海关如何处理。

· 实 务 篇

工作任务

暂准进出境货物报关实例

新加坡汉瑞集团受邀参加广州市对外贸易经济合作局举办的消费电子博览会，展出其价值100万美元的车载导航设备，并委托某报关公司A办理一切手续。汉瑞集团在广州展出后又决定把其中价值40万美元的设备运到杭州展出。设备从杭州返回后，广州广达公司决定购买其中的20万美元设备。汉瑞集团又赠送了5万美元的设备给广达公司，同时其余设备退出境外。作为A公司的报关员应当办理哪些手续？

【操作指引】

（一）广州展出手续

（1）进境展览要由境内展出单位的上级主管部门审批。广州市对外贸易经济合作局举办的展览，由广东省对外贸易经济合作厅或广州市人民政府审批。展品属于暂时进口。

（2）凭商务部或广州市人民政府批件、展品清单及其他展出资料，到广州海关驻萝岗办事处展览品监管科办理展览会备案手续。

（3）物品到港后，填写进口货物报关单，预录入，电子通关。

（4）向萝岗办事处交单：（1）报关单；（2）展品清单及其他展出资料，如送交海关审查的宣传资料及赠品、消耗品及高新科技产品需要提供的产品说明书；（3）发票、装箱单、提货单。

（5）提供担保（保证金或保证函）。

（6）取得海关已盖放行章的提货单。

（7）提货。

（8）在布置展出时，陪同海关查验，负责搬移货物、开拆包装、重封包装。

（二）杭州展出手续

（1）凭杭州展出单位上级主管部门的批件、展出清单及其他资料到杭州海关备案。

（2）向杭州海关提前报关转关或向广州海关直接转关办理40万美元展品的转关运输手续。

（3）在杭州海关办理展出手续，闭馆后再以转关运输的方式转运至广州，到萝岗办事处办理有关手续。

（三）展品闭馆出境前的仓储手续

（1）留在广州的60万美元的展品应向萝岗办事处办理进入公共型保税仓库的海关手续；

（2）从杭州运回的40万美元的展品也应向杭州办事处办理进入公共型保税仓库的海关手续。

（四）留购与赠送手续

1. 20万美元的留购展品

（1）如广达公司有进出口经营权，则可由广达公司与参展商签订进口合同；如广达公司无进出口经营权，则应委托有关外贸公司签订进口合同。

（2）广达公司自理或委托A公司填写进口报关单，预录入，电子通关，以留购价作为完税价格缴纳进口税。

（3）凭已完税税款缴纳证和报关单以及海关签章的出库单，从公共型保税仓库提取20万美元的无线电设备。

2. 5万美元的赠送展品

属于经贸往来无偿赠送的物品，按一般进口，要照章纳税；

（五）75万美元的展品的出库离境报关

（六）凭已办结海关手续的有关单证及担保收据向主管海关办理撤销担保手续

能力拓展

特定减免税进口货物能否“移作他用”

【案情】2004年9月，某食品饮料生产企业拟定了以生产果汁饮料、茶饮料和饮用水为主要产品的可行性研究报告，并按外商投资鼓励项目报所在地外经贸委后获得批准，确认有关项目属于《外商投资产业指导目录》鼓励类，同时出具了《国家鼓励发展的内外资项目确认书》（以下简称《确认书》）。该确认书规定“项目产业政策审批条目”为“粮食、蔬菜、水果、肉食品、水产品的贮藏、保鲜、干燥加工新技术、新设备”，“项目内容”为“水果加工”。2005年，该企业持上述《确认书》，向主管地海关申请办理了吹瓶机、注塑设备、洗瓶灌装瓶盖三合一机等灌装生产线设备及《进出口货物征免税证明》，并陆续以外资设备物品贸易方式免税进口上述设备。投产后，由于果蔬类饮料国内市场销路不畅，该企业没有生产项目规定产品，将免税进口设备用于灌装生产瓶装纯净水。

2006年4月，某海关在对该企业特定减免税设备使用情况进行核查过程中发现上述问题，认定当事人未按照《确认书》的规定用途使用免税设备的行为违反了《海关法》的有关规定，构成将特定减免税设备移作他用的违规行为，依据《海关行政处罚实施条例》的有关规定对该公司作出罚款决定，同时责令其补交设备移作他用期间的应缴税款。

该企业不服上述处罚决定，于2006年9月向海关总署申请行政复议。2006年11月，海关总署作出复议决定：驳回申请人的复议请求，维持被申请人的行政处罚决定。

【评析要点】

（一）特定减免税进口货物能否“移作他用”

根据《海关法》第五十七条的规定，“用于特定地区、特定企业或者特定用途”是海关对特定减免税货物的基本监管要求。其中“特定用途”是货物须用于国家行政法规或政策鼓励发展的规定用途。本案中，涉案灌装生产线设备即属于此种情况，其虽具有多种用途，但只有按照《确认书》所规定的“项目产业政策审批条目”和“项目内容”，进行水果加工、生产果汁类饮料，才是“特定用途”，才能享受减免关税的优惠政策。

（二）哪些情况属于将特定减免税货物“移作他用”

将特定减免税货物“移作他用”是指当事人在未经海关许可并补缴有关税款的情况下，将用于特定地区、特定企业、特定用途的减免税进口货物用于非特定地区、非特定企业或者改变特定用途的行为，其是《海关法》明令禁止的违法行为。比如，按特定企业批准减免税的货物由特定企业之外的单位使用，即构成“移作他用”；按特定用途批准减免税进口的货物，即使特定使用主体和特定区域均未发生变更，只要经营单位没有将货物用于海关依法批准的特定用途，也属于“移作他用”。本案申请人所涉行为即属此种情形，涉案灌装生产线设备进口后，虽一直由享有减免税资格的申请人在规定地区使用，但有关特定减免税设备并未用于《确认书》所规定的生产项目，即没有用于规定用途。申请人的上述行为构成将具有特定用途的减免税设备移作他用的违规行为。

（三）海关如何处理“移作他用”行为

根据《海关法》及《海关行政处罚实施条例》的有关规定，海关对当事人擅自将特定减免税货物移作他用的违法行为可处货物价值5%以上30%以下的罚款；有违法所得的，没收违法所得；漏缴税款的，可以另处漏缴税款1倍以下罚款。

（四）特定减免税进口货物如何解除海关监管

《海关法》第五十七条规定，减征或者免征关税进口的货物，只能用于特定地区、特定企业或者特定用途，未经海关核准并补缴关税，不得移作他用。特定减免货物解除监管分为两种情形：一是监管期限届满后自动解除监管并结关；二是期满申请解除监管，海关核实后填发解除监管证明书，或期内移作他用申请解除监管的，办理缴纳进口税费的手续后海关签发解除监管证明书后结关。

项目引导文
进出口税费

经过了两个月的实习，小林对报关业务有了更深刻的理解，明白一名报关员除了有较全面的专业知识，还要有良好的沟通技能，才能为客户提供更好的服务。在公司本周的“案例讲评”中，李师傅受到了大家的一致肯定。有一家客户购买了韩国在南美捕获的鱿鱼，由于鱼的表面发生氧化、风干，规格相同而感官不同，价格相差很大，海关关员常有价格质疑，因此常常造成审价时间过长，有时两个星期才能审完价。这样导致的后果是：通关缓慢一方面使产品品质受影响，另一方面冷冻水产品在码头上产生的制冷费、场地费很高，客户非常焦急，抱怨很多、态度非常不友好。针对此，李师傅耐心跟客户解释，建议客户积极与海关沟通说明情况，争取先缴纳税款保证金提取货物后再审价完税，以加快通关速度，最终客户的要求得到了海关的同意。

缴税是报关工作中很重要的环节，事关收发货人的利益，同时征收进出口税费也是海关重要任务之一，因此海关和企业对此都非常关注。

掌握进出口税费的计算与缴纳是外贸及相关从业者的重要技能之一。

知识储备篇介绍进出口税费概述、进出口货物完税价格的审定、进口货物原产地的确定及税率适用、进出口税费减免、缴纳与退补等内容；实务篇将完成进出口税费计算的任务，同时拓展企业在确定完税价格方面的能力。

项目八　进出口税费

• 知识储备篇

• 实务篇

◉ **知识目标**

熟悉关税及进出口环节各税的含义、种类和征收范围，掌握进出口货物完税价格的审定原则，熟悉进出口货物原产地确定的原则和方法。

◉ **能力目标**

能够计算进出口货物的关税及进出口环节的税费，能够应用进出口货物完税价格的估价方法确定进出口货物的完税价格，能够办理进出口税费的退补。

◉ **素质目标**

养成计划决策、时间管理、团队合作、细致、沟通、礼仪等素质。

• 知识储备篇

第一节　进出口税费概述

依法征收进出口税费是海关的基本任务之一，对于进出境货物的收发货人及其代理人，依法缴纳税费是其基本义务。进出口税费是指海关在进出口环节中依法征收的关税、增值税、消费税、船舶吨税等税费。

进出口税费征纳的法律依据主要是《海关法》、《关税条例》以及其他有关法律、行政法规。

一、关税

关税是国家税收的重要组成部分，是由海关代表国家，按照国家制定的关税政策和公布实施的税法及进出口税则，对准许进出关境的货物和物品向纳税义务人征收的一种流转税。

关税是国家税收的重要组成部分，是国家保护国内经济、实施财政政策、调整产业结构、发展进出口贸易的重要手段，也是世界贸易组织允许各缔约方保护其境内经济的一种手段。

关税的征税主体是国家，由海关代表国家向纳税义务人征收。其课税对象是进出关境的货物和物品。

关税纳税义务人是指依法负有直接向国家缴纳关税义务的单位或个人，亦称为关税纳税人或关税纳税主体。我国关税的纳税义务人是进口货物的收货人、出口货物的发货人、进（出）境物品的所有人。

（一）进口关税（Import Duty/Tarrif）

1. 含义

进口关税是指一国海关以进境货物和物品为课税对象所征收的关税。

2. 计征标准

我国进口关税按计征标准可分为从价税、从量税、复合税、选择税、滑准税。

（1）从价税（Ad Valorem Duty/Tarrif）。从价税以货物、物品的价格作为计税标准，以应征税额占货物价格的百分比为税率，价格和税额成正比例关系。其是世界上大多数国家包括中国在内所使用的主要计税标准。

从价计征的进口关税应征税额＝进口货物的完税价格×进口从价关税税率

（2）从量税（Specific Duty/Tarrif）。从量税以货物和物品的计量单位如重量、数量、容量等作为计税标准，以每一计量单位的应征税额征收的关税。我国目前对冻鸡、石油原油、啤酒、胶卷等类进口商品征收从量关税。

从量计征的进口关税应征税额＝进口货物数量×单位税额

（3）复合税（Compound Duty/Tarrif）。复合税指在海关税则中，一个税目中的商品同时使用从价、从量两种标准计税，计税时按两者之和作为应征税额征收的关税。目前我国对录像机、放像机、摄像机、非家用型摄录一体机、部分数字照相机等进口商品征收复合关税。

进口复合关税应征税额 = 进口货物的完税价格 × 进口从价关税税率 + 进口货物数量 × 单位税额

（4）选择税（Alternative Duty）。选择税指在海关税则中，一个税目中的商品同时订有从价税和从量税两种税率，海关在征税时选择其税额较高的一种征税。有时，为了鼓励某种商品进口，也可选择其中税额低者征收。2007 年，我国对进口天然橡胶实行选择税，即在 20% 从价税和 2 600 元/吨从量税两者中，从低计征关税。

（5）滑准税（Sliding Scale Duty/Tarrif）。滑准税又称滑动税，是指在海关税则中，预先按产品的价格高低分档制定若干不同的税率，然后根据进口商品价格的变动而增减进口税率的一种关税。按照滑准税，当商品价格上涨时采用较低税率，当商品价格下跌时则采用较高税率，其目的是使该种商品的国内市场价格保持相对稳定不受国际市场价格波动的影响。

资料卡：滑准税在我国的征收状况

我国从 1997 年 10 月 1 日起对新闻纸实行滑准税，新闻纸的进口关税税率随一定范围内的进口价格的高低在 3% ~45% 之间成反比浮动，进口价格越高，关税税率越低，反之则越高，以保护国产新闻纸。

目前，我国对关税配额外进口一定数量的棉花（税号 52010000），实行 5% - 40% 的滑准税；对滑准税率低于 5% 的进口棉花按 0.570 元/千克计征从量税。具体方式是：

（1）当进口棉花完税价格高于或等于 11.397 元/千克时，按 0.570 元/千克计征从量税。

（2）当进口棉花完税价格低于 11.397 元/千克时，暂定关税税率按公式计算：

$$Ri = 8.686/Pi + 2.526\% \times Pi - 1$$

对上式计算结果四舍五入保留 3 位小数。其中，Ri 为暂定关税税率，当 Ri 按上式计算值高于 40% 时，取值 40%；Pi 为关税完税价格，单位为元/千克。

另外，进口关税有进口正税与进口附加税之分。进口正税即按海关税则中的法定进口税率征收的关税；进口附加税是由于一些特定需要对进口货物除征收关税正税之外另行征收的一种进口税。进口附加税一般具有临时性，包括反倾销税、反补贴税、保障性关税、报复性关税等特别关税。根据我国《反倾销条例》的规定，凡进口产品以低于其正常价值出口到我国且对我国相关企业造成实质性损害的即为倾销。反倾销税由海关负责征收，其税额不超出倾销幅度。我国目前征收的进口附加税主要是反倾销税。

反倾销税的计算公式如下：

反倾销税税额 = 完税价格 × 适用的反倾销税税率

此外，为应对他国对我国出口产品实施的歧视性关税或待遇，我国还相应对其产品征收报复性关税。《关税条例》规定，任何国家或者地区违反与中华人民共和国签订或者共同参加的贸易协定及相关协定，对中华人民共和国在贸易方面采取禁止、限制、加征关税或者其他影响正常贸易的措施的，对原产于该国家或者地区的进口货物可以征收报复性关税，适用报复性关税税率。征收报复性关税的货物、适用国别、税率、期限和征收办法，由国务院关税税则委员会决定并公布。

（二）出口关税（Export Duty/Tarrif）

1. 含义

出口关税是指海关以出境货物、物品为课税对象所征收的关税。世界各国一般不征收出口税或仅对少数商品征收出口税。征收出口关税的主要目的是限制、调控某些商品的过度、无序出口，特别是防止本国一些重要自然资源和原材料的无序出口。我国出口关税主要以从价税为计征标准。

根据实际情况，我国还在一定时期内对部分出口商品临时开征出口暂定关税，或者在不同阶段实行不同的出口暂定关税税率，或者加征特别出口关税。根据《关税条例》的规定，适用出口税率的出口货物有暂定税率的，应当适用暂定税率。除法律法规有明确规定可以免征出口关税外，对外商投资企业出口的应税商品，一律照章征收出口关税。

2. 计算公式

应征出口关税税额 = 出口货物完税价格 × 出口关税税率

$$出口货物完税价格 = FOB(中国境内口岸) - 出口关税 = \frac{FOB(中国境内口岸)}{1 + 出口关税税率}$$

即出口货物是以 FOB 价成交的，应以该价格扣除出口关税后作为完税价格；如果以其他价格成交的，应换算成 FOB 价后再按上述公式计算。

（三）暂准进出境货物进出口关税

第二类暂准进出境货物（即《关税条例》第四十二条第一款所列范围以外的其他暂准进出境货物），海关按照审定进出口货物完税价格的有关规定和海关接受该货物申报进出境之日适用的计征汇率、税率，审核确定其完税价格，按月征收税款，或者在规定期限内货物复运出境或者复运进境时征收税款。暂准进出境货物在规定期限届满后不再复运出境或进境的，纳税义务人应当在规定期限届满前向海关申报办理进出口及纳税手续，缴纳剩余税款。

计征税款的期限为 60 个月。不足一个月但超过 15 天的，按一个月计征；不超过 15 天的，免予计征。计征税款的期限自货物放行之日起计算。

按月征收税款的计算公式为：

每月关税税额 = 关税总额 ×（1 ÷ 60）

每月进口环节代征税税额 = 进口环节代征税总额 ×（1 ÷ 60）

二、进口环节海关代征税

进口货物、物品在办理海关手续放行后，进入国内流通领域，与国内货物同等对待，所以应缴纳应征的国内税。进口货物、物品的一些国内税依法由海关在进口环节征收。目前，由海关征收的国内税主要有增值税、消费税两种。按规定，船舶吨税也由海关征收。

（一）增值税（Value Added Tax）

1. 含义

增值税是以商品的生产、流通和劳务服务各个环节所创造的新增价值为课税对象的一种流转税。

2. 征纳

进口环节增值税是由海关依法向进口货物的单位或个人征收的增值税。进口环节的增值税由海关征收，其他环节的增值税由税务机关征收。进口环节增值税的免税、减税项目由国务院规定，任何地区、部门都无权擅自决定增值税的减免。在中华人民共和国境内销售货物或者提供加工、修理、修配劳务以及进口货物的单位和个人为增值税的纳税义务人，应当依照增值税条例缴纳增值税。进口货物由纳税义务人（进口人或者其代理人）向办理进口手续的海关申报纳税。进口环节增值税的征收管理，适用关税征收管理的规定。

3. 征收范围和税率

在我国境内销售货物（销售不动产或免征的除外）以及进口货物和提供加工、修理、修配劳务的单位或个人都要依法缴纳增值税。在我国境内销售货物，是指所销售的货物的起运地或所在地都在我国境内。

我国增值税的征收原则是中性、简便、规范，采取基本税率（17%）再加一档低税率（13%）的征收模式。适用基本税率（17%）的范围包括：纳税人销售或者进口除适用低税率的货物以外的货物，以及提供加工、修理修配劳务。适用低税率（13%）的范围是指纳税人销售或者进口下列货物：（1）粮食、食用植物油。（2）自来水、暖气、冷气、热水、煤气、石油液化气、天然气、沼气、居民用煤炭制品。（3）图书、报纸、杂志。（4）饲料、化肥、农药、农机、农膜。（5）国务院规定的其他货物。

4. 增值税的计算公式

进口环节的增值税以组成价格作为计税价格，由关税完税价格加上关税组成，对于应征消费税的品种，其组成价格还要加上消费税。计算公式为：

增值税组成价格 = 进口关税完税价格 + 进口关税税额 + 消费税税额

应纳增值税税额 = 增值税组成价格 × 增值税税率

（二）消费税（Excise Tax）

1. 含义

消费税是以消费品或消费行为的流转额作为课税对象而征收的一种流转税。消费税是用来调节我国的消费结构，引导消费方向，确保国家财政收入。我国的消费税是在对货物普遍征收增值税的基础上，选择少数消费品再予征收的税。我国消费税采用价内税的计税方法，即计税价格的组成中包括了消费税税额。

2. 征纳

我国进口的应税消费品消费税采用从价、从量和复合计税的方法计征。消费税的税目、税率，依照《消费税暂行条例》所附的《消费税税目税率表》执行；消费税税目、税率的调整，由国务院决定。进口环节消费税的征收管理，适用关税征收管理的规定。

在中华人民共和国境内生产、委托加工和进口《消费税暂行条例》规定的消费品（以下简称“应税消费品”）的单位和个人，为消费税的纳税义务人。进口的应税消费品，由纳税义务人（进口人或者其代理人）向报关地海关申报纳税。

3. 征收范围

消费税的征税范围主要是根据我国经济社会发展现状和现行消费政策、人民群众的消费结构以及财政需要，并借鉴国外的通行做法确定的。

消费税的征收范围，仅限于少数消费品，应税消费品大体可分为以下四种类型：

（1）一些过度消费会对人的身体健康、社会秩序、生态环境等方面造成危害的特殊消费品，例如烟、酒、酒精、鞭炮、焰火等。

（2）奢侈品、非生活必需品，例如贵重首饰及珠宝玉石、化妆品等。

（3）高能耗的高档消费品，例如小轿车、摩托车、汽车轮胎等。

（4）不可再生和替代的资源类消费品，例如汽油、柴油等。

4. 计算公式

（1）从价征收的消费税按照组成的计税价格计算，其计算公式为：

$$\text{消费税组成计税价格} = \frac{\text{进口关税完税价格} + \text{进口关税税额}}{1 - \text{消费税税率}}$$

$$\text{应纳消费税税额} = \text{消费税组成计税价格} \times \text{消费税税率}$$

（2）从量征收的消费税的计算公式为：

$$\text{应纳消费税税额} = \text{应征消费税消费品数量} \times \text{消费税单位税额}$$

（3）同时实行从量、从价征收的消费税是上述两种征税方法之和。其计算公式为：

$$\text{应纳消费税税额} = \text{应征消费税消费品数量} \times \text{消费税单位税额} + \text{消费税组成计税价格} \times \text{消费税税率}$$

三、船舶吨税（Tonnage Dues）

（一）含义

船舶吨税是由海关在设关口岸对进出、停靠我国港口的国际航行船舶征收的一种使用税。征收船舶吨税的目的是用于航道设施的建设。

（二）船舶吨税的征收依据

根据《船舶吨税暂行办法》的规定，国际航行船舶在我国港口行驶，使用了我国的港口和助航设备，应缴纳一定的税费。凡征收了船舶吨税的船舶不再征收车船税；对已经征收车船使用税的船舶，不再征收船舶吨税。

船舶吨税分为优惠税率和普通税率两种。凡与中华人民共和国签订互惠协议的国家或地区适用船舶吨税优惠税率，未签订互惠协议的国家或地区适用船舶吨税普通税率。我国香港、澳门籍船舶适用船舶吨税优惠税率，但是对于中国香港、澳门特别行政区海关已征收船舶吨税的外国籍船舶，进入内地港口时，仍应照章征收船舶吨税。

（三）船舶吨税的征收范围

根据现行规定，应征吨税的船舶有以下几种：

（1）在我国港口行驶的外国籍船舶。
（2）外商租用（程租除外）的中国籍船舶。
（3）中外合营海运企业自有或租用的中、外国籍船舶。
（4）我国租用的外国籍国际航行船舶。

（四）船舶吨税的计算公式

1. 船舶吨位的计算

船舶吨税按净吨位计征。净吨位计算公式如下：

净吨位＝船舶的有效容积×吨数/立方米数

船舶净吨位的尾数，按四舍五入原则，半吨以下的免征尾数，半吨以上的按1吨计算。不及1吨的小型船舶，除经海关总署特准免征者外，应一律按1吨计征。

2. 吨税的征收

船舶吨税起征日为“船舶直接抵口之日”，即进口船舶应自申报进口之日起征。如进境后驶达锚地的，以船舶抵达锚地之日起计算；进境后直接靠泊的，以靠泊之日起计算。

船舶抵港之日，船舶负责人或其代理人应向海关出具船舶停留时仍然有效的“船舶吨税执照”。如所领执照满期后尚未离开中国，则应自期满之次日起续征；如未能出具执照者，应按规定向海关申报，缴纳船舶吨税，并领取执照。

船舶吨税的征收方法分为90天期缴纳和30天期缴纳两种，并分别确定税额，缴纳期限由纳税义务人在申请完税时自行选择。

吨税的计算公式如下：

应纳船舶吨税税额＝注册净吨位×船舶吨税税率(元/净吨)

3. 吨税的退补

具有下列情况之一的，海关验凭船舶负责人或其代理人提供的有效证明文件，在1年内办理船舶吨税的退补手续：

其一，船舶负责人因不明规定而造成重复缴纳船舶吨税的。

其二，其他原因造成错征、漏征的。

四、税款滞纳金

（一）征收范围

税款滞纳金指应纳税的单位或个人因逾期向海关缴纳税款而依法应缴纳的款项，是海关税收管理中的一种行政强制措施。按照规定，关税、进口环节增值税、进口环节消费税、船舶吨税等的纳税义务人或其代理人，应当自海关填发税款缴款书之日起15日内向指定银行缴纳税款，逾期缴纳的，海关依法在原应纳税款的基础上，按日加收滞纳税款0.5‰的滞纳金。

根据有关规定，对逾期缴纳税款应征收滞纳金的，还有以下几种情况：

（1）进出口货物放行后，海关发现因纳税义务人违反规定造成少征或者漏征税款的，可以自缴纳税款或货物放行之日起3年内追征税款，并从缴纳税款或货物放行之日起至海关发现之日止，按日加收少征或者漏征税款0.5‰的滞纳金。

（2）因纳税义务人违反规定造成海关监管货物少征或者漏征税款的，海关应当自纳税义务人应缴纳税款之日起3年内追征税款，并自应缴纳税款之日起至海关发现违规行为之日止按日加收少征或者漏征税款0.5‰的滞纳金。

这里所述“应缴纳税款之日”是指纳税义务人违反规定的行为发生之日，该行为发生之日不能确定的，应当以海关发现该行为之日作为应缴纳税款之日。

（3）租赁进口货物分期支付租金的，纳税义务人应当在每次支付租金后的15日内向海关申报办理纳税手续，逾期办理申报手续的，海关除了征收税款外，还应当自申报办理纳税手续期限届满之日起至纳税义务人申报纳税之日止，按日加收应缴纳税款0.5‰的滞纳金。

租赁进口货物自租期届满之日起30日内，应向海关申请办结海关手续，逾期办理手续的，海关除按照审定进口货物完税价格的有关规定和租期届满后第30日该货物适用的计征汇率、税率，审核确定其完税价格、计征应缴纳的税款外，还应当自租赁期限届满后30日起至纳税义务人申报纳税之日止按日加收应缴纳税款0.5‰的滞纳金。

（4）暂时进出境货物未在规定期限内复运出境或者复运进境，且纳税义务人未在规定期限届满前向海关申报办理进出口及纳税手续的，海关除按照规定征收应缴纳的税款外，还应当自规定期限届满之日起至纳税义务人申报纳税之日止按日加收应缴纳税款0.5‰的滞纳金。

海关对滞纳天数的计算是自滞纳税款之日起至进出口货物的纳税义务人缴纳税费之日止，其中的法定节假日不予扣除。缴纳期限届满日遇星期六、星期日等休息日或者法定节假日的，应当顺延至休息日或法定节假日之后的第一个工作日。国务院临时调整休息日与工作日的，则按照调整后的情况计算缴款期限。

滞纳金应当自海关填发滞纳金缴款书之日起15日内向指定银行缴纳。因纳税义务人违反规定需在征收税款的同时加收滞纳金的，如果纳税义务人未在规定的15天内缴纳税款，另行加收自缴款期限届满之日起至缴清税款之日止所滞纳税款的0.5‰的滞纳金。

（二）征收标准和计算公式

滞纳金按每票货物的关税、进口环节增值税、消费税单独计算，起征点为人民币50元，不足人民币50元的免予征收。

其计算公式为：

关税滞纳金金额 = 滞纳关税税额 ×0.5‰ × 滞纳天数

进口环节税滞纳金金额 = 滞纳进口环节税税额 ×0.5‰ × 滞纳天数

资料卡：汇率的适用及税费计算要求

进出口货物的成交价格及有关费用以外币计价的，计算税款前海关按照该货物适用税率之日所适用的计征汇率折合为人民币计算完税价格。

海关每月使用的计征汇率为上一个月的第三个星期三（第三个星期三为法定节假日的，顺延采用第四个星期三）中国银行的外汇折算价（简称“中行折算价”），人民币元后采用四舍五入法保留4位小数。如上述汇率发生重大波动，海关总署认为必要时，可发布公告，另行规定计征汇率。上述所称“法定节假日”是指国务院《全国年节及纪念日放假办法》第2条规定的“全体公民放假的节日”，不含调休日。

海关征收的关税、进口环节增值税、进口环节消费税、船舶吨税、滞纳金等税费一律以人民币计征，完税价格、税额采用四舍五入法计算至分，分以下四舍五入。关税以及进口环节增值税、进口环节消费税、船舶吨税、滞纳金等税费的起征点为人民币50元。

第二节　进出口货物完税价格的确定

一、我国海关审价的法律依据

进出口货物完税价格是海关对进出口货物征收从价税时审查估定的应税价格，是凭以计征进出口货物关税及进口环节税税额的基础。

目前，我国海关审价的法律依据可分为三个层次。第一个层次是法律层次，即《海关法》第五十五条规定："进出口货物的完税价格，由海关以该货物的成交价格为基础审查确定。成交价格不能确定时，完税价格由海关估定。"第二个层次是行政法规层次，即《关税条例》。第三个层次是相关的部门规章，如海关总署颁布施行的《中华人民共和国海关审定进出口货物完税价格办法》（以下简称《审价办法》）、《中华人民共和国海关进出口货物征税管理办法》（以下简称《征管办法》）等。

二、进口货物完税价格的审定

进口货物完税价格的审定包括一般进口货物完税价格的审定和特殊进口货物完税价格的审定两方面的内容。

（一）一般进口货物完税价格的审定

海关确定进口货物完税价格有进口货物成交价格法、相同货物成交价格法、类似货物成交价格法、倒扣价格法、计算价格法、合理方法等六种估价方法。上述估价方法应当依次采用，但如果进口货物纳税义务人提出要求，并提供相关资料，经海关同意可以选择倒扣价格法和计算价格法的适用次序。

1. 进口货物成交价格法

进口货物成交价格方法是《关税条例》及《审价办法》规定的第一种估价方法，进口货物的完税价格应尽可能采用该货物的成交价格。但申报的成交价格不真实或不准确，海关有权不接受。

（1）完税价格。《审价办法》规定，进口货物的完税价格，由海关以该货物的成交价格为基础审查确定，并应包括货物运抵中华人民共和国境内输入地点起卸前的运输及相关费用、保险费。"相关费用"主要是指与运输有关的费用，如装卸费、搬运费等属于广义的运费范围内的费用。成交价格需满足一定的条件才能被海关所接受。

公式定价的进口货物，是指在向中华人民共和国境内销售货物所签订的合同中，买卖双方未以具体明确的数值约定货物价格，而是以约定的定价公式来确定货物结算价格的定价方式的进口货物，如同时符合下列条件，海关以买卖双方约定的定价公式所确定的结算价格为基础审查确定完税价格：

① 在货物运抵中华人民共和国境内前买卖双方已书面约定定价公式。

② 结算价格取决于买卖双方均无法控制的客观条件和因素。

③ 自货物申报进口之日起6个月内能够根据定价公式确定结算价格。

④ 结算价格符合《审定办法》中成交价格的有关规定。

（2）成交价格（Transaction Value）。进口货物的成交价格，是指卖方向中华人民共和国境内销售该货物时买方为进口该货物向卖方实付、应付的，并按有关规定调整后的价款总额，包括直接支付的价款和间接支付的价款。

此处的“实付或应付”是指必须由买方支付，支付的目的是为了获得进口货物，支付的对象既包括卖方也包括与卖方有联系的第三方，且包括已经支付和将要支付两者的总额。此外，成交价格不完全等同于贸易中实际发生的发票价格，需要按有关规定进行调整。

（3）在确定进口货物的完税价格时，下列费用或价值应计入。

① 除购货佣金以外的佣金和经纪费。佣金通常可分为购货佣金和销售佣金。购货佣金指买方向其采购代理人支付的佣金，按照规定购货佣金不应该计入到进口货物的完税价格中。销售佣金指卖方向其销售代理人支付的佣金，但上述佣金如果由买方直接付给卖方的代理人，按照规定应该计入到完税价格中。经纪费指委托人向自己的经纪人支付的劳务费用，根据规定应计入到完税价格中。

② 与进口货物作为一个整体的容器费。与有关货物归入同一个税号的容器可以理解为与有关货物作为一个整体，比如说香水瓶与香水构成一个不可分割的整体，两者归入同一税号，如果没有包括在香水的完税价格中间，则应该计入。

③ 包装费。这里应注意包装费既包括材料费，也包括劳务费。

④ 协助的价值。在国际贸易中，买方以免费或以低于成本价的方式向卖方提供了一些货物或者服务，这些货物或服务的价值被称为协助的价值。

协助价值计入到进口货物完税价格中应满足以下四个条件：

A. 由买方以免费或低于成本价的方式直接或间接提供。

B. 未包括在进口货物的实付或应付价格之中。

C. 与进口货物的生产和向中华人民共和国境内销售有关。

D. 可按适当比例分摊。

下列四项协助费用应计入：

A. 进口货物所包含的材料、部件、零件和类似货物的价值。

B. 在生产进口货物过程中使用的工具、模具和类似货物的价值。

C. 在生产进口货物过程中消耗的材料的价值。

D. 在境外完成的为生产该货物所需的工程设计、技术研发、工艺及制图等工作的价值。

⑤ 特许权使用费。特许权使用费是指进口货物的买方为取得知识产权权利人及权利人有效授权人关于专利权、商标权、专有技术、著作权、分销权或者销售权的许可或者转让而支付的费用。

以成交价格为基础审查确定进口货物的完税价格时，未包括在该货物实付、应付价格中的特许权使用费需计入完税价格。

⑥ 卖方直接或间接从买方对该货物进口后的转售、处置或使用的所得中获得的收益。上述的费用或价值计入到完税价格中，必须同时满足三个条件：由买方负担；未包括在进口货物的实付或应付价格中；有客观量化的数据资料。

（4）下列费用如果单独计价，不得计入完税价格：

① 厂房、机械或者设备等货物进口后发生的建设、安装、装配、维修或者技术援助费用，但是保修费用除外。

② 货物运抵境内输入地点起卸后发生的运输及其相关费用、保险费。

③ 进口关税、进口环节税及其他国内税。

④ 为在境内复制进口货物而支付的费用。

⑤ 境内外技术培训及境外考察费用。

此外，同时符合下列条件的利息费用不计入完税价格：

A. 利息费用是买方为购买进口货物而融资所产生的。

B. 有书面的融资协议的。

C. 利息费用单独列明的。

D. 纳税义务人可以证明有关利率不高于在融资当时当地此类交易通常具有的利率水平，且没有融资安排的相同或类似进口货物的价格与进口货物的实付、应付价格非常接近的。

（5）成交价格本身须满足的条件

成交价格必须满足以下四个条件才能被海关所接受，否则不能适用成交价格方法：

① 买方对进口货物的处置和使用不受限制。有下列情形之一的，视为对买方处置或者使用进口货物进行了限制：

A. 进口货物只能用于展示或者免费赠送的。

B. 进口货物只能销售给指定第三方的。

C. 进口货物加工为成品后只能销售给卖方或者指定第三方的。

D. 其他经海关审查，认定买方对进口货物的处置或者使用受到限制的。

但下列三种限制不影响成交价格的成立：国内法律、行政法规或规章规定的限制；对货物转售地域的限制；对货物价格无实质影响的限制。

② 进口货物的价格不应受到某些条件或因素的影响，由于这些条件或因素，导致该货物的价格无法确定：

A. 进口货物的价格是以买方向卖方购买一定数量的其他货物为条件而确定的。

B. 进口货物的价格是以买方向卖方销售其他货物为条件而确定的。

C. 其他经海关审查，认定货物的价格受到使该货物成交价格无法确定的条件或者因素影响的。

③ 卖方不得直接或间接从买方获得因转售、处置或使用进口货物而产生的任何收益，除非上述收益能够被合理确定。

④ 买卖双方之间的特殊关系不影响价格。

资料卡：买卖双方有特殊关系

有下列情形之一，应当认定买卖双方有特殊关系

（1）买卖双方为同一家族成员。

（2）买卖双方互为商业上的高级职员或董事。

（3）一方直接或间接地受另一方控制。

（4）买卖双方都直接或间接地受第三方控制。

（5）买卖双方共同直接或间接地控制第三方。

（6）一方直接或间接地拥有、控制或持有对方5%以上（含5%）公开发行的有表决权的股票或股份。

（7）一方是另一方的雇员、高级职员或董事。

（8）买卖双方是同一合伙的成员。

此外，买卖双方在经营上相互有联系，一方是另一方的独家代理、经销或受让人，若与以上规定相符，也应当视为有特殊关系。

买卖双方有特殊关系这个事实本身并不能构成海关拒绝成交价格的理由，买卖双方之间存在特殊关系如对成交价格产生影响的，海关将拒绝承认成交价格。

2. 相同及类似货物成交价格法（Transcation Value of Identical Goods & Transcation Value of Similar Goods）

成交价格法是海关估价中使用最多的一种估价方法，但是如果货物的进口非因销售引起或销售不能符合成交价格须满足的条件，就不能采用成交价格法，而应该依次采用相同及类似进口货物成交价格法，即依次采用与被估货物同时或大约同时向某一进口国境内销售的相同货物及类似货物的成交价格作为被估货物完税价格的依据。

（1）“相同货物”，指与进口货物在同一国家或者地区生产的，在物理性质、质量和信誉等所有方面都相同的货物，但是表面的微小差异允许存在；“类似货物”，指与进口货物在同一国家或者地区生产的，虽然不是在所有方面都相同，但是却具有类似的原理和结构、类似的特征，类似的组成材料，并具有同样的使用价值，而且在功能上与商业上可以互换的货物。

（2）时间要素是指相同或类似货物必须与进口货物同时或大约同时进口，其中的“同时或大约同时”指在进口货物接受申报之日的前后各45天以内。

（3）上述两种估价方法在运用时，应当注意以下的问题：

首先，应使用和进口货物处于相同商业水平、大致相同数量的相同或类似货物的成交价格，只有在上述条件不满足时，才可采用以不同商业水平和不同数量销售的相同或类似进口货物的价格，但不能将上述价格直接作为进口货物的价格，还须对由此而产生的价格方面的差异作出调整。其次，对进口货物与相同或类似货物之间由于运输距离和运输方式不同而在成本和其他费用方面产生的差异应进行调整。上述调整都必须建立在客观量化的数据资料的基础上。

此外还应注意，在采用相同或类似货物成交价格法确定进口货物完税价格时，首先应使用同一生产商生产的相同或类似货物的成交价格，只有在没有同一生产商生产的相同或类似货物的成交价格的情况下，才可以使用同一生产国或地区不同生产商生产的相同或类似货物的成交价格。如果有多个相同或类似货物的成交价格，应当以最低的成交价格为基础估定进口货物的完税价格。

3. 倒扣价格法（Deductive Value）

倒扣价格方法即以进口货物、相同或类似进口货物在境内第一环节的销售价格为基础，扣除境内发生的有关费用来估定完税价格。“第一环节”是指有关货物进口后进行的第一次转售，且转售者与境内买方之间不能有特殊关系。

（1）用以倒扣的上述销售价格应同时符合以下条件：

① 在被估货物进口时或大约同时，将该货物、相同或类似进口货物在境内销售的价格。

② 按照该货物进口时的状态销售的价格。

③ 在境内第一环节销售的价格。

④ 向境内无特殊关系方销售的价格。

⑤ 按照该价格销售的货物合计销售总量最大。

（2）运用倒扣价格方法的要点如下：

① 按进口时的状态销售。

② 时间要素。必须是在被估货物进口时或大约同时转售给国内无特殊关系方的价格，其中“进口时或大约同时”为在进口货物接受申报之日的前后各 45 天以内。如果进口货物、相同或者类似货物没有在海关接受进口货物申报之日前后 45 天内在境内销售，可以将在境内销售的时间延长至接受货物申报之日前后 90 天内。

③ 合计的货物销售总量最大。

（3）倒扣价格方法的倒扣项目。在使用倒扣价格法时，下列费用应扣除：

① 该货物的同级或同种类货物在境内第一环节销售时通常支付的佣金或利润和一般费用。

② 货物运抵境内输入地点之后的运输及其相关费用、保险费。

③ 进口关税、进口环节税及其他国内税。

④ 加工增值额。如果以货物经过加工后在境内转售的价格作为倒扣价格的基础，则必须扣除加工增值部分。

4. 计算价格方法（Computed Value）

计算价格方法既不是以成交价格，也不是以在境内的转售价格作为基础，它是以发生在生产国或地区的生产成本作为基础的价格。

（1）使用计算价格时，应当以下列各项的总和估定进口货物的完税价格：

① 生产该货物所使用的原材料价值和进行装配或其他加工的费用。

② 向境内销售同等级或者同种类货物通常的利润和一般费用。

③ 货物运抵中华人民共和国境内输入地点起卸前的运输及其相关费用、保险费。

（2）运用计算价格方法的注意事项。计算价格方法按顺序为第五种估价方法，但如果进口货物纳税义务人提出要求，可以与倒扣法颠倒顺序使用。

5. 合理方法（Fallback Value）

合理方法，是指当海关不能根据上述几种方法确定完税价格时，根据公平、统一、客观的估价原则，以客观量化的数据资料为基础审查确定进口货物完税价格的估价方法。

在运用合理方法时估价时，禁止使用以下6种价格：

（1）境内生产的货物在境内销售价格。

（2）在两种价格中选择高的价格。

（3）在出口地市场的销售价格。

（4）以计算价格法规定之外的价值或者费用计算的相同或者类似货物的价格。

（5）依据出口到第三国或地区货物的销售价格。

（6）依据最低限价或武断、虚构的价格。

（二）特殊进口货物完税价格的审定

1. 加工贸易进口料件或者其制成品一般估价方法

部分加工贸易进口料件或者其制成品经海关批准转为内销，需依法对其实施估价后征收进口税款。对加工贸易进口货物估价的核心问题有两个：一是按制成品征税还是按料件征税，二是征税的环节是在进口环节还是在内销环节。具体有以下四种情况：

（1）进口时需征税的进料加工进口料件，以该料件申报进口时的成交价格为基础审查确定完税价格。进口时需征税的进料加工进口料件，主要是指不予保税部分的进料加工进口料件。一般来讲，进料加工进口料件在进口环节都有成交价格，因此以该料件申报进口时的价格确定。

（2）进料加工进口料件或者其制成品（包括残次品）内销时，以料件原进口成交价格为基础审查确定完税价格。制成品因故转为内销时，以制成品所含料件原进口成交价格为基础审查确定完税价格。料件原进口成交价格不能确定的，海关以接受内销申报的同时或者大约同时进口的与料件相同或者类似的货物的进口成交价格为基础审查确定完税价格。

（3）来料加工进口料件或者其制成品（包括残次品）内销时，以接受内销申报的同时或者大约同时进口的与料件相同或者类似的货物的进口成交价格为基础审查确定完税价格。来料加工在料件原进口时没有成交价格，所以以其进口料件申报内销时的进口成交价格为基础审查确定完税价格。

（4）加工企业内销加工过程中产生的边角料或者副产品，以海关审查确定的内销价格作为完税价格。

加工贸易内销货物的完税价格按照上述规定仍然不能确定的，由海关按照合理的方法审查确定。

2. 出口加工区内加工企业内销制成品估价办法

出口加工区内的加工企业内销的制成品（包括残次品），海关以接受内销申报的同时或者大约同时进口的相同或者类似货物的进口成交价格为基础审查确定完税价格。出口加工区内的加工企业内销加工过程中产生的边角料或者副产品，以海关审查确定的内销价格作为完税价格。出口加工区内的加工企业内销制成品（包括残次品）、边角料或者副产品的完税价格按照上述规定不能确定的，由海关按照合理的方法审查确定。

3. 保税区内加工企业内销进口料件或者其制成品估价办法

保税区内的加工企业内销的进口料件或者其制成品（包括残次品），海关以接受内销申报的同时或者大约同时进口的相同或者类似货物的进口成交价格为基础审查确定完税价格。

保税区内的加工企业内销的进料加工制成品中，如果含有从境内采购的料件，海关以制成品所含从境外购入的料件原进口成交价格为基础审查确定完税价格。料件原进口成交价格不能确定的，海关以接受内销申报的同时或者大约同时进口的与料件相同或者类似货物的进口成交价格为基础审查确定完税价格。保税区内的加工企业内销的来料加工制成品中，如果含有从境内采购的料件，海关以接受内销申报的同时或者大约同时进口的与制成品所含从境外购入的料件相同或者类似货物的进口成交价格为基础审查确定完税价格。保税区内的加工企业内销加工过程中产生的边角料或者副产品，以海关审查确定的内销价格作为完税价格。

保税区内的加工企业内销制成品（包括残次品）、边角料或者副产品的完税价格按照上述规定仍然不能确定的，由海关按照合理的方法审查确定。

4. 从保税区、出口加工区、保税物流园区、保税物流中心等区域、场所进入境内需要征税的货物的估价方法

从保税区、出口加工区、保税物流园区、保税物流中心等区域、场所进入境内，需要征税的货物，海关参照本节一般进口货物完税价格审定的有关规定，以从上述区域、场所进入境内的销售价格为基础审查确定完税价格，加工贸易进口料件及其制成品除外。

如果前款所述的销售价格中未包括上述区域、场所发生的仓储、运输及其他相关费用的，按照客观量化的数据资料予以计入。

5. 出境修理复运进境货物的估价方法

运往境外修理的机械器具、运输工具或者其他货物，出境时已向海关报明，并在海关规定的期限内复运进境的，海关以境外修理费和料件费审查确定完税价格。

出境修理货物复运进境超过海关规定期限的，由海关按照本节一般进口货物完税价格审定的规定审查确定完税价格。

6. 出境加工复运进境货物的估价方法

运往境外加工的货物，出境时已向海关报明，并在海关规定期限内复运进境的，海关以境外加工费和料件费以及该货物复运进境的运输及其相关费用、保险费审查确定完税价格。出境加工货物复运进境超过海关规定期限的，由海关按照本节一般进口货物完税价格审定的规定审查确定完税价格。

7. 暂时进境货物的估价方法

经海关批准的暂时进境货物，应当缴纳税款的，由海关按照本节一般进口货物完税价格审定的规定审查确定完税价格。经海关批准留购的暂时进境货物，以海关审查确定的留购价格作为完税价格。

8. 租赁进口货物的估价方法

（1）以租金方式对外支付的租赁货物，在租赁期间以海关审定的该货物的租金作为完税价格，利息予以计入。

（2）留购的租赁货物以海关审定的留购价格作为完税价格。

（3）纳税义务人申请一次性缴纳税款的，可以选择申请按照规定估价方法确定完税价格，或者按照海关审查确定的租金总额作为完税价格。

9. 减免税货物的估价方法

特定减免税货物在监管年限内不能擅自出售、转让、移作他用，如果有特殊情况，经海关批准可以出售、转让、移作他用，须办理补税手续。减税或免税进口的货物需予补税时，海关以审定的该货物原进口时的价格，扣除折旧部分价值作为完税价格，其计算公式如下：

$$完税价格=海关审定的该货物原进口时的价格\times\left(1-\frac{征税时实际已进口的月数}{监管年限\times 12}\right)$$

上述计算公式中“补税时实际已进口的时间”按月计算，不足1个月但超过15日的，按照1个月计算；不超过15日的，不予计算。

10. 无成交价格货物的估价方法

以易货贸易、寄售、捐赠、赠送等不存在成交价格的进口货物，海关与纳税义务人进行价格磋商后，依照《审价办法》第6条列明的相同货物成交价格估价方法、类似货物成交价格估价方法、倒扣价格估价方法、计算价格估价方法及合理方法审查确定完税价格。

11. 软件介质的估价方法

进口载有专供数据处理设备用软件的介质，具有下列情形之一的，以介质本身的价值或者成本为基础审查确定完税价格：

（1）介质本身的价值或者成本与所载软件的价值分列；

（2）介质本身的价值或者成本与所载软件的价值虽未分列，但是纳税义务人能够提供介质本身的价值或者成本的证明文件，或者能提供所载软件价值的证明文件。

含有美术、摄影、声音、录像、影视、游戏、电子出版物的介质不适用上述规定。

（三）进口货物完税价格中的运输及其相关费用、保险费的计算

1. 运费的计算标准

进口货物的运费，按照实际支付的费用计算。如果进口货物的运费无法确定的，海关按照该货物的实际运输成本或者该货物进口同期运输行业公布的运费率（额）计算运费。

运输工具作为进口货物，利用自身动力进境的，海关在审查确定完税价格时，不再另行计入运费。

2. 保险费的计算标准

进口货物的保险费，按照实际支付的费用计算。如果进口货物的保险费无法确定或者未实际发生，海关按照“货价加运费”两者总额的3‰。

3. 邮运货物运费的计算标准

邮运进口的货物，以邮费作为运输及其相关费用、保险费。

4. 边境口岸运费的计算标准

以境外边境口岸价格条件成交的铁路或者公路运输进口货物，海关应当按照境外边境口岸价格的1%计算运输及其相关费用、保险费。

三、出口货物完税价格的审定

（一）出口货物的完税价格

出口货物的完税价格由海关以该货物的成交价格为基础审查确定，包括货物运至中华人

民共和国境内输出地点装载前的运输及其相关费用、保险费。

（二）出口货物的成交价格

出口货物的成交价格，是指该货物出口销售时，卖方为出口该货物向买方直接收取和间接收取的价款总额。

不计入出口货物完税价格的项目有：出口关税；在货物价款中单独列明的货物运至中华人民共和国境内输出地点装载后的运费及其相关费用、保险费；在货物价款中单独列明由卖方承担的佣金。

（三）出口货物其他估价方法

出口货物的成交价格不能确定的，依次以下列价格审查确定该货物的完税价格：

（1）同时或者大约同时向同一国家或者地区出口的相同货物的成交价格。

（2）同时或者大约同时向同一国家或者地区出口的类似货物的成交价格。

（3）根据境内生产相同或者类似货物的成本、利润和一般费用、境内发生的运输及其相关费用、保险费计算所得的价格。

（4）按照合理方法估定的价格。

四、纳税义务人在海关审定完税价格时的权利和义务

（一）纳税义务人的权利

（1）要求具保放行货物的权利，即在海关审查确定进出口货物的完税价格期间，纳税义务人可以在依法向海关提供担保后，先行提取货物。

（2）估价方法的选择权，即如果纳税义务人向海关提供有关资料后，可以提出申请，颠倒倒扣价格估价方法和计算价格估价方法的适用次序。

（3）对海关如何确定进出口货物完税价格的知情权，即纳税义务人可以提出书面申请，要求海关就如何确定其进出口货物的完税价格作出书面说明。

（4）对海关估价决定的申诉权，即依法向上一级海关申请行政复议，对复议决定不服的，可以依法向人民法院提起行政诉讼的权利。

（二）纳税义务人的义务

1. 如实提供单证及其他相关资料的义务

即纳税义务人向海关申报时，应当按照《审价办法》的有关规定，向海关如实提供发票、合同、提单、装箱清单等单证。根据海关要求，纳税义务人还应当如实提供与货物买卖有关的支付凭证以及证明申报价格真实、准确的其他商业单证、书面资料和电子数据。

2. 如实申报及举证的义务

即货物买卖中发生《审价办法》规定中所列的价格调整项目的，纳税义务人应当如实向海关申报。价格调整项目如果需要分摊计算的，纳税义务人应当根据客观量化的标准进行分摊，并同时向海关提供分摊的依据。

3. 举证证明特殊关系未对进口货物的成交价格产生影响的义务

即买卖双方之间虽然存在特殊关系，但是纳税义务人认为特殊关系未对进口货物的成交价格产生影响时，应提供相关资料，以证明其成交价格符合《审价办法》的规定。

资料卡：海关估价中的价格质疑程序和价格磋商程序

一、价格质疑程序

在确定完税价格过程中，海关对申报价格的真实性或准确性有疑问，或有理由认为买卖双方的特殊关系可能影响到成交价格时，向纳税义务人或者其代理人制发“中华人民共和国海关价格质疑通知书”，将质疑的理由书面告知纳税义务人或者其代理人。

纳税义务人或者其代理人应自收到价格质疑通知书之日起5个工作日内，以书面形式提供相关资料或者其他证据，证明其申报价格真实、准确或者双方之间的特殊关系未影响成交价格。纳税义务人或者其代理人确有正当理由无法在规定时间内提供前款资料的，可以在规定期限届满前以书面形式向海关申请延期。除特殊情况外，延期不得超过10个工作日。

对于进出口货物没有成交价格，海关无须履行价格质疑程序，可直接进入价格磋商程序。

二、价格磋商程序

价格磋商是指海关在使用除成交价格以外的估价方法时，在保守商业秘密的基础上，与纳税义务人交换彼此掌握的用于确定完税价格的数据资料的行为。

海关按照《审价办法》规定通知纳税义务人进行价格磋商时，纳税义务人需自收到“中华人民共和国海关价格磋商通知书”之日起5个工作日内与海关进行价格磋商。纳税义务人未在规定的时限内与海关进行磋商的，视为其放弃价格磋商的权利，海关可以直接按照《审价办法》规定的方法审查确定进出口货物的完税价格。海关与纳税义务人进行价格磋商时，应当制作“中华人民共和国海关价格磋商记录表”。

进出口货物的纳税义务人应重视价格磋商环节，积极配合海关履行价格磋商程序，如实填报进出口货物有关情况并提供相关的信息资料。

对符合下列情形之一的，经纳税义务人书面申请，海关可以不进行价格质疑以及价格磋商，依法审查确定进出口货物的完税价格：

（1）同一合同项下分批进出口的货物，海关对其中一批货物已经实施估价的。

（2）进出口货物的完税价格在人民币10万元以下或者关税及进口环节税总额在人民币2万元以下的。

（3）进出口货物属于危险品、鲜活品、易腐品、易失效品、废品、旧品等的。

第三节　进口货物原产地的确定与税率适用

一、进口货物原产地的确定

（一）原产地规定的起因

为了适应国际贸易的需要，推进国际贸易自由化进程、做好贸易统计、执行本国关税及非关税方面的国别差异性贸易措施，必须对进出口商品的原产地进行认定。

（二）原产地规则（Rules of Origin）的含义

《WTO 原产地规则协议》将原产地规则定义为：一国（地区）为确定货物的原产地而实施的普遍适用的法律、法规和行政决定。各国以本国立法形式制定出其鉴别货物“国籍”的标准，这就是原产地规则。我国现行的是自 2005 年 1 月 1 日起实施的《中华人民共和国进出口货物原产地条例》。

（三）原产地规则的类别

从适用目的的角度划分，我国现行的原产地规则分为优惠原产地规则和非优惠原产地规则。

1. 优惠原产地规则

优惠原产地规则是指一国为了实施国别优惠政策而制定的原产地规则，优惠范围以原产地为受惠国的进口产品为限。由于这些原产地认定标准是给惠国和受惠国之间通过多边或双边协定形式制定的，所以又称为“协定原产地规则”。

至 2011 年 3 月为止，我国先后签订了《亚洲及太平洋经济和社会理事会发展中国家成员国关于贸易谈判的第一协定》（又称《亚太贸易协定》）、《中华人民共和国与东南亚国家联盟全面经济合作框架协议》（又称《中国—东盟合作框架协议》）、《内地与香港关于建立更紧密经贸关系的安排》（又称香港 CEPA）、《内地与澳门关于建立更紧密经贸关系的安排》（又称澳门 CEPA）、《中华人民共和国政府与巴基斯坦伊斯兰共和国政府自由贸易协定》、《中华人民共和国与智利共和国政府自由贸易协定》以及《中华人民共和国政府和新西兰政府自由贸易协定》、《中华人民共和国政府和新加坡共和国政府自由贸易协定》、《中华人民共和国政府和秘鲁共和国政府自由贸易协定》、《海峡两岸经济合作框架协议》（简称 ECFA）等优惠贸易协定。其中，《亚太贸易协定》适用国家包括韩国、印度、斯里兰卡、孟加拉国和老挝；《中国—东盟合作框架协议》适用国家包括越南、泰国、新加坡、马来西亚、印度尼西亚、文莱、缅甸、老挝、柬埔寨和菲律宾。上述优惠贸易协定中均包含有相应的优惠原产地规则。

2. 非优惠原产地规则

非优惠原产地规则是指一国根据实施其海关税则和其他贸易措施的需要，由本国立法自主制定的原产地规则，也称为“自主原产地规则”。其实施必须遵守最惠国待遇原则，即必须普遍地、无差别地适用于所有原产地为最惠国的进口货物。非优惠原产地规则是为实施最惠国待遇、反倾销和反补贴、保障措施、原产地标记管理、国别数量限制、关税配额等非优惠性贸易措施，以及进行政府采购、贸易统计等活动而认定进出口货物原产地的标准。

（四）原产地认定标准（Origin Criterion）

在认定货物原产地时，会出现以下两种情况：一种是货物完全是在一个国家（地区）获得或生产制造，即只有一个国家（地区）介入；另一种是货物的生产或制造有两个及以上国家（地区）介入。

对于完全在一个国家（地区）获得的产品，采用“完全获得标准”；对于由两个或两个以上国家（地区）生产制造的产品，采用“实质性改变标准”。实质性改变标准包括税则归类改变标准、从价百分比标准（或称增值百分比标准、区域价值成分标准等）、加工工序标准、混合标准等。

1. 优惠原产地认定标准

（1）完全获得标准（Wholly Produced Criterion）。即从优惠贸易协定成员国或者地区（以下简称成员国或者地区）直接运输进口的货物是完全在该成员国或者地区获得或者生产的，这些货物指：

① 在该成员国或者地区境内收获、采摘或者采集的植物产品。

② 在该成员国或者地区境内出生并饲养的活动物。

③ 在该成员国或者地区领土或者领海开采、提取的矿产品。

④ 其他符合相应优惠贸易协定项下完全获得标准的货物。

原产于优惠贸易协定某一成员国或者地区的货物或者材料在同一优惠贸易协定另一成员国或者地区境内用于生产另一货物，并构成另一货物组成部分的，该货物或者材料应当视为原产于另一成员国或者地区境内。

为便于装载、运输、储存、销售进行的加工、包装、展示等微小加工或者处理，不影响货物原产地确定。在货物生产过程中使用，本身不构成货物物质成分，也不成为货物组成部件的材料或者物品，其原产地不影响货物原产地确定。

（2）税则归类改变标准。指原产于非成员国或地区的材料在出口成员国或者地区境内进行制造、加工后，所得货物在《商品名称及编码协调制度》中税则归类发生了改变。

（3）区域价值成分标准。指出口货物船上交货价格（FOB）扣除该货物生产过程中该成员国或者地区非原产材料价格后，所余价款在出口货物船上交货价格（FOB）中所占的百分比。不同协定框架下的优惠原产地规则中的区域价值成分标准各有不同，部分贸易协定的区域价值成分标准如下：

①《亚太贸易协定》项下的原产地规则要求，在生产过程中所使用的非成员国原产的或者不明原产地的材料、零件或产物的总价值不超过该货物船上交货价（FOB 价）的 55%，原产于最不发达受惠国（即孟加拉国）的产品的以上比例不超过 65%。

②《中国—东盟合作框架协议》项下的《中国—东盟自由贸易区原产地规则》规定，用于所获得或生产产品中的原产于任一成员方的成分不低于该货物 FOB 价的 40%；或者非中国 - 东盟自由贸易区原产的材料、零件或者产物的总价值不超过所获得或者生产产品 FOB 价的 60%，且最后生产工序在成员方境内完成。

③ CEPA 项下的原产地规则要求，在港、澳获得的原料、组合零件、劳工价值和产品开发支出价值的合计，与在港、澳生产或获得产品 FOB 价的比例应不低于 30%。

④“特别优惠关税待遇”项下进口货物原产地规则的从价百分比标准是指在受惠国对非该国原产材料进行制造、加工后的增值部分不小于所得货物价值的 40%。

⑤《中国—新西兰自由贸易协定》项下货物区域价值标准：即成品在生产国（中国或新西兰）的价值增值额不得少于其离岸价格的一定比例（根据不同货物，该比例为 30%、40%、45%、50%）。

（4）制造加工工序标准：赋予加工后所得货物基本特征的主要工序。

（5）其他标准：除上述标准外，成员国或地区一致同意采用的确定货物原产地的其他标准。

（6）直接运输规则（Direct Transport Rule）

“直接运输”是指优惠贸易协定项下进口货物从该协定成员国或者地区直接运输至中国

境内，途中未经过该协定成员国或者地区以外的其他国家或者地区。

原产于优惠贸易协定成员国或者地区的货物，经过其他国家或者地区运输至中国境内，不论在运输途中是否转换运输工具或者作临时储存，同时符合下列条件的，视为“直接运输”。

① 该货物在经过其他国家或者地区时，未做除使货物保持良好状态所必须处理以外的其他处理。

② 该货物在其他国家或者地区停留的时间未超过相应优惠贸易协定规定的期限。

③ 该货物在其他国家或者地区作临时储存时，处于该国家或者地区海关监管之下。

不同优惠原产地规则的直接运输规则各有不同，部分贸易协定的直接运输规则如下：

①《亚太贸易协定》项下的原产地规则的“直接运输”是指：

A. 货物运输未经任何非成员国境内。

B. 货物运输途中经过非成员国，无论是否在这些国家或者地区转换运输工具或者作临时储存，同时符合由于地理原因或者仅出于运输需要，货物未在这些国家或者地区进入贸易或者消费领域，货物在经过这些国家或者地区时未作除装卸或者其他为使货物保持良好状态所必须处理以外的其他处理这三个条件。

②《中国—东盟合作框架协议》项下的原产地规则的“直接运输”是指《框架协议》项下的进口货物从某一东盟国家直接运输至我国境内，或者从某一东盟国家经过其他自由贸易区成员国（地区）境内运输至我国，但途中没有经过任何非自由贸易区成员国（地区）境内。进口货物运输途中经过非自由贸易区成员国（地区）境内（包括转换运输工具或者作临时储存）运输至我国，并且同时符合下列条件的，视为从东盟国家直接运输：

A. 仅是由于地理原因或者运输需要。

B. 产品经过上述国家时未进行贸易或者消费。

C. 除装卸或者为保持产品良好状态而进行的加工外，产品在上述国家未经过任何其他加工。

③ 香港 CEPA 项下的进口货物应当从香港地区直接运输至内地口岸；澳门 CEPA 项下的进口货物不能从香港地区以外的地区或者国家转运。

④“特别优惠关税待遇”项下的“直接运输规则”进口货物原产地规则要求申报享受特别优惠关税待遇的进口货物，应该直接从受惠国运输至我国境内，途中未经过中国和该受惠国以外的其他国家（地区）。如果货物经过其他国家（地区）运输至我国境内的，则是由于地理原因或者运输需要（相关货物进入其他国家或地区停留时间最长不得超过 3 个月），且在经过其他国家（地区）时未作除装卸和为使货物保持良好状态或者运输所必须的处理以外的其他处理，同时未进入该国家（地区）进行贸易或者消费的，才能视为直接运输。

⑤《中国—新西兰自由贸易协定》项下的“直接运输”是指货物运输未经中国和新西兰之外的第三国或地区境内；货物运输途中经过中国和新西兰之外的一个或多个国家或地区境内，不论是否在这些国家或地区转换运输工具或临时储存不超过六个月，只要货物在其境内未进入其贸易或消费领域，并且除装卸、重新包装或使货物保持良好状态所需的其他处理外，货物在其境内未经任何处理。

⑥《ECFA 项下原产地管理办法》所称的“直接运输”是指该协议项下进口货物从台湾直接运输至大陆，途中未经过大陆、台湾以外的其他第三方。原产于台湾的货物经过大

陆、台湾以外的一个或者多个第三方，不论是否在第三方转换运输工具或者临时储存（货物进入第三方停留时间自运抵该方之日起不得超过60日），同时符合下列条件的，应当视为“直接运输”：由于地理原因或者运输需要；货物在该第三方未进行贸易或者消费；除装卸、重新包装或者使货物保持良好状态所必需的处理外，货物在该第三方未经其他处理；该货物在第三方作临时储存时，处于该第三方海关监管之下。

2. 非优惠原产地认定标准

非优惠原产地认定标准主要有“完全在一个国家（地区）生产的标准（即完全获得标准）”和“实质性改变标准”。

（1）完全获得标准。完全在一个国家（地区）获得或生产制造的货物，以该国（地区）为原产地。以下产品视为在一国（地区）“完全获得”：

① 在一国（地区）出生并饲养的活的动物。

② 在一国（地区）野外捕捉、捕捞、搜集的动物。

③ 从一国（地区）的活的动物获得的未经加工的物品。

④ 在一国（地区）收获的植物和植物产品。

⑤ 在一国（地区）采掘的矿物。

⑥ 在一国（地区）获得的除上述①－⑤项范围之外的其他天然生成的物品。

⑦ 在一国（地区）生产过程中产生的只能弃置或者回收用作材料的废碎料。

⑧ 在一国（地区）收集的不能修复或者修理的物品，或者从该物品中回收的零件或者材料。

⑨ 由合法悬挂该国旗帜的船舶从其领海以外海域获得的海洋捕捞物和其他物品。

⑩ 在合法悬挂该国旗帜的加工船上加工上述第⑨项所列物品获得的产品。

⑪ 从一国领海以外享有专有开采权的海床或者海床底土获得的物品。

⑫ 在一国（地区）完全从上述①－⑪项所列物品中生产的产品。

在确定货物是否在一个国家（地区）完全获得时，为运输、贮存期间保存货物而作的加工或者处理，为货物便于装卸而作的加工或者处理，为货物销售而作的包装等加工或者处理等，不予考虑。

（2）实质性改变的确定标准。两个及以上国家（地区）参与生产或制造的货物，以最后完成实质性改变的国家（地区）为原产地。以税则归类改变为基本标准，税则归类改变不能反映实质性改变的，以从价百分比、制造或者加工工序等为补充标准。

① 税则归类改变，是指在某一国家（地区）对非该国（地区）原产材料进行制造、加工后所得货物在《进出口税则》中的四位数税号一级的税则归类发生改变。

② 制造或者加工工序，是指在某一国家（地区）进行的赋予制造、加工后所得货物基本特征的主要工序。

③ 从价百分比，是指在某一国家（地区）对非该国（地区）原产材料进行制造、加工后的增值部分，超过所得货物价值的30%。用公式表示如下：

$$\frac{\text{工厂交货价} - \text{非该国(地区)原产材料价值}}{\text{工厂交货价}} \times 100\% \geqslant 30\%$$

“工厂交货价”指支付给制造厂所生产的成品的价格；“非该国（地区）原产材料价

值”指直接用于制造或装配最终产品而进口原料、零部件的价值，以其进口的成本、保险费加运费计算（CIF）计算。

以上述“制造、加工工序”和“从价百分比”作为标准来判定实质性改变的货物在有关的“适用制造或者加工工序及从价百分比标准的货物清单”中具体列明，并按列明的标准判定是否发生实质性改变。对未列入上述清单的货物，其实质性改变的判定适用税则归类改变标准。

（五）申报要求

1. 进口货物申报要求

货物申报进口时，进口货物收货人或者其代理人应当按照海关的申报规定填制“中华人民共和国海关进口货物报关单”，申明适用协定税率或者特惠税率，并同时提交货物的有效原产地证书正本，或者相关优惠贸易协定规定的原产地声明文件，货物的商业发票正本、运输单证等其他商业单证。货物经过其他国家或者地区运输至中国境内的，还应当提交证明符合《中华人民共和国海关进出口货物优惠原产地管理规定》（以下简称《优惠原产地管理规定》）有关规定的联运提单等证明文件；在其他国家或者地区临时储存的，还应当提交该国家或者地区海关出具的证明符合《优惠原产地管理规定》有关规定的其他文件。进口货物收货人或者其代理人向海关提交的原产地证书，应当符合相应优惠贸易协定关于证书格式、填制内容、签章、提交期限等规定，并与商业发票、报关单等单证的内容相符。

原产地申报为优惠贸易协定成员国或者地区的货物，进口货物收货人及其代理人未依照《优惠原产地管理规定》有关规定在呈交原产地证书、原产地声明的，应当在申报进口时就进口货物是否具备相应优惠贸易协定成员国或者地区原产资格，按《优惠原产地管理规定》有关规定的格式要求向海关进行补充申报。海关可以根据进口货物收货人或者其代理人的申请，按照协定税率或在特惠税率收取等值保证金后放行货物，并按照规定办理进口手续、进行海关统计。

海关认为需要对进口货物收货人或者其代理人提交的原产地证书的真实性，以及货物是否原产于优惠贸易协定成员国或者地区进行核查的，按照该货物适用的最惠国税率、普通税率或者其他税率收取相当于应缴税款的等值保证金后放行货物，并按照规定办理进口手续、进行海关统计。海关认为必要时，可以请求出口成员国或者地区主管机构对优惠贸易协定项下进口货物原产地进行核查，也可以依据相应优惠贸易协定的规定就货物原产地开展核查访问。

有下列情形之一的，进口货物不适用协定税率或者特惠税率：

（1）进口货物收货人或者其代理人在货物申报进口时没有提交符合规定的原产地证书、原产地声明，也未就进口货物是否具备原产资格进行补充申报的。

（2）进口货物收货人或者其代理人未提供商业发票、运输单证等其他商业单证，也未提交其他证明符合《优惠原产地管理规定》第 14 条规定的文件的。

（3）经查验或者核查，确认货物原产地与申报内容不符，或者无法确定货物真实原产地的。

（4）其他不符合《优惠原产地管理规定》及相应优惠贸易协定规定的情形。

2. 部分优惠贸易协定申报要求

（1）《亚太贸易协定》规则。货物申报进口时，进口货物收货人应当按照海关的申报规定填制“进口货物报关单”，申明适用《亚太贸易协定》协定税率或者优惠税率并同时提交下列单证：

① 由《亚太贸易协定》成员国政府指定的机构在货物出口时签发或者货物装运后3个工作日内签发的原产地证书正本。因不可抗力不能在原产地证书签发之日起1年内提交原产地证书的，进口货物收货人还应当一并提交证明材料。

② 货物商业发票正本、装箱单及其相关运输单证。货物经过其他国家或者地区运输至我国境内的，进口货物收货人应当提交在该成员国境内签发的联运提单、货物商业发票正本以及证明符合《中华人民共和国海关〈亚太贸易协定〉项下进出口货物原产地管理办法》有关规定的相关文件。

（2）《中国—东盟合作框架协议》规则。纳税义务人应当主动向申报地海关申明该货物适用中国－东盟协定税率。除按照其进口货物所需提交的单证之外，纳税义务人还应当向海关提交由东盟出口国指定政府机构签发的原产地证书正本和有效流动证明正本作为报关单随附单证。

如果是货物经过非东盟自由贸易区成员国（地区）关境的，除了上述单证之外，纳税义务人还应当向海关交验在东盟出口国签发的联运提单、商业发票正本，以及货物所经过的该过境国家（地区）海关出具的证明文件，或者其他证明货物符合协议原产地管理规定的文件。

原产于东盟国家的进口货物，其离岸价格不超过200美元的，免于提交原产地证书或者流动证明。进口货物收货人应当同时按照有关要求就进口货物具备原产地资格进行书面声明。为规避管理，一次或多次进口货物的，不适用此规定。

（3）香港CEPA规则和澳门CEPA规则。纳税义务人应当主动向申报地海关申明该货物适用零关税税率。除了按照其进口货物所需提交的单证之外，纳税义务人还应当向海关提交符合CEPA项下规定的有效原产地证书作为报关单随附单证。

如果属于CEPA香港项下原产于香港地区的受惠商品，应当从香港直接运输至内地口岸，除了上述单证之外，纳税义务人还可以提交承运人提供的香港海关查验报告以适用绿色关锁制度。

如果是CEPA澳门项下原产于澳门地区的受惠商品，且是经过香港地区转运至内地口岸的，除了上述单证之外，纳税义务人还应当向海关交验在澳门地区签发的联运提单、中国检验（香港）有限公司出具的未再加工证明文件等。

（4）特别优惠关税待遇。有关货物在进口报关时，进口货物收货人应当主动向进境地海关申明有关货物享受特别优惠关税，并提交由出口国指定的政府机构签发的原产地证书。各受惠国原产地证书签发机构签发的原产地证书有效期为自签发日起180天。对经过第三国（地区）运输的进口货物，应当向申报地海关提供的单证除出口国发证机构签发的原产地证书之外，还应包括：在出口国签发的联运提单；货物的原厂商发票；符合直接运输规则有关条件的证明文件。

（5）《中新自贸协定》。货物申报进口时，进口货物收货人或者其代理人应当申明适用《中新自贸协定》协定税率，并同时提交由新西兰授权机构签发的有效原产地证书、货物的商业发票正本、装箱单及其相关运输单证。货物经过其他国家或者地区运输至我国境内的，应当提交在新西兰境内签发的联运提单、货物的商业发票正本以及其他国家或者地区海关出具的证明符合直接运输条件的有关文件。

（6）海峡两岸经济合作框架协议。《ECFA 项下原产地管理办法》规定，货物申报进口时，进口货物收货人或者其代理人应当按照海关的申报规定填制《中华人民共和国海关进口货物报关单》，申明适用《协议》协定税率，并同时提交下列单证：由台湾签证机构签发的有效原产地证书正本、货物的商业发票正本、装箱单以及相关运输单证。

货物经过大陆、台湾以外的第三方运输至大陆的，应当提交在台湾签发的联运提单、第三方海关出具的证明文件以及海关认可的其他证明文件。

货物申报进口时，进口货物收货人或者其代理人未提交有效原产地证书正本，也未就该进口货物是否具备台湾原产资格向海关进行补充申报，海关应当依法按照该货物适用的最惠国税率、普通税率或者其他税率计征关税及进口环节海关代征税，并按照规定办理进口手续、进行海关统计。收货人或者其代理人在货物征税放行后向海关提交原产地证书的，海关不予受理，已征税款不予调整。

3. 出口货物申报要求

出口货物申报时，出口货物发货人应当按照海关的申报规定填制“中华人民共和国海关出口货物报关单”，并向海关提交原产地证书电子数据或者原产地证书正本的复印件。海关认为必要时，可以对优惠贸易协定项下出口货物原产地进行核查，以确定其原产地。应优惠贸易协定成员国或者地区要求，海关可以对出口货物原产地证书或者原产地进行核查，并应当在相应优惠贸易协定规定的期限内反馈核查结果。

4. 货物申报其他要求

优惠贸易协定项下进出口货物及其包装上标有原产地标记的，其原产地标记所标明的原产地应当与依照《优惠原产地管理规定》有关规定确定的货物原产地一致。

为确定货物原产地是否与进出口货物收发货人提交的原产地证书及其他申报单证相符，海关可以对进出口货物进行查验，具体程序按照《中华人民共和国海关进出口货物查验管理办法》有关规定办理。

进出口货物收发货人可以依照《中华人民共和国海关行政裁定管理暂行办法》有关规定，向海关申请原产地行政裁定。海关总署可以依据有关法律、行政法规、海关规章的规定，对进出口货物作出具有普遍约束力的原产地决定。

（六）原产地证书

原产地证书是证明产品原产于某地的书面文件。它是受惠国的原产品出口到给惠国时享受关税优惠的凭证，同时也是进口货物是否适用反倾销、反补贴税率、保障措施等贸易政策的参考凭证。

1. 适用优惠原产地规则的原产地证书

（1）《亚太贸易协定》原产地证书。原产地证书应当同时符合以下 3 个条件：由签证机构以书面（以手工或电子方式）签发，符合《亚太贸易协定》中所列样本格式，用国际标准 A4 纸印制，所用文字为英语，证书印章与该成员国通知中国海关的印章印模相符。原产地证书自签发之日起 1 年内有效，不得涂改和叠印，所有未填空白之处应当予以划去，以防事后填写。

货物申报进口时，进口货物收货人未申明适用《亚太贸易协定》协定税率或者特惠税率，也未同时提交《亚太贸易协定》成员国政府指定机构签发的原产地证书正本的，其申报进口的货物不适用《亚太贸易协定》协定税率或者特惠税率，海关应当依法选择按照该货物适用的税率计征关税及进口环节海关代征税。

（2）《中国—东盟合作框架协议》原产地证书。进口货物收货人或其代理人向海关提交的原产地证书、流动证明应当同时符合下列条件：由东盟成员国签证机构签发；符合《中国—东盟合作框架协议》所列格式，以英文填制并由出口商署名和盖章；原产地证书、流动证明的签证机构印章、签证人员签名，与东盟成员国通知中国海关的签证机构印章、签证人员签名样本相符；所列的一项或者多项货物为同一批次的进口货物；仅有一份正本，并且具有不重复的原产地证书编号；注明确定货物具有原产资格的依据。

该协议项下进口货物原产地证书应当由东盟成员国签证机构在货物装运前或者装运时签发；因不可抗力未能在货物装运前或者装运时签发的，可以在货物装运后 3 天内签发。

进口货物原产地证书自签发之日起 1 年内有效。

（3）港澳 CEPA 的原产地证书。原产地证书应与海关总署发布的有关原产地证书及其签章的备案材料一致（其中，香港原产地证书签发机构包括香港工贸署、香港总商会、香港印度商会、香港工业总会、香港中华厂商联合会、香港中华总商会等 6 家机构，澳门原产地证书签发机构为澳门经济局）。原产地证书必须在有效期内使用，且证书编号和商品编码两项内容必须与报关单所报内容相符（应当注意的是，报关时商品编码可能有 10 位，而海关只要求前 8 位编码必须一致），申报数量不得超出原产地证书上的数量，原产地证书的签证机构、签发地区、到货口岸等内容应与实际相符。原产地证书应与海关联网核对无误。一个原产地证书只适用于一批进口货物，不可多次使用。一份报关单不可涉及多份原产地证书或含非原产地证书商品。

海关因故无法进行联网核对时，应纳税义务人书面申请并经海关审批同意后，可以按照适用的最惠国税率或者暂定税率征收与应缴税款等值的保证金后先予放行货物，并按规定办理进口手续。海关应当自该货物放行之日起 90 天内核定原产地证书的真实情况，根据核查结果办理退还保证金手续或者保证金转税手续。

（4）最不发达国家特别优惠关税待遇原产地证书。享受最不发达国家特别优惠关税待遇进口货物适用的原产地证书应当由一份正本和三份副本组成。原产地证书自签发之日起 1 年内有效。

进口货物收货人或其代理人向海关提交的原产地证书应当同时符合下列条件：由签证机构在货物出口前或者出口时签发；符合《最不发达国家特别优惠关税待遇进口货物原产地管理办法》附件所列格式，以英文填制；符合与受惠国通知中国海关的印章样本相符等安全要求；具有出口受惠国海关在出口时加盖的印章；所列的一项或者多项货物为同一批次的进口货物；具有不重复的原产地证书编号；注明确定货物具有原产资格的依据；证书在有效期内。

（5）ECFA 原产地证书。ECFA 原产地证书自签发之日起 12 个月内有效。进口货物收货人或其代理人向海关提交的原产地证书应当同时符合下列条件：由台湾地区签证机构在货物申报出口前签发；证书在有效期内；以规定的格式正确填制、署名和盖章；仅有一份正本，并且具有单一证书编号；所列的货物为同一批次的进口货物，项数不超过 20 项；一份进口货物报关单上所列货物对应一份原产地证书。

2. 适用非优惠原产地规则的原产地证书

（1）对适用反倾销、反补贴措施的进口商品的要求。

① 进口经营单位申报进口与实施反倾销措施的被诉倾销产品（以下简称被诉倾销产品）相同的货物时，应向海关提交原产地证书。

② 对于进口经营单位确定无法提交原产地证书的，海关可以通过实际查验确定货物的原产地，海关按与该货物相同的被诉倾销产品的最高反倾销税率或保证金征收比率征收反倾销或现金保证金。

③ 对于加工贸易保税进口与被诉倾销产品相同的货物，进口经营单位在有关货物实际进口申报时，也应向海关提交原产地证书。

④ 对于在反倾销措施实施之前已经申报进口的加工贸易和其他保税进口货物，因故申报内销是在反倾销措施实施期间的，进口经营单位应在申报内销时向海关提交原产地证书。对于进口经营单位确实无法提交原产地证书，经海关实际查验不能确定货物的原产地的，海关按与该货物相同的被诉倾销产品的最高反倾销税率或保证金征收比率征收反倾销税或现金保证金。

（2）对适用最终保障措施的进口商品的要求。自海关总署公告规定的加征关税之日起，进口企业申报进口涉案产品时，不能提供不适用最终保障措施的国家（地区）的原产地证书或尚不应加征关税的适用最终保障措施的国家（地区）的原产地证书，或者海关对其所提供的原产地证书的真实性有怀疑的，如经海关审核有关单证（包括合同、发票、提运单等）及对货物实际验估能够确定原产地的，应按照相关规定处理的；如仍不能确定原产地，且进口企业也不能进一步提供能够证明原产地的其他材料的，应在现行适用的关税税率基础上，按照相应的涉案产品适用的加征关税税率加征关税。

在海关审核认定原产地期间，进口企业可在提供相当于全部税款的保证金担保后，要求先行验放货物。

原产地证书并不是确定货物原产地的唯一标准。若海关通过查验货物或审核单证认为所提供的原产地证书可能不真实，海关可以请求出口国（地区）的有关机构对该货物的原产地进行核查。

资料卡：原产地预确定制度

进口货物的收货人或经营单位在有正当理由的情况下，可以向直属海关申请对其将要进口的货物进行原产地预确定。申请人申请原产地预确定时，应当填写《进口货物原产地预确定申请书》并提交下列文件材料：申请人的身份证明文件；能说明将要进口货物情况的有关文件资料，包括进口货物的商品名称、规格、型号、税则号列、产品说明书等，出口国（地区）或者货物原产地的有关机关签发的原产地证明书或其他认定证明，进口货物所使用的原材料的品种、规格、型号、价格和产地等情况的资料，能说明进口货物的生产加工工序、流程、工艺、加工地点以及加工增值等情况的资料；说明该项交易情况的文件材料，譬如进口合同、意向书、询价和报价单以及发票等；海关要求提供的其他文件资料。

只要预确定所依据的原产地规则、事实和条件不发生变化，海关应当在收到书面申请和全部必要资料之日起150天内，作出原产地的预确定决定，并对外公布。

二、税率适用

（一）税率适用原则

进口税则分设最惠国税率、协定税率、特惠税率、普通税率、关税配额税率等税率。对进口货物在一定期限内可以实行暂定税率。

出口税则按进口税则列目方式调整出口税则税目，税率维持不变。对鳗鱼苗等部分出口商品实行暂定出口税率。

1. 进口税率适用原则

对于同时适用多种税率的进口货物，在选择适用的税率时，基本的原则是“从低计征”，特殊情况除外。

（1）原产于共同适用最惠国待遇条款的世界贸易组织成员的进口货物，原产于与中华人民共和国签订含有相互给予最惠国待遇条款的双边贸易协定的国家或者地区的进口货物，以及原产于中华人民共和国境内的进口货物，适用最惠国税率。原产于与中华人民共和国签订含有关税优惠条款的区域性贸易协定的国家或者地区的进口货物，适用协定税率。原产于与中华人民共和国签订含有特殊关税优惠条款的贸易协定的国家或者地区的进口货物，适用特惠税率。上述之外的国家或者地区的进口货物，以及原产地不明的进口货物，适用普通税率。

（2）适用最惠国税率的进口货物有暂定税率的，应当适用暂定税率；适用协定税率、特惠税率的进口货物有暂定税率的，应当从低适用税率；适用普通税率的进口货物，不适用暂定税率。对于无法确定原产国（地区）的进口货物，按普通税率征税。

（3）按照国家规定实行关税配额管理的进口货物，关税配额内的适用关税配额税率；关税配额外的其税率的适用按其所适用的其他相关规定执行。

（4）按照有关法律、行政法规的规定对进口货物采取反倾销、反补贴、保障措施的，其税率的适用按照《反倾销条例》、《反补贴条例》和《保障措施条例》的有关规定执行。

（5）任何国家或者地区违反与中华人民共和国签订或者共同参加的贸易协定及相关协定，对中华人民共和国在贸易方面采取禁止、限制、加征关税或者其他影响正常贸易的措施的，对原产于该国家或者地区的进口货物可以征收报复性关税，适用报复性关税税率。

（6）凡进口原产于与我国达成优惠贸易协定的国家或地区并享受协定税率的商品，同时该商品又属于我国实施反倾销或反补贴措施范围内的，应按照优惠贸易协定税率计征进口关税；凡进口原产于与我国达成优惠贸易协定的国家或地区并享受协定税率的商品，同时该商品又属于我国采取保障措施范围内的，应在该商品全部或部分中止、撤销、修改关税减让义务后所确定的适用税率基础上计征关税。

（7）执行国家有关进出口关税减征政策时，首先应当在最惠国税率基础上计算有关税目的减征税率，然后根据进口货物的原产地及各种税率形式的适用范围，将这一税率与同一税目的特惠税率、协定税率、进口暂定最惠国税率进行比较，税率从低执行，但不得在暂定最惠国税率基础上再进行减免。

（8）从 2002 年起我国对部分非全税目信息技术产品的进口按 ITA 税率征税。

2. 出口税率适用原则

对于出口货物，在计算出口关税时，出口暂定税率优先于出口税率执行。

（二）税率适用时间

《关税条例》规定，进出口货物应当适用海关接受该货物申报进口或者出口之日实施的税率。

（1）进口货物到达前，经海关核准先行申报的，应当适用装载该货物的运输工具申报进境之日实施的税率。

（2）进口转关运输货物，应当适用指运地海关接受该货物申报进口之日实施的税率；货物运抵指运地前，经海关核准先行申报的，应当适用装载该货物的运输工具抵达指运地之日实施的税率。

（3）出口转关运输货物，应当适用启运地海关接受该货物申报出口之日实施的税率。

（4）经海关批准，实行集中申报的进出口货物，应当适用每次货物进出口时海关接受该货物申报之日实施的税率。

（5）因超过规定期限未申报而由海关依法变卖的进口货物，其税款计征应当适用装载该货物的运输工具申报进境之日实施的税率。

（6）因纳税义务人违反规定需要追征税款的进出口货物，应当适用违反规定的行为发生之日实施的税率；行为发生之日不能确定的，适用海关发现该行为之日实施的税率。

（7）已申报进境并放行的保税货物、减免税货物、租赁货物或者已申报进出境并放行的暂时进出境货物，有下列情形之一需缴纳税款的，应当适用海关接受纳税义务人再次填写报关单申报办理纳税及有关手续之日实施的税率：

① 保税货物经批准不复运出境的；

② 保税仓储货物转入国内市场销售的；

③ 减免税货物经批准转让或者移作他用的；

④ 可暂不缴纳税款的暂时进出境货物，经批准不复运出境或者进境的；

⑤ 租赁进口货物，分期缴纳税款的。

进出口货物关税的补征和退还，按照上述规定确定适用的税率。

第四节　进出口税费减免、缴纳与退补

一、进出口税费减免

（一）含义

进出口税费减免是指海关按照《海关法》、《关税条例》和其他有关法律、行政法规的规定，对进出口货物的税费给予减征和免征。此外，国家根据不同时期的需要制定的专项进口税收政策也在本节涉及。

（二）分类

根据《海关法》的规定，关税的减免分为三大类，即法定减免税、特定减免税和临时减免税。

1. 法定减免税

（1）法定减免税的含义。法定减免税是指进出口货物按照《海关法》、《关税条例》和其他法律、行政法规的规定可以享受的减免关税优惠。海关对法定减免税货物一般不进行后续管理。

（2）法定减免税的范围：

① 关税税额在人民币 50 元以下的一票货物。

② 无商业价值的广告品和货样。

③ 外国政府、国际组织无偿赠送的物资。

④ 在海关放行前遭受损坏或者损失的货物。

⑤ 进出境运输工具装载的途中必需的燃料、物料和饮食用品。

⑥ 中华人民共和国缔结或者参加的国际条约规定减征、免征关税的货物、物品。

⑦ 法律规定减征、免征关税的其他货物、物品。

进口环节增值税或消费税额在人民币 50 元以下的一票货物也应免征。

2. 特定减免税

特定减免税也称政策性减免税，是指海关根据国家规定，对特定地区、特定用途和特定企业给予的减免关税的优惠。特定减税或者免税的范围和办法由国务院规定，海关根据国务院的规定单独或会同国务院其他主管部门制定具体实施办法并加以贯彻执行。

为了配合全国增值税转型改革，规范税制，自 2009 年 1 月日起，国家对部分进口税收优惠政策进行相应调整。目前我国实施的特定减免税的范围如下：

（1）外商投资项目投资额度内进口自用设备。

① 外商投资企业所投资的项目符合《外商投资产业指导目录》中鼓励类或《中西部地区外商投资优势产业目录》的产业条目，在投资额内进口的自用设备及随设备进口的配套技术、配件、备件，除《外商投资项目不予免税的进口商品目录》所列商品外，可以免征进口关税，进口环节增值税照章征收。

《外商投资项目不予免税的进口商品目录》主要有电视机、摄像机、录相机、放像机、音响设备、空调器、电冰箱（柜）、洗衣机、照相机、复印机、程控电话交换机、微型计算机及外设、电话机、无线寻呼系统、传真机、电子计算器、打字机及文字处理机、汽车、摩托车及《进出口税则》中第 1 章至第 83 章、第 91 章至 97 章的所有税号商品。

《进口不予免税的重大技术装备和产品目录》主要有非数控机床、数控机床、压力成型机械、农业机械、矿用挖掘机、全断面掘进机、煤炭采掘设备、矿用自卸车、风力发电设备、石化设备、煤化工设备、火电水电设备、输变电设备、冶金设备、新型纺织机械、环保和综合利用设备、施工机械、轨道交通、大功率机车、高速动车组、大型铁路养护设备，以及按照合同随上述设备进口的技术及配套件、备件。

② 下列情况中，所投资项目符合《外商投资产业指导目录》中鼓励类或《中西部地区外商投资优势产业目录》的产业条目，在投资总额内进口的自用设备，除《国内投资项目不予免税的进口商品目录》所列商品外，可以免征关税，进口环节增值税照章征收。

A. 外国投资者的投资比例低于 25% 的外商投资企业。

B. 境内内资企业发行 B 股或发行海外股（H 股、N 股、S 股、T 股或者红筹股）转化为外商投资股份有限公司。

C. 外商投资企业向中西部再投资设立的外资比例低于 25% 的企业以及向中西部以外地区再投资设立的企业。

（2）外商投资企业投资总额外的自有资金项目。属于国家鼓励发展产业的外商投资企业（外国投资者的投资比例不低于25%）、外商研究开发中心、先进技术型、产品出口型的外商投资企业，在投资额度以外的自有资金（指企业储备基金、发展基金、折旧、税后利润）内，对原有设备更新（不包括成套设备和生产线）和维修进口国内不能生产或性能不能满足需要的设备，以及与上述设备配套的技术、配件、备件（除《国内投资项目不予免税的进口商品目录》所列商品外），可以免征进口关税，进口环节增值税照章征收。

（3）国内投资项目进口自用设备。属国家重点鼓励发展产业的国内投资项目，在投资总额内进口的自用设备，以及按照合同随设备进口的技术及配套件、备件，除《国内投资项目不予免税的进口商品目录》所列商品外，免征进口关税，进口环节增值税照章征收。

（4）科教用品。为了有利于我国科研、教育事业发展，国务院制订了《科学研究和教学用品免征进口税收暂行规定》，规定对专门从事科学研究开发的机构和国家教委承认学历的全日制大专院校，不以营利为目的，在合理数量范围内进口国内不能生产的科学研究和教学用品，且直接用于科学研究或者教学的，免征进口关税和进口环节增值税、消费税。

（5）科技开发用品。为了鼓励科研和技术开发，规范科技开发用品的免税进口行为，国务院规定对经国家有关部门核准从事科技开发的科学研究、技术开发机构，在2010年12月31日前，在合理数量范围内进口国内不能生产或者性能不能满足需要的科技开发用品，免征进口关税和进口环节增值税、消费税。

（6）残疾人专用品。为支持残疾人的康复工作，国务院制订了《残疾人专用品免征进口税收暂行规定》，对民政部直属企事业单位和省、自治区、直辖市民政部门所属福利机构等特定单位，中国残联和省、自治区、直辖市残联所属福利机构和康复机构进口的残疾人专用物品，免征进口关税和进口环节增值税、消费税。

（7）特定区域物资。对于保税区、出口加工区等特定区域进口的区内生产性基础设施项目所需的机器、设备和基建物资可以免税；区内企业进口企业自用的生产、管理设备和自用合理数量的办公用品及其所需的维修零配件，生产用燃料，建设生产厂房、仓储设施所需的物资、设备可以免税；行政管理机构自用合理数量的管理设备和办公用品及其所需的维修零配件，可以免税。

（8）贷款项目进口物资。外国政府贷款和国际金融组织贷款项目，在项目额度或投资总额内进口的自用设备，以及按照合同随设备进口的技术及配套件、备件，除《外商投资项目不予免税的进口商品目录》、《进口不予免税的重大技术装备和产品目录》所列商品外，免征进口关税。对贷款项目进口自用设备，经确认按有关规定增值税进项税额无法抵扣的，除《外商投资项目不予免税的进口商品目录》、《进口不予免税的重大技术装备和产品目录》所列商品外，同时免征增值税。

（9）救灾捐赠物资。对外国民间团体、企业、友好人士和华侨及港澳地区居民和台湾地区同胞无偿向我境内受灾地区（限于新华社对外发布和民政部《中国灾情信息》公布的受灾地区）捐赠的直接用于救灾的物资，在合理数量范围内，免征关税和进口环节增值税、消费税。

（10）扶贫慈善捐赠物资。为促进公益事业的健康发展，经国务院批准下发了《扶贫、慈善性捐赠物资免征进口税收的暂行办法》，对境外捐赠人（指中华人民共和国关境外的自然人、法人或者其他组织）无偿向受赠人捐赠的直接用于扶贫、慈善事业（指非营利的扶贫济困、慈善救助等社会慈善和福利事业）的物资，免征进口关税和进口环节增值税。

（11）无偿援助项目进口物资。外国政府、国际组织无偿赠送及我国履行国际条约规定进口物资，其减免税范围包括根据中国与外国政府、国际组织间的协定或协议，由外国政府、国际组织直接无偿赠送的物资或由其提供无偿赠款，由我国受赠单位按照协定或协议规定用途自行采购进口的物资；外国地方政府或民间组织受外国政府委托无偿赠送进口的物资；国际组织成员受国际组织委托无偿赠送进口的物资；我国履行国际条约规定减免税进口的物资。

（12）远洋渔业项目进口自捕水产品。对经农业部批准获得“农业部远洋渔业企业资格证书”的远洋渔业企业运回的品种及产地符合要求的自捕水产品执行不征进口关税和进口环节增值税的政策。

（13）进口远洋船舶及设备部件项目。为发展远洋渔业，我国对国内远洋渔业产业和船舶及船用设备制造企业进口的船用关键设备和部件实施了进口税收优惠政策。“十一五”期间，国家继续对在国内订造、改造远洋渔船进口的船用关键设备和部件，进口少量带有入渔配额的二手远洋渔船，以及进口国内尚不能建造的特种渔船，实施进口税收优惠政策。

（14）集成电路项目进口物资。我国对集成电路生产企业进口自用生产性原材料及净化室专用建筑材料等实施税收优惠政策，对在中国境内设立的投资额超过80亿元或集成电路线宽小于0.25微米的集成电路生产企业进口自用生产性原材料、消耗品，净化室专用建筑材料、配套系统，集成电路生产设备零、配件，免征进口关税，进口环节增值税照章征收。

（15）海上石油、陆上石油项目进口物资。国家对在我国海洋，指我国内海、领海、大陆架以及其他属于中华人民共和国海洋资源管辖海域（包括浅海滩涂），和陆上特定地区开采石油（天然气）进口物资实施税收优惠政策。凡在我国海洋和特定区域内进行石油和天然气开采作业的项目，进口直接用于开采作业的设备、仪器、零配件、专用工具，免征进口关税和进口环节增值税。

（16）贷款中标项目进口零部件。为了鼓励国内机电制造企业积极参与利用国际金融组织贷款和外国政府贷款项目采购设备的国际招标活动，平衡国内外中标设备的税收负担，在利用世界银行贷款、亚洲开发银行贷款、日本国际协力银行贷款以及其赠款的国际招标中，国内中标单位为生产中标机电设备而进口国内不能生产或性能不能满足需要的零部件免征进口关税，照章征收进口环节增值税和消费税。

（17）重大技术装备。为提高我国企业的核心竞争力及自主创新能力，推动产业结构调整和升级，贯彻落实国务院关于装备制造业振兴规划，自2009年7月1日起，对经认定符合规定条件的国内企业为生产国家支持发展的重大技术装备和产品进口规定范围的关键零部件、原材料商品，除《进口不予免税的重大技术装备和产品目录》所列商品外，免征关税和进口环节增值税。

3. 临时减免税

临时减免税是指法定减免税和特定减免税以外的其他减免税，是由国务院根据某个单位、某类商品、某个时期或某批货物的特殊情况和需要，给予特别的临时性的减免税优惠。如汶川地震灾后重建进口物资等。

二、进出口税费的缴纳凭证

（一）进出口关税和进口环节税的缴纳凭证

海关征收进出口关税和进口环节税时，应向纳税义务人或其代理人填发“海关专用缴款书”（含关税、进口环节税）。纳税义务人或其代理人持凭“海关专用缴款书”向银行缴纳税款。进口货物收货人或其代理人缴纳税款后，应将“海关专用缴款书”第一联送签发海关验核，海关凭予办理有关手续。“海关专用缴款书”第一联为“收据”，由国库收款签章后交缴款单位或缴纳人；第二联为“付款凭证”，由缴库单位开户银行作付出凭证；第三联为“收款凭证”，由收款国库作收入凭证；第四联为“回执”，由国库盖章后退回海关财务部门；第五联为“报查”，关税由国库收款后退回海关，进口环节代征税送当地税务机关；第六联为“存根”，由填发单位存查。

（二）滞纳金的缴纳凭证

海关征收进口货物的关税、进口环节增值税、消费税、船舶吨税等的滞纳金时，应向纳税义务人或其代理人填发“海关专用缴款书”。纳税义务人或其代理人应持凭“海关专用缴款书”向银行缴纳滞纳金。

三、税款退还

（一）退税的范围

以下情况经海关核准可予以办理退税手续：

（1）已缴纳进口关税和进口环节税税款的进口货物，因品质或者规格原因原状退货复运出境的。

（2）已缴纳出口关税的出口货物，因品质或者规格原因原状退货复运进境，并已重新缴纳因出口而退还的国内环节有关税收的。

（3）已缴纳出口关税的货物，因故未装运出口申报退关的。

（4）散装进出口货物发生短卸、短装并已征税放行的，如果该货物的发货人、承运人或者保险公司已对短卸、短装部分退还或者赔偿相应货款的，纳税义务人可以向海关申请退还进口或者出口短卸、短装部分的相应税款。

（5）进出口货物因残损、品质不良、规格不符的原因，由进出口货物的发货人、承运人或者保险公司赔偿相应货款的，纳税义务人可以向海关申请退还赔偿货款部分的相应税款。

（6）因海关误征，致使纳税义务人多缴税款的。

（二）退税的期限及要求

海关发现多征税款的，应当立即通知纳税义务人办理退还手续。

纳税义务人发现多缴税款的，自缴纳税款之日起 1 年内，可以以书面形式要求海关退还多缴的税款并加算银行同期活期存款利息。所退利息按照海关填发收入退还书之日中国人民银行规定的活期储蓄存款利息计算，计算所退利息的期限自纳税义务人缴纳税款之日起至海关填发收入退还书之日止。

进口环节增值税已予抵缴的除国家另有规定外不予退还，已征收的滞纳金不予退还。

海关应当自受理退税申请之日起 30 日内查实并通知纳税义务人办理退还手续。纳税义务人应当自收到通知之日起 3 个月内办理有关退税手续。

退税必须在原征税海关办理。办理退税时，纳税义务人应填写“退税申请表”并持原进口或出口报关单、原盖有银行收款章的税款缴纳收据正本及其他必要单证（合同、发票、协议、商检机构证明等）送海关审核，海关同意后，应按原征税或者补税之日所实施的税率计算退税额。

（三）退税凭证

海关退还已征收的关税和进口环节税时，应填发“收入退还书”（海关专用），同时通知原纳税义务人或其代理人，海关将“收入退还书”（海关专用）送交指定银行划拨款。

四、税款追征和补征

（一）追征和补征税款的范围

（1）进出口货物放行后，海关发现少征或者漏征税款的。

（2）因纳税义务人违反规定造成少征或者漏征税款的。

（3）海关监管货物在海关监管期内因故改变用途按照规定需要补征税款的。

（二）追征、补征税款的期限和要求

（1）进出口货物放行后，海关发现少征税款的，应当自缴纳税款之日起1年内，向纳税义务人补征税款；海关发现漏征税款的，应当自货物放行之日起1年内，向纳税义务人补征税款。

（2）因纳税义务人违反规定造成少征或者漏征税款的，海关可以自缴纳税款或者货物放行之日起3年内追征税款，并按规定加收滞纳金。

（3）海关发现海关监管货物因纳税义务人违反规定造成少征或者漏征税款的，应当自纳税义务人应缴纳税款之日起3年内追征，并按规定加收滞纳金。

（三）追征、补征税款凭证

海关追征或补征进出口货物关税和进口环节税时，应当向纳税义务人填发“海关专用缴款书”（含关税、进口环节税）。纳税义务人持凭“海关专用缴款书”向指定银行或开户银行缴纳税款。进口货物收货人或其代理人缴纳税款后，应将盖有“收讫”章的“海关专用缴款书”第一联送签发海关验核，海关凭予办理有关手续。

五、延期纳税

纳税义务人因不可抗力或者国家税收政策调整不能按期缴纳税款的，应当在货物进出口前向办理进出口申报纳税手续所在地直属海关提出延期缴纳税款的书面申请并随附相关材料，同时还应当提供缴税计划，由海关总署审核批准。

货物实际进出口时，纳税义务人要求海关先放行货物的，应当向海关提供税款担保。延期缴纳税款的期限，自货物放行之日起最长不超过6个月。纳税义务人在批准的延期缴纳税款期限内缴纳税款的，不征收滞纳金；逾期缴纳税款的，自延期缴纳税款期限届满之日起至缴清税款之日止按日加收滞纳税款0.5‰的滞纳金。

六、加工贸易缓税利息

企业开展加工贸易业务因故无法向海关缴纳税款保证金的，可凭中国银行出具的以海关为受益人的税款保付保函办理海关备案手续。全额征收税款保证金的进口料件，加工企业在规定的期限内加工产品出口并办理核销手续后，中国银行凭海关开具的台账核销联系单办理保证金退还手续；中国银行凭海关开具的台账核销联系单办理保证金退还手续；加工贸易保税料件或制成品内销的，海关除依法征收税款外，还应加征缓税利息。缓税利息缴纳方式，缴纳凭证、缴纳规定等与税款缴纳相同。

（一）征收规定

（1）缓税利息的利率为中国人民银行公布的活期存款利率，海关根据中国人民银行最新公布的活期存款利率随时调整并公布执行。2009 年 3 月公布的缓税利息率为 0.36% 。

（2）对于实行保证金台账实转（包括税款保付保函）管理的加工贸易手册项下的保税货物，在办理内销征税手续时，如果海关征收的缓税利息大于对应台账保证金的利息，应由中国银行在海关税款缴款书上签注后退单，由海关重新开具两份缴款书，一份将台账保证金利息全额转为缓税利息，另一份将台账保证金利息不足部分单开海关税款缴款书，企业另行缴纳。

（二）计息期限

（1）加工贸易保税料件或制成品经批准内销的，缓税利息计息期限为内销料件或制成品所对应的加工贸易合同项下首批料件进口之日至海关填发税款缴款书之日；加工贸易 E 类电子账册项下的料件或制成品内销时，起始日期为内销料件或制成品所对应电子账册的最近一次核销日期的次日（若核销日期为空，则为电子账册的首批料件进口日）至海关填发税款缴款书之日。

（2）加工贸易保税料件或制成品未经批准擅自内销违反海关监管规定的，或加工贸易保税货物需要后续补税但海关未按违规处理的，缓税利息计息期限的起始日期为内销料件或制成品所对应的加工贸易合同项下首批料件进口之日至保税料件或制成品内销之日（内销之日无法确定的，终止日期为海关发现之日）；若内销涉及多本合同，且内销料件或制成品与合同无法一一对应的，则计息的起始日期为最近一本合同项下首批料件进口之日至保税料件或制成品内销之日（（内销之日无法确定的，终止日期为海关发现之日）；若加工贸易 E 类电子账册项下的料件或制成品擅自内销的，则计息的起始日期为内销料件或制成品所对应电子账册的最近一次核销之日（若没有核销日期的，则为电子账册的首批料件进口之日）至保税料件或制成品内销之日（内销之日无法确定的，终止日期为海关发现之日）。按照前述方法仍无法确定计息的起始日期的，则不再征收缓税利息。

加工贸易保税料件或制成品等违规内销的，还应根据规定征收滞纳金。滞纳金是从应缴纳税款之日起至海关发现之日止按日计算，滞纳金征收比例为少征或漏征税款的 0.5‰。

（3）加工贸易剩余料件、残次品、副产品和受灾保税货物等内销需征收缓税利息的，亦应比照上述规定办理。

（三）计算公式

缓税利息 = 补征税款 × 计息期限 × 活期存款储蓄年利息率/360

（四）办理程序

（1）海关审核准予内销后向经营企业签发“加工贸易货物内销征税联系单”。

（2）经营企业持该“加工贸易货物内销征税联系单”办理通关申报手续。在填制内销报关单时，经营企业需在备注栏注明“活期”字样。

（3）海关核对确认无误后，按规定办理内销货物审单、征税、放行等海关手续。

资料卡：纳税争议的复议

《海关法》和《进出口关税条例》规定，纳税义务人对海关确定的进出口货物的征、减、免、补税或退税有异议时，有权向海关提出申诉，即纳税争议的复议。纳税人与海关的纳税争议均应按照《行政复议法》处理。纳税义务人对海关的征税行为有异议，应当在其知道合法权益受到损害之日起的60日内向原征税海关的上一级海关申请复议。原征税决定是由海关总署作出的，应当向海关总署申请复议。海关应当自收到复议申请之日起60日内作出复议决定，制发《纳税争议复议决定书》交给纳税人。情况复杂的，经复议海关关长批准，可以适当延长，但延长期最多不超过30日。

纳税人对复议决定不服时，可以自收到复议决定书之日起15日内向人民法院起诉。纳税争议必须履行复议前置程序，且申请复议前应先按海关核定的税额在规定期限内缴纳税款。

关键名词

关税　从价税　从量税　复合税　滑准税　增值税　消费税　滞纳金　完税价格　原产地规则

不定项选择题

1. 海关于2010年4月16日填发税款缴纳书，纳税人最迟应于哪天缴纳税款（5月1日至3日）放假：

A. 4月30日　　B. 4月29日　　C. 5月4日　　D. 5月3日

2. 进口关税包括：

A. 从价税　　B. 增值税　　C. 消费税　　D. 出口关税

3. 我国增值税基本税率为17%，低税率为13%，下列选项中增值税税率为13%的是：

A. 粮食　食用植物油

B. 饲料　化肥　农机　农膜　农药

C. 图书　报纸　杂志

D. 石油　柴油　汽油

4. 下列关于进口货物成交价格估价方法的表述正确的是：

A. 成交价格方法是海关确定进口货物完税价格的第一种估价方法，它建立在进口货物实际发票或合同价格的基础上，在海关估价实践中使用率最高

B. 当买卖双方之间有特殊关系时，一定不能适用成交价格方法估价

C. 如果进口货物收货人提出要求并提供相关资料，经海关同意，可以颠倒成交价格方法和相同货物成交价格方法的适用次序

D. 因为海关估价中所指的“成交价格”并不完全等同于贸易中实际发生的发票或合同价格，海关在使用该种估价方法估价时，应按《审价办法》的规定对发票或合同价格进行

调整

5. 某公司进口一台机器，发票列明如下：成交价格 10 万美元，货物运抵境内输入地点起卸前的运输及相关费用保险费 500 美元，包装容器费 200 美元，销售佣金 100 美元，特许权使用费为成交价的 3%，其完税价格为：

A. 103 300　　B. 102 700　　C. 100 100　　D. 103 800

6. 进口货物以 CFR 成交计算进口关税时，如何将 CFR 价格换算成完税价格：

A. CFR + 运费　　B. CFR + 保险费 + 相关费用

C. CFR + 相关费用　　D. CFR + 运保费 + 相关费用

7. 下列应计入进口完税价格的是：

A. 销售佣金　　B. 特许权使用费

C. 容器包装费　　D. 购货佣金

8. 我国现行非优惠原产地规则不适用于：

A. 判断是否适用最惠国税率

B. 判断是否适用反倾销反补贴税率

C. 判断是否适用保障措施

D. 判断是否适用协定税率

思考题

1. 进口关税的计征标准有哪些？
2. 我国海关审价的法律依据有哪三个层次？
3. 海关确定进口货物完税价格的方法有哪些？
4. 确定进口货物的完税价格时，哪些费用或价值应计入？
5. 加工贸易进口料件或者其制成品一般估价方法有哪些？
6. 如何确定出口货物的成交价格？
7. 原产地规则的类别有哪些？
8. 税率适用原则是如何规定的？
9. 哪些情况经海关核准可予以办理退税手续？
10. 我国海关追征、补征税款的期限是如何规定的？

• 实 务 篇

工作任务

进出口各税的计算

（一）计算程序

（1）根据完税价格审定办法和规定，确定应税货物的完税价格。

（2）根据汇率使用原则，将以外币计价的完税价格折算成人民币。

（3）按照归类原则确定税则归类，将应税货物归人恰当的税目税号。

（4）根据原产地规则和税率使用原则，确定应税货物所适用的税率。

（5）确定其实际进口量（计算从量税时需要）。

（6）按照计算公式计算应征税款。

（二）计算实例

例1：某公司进口日本产机动混凝土搅拌车10辆，其成交价格每辆100 000美元CIF天津新港，外汇折算率为1美元=人民币6.827 9元，计算应征关税税款和增值税税款。（税则见表8.1）

（1）进口关税计算

① 审核申报价格，符合“成交价格”条件。

② 将外币价格折算成人民币：

$$完税价格 = 100\ 000 \times 10 \times 6.827\ 9 = 6\ 827\ 900.00(元)$$

③ 确定适用最惠国税率：混凝土搅拌车税号87054000，进口关税税率为15%（见附表8.1）。

④ 计算关税税款：进口关税应征税额 = 完税价格 × 从价关税税率

$$= 6\ 827\ 900.00 \times 15\% = 1\ 024\ 185.00\ (元)$$

（2）增值税计算

$$增值税税额 = (完税税额 + 关税税额 + 消费税税额) \times 增值税税率$$

$$= (6\ 827\ 900.00 + 1\ 024\ 185.00 + 0) \times 17\% = 1\ 334\ 854.45(元)$$

表8.1　当年进出口税则节选

特殊用途的机动车辆（例如抢修车、起重车、救火车、混凝土搅拌车、道路清洁车、喷洒车、流动工场车及流动放射线检查车），但主要用于载人或运货的车辆除外

商品编码	附加编号	商品名称	进口税率		出口税率	增值税	消费税	计量单位	监管条件
			优惠	普通					
87054000		机动混凝土搅拌车	15	35	0	17	0	辆	AB6O

例2：某公司进口的轮胎一批，其成交价格为CIF上海10万美元，外汇折算率为1美元=人民币6.827 9元，计算应征关税税款、消费税和增值税税款。

（1）进口关税计算：

① 审核申报价格，符合“成交价格”条件；

② 将外币价格折算成人民币

$$完税价格 = 100\ 000 \times 6.827\ 9 = 682\ 790.00(元)$$

③ 确定适用最惠国税率：该轮胎归入税号4011100090，查得进口关税税率为10%（见表8.2）。

④ 计算关税税款：进口关税应征税额 = 完税价格 × 从价关税税率

$=682\ 790.00 \times 10\% = 68\ 279.00$ （元）

（2）消费税计算：

$$消费税组成计税价格 = \frac{进口关税完税价格+进口关税税额}{1-消费税税率}$$

$= (682\ 790 + 68\ 279) \div (1 - 3\%) = 774\ 297.94$ （元）

应纳消费税税额 = 消费税组成计税价格 × 消费税税率

$= 774\ 297.94 \times 3\% = 23\ 228.94$ （元）

（3）增值税计算：

增值税税额 =（完税税额 + 关税税额 + 消费税税额）× 增值税税率

$= (682\ 790.00 + 68\ 279.00 + 23\ 228.94) \times 17\%$

$= 131\ 630.65$（元）

表 8.2　当年进出口税则节选

商品编码	附加编号	商品名称	进口税率		出口税率	增值税	消费税	计量单位	监管条件
			优惠	普通					
40111000	10	机动小客车用新的充气子午线轮胎	10	50	0	17	0	千克(条)	AB
40111000	90	机动小客车用新充气非子午线轮胎	10	50	0	17	3	千克(条)	AB

例 3：某公司从日本进口录像机 10 台，经海关审定其成交价格为 2 500 美元/台，已知进口录像机每台完税价格高于 2 000 美元时，每台征收 4 374 元从量税，另加 3% 的从价税。外汇折算率为 1 美元 = 人民币 6.827 9 元，计算该批录像机进口时的关税。

复合进口关税税额 = 货物数量 × 单位税额 + 货物完税价格 × 关税税率

$= 10 \times 4\ 374 + 10 \times 2\ 500 \times 6.827\ 9 \times 3\% = 48\ 860.93$ （元）

例 4：某公司出口镍矿砂一批，FOB 上海成交价 200 000 美元，求应征出口税额多少？（适用的外汇折算价 1 美元 = 人民币 6.827 9 元）

（1）根据税则归类，镍矿砂应归入 2604000090，出口税率 15% （见表 8.3）。

（2）将 FOB 货价折算成人民币价：

$200\ 000 \times 6.827\ 9 = 1\ 365\ 580$ （元）

（3）求出完税价格：

完税价格 = FOB 价 ÷ （1 + 出口关税税率）

$= 1\ 365\ 580 \div (1 + 15\%) = 1\ 187\ 460.87$ （元）（注：计算保留至分）

（4）该批货物的出口关税税额：

出口关税税额 = 出口完税价格 × 出口关税税率

= 1 187 460. 87 × 15% = 178 119. 13（元）（注：计算保留至分）

表 8. 3 **当年进出口税则节选**

商品编号	商品名称	最低税率	普通税率	出口税率	增值税率	消费税率	计量单位	监管条件
2604000090	镍矿砂及其精矿（非黄金价值部分）	0	0	15	17	0	千克	

滞纳金的计算

（一）计算程序

确定滞纳天数——确定滞纳税款——计算滞纳金

（二）计算实例

例 5：某公司进口日本产机动混凝土搅拌车 10 辆，其成交价格每辆 100 000 美元 CIF 天津新港，外汇折算率为 1 美元 = 人民币 6. 827 9 元，海关于 2009 年 9 月 4 日（星期五）填发《海关专用款书》，该公司于 2009 年 9 月 22 日缴纳税款，计算应征滞纳金。

因为 9 月 22 日为滞纳期，共 1 天。

所以，应征进口关税 1 024 185. 00 元，增值税为 1 334 854. 45 元（参考例 1）

关税滞纳金 = 滞纳关税税额 × 0. 5‰ × 滞纳天数

= 1 024 185. 00 × 0. 5‰ × 1 = 512. 09（元）

进口环节增值税滞纳金 = 进口环节增值税税额 × 0. 5‰ × 滞纳天数

= 1 334 854. 45 × 0. 5‰ × 1 = 667. 43（元）

能力拓展

完税价格估定

【案情】进口商 A 公司为供货商 B 公司在某市的子公司。进口商 A 公司于 2004 年 12 月 24 日首次向某海关申报进口氯乙烯（以下简称 VCM）2 700 公吨，申报单价为 CIF680 美元/公吨，进口商提供了合同、发票、提单等单证。合同为 2004 年 9 月 1 日到 2005 年 12 月 31 日的长期合约，根据合约的规定，进口商每月购提 2 万 ~ 3 万公吨 VCM。

某海关审价人员对比申报时期国际行情东南亚均价：CFR720 美元/公吨，及其他口岸进口韩国 VCM 的价格为 CFR710 ~ 775 美元/公吨，认为其申报价格偏低。海关制发“价格质疑通知书”，质疑理由为：买卖双方存在特殊关系，且可能对成交价格有影响。企业填写《价格申报单》证明买卖双方之间为子母公司。企业说明，该 VCM 作价仅适用于 A 公司，而其他公司与母公司订货时，价格另议。但进口商以下列理由拒绝向海关进一步提供估价审查和测试的相关资料：

（1）进口 VCM 是母公司生产后售予进口商的，作为核心商业机密之一的内部成本数据不便对外提供，母公司的资料无法取得，企业拒绝向海关提供审价所必需的运营成本、利润等方面的资料；

（2）供货商VCM生产数量有限，全部供给关联企业，未向无特殊关系的买方出售过。

基于买方无法举证卖方的销售价格与销售给无特殊关系方一致或接近，某海关认为其申报价格将使该进口商以较低的生产成本获取较高的利润。海关遂不接受进口商的申报价格，按照CIF720美元/吨作出初步的估价决定。并对随后进口的10票报关单也按照该价格估价征税，共计补税额142万元。

【评析要点】

（一）就买卖双方之间的特殊关系是否影响成交价格进行认定

进口商与供货商的关系符合《审价办法》第四十二条规定的特殊关系。根据《估价协定》解释性说明第二条：对于特殊关系是否影响成交价格要审查交易双方如何组织商业关系、制定价格的方法是否与产业正常定价方法相一致，卖方售予无特殊关系的买方的价格是否一致，其价格是否已充分反映了有关货物的成本、费用和利润。海关审价人员审核了该货物的定价方法，并向进口商提出了进一步补充资料的要求，包括定价是否真实反映了货物的成本、费用和利润等；与售予无特殊关系的买方价格是否一致。进口商拒绝向海关提供估价审查和测试的相关资料，无法说明价格低的理由，无法举证卖方的销售价格与销售给无特殊关系方一致或接近，反而以书证的形式证明了其价格的特殊性（“其他公司，价格另议”），且无法证明其成交价格已经充分反映了货物的成本、费用和利润；以及根据海关了解掌握的PVC行业利润的情况，按照该公司VCM的进口价格作为成本生产的PVC要高出相同PVC生产行业的利润水准5%～10%的情况，根据《审价办法》第三十四条，海关确认其特殊关系影响成交价格成立，海关不接受其申报价格，同时按照《审价办法》第七条至十一条估定完税价格。

（二）开展价格磋商，寻找适当的估价依据

鉴于进口商不能提供有效的证明证实其成交价格未受特殊关系的影响，有书面资料证明其价格与售予无关联企业不同，且低于同期国际行情较多，海关决定对该票货物估价，与进口商磋商。

由于B公司未向除A公司之外的我国境内无特殊关系的买方出售VCM，亦未见其他厂商生产的VCM的销售纪录，企业方面也未能举证，鉴于以上几点，海关排除采用相同和类似货物成交价格方法。而倒扣价格方法是被估货物、相同类似进口货物在境内销售的价格为基础估定的，A公司进口VCM是用于生产PVC，未进行销售，所以倒扣方法也无法使用。计算方法所需要的生产使用的原材料价值和加工费用的标准，限于条件无法收集，而A公司也拒绝进一步提供相关资料。最后海关根据估价方法的顺序确定采用合理方法估价。

（三）依法实施估价

考虑到进口货物的商业上的互换性、品质、数量和商业水平等要素，将货物产地扩展到同为亚洲地区的韩国，选取在国内其他口岸同样进口VCM生产PVC，进口量在年30万吨左右的进口企业，大约同时（同一个月）进口的VCM的成交价CIF730美元/吨，结合商业水平及国内的行情等要素，根据进口企业实际进口的数量时间分布，按下浮10美元/吨以CIF720美元/吨作为估定价格。

出口退运货物应否征收税款

【案情】某年2月，捷力电子设备有限责任公司（以下简称捷力公司）与外方签订货物买卖合同，约定：捷力公司向外方出售一批电子感光仪器设备，在6月底之前履行完毕。但由于原材料供应问题，拟出口的电子感光仪器设备直到8月初才全部生产完毕。8月15日，捷力公司以一般贸易方式向某海关办理出口手续。因捷力公司迟延履行合同，外方拒绝接受货物，并要求解除合同。捷力公司无奈于同10月办理货物退运事宜，同时联系国内企业拟将退运货物在国内销售。10月17日，上述货物从原出境口岸复运进境，捷力公司在办理报关手续时向某海关说明了出口货物退运进境的原因和事由，并提供了有关证明材料。某海关经审核认为，上述货物虽为出口退运货物，但造成退运的原因是捷力公司迟延履行合同致使外方拒绝接受货物，该事由不属于《进出口关税条例》所规定的可不予征收进口关税的退运情形，根据《海关法》和《进出口关税条例》的有关规定，对该货物应照章征收进口税款，进口关税和进口环节增值税合计人民币38.24万元。

捷力公司不服上述征税决定，在缴税后于同11月2日向上一级海关申请行政复议。申辩如下：第一，该公司办理进口手续的货物并非国外购买商品，全部是因故退运货物，不属于依法应当征收进口环节税款的“课税对象”，某海关对其出口退运货物所作征税决定缺乏事实根据和法律依据；第二，该公司已就上述退运货物与国内企业签订销售合同，在议定价格时并没有考虑关税因素，现在海关要求征收进口税款，公司利润因此遭受损失。基于上述事由，捷力公司请求复议机关依法撤销某海关上述征税决定，同时责令海关赔偿该公司相应经济损失。

复议机关经审理认为：被申请人某海关对捷力公司退运货物作出的征税决定认定事实清楚、证据充分、适用依据准确，应予支持；上述征税决定并未侵犯捷力公司的合法权益，该公司对此提出的行政赔偿请求，依法不予支持。

【评析要点】

（一）出口退运货物应否征收进口税款

关于出口退运货物应否征收进口税款问题，新、旧《进出口关税条例》有着不同规定。原《进出口关税条例》（1992年4月1日起施行，2004年1月1日起废止）第二十七条规定，因故退还的我国出口货物，进境时可免征进口关税；2004年1月1日起施行的《进出口关税条例》第四十三条规定：出口货物因品质或者规格原因退运进境的，不征收进口关税。这里所说的“因品质或者规格原因”是指出口货物本身存在的质量缺陷或者货物的规格、型号、含量、成分以及技术参数或指标等，与买卖双方在交易合同或者有关协议中对货物品质或规格所约定的标准和要求不符。根据新的《进出口关税条例》的规定，只有因上述原因退运进境的货物，在进口环节才不征收税款；因其他原因导致退运的货物（包括前文案例所涉情形），照章征税。

（二）纳税义务人负有举证责任

在确定有关货物是否属“因品质或者规格原因退运进境”这一问题上，出口退运货物的经营单位（即纳税义务人）负有举证责任。在办理退运货物的进口申报手续时，纳税义务人应当向海关提供能够证明有关货物是因品质或者规格原因出口后又复运进境的相关单证和材料，包括货物原出口的报关单证、国外检验机构出具的有关货物品质不良或者规格不符的证明材料以及买卖双方关于退运的协议等文件，海关经审查核实后可决定不征收进口关税；纳税义务人如果不能提供充分证据证明上述事实，海关有权认定货物并非因品质或者规格原因退运进境，亦有权根据有关规定征收税款。

项目引导文
进出口报关单填制

看到同事们快速地审核报关委托书的内容，忙碌地同客户沟通，认真地制单、录单，小林很羡慕；更让小林佩服的是公司的复核员同事，这个岗位是公司选派入职时间长、通关知识丰富、责任心强的老员工来担当的，以便把好报关单制作的最后一关。

报关单是报关员代表报关单位向海关办理货物进出境手续的主要单证。能否正确填制报关单直接影响报关效率、企业的经济利益和海关监管的各个工作环节。因此，正确填制报关单是海关对报关企业和报关员的基本要求，也是报关员必须履行的义务。

完美填制报关单首先要掌握《中华人民共和国海关进出口货物报关单填制规范》。

项目九　进出口报关单填制

- 知识储备篇
- 实务篇

◉ **知识目标**

了解报关单各联及其用途，掌握报关单各个栏目填制的基本要求及注意事项。

◉ **能力目标**

能够获取申报信息，选择恰当的报关程序，利用报关系统或通关作业平台按照《中华人民共和国海关进出口货物报关单填制规范》的要求，正确、完整、及时、有效地填制进出口货物报关单，并能审核各报关单证是否一致及即时纠错。

◉ **素质目标**

养成计划决策、时间管理、团队合作、妥协力、沟通、礼仪等素质。

• 知识储备篇

进出口货物报关单是报关员代表报关单位向海关办理货物进出境手续的主要单证。按照《中华人民共和国海关进出口货物申报管理规定》（以下简称《货物申报管理规定》）和《中华人民共和国海关进出口货物报关单填制规范》（以下简称《填制规范》）的要求，完整、准确、有效地填制进出口货物报关单是报关员从业应必备的基本技能。报关单填制的正确与否，关系着报关质量，维系着通关效率，同时也影响着外汇管理和出口退税等外贸相关环节的顺利进行。本篇主要介绍进出口货物报关单各栏目填制规范以及如何填好报关单的有关注意事项。

第一节　进出口货物报关单概述

一、进出口货物报关单的含义、类别

（一）含义

进出口货物报关单是指进出口货物的收发货人或其代理人，按照海关规定的格式对进出口货物的实际情况作出书面申明，以此要求海关对其货物按适用的海关制度办理通关手续的法律文书。

（二）类别

按货物的流转状态、表现形式和海关监管方式等的不同，将进出口货物报关单做如下划分：

1. 按进出口流向分

（1）进口货物报关单。

（2）出口货物报关单。

2. 按介质分

（1）纸质报关单。

（2）电子数据报关单。

3. 按海关监管方式分

（1）进料加工进出口货物报关单（粉红色）。

（2）来料加工及补偿贸易进出口货物报关单（浅绿色）。

（3）一般贸易及其他贸易进出口货物报关单（浅蓝色）。

二、进出口货物报关单各联的用途

纸质进口货物报关单一式四联，分别是：海关作业联、企业留存联、海关核销联、进口付汇证明联；纸质出口货物报关单一式五联，分别是：海关作业联、企业留存联、海关核销联、出口收汇证明联、出口退税证明联。

（一）进出口货物报关单海关作业联

进出口货物报关单海关作业联是报关员配合海关查验、缴纳税费、提取和装运货物的重要单据，也是海关查验货物、征收税费、编制海关统计以及处理其他海关事务的重要凭证。

（二）进出口货物报关单收、付汇证明联

出口货物报关单出口收汇证明联是海关对已实际出境的货物所签发的证明文件，是银行和国家外汇管理部门办理收汇和核销的重要依据之一。

对需办理进口付汇核销或出口收汇核销的货物，进出口货物的收发货人或其代理人应当在海关放行货物或结关以后，向海关申领进口货物报关单进口付汇证明联或出口货物报关单出口收汇证明联，凭以向国家外汇管理部门或银行办理收汇、付汇核销手续。

（三）进出口货物报关单加工贸易核销联

进出口货物报关单海关核销联是指口岸海关对已实际申报进口或出口的货物所签发的证明文件，是海关办理加工贸易合同核销、结案手续的重要凭证。加工贸易的货物进出口后，申报人应向海关领取进出口货物报关单海关核销联，并凭以向主管海关办理加工贸易合同核销手续。

（四）出口货物报关单出口退税证明联

出口货物报关单出口退税证明联是海关对已实际申报出口并已装运离境的货物所签发的证明文件，是企业凭以向国家税务管理部门证实货物实际出口并申请出口退税的重要凭证之一。

对于出口退税报关单，须待装载出口货物的运输工具实际离境，海关收到载货清单（俗称“清洁舱单”）并结关后，才予以签发。

海关已签发的出口退税报关单证明联因遗失、损毁等特殊情况需要补签的，出口货物的发货人、受委托的报关企业应自原出口退税报关单证明联签发之日起 1 年内向海关提出书面申请，并随附主管其出口退税的地（市）国家税务局签发的“关于申请出具（补办报关单）证明”及有关证明材料，经海关审核同意后，可予补签，并在出口退税专用报关单上注明“补签”字样。

三、进出口货物报关单的法律效力

《海关法》规定：“进口货物的收货人、出口货物的发货人应当向海关如实申报，交验进出口许可证件和有关单证。”

进出口货物报关单及其他进出境报关单（证）在对外经济贸易活动中具有十分重要的法律效力，它是货物的收、发货人向海关报告其进出口货物实际情况及适用海关业务制度，申请海关审查并放行货物的必备法律文书。它既是海关对进出口货物进行监管、征税、统计以及开展稽查、调查的重要依据，又是出口退税和外汇管理的重要凭证，也是海关处理进出口货物走私、违规案件及税务、外汇管理部门查处骗税、逃套汇犯罪活动的重要书证。因此，申报人对所填报的进出口货物报关单的真实性和准确性应承担法律责任。

电子数据报关单与纸质报关单具有同等法律效力。

四、海关对进出口货物报关单填制的一般要求

进出境货物的收发货人或代理人向海关申报时，必须填写并向海关递交进出口货物报关

单。申报人在填制报关单时，应当依法如实向海关申报，对申报内容的真实性、准确性、完整性和规范性承担相应的法律责任。

（1）报关人必须按照《海关法》、《货物申报管理规定》和《填制规范》的有关规定和要求，如实向海关申报。

（2）报关单的填报必须真实，做到两个相符：一是单证相符，即报关单与合同、发票、装箱单、提单以及批文等随附单据相符；二是单货相符，即报关单中所填报内容与实际进出口货物情况相符。特别是货物的品名、规格、数量、价格等内容应注意按规范申报，不得出现差错，更不能伪报、瞒报、虚报。

（3）报关单的填报要准确、齐全、完整、清楚，报关单各栏目要逐项详细填写，字迹要清楚、整洁、端正，不得用铅笔或红色复写纸填报；若有更改，必须在更改项目上加盖校对章。

（4）不同批文或不同合同的货物、同一批货物中不同贸易方式的货物、不同备案号的货物、不同提运单的货物、不同征免性质的货物、不同运输方式或同一运输方式但航次不同的货物等，均应分单填报；一份原产地证书只能对应一份报关单，同一份报关单上的商品不能同时享受协定税率和减免税，在同一批货物中，对于实行原产地证书联网监管的，如涉及多份原产地证书或含非原产地证书商品的，也应分单填报。

（5）商品编号不同、商品名称不同、原产国（地区）、最终目的国（地区）不同的情况，应分项填报。

（6）已向海关申报的进出口货物报关单，如原填报内容与实际进出口货物不一致而有正当理由的，申报人应向海关递交书面更正申请，填写报关单更正单，经海关核准后，对原填报内容进行更改或撤销。

第二节　进出口货物报关单的填制

一、预录入编号

预录入编号指预录入单位预录入报关单的编号，用于申报单位与海关之间引用其申报后尚未接受申报的报关单。

预录入编号由接受申报的海关决定编号规则，由计算机自动打印。

二、海关编号

海关编号指海关接受申报时给予报关单的编号，应标识在报关单的每一联上。

报关单海关编号为18位数字，其中第1～4位为接受申报海关的编号（《关区代码表》中相应海关代码），第5～8位为海关接受申报的公历年份，第9位为进出口标志（“1”为进口，“0”为出口），后9位为顺序编号。

示例：某报关行2009年10月18日向上海吴淞海关申报出口货物，海关编号为

2202	2009	0	×××××××××
海关代码	年份	进出口标志	报关单顺序编号

三、进口口岸/出口口岸

进口口岸/出口口岸指货物实际进出我国关境口岸海关的名称。

本栏目应根据货物实际进出关境的口岸海关填报《关区代码表》中相应的口岸海关名称及代码（四位码）。

具体填报要求如下：

（1）《关区代码表》中只有直属海关关别和代码的，可以填报直属海关名称和代码。如：在西宁海关办理货物进出口报关手续，本栏目可填报“西宁海关”，代码“9701”，而不可填写为“西宁关区”，代码“9700”；如果有隶属海关关别和代码时，必须填报隶属海关关别和代码。如：在上海浦江海关办理货物进出口报关手续，本栏目不得填报“上海海关”，代码“2200”，必须填报“上海浦江海关” +代码“2201”。

（2）加工贸易货物，填报货物限定或指定进出口岸的口岸海关名称及代码。限定或指定口岸与货物实际进出境口岸不符的，应向合同备案主管海关办理变更手续后填报。

（3）进口转关运输货物应填报货物进境地海关名称及代码，出口转关运输货物应填报货物出境地海关名称及代码。按转关运输方式监管的跨关区深加工结转货物，出口报关单填报转出地海关名称及代码，进口报关单填报转入地海关名称及代码。

（4）其他无实际进出境的货物，填报接受申报的海关名称及代码。

（5）无法确定进出口口岸的货物，填报接受申报的海关名称及代码。

（6）部分汽车、船舶、港机维修备件、药品、麻醉药物、精神药品、蛋白同化制剂、胎类激素指定进口口岸，出口轻（重）烧镁、蚕丝、麻黄素、卷烟、红松子、松茸等要严格按照许可证核准的口岸出口，并正确填报海关名称及代码。

（7）对业经整合到综合保税区或保税港区内的出口加工区、保税物流园区、保税区或保税物流中心，且已按照综合保税区或保税港区模式验收运作的，实际进出境货物，填报实际进（出）境的口岸海关名称及关区代码；特殊区域与区外之间进出的货物，填报本特殊区域海关名称及关区代码；在特殊区域内流转的货物，填报本特殊区域海关名称及关区代码；不同特殊区域之间、特殊区域与保税监管场所之间相互流转的货物，填报对方特殊区域或保税监管场所海关名称及关区代码。

示例：某进口公司从香港地区用汽车运载一批货物到深圳皇岗海关（关区代码5301），后再转关运往广州内港海关（关区代码5120），并在内港海关办理报关手续，报关单的进口口岸栏目应填为“皇岗海关” +代码“5301”。

四、备案号

备案号指进出口企业在海关办理加工贸易合同备案或征、减、免税审批备案等手续时，由海关给予加工贸易手册编号、加工贸易电子账册编号，征免税证明编号或其他有关备案审批文件的编号，如实行优惠贸易协定项下原产地证书联网管理的原产地证书编号、适用ITA税率的商品用途认定证明编号等。

一份报关单只允许填报一个备案号。备案号第1位是标记代码（见表9.1）。备案号的标记代码必须与“贸易方式”及“征免性质”栏目相协调。

表 9.1　　　　　　　　　　　　备案号的常用标记代码

首位代码	备案审批文件	首位代码	备案审批文件
B *	加工贸易手册（来料加工）	RZ	减免税进口货物结转联系函
C *	加工贸易手册（进料加工）	H	出口加工区电子账册
D	加工贸易不作价设备	J	保税仓库记账式电子账册
E *	加工贸易电子账册	K	保税仓库备案式电子账册
F	加工贸易异地报关分册	Y *	原产地证书
G	加工贸易深加工结转异地报关分册	Z *	征免税证明
RT	减免税进口货物同意退运证明	RB	减免税货物补税通知书

注：“ * ” 标记的内容，应熟练掌握，下同。

无备案审批文件的报关单，本栏目免予填报。

具体填报要求如下：

（1）加工贸易合同项下货物，除少量低价值辅料按规定不使用《加工贸易手册》之外，填报《加工贸易手册》编号。

（2）涉及征、减、免税备案审批的报关单，填报《征免税证明》编号。

（3）进出特殊区域的保税货物，本栏目应填报标记代码为“H”的电子账册备案号；出入出口加工区的征免税货物、物品，应填报标记代码为“H”、第 6 位为“D”的电子账册备案号；出口加工区企业维修、测试、检验、展览及暂准进出境货物运往区外，本栏可不需填报。

（4）使用异地直接报关分册和异地深加工结转出口分册在异地口岸报关的，本栏目应填报分册号；本地直接报关分册和本地深加工结转分册限制在本地报关，本栏目应填报总册号。

（5）加工贸易货物凭《征免税证明》转为享受减免税或需审批备案后办理形式进口货物的，进口报关单填报《征免税证明》编号，出口报关单填报《加工贸易手册》编号，并在进口报关单“标记唛码及备注栏”填写加工贸易手册编号，在出口报关单“标记唛码及备注栏”填征免税证明编号。

（6）加工贸易内销征税的报关单“备案号”栏目应填写海关《加工贸易手册》编号。

（7）对减免税设备及加工贸易设备之间的结转，转入和转出企业分别填制进、出口报关单，本栏目分别填报《加工贸易手册》编号、《征免税证明》编号或免予填报。减免税货物退运出口，报关单的“备案号”栏目应填写《减免税进口货物同意退运证明》的编号；减免税货物补税进口，报关单的“备案号”栏目应填写《减免税货物补税通知书》的编号；减免税货物结转进口（转入），报关单“备案号”栏目应填写《进出口货物征免税证明》的编号，相应的结转出口（转出），报关单“备案号”栏目应填写《减免税进口货物结转联系函》的编号。进口减免税设备在办理进口报关手续时，因故发生直接退运时，其出口报关单的“备案号”栏允许为空。

（8）优惠贸易协定项下实行原产地证书联网管理的香港 CEPA、澳门 CEPA 项下进口的货物，应填报原产地证书代码“Y”和原产地证书编号；未实行原产地证书联网管理的货物，本栏目免予填报。

（9）进口适用ITA税率的商品：填报用途认定证明的编号。

示例1：深圳某企业来料加工贸易生产的电子分色机，被北京某合资企业购买为投资设备（符合特定减免政策）。来料加工手册编号为：B10200305211，《征免税证明》编号为：Z01008B01038，北京某合资企业的进口报关单备案号应填报为："Z01008B01038"。

示例2：某服装加工贸易企业（B类企业），进口78种列名客供辅料一批，价值3 000美元，用于为日本厂商来料加工护士服。该护士服加工贸易合同的《加工贸易手册》编号为：B01170305211。其进口报关单上的"备案号"栏无须填报，为空。

五、进口日期/出口日期

（一）进口日期

进口日期指运载所申报货物的运输工具申报进境的日期。本栏目填报的日期必须与相应的运输工具实际申报进境日期一致。

进口货物收货人或其代理人在进口申报时无法确知相应的运输工具的实际进境日期时，本栏目允许为空。进口货物收货人或其代理人未申报进口日期，或申报的进口日期与运输工具负责人或其代理人向海关申报的进境日期不符的，应以运输工具申报进境的日期为准。

（二）出口日期

出口日期指运载所申报货物的运输工具办结出境手续的日期。本栏目供海关打印报关单证明联用，在申报时免予填报。

进口日期/出口日期栏目为8位数字，顺序为年（4位）、月（2位）、日（2位）。对于无实际进出境的货物，报关单"进（出）口日期"栏应填报向海关办理申报手续的日期，以海关接受申报的日期为准。对集中申报的报关单，进口日期以海关接受报关申报的日期为准。

示例：山东某企业申报海运进口设备一批，该船2010年7月20日向青岛海关申报进境，在H2000通关系统中填报进口日期应是2010.07.20。

六、申报日期

申报日期指海关接受进出口货物的收、发货人或受其委托的报关企业向海关申报的日期。

以电子数据报关单方式申报的，申报日期为海关计算机系统接受申报数据时记录的日期。以纸质报关单方式申报的，申报日期为海关接受纸质报关单并对报关单进行登记处理的日期。

本栏目在申报时免予填报。

七、经营单位

经营单位指已在海关注册登记、对外签订并执行进出口贸易合同的中国境内法人、其他组织或个人。

本栏目应填报经营单位中文名称及经营单位编码。

经营单位编码是经营单位在海关办理注册登记手续时，海关给予的注册登记10位编码（见表9.2）。

表 9.2　　经营单位编码结构列表

<table>
<tr><td colspan="4">经营单位编码（企业 10 位海关注册登记编码）</td></tr>
<tr><td>第 1、2 位</td><td colspan="3">省（自治区、中央直辖市）代码</td></tr>
<tr><td>第 3、4 位</td><td colspan="3">省辖市（地区、省直辖行政单位）代码</td></tr>
<tr><td rowspan="8">第 5 位</td><td rowspan="8">经济区划代码</td><td>1</td><td>经济特区（深圳特区可用“0”）</td></tr>
<tr><td>2</td><td>经济技术开发区和上海浦东新区、海南洋浦经济开发区</td></tr>
<tr><td>3</td><td>高新技术产业开发区</td></tr>
<tr><td>4</td><td>保税区</td></tr>
<tr><td>5</td><td>出口加工区</td></tr>
<tr><td>6</td><td>保税港区</td></tr>
<tr><td>7</td><td>保税物流园区</td></tr>
<tr><td>9</td><td>其他</td></tr>
<tr><td rowspan="9">第 6 位</td><td rowspan="9">企业性质代码</td><td>1</td><td>国有企业</td></tr>
<tr><td>2</td><td>中外合作企业</td></tr>
<tr><td>3</td><td>中外合资企业</td></tr>
<tr><td>4</td><td>外商独资企业</td></tr>
<tr><td>5</td><td>有进出口经营权的集体企业</td></tr>
<tr><td>6</td><td>有进出口经营权的私营企业</td></tr>
<tr><td>7</td><td>有进出口经营权的个体工商户</td></tr>
<tr><td>8</td><td>有报关权而没有进出口经营权的企业</td></tr>
<tr><td>9</td><td>其他，包括外国驻华企事业机构、外国驻华使领馆和临时有进出口经营权的单位等</td></tr>
<tr><td>第 7 ~ 10 位</td><td colspan="3">顺序代码（临时报关代码为 0000 或 9999）</td></tr>
</table>

第 1 ~ 4 位为行政区域代码，例如：广东省广州市为“4401”；广东省珠海市为“4404”；广东省其他未列名地区为“4490”。

第 5 位表示市内经济区域，例如：广州经济技术开发区为“44012”；中山市高新技术开发区为“44203”、中山市其他地区为“44209”。

第 6 位表示企业性质，例如：五矿（南京）国际贸易有限公司为“3201912910”，厦门双福制衣有限公司（外资）为“3502141624”。

特殊情况下确定经营单位原则如下：

（1）援助、赠送、捐赠的货物，本栏目填报直接接受货物的单位的中文名称及编码。例如：北京市残联接受日本政府赠送的残疾人轮椅一批，由北京通达报关行代为申报进口。经营单位应填报“北京市残联” + “1100931000（临时经营单位代码）”。

（2）进出口企业之间相互代理进出口的，或没有进出口经营权的企业委托有进出口经营权的企业代理进出口的，本栏目填报代理方的中文名称及编码。例如：某省种畜进出口公司委托该省机械进出口公司进口设备一批。经营单位填报为省机械进出口公司及代码。

（3）外商投资企业委托进出口企业进口投资设备、物品的，本栏目填报外商投资企业的中文名称及编码，并在“标记唛码及备注”栏注明“委托 × × 公司进口”。例如：北京宇都商贸有限公司是外商投资企业，委托大连化工进出口公司与韩国签约，经营单位应填报为北京宇都商贸有限公司及其代码，并在“标记唛码及备注”栏注明“委托大连化工进出口公司进口”。外商投资企业委托外贸企业进口生产用原材料，应视同一般委托，其经营单位应填报外贸企业及其海关编码。

（4）报关企业代理其他进出口企业办理进出口报关手续时，填报委托方的进出口企业名称及海关编码；经营单位编码第6位数为“8”的单位是只有报关权而没有进出口经营权的企业，不得作为经营单位填报。

（5）境外企业不得作为经营单位填报。对于委托我驻港、澳机构成交的货物，国内委托人为经营单位（中国境内法人）。例如：北京大兴汽车贸易公司委托香港华泽汽车进出口公司进口汽车，其经营单位为北京大兴汽车贸易公司。

（6）合同的签订者和执行者不是同一企业的，经营单位应按执行合同的企业填报。例如，中国化工进出口总公司对外统一签约，而由辽宁省化工进出口公司负责合同的具体执行，则经营单位应为辽宁省化工进出口公司。

示例：北京某服装进出口公司承接一笔来料加工业务，委托北京顺义服装厂生产加工，其经营单位应为北京某服装进出口公司。

八、运输方式

运输方式指载运货物进出关境所使用的运输工具的分类，包括实际运输方式和海关规定的特殊运输方式。

本栏目应根据实际运输方式按海关规定的《运输方式代码表》（见表9.3）选择填报相应的运输方式名称或代码。进境货物的运输方式，按货物运抵我国关境第一口岸时的运输方式填报；出境货物的运输方式，按货物运离我国关境最后一个口岸时的运输方式填报。

表9.3　　运输方式代码表及说明

代码	名称	运输方式说明
0	非保税区	非保税区运入保税区和保税区退区
1	监管仓库	境内存入保税仓库和出口监管仓库退仓
2 *	水路运输	
3 *	铁路运输	
4 *	公路运输	
5 *	航空运输	
6	邮件运输	
7	保税区	保税区运往非保税区
8	保税仓库	保税仓库转内销
9	其他运输	人扛、驮畜、输油管道、输水管道和输电网等方式
W	物流中心	从物流中心外运入保税物流中心或从保税物流中心运往境内非保税物流中心
X	物流园区	从境内特殊监管区域之外运入园区内或从保税物流园区运往境内
Y	保税港区	保税港区（不包括直通港区）运送区外和区外运入保税港区
Z	出口加工	出口加工区运往区外和区外运入出口加工区（区外企业填报）
H	边境特殊海关作业区	境内运入深港西部通道港方口岸区

特殊情况下运输方式的填报原则如下：

（1）非邮政方式进出口的快件，按实际进出境运输方式填报。

（2）进出境旅客随身携带的货物，按旅客实际进出境时所乘运输工具填报。

（3）进口转关运输货物，按载运货物抵达进境地的运输工具填报；出口转关运输货物，按载运货物驶离出境地的运输工具填报。

（4）出口加工区与区外之间进出的货物，区内企业填报“9”，区外企业填报“Z”。

（5）运输方式为保税区（代码为7）和保税仓库（代码为8）仅适用于保税区和保税仓库转内销货物进口报关单的本栏的填报，不得用于出口报关单。

（6）其他无实际进出境的，运输方式代码为“0、1、7、8、Z、W、X、Y、H”的，其进口报关单的“起运国（地区）”栏、出口报关单的“运抵国（地区）”栏应填报为中国（142）。

（7）同一出口加工区内或不同出口加工区的企业之间相互结转（调拨）的货物，出口加工区与其他海关特殊监管区域之间、不同保税区之间、同一保税区内不同企业之间、保税区与出口加工区等海关特殊监管区域之间转移、调拨的货物，以及加工贸易余料结转、深加工结转和内销货物，填报“9”（其他运输）。

（8）对特殊区域内企业实际进出境货物，应根据实际运输方式，按海关规定的《运输方式代码表》选择填报相应的运输方式；同一特殊区域或不同特殊区域之间、特殊区域与保税监管场所之间流转的货物，区内企业填报“其他运输”（代码9）；特殊区域与境内（区外）（非特殊区域、保税监管场所）之间进出的货物，区内、区外企业应根据实际运输方式分别填报，“保税港区/综合保税区”（代码Y），“出口加工区”（代码Z）。

（9）不复运出（入）境而留在境内（外）销售的进出境展览品、留赠转卖物品等，填报“9”。

示例：保定某公司采用国际联运方式在天津新港海运进口设备一批后，铁路转运至保定报关，运输方式为“水路运输”或“2”。

九、运输工具名称

运输工具名称指载运货物进出境的运输工具的名称或运输工具编号。

在纸质报关单中，“运输工具名称”栏根据不同的运输方式有不同的填报要求，一般需填报运输工具名称及航次号。填报内容应与运输部门向海关申报的载货清单所列内容一致。

一份报关单只允许填报一个运输工具名称。

具体填报要求如下：

1. 直接在进出境地办理报关手续的报关单的具体填报要求如下：

（1）水路运输填报船舶编号（来往港、澳地区小型船舶为监管簿编号）或者船舶英文名称。

（2）公路运输填报该跨境运输车辆的国内行驶车牌号，深圳提前报关模式填报国内行驶车牌号 + “/” + “提前报关”（4 个汉字）。

（3）铁路运输填报车厢编号或交接单号。

（4）航空运输填报航班号。

（5）邮政运输填报邮政包裹单号。

（6）其他运输填报具体运输方式名称，例如：管道、驮畜等。

（7）对于集中报关的货物填报“集中申报”（4 个汉字）。

2. 转关运输货物报关单填报要求

（1）进口报关单运输工具名称：

① 水路运输：直转、提前报关填报“@”+16 位转关申报单预录入号（或 13 位载货清单号）；中转填报进境英文船名。

② 铁路运输：直转、提前报关填报“@”+16 位转关申报单预录入号；中转填报车厢编号。

③ 航空运输：直转、提前报关填报“@”+16 位转关申报单预录入号（或 13 位载货清单号）；中转填报“@”。

④ 公路及其他运输：填报“@”+16 位转关申报单预录入号（或 13 位载货清单号）。

⑤ 以上各种运输方式使用广东地区载货清单转关的提前报关货物填报“@”+13 位载货清单号。

（2）出口报关单运输工具名称具体如下：

① 水路运输：非中转填报“@”+16 位转关申报单预录入号（或 13 位载货清单号）。如多张报关单需要通过一张转关单转关的，运输工具名称字段填报“@”。

对于中转的，境内水路运输填报驳船船名；境内铁路运输填报车名（主管海关 4 位关别代码 +“TRAIN”（英文单词））；境内公路运输填报车名（主管海关 4 位关别代码 +“TRUCK”（英文单词））。

② 铁路运输：填报“@”+16 位转关申报单预录入号（或 13 位载货清单号），如多张报关单需要通过一张转关单转关的，填报“@”。

③ 航空运输：填报“@”+16 位转关申报单预录入号（或 13 位载货清单号），如多张报关单需要通过一张转关单转关的，填报“@”。

④ 其他各类出境运输方式：填报“@”+16 位转关申报单预录入号（或 13 位载货清单号）。

3. 无实际进出境货物报关单，本栏目为空

同一特殊区域或不同特殊区域之间、特殊区域与保税监管场所之间流转的货物，在出口备案清单本栏目填报转入方关区代码（前两位）及进口报关单（备案清单）号，即转入 XX（关区代码前两位）XXXXXXXXX（报关单/备案清单号）。

示例：上海某进出口企业 2009 年 9 月 25 日海运进口货物一批，船名：TIANNA，编号：V354，运输工具名称填报为：TIANNA。

十、航次号

航次号指载运货物进出境的运输工具的航次编号。填制纸质报关单时，本栏目内容与运输工具名称合并填报。

其具体填报要求如下：

（一）直接在进出境地办理报关手续的报关单

（1）水路运输：填报船舶的航次号。

（2）公路运输：填报该跨境运输车辆的进出境日期（8 位数字，顺序为年（4 位）、月

(2 位)、日（2 位)，下同)。

(3) 铁路运输：填报进出境日期。

(4) 航空运输：免予填报。

(5) 邮政运输：填报进出境日期。

(6) 其他各类运输方式：免予填报。

(二) 转关运输货物报关单

1. 进口

(1) 水路运输：中转转关方式填报“@” + 进境干线船舶航次。直转、提前报关免予填报。

(2) 公路运输：免予填报。

(3) 铁路运输：“@” + 进出境日期（8 位数字，顺序为年（4 位)、月（2 位)、日（2 位))。

(4) 航空运输：免予填报。

(5) 其他各类运输方式：免予填报。

2. 出口

(1) 水路运输：非中转货物免予填报；中转货物，境内水路运输填报驳船航次号，境内铁路、公路运输填报 6 位启运日期，顺序为年、月、日各 2 位。

(2) 铁路拼车拼箱捆绑出口：免予填报。

(3) 航空运输：免予填报。

(4) 其他运输方式：免予填报。

(三) 上述规定以外无实际进出境的，本栏目免予填报

示例：北京某单位海运出口货物一批，向北京海关朝阳办事处申报后，直接转关至天津新港海关出境。该批货物在出口转关运输货物报关单的预录入编号：0120060630800526。出口转关运输货物申报单的“运输工具名称”应为：免填。

十一、提运单号

提运单号指进出口货物提单或运单的编号。

本栏目填报的内容应与运输部门向海关申报的载货清单所列相应内容一致。

其一份报关单只允许填报一个提运单号，一票货物对应多个提运单时，应分单填报。

具体填报要求如下：

(一) 直接在进出境地办理报关手续的报关单

(1) 水路运输：填报进出口提运单号。如有分提运单的，填报进出口提运单号 + “*” + 分提运单号。

(2) 公路运输：免予填报。

(3) 铁路运输：填报运单号。

(4) 航空运输：填报总运单号 + “_”（下划线） + 分运单号，无分运单的填报总运单号。

(5) 邮政运输填报邮运包裹单号。

(6) 无实际进出境的，本栏目免予填报。

（二）转关运输货物报关单

1. 进口

（1）水路运输：直转、中转填报提单号，提前报关免予填报。

（2）铁路运输：直转、中转填报铁路运单号，提前报关免予填报。

（3）航空运输：直转、中转货物填报总运单号＋“_”＋分运单号，提前报关免予填报。

（4）其他运输方式，本栏目为空。

（5）以上各种运输方式进境货物，在广东省内用公路运输转关的，填报车牌号。

2. 出口

（1）水路运输：中转货物填报运单号；非中转免予填报；广东省内提前报关的转关货物填报车牌号。

（2）其他运输方式：广东省内提前报关的转关货物填报车牌号；其他地区免予填报。

（三）采用“集中申报”通关方式的

采用“集中申报”通关方式办理报关手续的，报关单的“提运单号”栏应填报归并的集中申报清单的进出起止日期，起止日期都按（年（4位）、月（2位）、日（2位））方式填。如：起始时间2010年1月15日，截止时间2010年2月5日，则应填报为：2010011520100205。

适用“担保验放”措施的AA类管理的企业，海关未接受进口舱单电子数据的情况下，允许企业进口报关单申报时，其“提运单号”栏为空，但在海关放行环节应补录提运单号。

示例：北京医药保健品进出口公司，于2010年2月10日，采用H2000通关系统直接向首都国际机场海关申报空运进口药品检验试剂一批。该批货物的总运单号为：CAB05026231，分运单号为：CAC052198。其进口货物报关单上的“提运单号”应填报为：CAB05026231_ CAC052198。

十二、收货单位/发货单位

1. 收货单位，指已知的进口货物在境内的最终消费、使用单位，包括：

（1）自行从境外进口货物的单位。

（2）委托进出口企业进口货物的单位。

2. 发货单位指出口货物在境内的生产或销售单位，包括：

（1）自行出口货物的单位。

（2）委托进出口企业出口货物的单位。

3. 备有海关注册编号或加工生产企业编号的收、发货单位，本栏目必须填报其中文名称及其编码；没有编码的，填报其中文名称。加工贸易报关单的收、发货单位应与《加工贸易手册》的“经营企业”或“加工企业”一致；减免税货物报关单的收、发货单位应与《征免税证明》的“申请单位”一致；进口货物的最终消费和使用单位难以确定的：应以货物进口时预知的最终收货单位为准填报；出口货物的生产或销售单位难以确定的，以最早发运该出口货物的单位为准填报；进口构成整车特征的汽车零部件，收货单位栏应填报汽车生产企业名称。

示例：北京某服装进出口公司委托北京顺义服装厂来料加工服装一批，其收货单位应填报为北京顺义服装厂。

十三、贸易方式（监管方式）

本栏目应根据实际情况按海关规定的《贸易方式代码表》（见表9.4）选择填报相应的贸易方式简称或代码。贸易方式代码采用四位数字结构，其中前两位是按海关监管要求和计算机管理需要划分的分类代码，例如02—08、44、46表示加工贸易货物，11—12表示保税仓储、转口货物，20—22表示外商投资企业进口货物，45表示退运货物，50—53表示特殊区域货物。后两位为海关统计代码，其中10—39表示列入海关统计，41—66表示列入单项统计，00表示不列入海关贸易统计和单项统计。

表9.4　　贸易方式代码表

贸易方式代码	简称	全　称
0110 *	一般贸易	一般贸易
0130	易货贸易	易货贸易
0139	旅游购物商品	旅游者5万美元以下的出口小批量订单
0200	料件放弃	主动放弃交由海关处理的来料或进料加工料件
0214 *	来料加工	来料加工装配贸易进口料件及加工出口货物
0245	来料料件内销	来料加工料件转内销
0255 *	来料深加工	来料深加工结转货物
0258	来料余料结转	来料加工余料结转
0265	来料料件复出	来料加工复运出境的原进口料件
0300	来料料件退换	来料加工料件退换
0314	加工专用油	国营贸易企业代理来料加工企业进口柴油
0320	不作价设备	加工贸易外商提供的不作价进口设备
0345	来料成品减免	来料加工成品凭征免税证明转减免税
0400	成品放弃	主动放弃交由海关处理的来料及进料加工成品
0420	加工贸易设备	加工贸易项下外商提供的进口设备
0444	保区进料成品	按成品征税的保税区进料加工成品转内销货物
0445	保区来料成品	按成品征税的保税区来料加工成品转内销货物
0446	加工设备内销	加工贸易免税进口设备转内销
0456	加工设备结转	加工贸易免税进口设备结转
0466	加工设备退运	加工贸易免税进口设备退运出境
0500	减免设备结转	用于监管年限内减免税设备的结转
0513	补偿贸易	补偿贸易
0544	保区进料料件	按料件征税的保税区进料加工成品转内销货物
0545	保区来料料件	按料件征税的保税区来料加工成品转内销货物
0615 *	进料对口	进料加工
0642	进料以产顶进	进料加工成品以产顶进
0644	进料料件内销	进料加工料件转内销

续表 9.4

贸易方式代码	简称	全　　称
0654 *	进料深加工	进料深加工结转货物
0657	进料余料结转	进料加工余料结转
0664	进料料件复出	进料加工复运出境的原进口料件
0700	进料料件退换	进料加工料件退换
0744	进料成品减免	进料加工成品凭征免税证明转减免税
0815	低值辅料	低值辅料
0844	进料边角料内销	进料加工项下边角料转内销
0845	来料边角料内销	来料加工项下边角料内销
0864	进料边角料复出	进料加工项下边角料复出口
0865	来料边角料复出	来料加工项下边角料复出口
1139	国轮油物料	中国籍运输工具境内添加的保税油料、物料
1200	保税间货物	海关保税场所及保税区域之间往来的货物
1233	保税仓库货物	保税仓库进出境货物
1234	保税区仓储转口	保税区进出境仓储转口货物
1300	修理物品	进出境修理物品
1427	出料加工	出料加工
1500 *	租赁不满一年	租期不满一年的租赁贸易货物
1523 *	租赁贸易	租期在一年及以上的租赁贸易货物
1616	寄售代销	寄售、代销贸易
1741	免税品	免税品
1831	外汇商品	免税外汇商品
2025 *	合资合作设备	合资合作企业作为投资进口设备物品
2225 *	外资设备物品	外资企业作为投资进口的设备物品
2439	常驻机构公用	外国常驻机构进口办公用品
2600 *	暂时进出货物	暂时进出口货物
2700	展览品	进出境展览品
2939	陈列样品	驻华商业机构不复运出口的进口陈列样品
3010	货样广告品 A	有经营权单位进出口的货样广告品
3039	货样广告品 B	无经营权单位进出口的货样广告品
3100 *	无代价抵偿	无代价抵偿进出口货物
3339 *	其他进出口免费	其他进出口免费提供货物
3410	承包工程进口	对外承包工程进口物资
3422	对外承包出口	对外承包工程出口物资
3511	援助物资	国家和国际组织无偿援助物资
3612	捐赠物资	进出口捐赠物资
4019	边境小额	边境小额贸易（边民互市贸易除外）
4039	对台小额	对台小额贸易

续表 9.4

贸易方式代码	简称	全　称
4200	驻外机构运回	我驻外机构运回旧公用物品
4239	驻外机构购进	我驻外机构境外购买运回国的公务用品
4400	来料成品退换	来料加工成品退换
4500 *	直接退运	直接退运
4539	进口溢误卸	进口溢卸、误卸货物
4561 *	退运货物	因质量不符、延误交货等原因退运进出境货物
4600	进料成品退换	进料成品退换
5000	料件进出区	料件进出海关特殊监管区域
5010	特殊区域研发货物	海关特殊监管区域与境外之间进出的研发货物
5014	区内来料加工	海关特殊监管区域与境外之间进出的来料加工货物
5015	区内进料加工货物	海关特殊监管区域与境外之间进出的进料加工货物
5034	区内物流货物	海关特殊监管区域与境外之间进出的物流货物
5100	成品进出区	成品进出海关特殊监管区域
5300	设备进出区	设备及物资进出海关特殊监管区域
5335	境外设备进区	海关特殊监管区域从境外进口的设备及物资
5361	区内设备退运	海关特殊监管区域设备及物资退运境外
6033	物流中心进出境货	保税物流中心与境外之间进出仓储货物
9600	内贸货物跨境运输	内贸货物跨境运输
9639	海关处理货物	海关变卖处理的超期未报货物，走私违规货物
9700	后续补税	无原始报关单的后续补税
9739	其他贸易	其他贸易
9800	租赁征税	租赁期一年及以上的租赁贸易货物的租金
9839	留赠转卖物品	外交机构转售境内或国际活动留赠放弃特批货
9900	其他	其他

一份报关单只允许填报一种贸易方式。

加工贸易特殊情况下填报要求如下：

（1）少量低值辅料（即5 000美元以下，78种以内的低值辅料）按规定不使用《加工贸易手册》的，辅料进口报关单填报“低值辅料”。使用《加工贸易手册》的，按《加工贸易手册》上的贸易方式填报。

（2）外商投资企业为加工内销产品而进口的料件或进口供加工内销产品的料件，进口报关单填报“一般贸易”。外商投资企业为加工出口产品全部使用国内料件的出口合同，成品出口报关单填报“一般贸易”。

（3）加工贸易料件结转或深加工结转货物，按批准的贸易方式填报。

（4）加工贸易料件转内销货物（及按料件补办进口手续的转内销制成品、残次品、半成品）应填制进口报关单，本栏目填报“来料（或进料）料件内销”；加工贸易成品凭《征免税证明》转为享受减免税进口货物的，出口报关单本栏目填报“来料（或进料）成品减免”，进口报关单本栏目按照实际贸易方式填报。

（5）加工贸易出口成品因故退运进口及复出口、加工贸易进口料件因换料退运出口及复运进口的，填报与《加工贸易手册》备案相应的退换、复出监管方式简称或代码。

（6）备料《加工贸易手册》中的料件结转入加工出口《加工贸易手册》的填报相应的来料或进料加工贸易方式。

（7）保税工厂加工贸易进出口货物，根据《加工贸易手册》填报相应的来料或进料加工贸易方式。

（8）加工贸易边角料内销和副产品内销，进口报关单应填报“来料（或进料）边角料内销”。

（9）加工贸易料件或成品放弃，进口报关单应填报“料件（或成品）放弃”。

十四、征免性质

征免性质指海关根据《海关法》、《关税条例》及国家有关政策对进出口货物实施征、减、免税管理的性质类别。

本栏目应按照海关核发的《征免税证明》中批注的征免性质填报，或根据实际情况按海关规定的《征免性质代码表》（见表9.5）选择填报相应的征免性质简称或代码。加工贸易货物本栏目应按照海关核发的“加工贸易手册”中批注的征免性质填报相应的征免性质简称或代码。一份报关单只允许填报一种征免性质。

表9.5　　征免性质代码表

代码	简称	全　　称
101 *	一般征税	一般征税进出口货物
201	无偿援助	无偿援助进出口物资
299 *	其他法定	其他法定减免税进出口货物
301	特定区域	特定区域进口自用物资及出口货物
307	保税区	保税区进口自用物资
399	其他地区	其他执行特殊政策地区出口货物
401 *	科教用品	大专院校及科研机构进口科教用品
403	技术改造	企业技术改造进口货物
405	科技开发用品	科学研究、技术开发机构进口科技开发用品
406	重大项目	国家重大项目进口货物
408	重大技术装备	生产重大技术装备进口关键零部件及原材料
409	科技重大专项	科技重大专项进口关键设备、零部件和原材料
412	基础设施	通信、港口、铁路、公路、机场建设进口设备
413	残疾人	残疾人组织和企业进出口货物
417	远洋渔业	远洋渔业自捕水产品
418	国产化	国家定点生产小轿车和摄录机企业进口散件
420	远洋船舶	远洋船舶及设备部件
421	内销设备	内销远洋船用设备及关键部件
422	集成电路	集成电路生产企业进口货物

续表 9.5

代码	简称	全　　称
423	膜晶显	“膜晶显”生产企业进口货物
499	ITA 产品	非全税号信息技术产品
501 *	加工设备	加工贸易外商提供的不作价进口设备
502 *	来料加工	来料加工装配和补偿贸易进口料件及出口成品
503 *	进料加工	进料加工贸易进口料件及出口成品
506	边境小额	边境小额贸易进口货物
510	港澳 OPA	港澳在内地加工的纺织品获证出口
601 *	中外合资	中外合资经营企业进出口货物
602 *	中外合作	中外合作经营企业进出口货物
603 *	外资企业	外商独资企业进出口货物
605	勘探开发煤层气	勘探开发煤层气
606	海上石油	勘探、开发海上石油进口货物
608	陆地石油	勘探、开发陆地石油进口货物
609	贷款项目	利用贷款进口货物
611	贷款中标	利用国际金融组织贷款、外国政府贷款项目中标机电设备
698	公益收藏	国有公益性收藏单位进口藏品
789 *	鼓励项目	国家鼓励发展的内外资项目进口设备
799 *	自有资金	外商投资额度外利用自有资金进口设备、备件、配件
801	救灾捐赠	救灾捐赠进口物资
802	扶贫慈善	境外向我境内无偿捐赠用于扶贫慈善的免税进口物资
888	航材减免	经核准的航空公司进口维修用航空器材
898	国批减免	国务院特准减免税的进出口货物
998	内部暂定	享受内部暂定税率的进出口货物
999	例外减免	例外减免税进出口货物

征免性质代码由三位数组成，第一位数表示类别，第二、三位数表示该类别减免税项目的顺序号。

（一）常见的征免性质及其适用范围

1. 一般征税进出口货物（101）

适用于依照《海关法》、《进出口关税条例》、《海关进出口税则》及其他法律、法规所规定的税率征收关税、进口环节增值税和其他税费的进出口货物。包括除其他征免性质另有规定者外的一般照章（包括按照公开暂定税率）征税或补税的进出口货物。

2. 其他法定减免税进出口货物（299）

适用于依照《海关法》、《关税条例》，对除无偿援助进出口物资外的其他实行法定减免税的进出口货物，以及根据有关规定非按全额货值征税的部分进出口货物。具体适用范围包括：

（1）无代价抵偿进出口货物（照章征税的除外）。
（2）无商业价值的广告品和货样。
（3）进出境运输工具装载的途中必需的燃料、物料和饮食用品。
（4）因故退还的境外进口货物。
（5）因故退还的我国出口货物。
（6）在境外运输途中或者在起卸时遭受损坏或损失的货物。
（7）起卸后海关放行前，因不可抗力遭受损坏或者损失的货物。
（8）因不可抗力因素造成的受灾报税货物。
（9）海关查验时已经破漏、损坏或者腐烂，经证明不是保管不慎造成的货物。
（10）我国缔结或者参加的国际条约规定减征、免征关税的货物、物品。
（11）暂准进出口货物。
（12）展览会货物。
（13）出料加工项下的出口料件及复进口的成品。
（14）进出境的修理物品。
（15）租赁期不满一年的进出口货物。
（16）边民互市进出境货物。
（17）非按全额货值征税的进出口货物（如按租金、修理费征税的进口货物）。
（18）其他不按“进出口货物征免税证明”管理的减免税货物。

3. 保税区进口自用物资（307）

它是指对保税区单独实施征减免税政策的进口自用物资。包括保税区用于基础设施建设的物资和保税区内企业（外商投资企业除外）进口的生产设备和其他自用物资及出口货物，保税区行政管理机构自用合理数量的管理设备和办公用品等。

4. 科教用品（401）

适用于为促进科研和教育事业的发展，科研机构和学校以科学研究和教学为目的按照有关征减免税政策，在合理数量范围以内，进口国内不能生产的或性能不能满足需要的、直接用于科研或教学的货物。

5. 科技开发用品（405）

科技开发用品指为鼓励科研和技术开发，促进科技进步，科学研究、技术开发机构在规定时间内，在合理数量范围内进口国内不能生产或性能不能满足需要的科技开发用品。

6. 加工贸易外商提供的不作价进口设备（501）

它是指加工贸易经营单位按照有关征免税政策进口的外商免费（即不需经营单位付汇，也不需用加工费和差价偿还）提供的加工生产所需设备。

7. 来料加工（502）

适用于来料加工装配和补偿贸易进口的料件等以及经加工后出口的成品和半成品。

8. 进料加工（503）

适用于外贸公司、工贸公司等专为生产外销产品而用外汇购买进口的料件和外商投资企业为履行产品出口合同而进口的料件，以及经加工后返销出口的成品和半成品。

9. 中外合资（601）

适用于中外合资企业自产的出口产品。

10. 中外合作（602）

适用于中外合作企业自产的出口产品。

11. 外资企业（603）

适用于外商独资企业自产的出口产品。

12. 鼓励项目（789）

适用于1998年1月1日后国家鼓励发展的国内投资项目、外商投资项目、利用外国政府贷款和国际金融组织贷款项目，以及从1999年9月1日起，按国家规定程序审批的外商投资研究开发中心，中西部省、自治区、直辖市利用外资优势产业和优势项目目录的项目，在投资总额内进口的自用设备，以及按合同随设备进口的技术及数量合理的配套件、备件。

13. 自有资金（799）

适用于已设立的鼓励类和原限制乙类外商投资企业（外国投资者的投资比例不低于25%）、外商投资研究开发中心、先进技术型和产品出口型外商投资企业以及符合中西部利用外资优势产业和优势项目目录的项目，利用投资总额以外的自有资金（企业储备基金、发展基金、折旧和税后利润），在原批准的生产经营范围内，进口国内不能生产或性能不能满足需要的自用设备及其配套的技术、配件、备件，对本企业原设备进行更新（不包括成套设备和生产线）或维修。

（二）特殊情况填报要求

（1）加工贸易结转货物本栏目为空。

（2）外商投资企业为加工内销产品而进口料件，填报“一般征税”。

（3）加工贸易转内销货物，按实际应享受的征免性质填报（如一般征税、科教用品、其他法定等）。

（4）料件退运出口、成品退运进口货物填报“其他法定”（代码299）。

示例：某交通大学进口用于教学的仪器一台，《进口货物征免税证明》海关批注为：折半征税，则报关单的贸易方式为：一般贸易，征免性质为：科教用品。

十五、征税比例/结汇方式

（一）征税比例

征税比例仅用于原“进料非对口”贸易方式下进口料件的进口报关单。

（二）结汇方式

出口报关单应填报结汇方式，即出口货物的发货人或其代理人收结外汇的方式。出口报关单“结汇方式”栏不得为空，出口货物不需要结汇的，应填报为“其他”。本栏目应按海关规定的《结汇方式代码表》（见表9.6）选择填报相应的结汇方式名称或代码。

表9.6　　结汇方式代码表

代码	结汇方式	缩写	英文名称
1 *	信汇	M/T	Mail Transfer
2 *	电汇	T/T	Telegraphic Transfer
3 *	票汇	D/D	Remittance by Banker's Demand Draft
4 *	付款交单	D/P	Documents against Payment

续表 9.6

代码	结汇方式	缩写	英文名称
5 *	承兑交单	D/A	Documents against Acceptance
6 *	信用证	L/C	Letter of Credit
7	先出后结		
8	先结后出		
9	其他		

十六、许可证号

应申领进（出）口许可证的货物，必须在此栏目填报商务部及其授权发证机关签发的进（出）口货物许可证的编号。许可证号长度为10位字符，证号的组成为××－××－××××××，第一、二位代表年份，第三、四位代表发证机关（AA代表部级发证，AB、AC代表特派办发证，01、02等代表地方发证），后6位为顺序号。例如：06－AA－101888。两用物项和技术进出口许可证的编号长度、编排与进出口许可证相同，但编号的第5位为字母。

目前填报在此栏的许可证有：进（出）口许可证、两用物项和技术进（出）口许可证、两用物项和技术出口许可证（定向）、出口许可证（加工贸易）、出口许可证（边境小额贸易）。一份报关单只允许填报一个许可证号。非许可证管理商品本栏目为空。

十七、起运国（地区）/运抵国（地区）

起运国（地区）指进口货物直接运抵或者在运输中转国（地）未发生任何商业性交易的情况下运抵我国的起始发出的国家（地区）。

运抵国（地区）指出口货物离开我国关境直接运抵或者在运输中转国（地）未发生任何商业性交易的情况下最后运抵的国家（地区）。

对发生运输中转的货物，如中转地未发生任何商业性交易，则起运/运抵国（地区）不变，如中转地发生商业性交易，则以中转地作为起运/运抵国（地区）填报。

本栏目应按海关规定的《国别（地区）代码表》（见表9.7）选择填报相应的起运国（地区）或运抵国（地区）中文名称或代码。国别（地区）为非中文名称时，应翻译成中文名称填报或填报其相应代码。

表 9.7　　主要国别（地区）代码表

国别代码	中文名称	国别代码	中文名称
110 *	中国香港	307	意大利
116 *	日本	331	瑞士
121	中国澳门	344 *	俄罗斯联邦
132	新加坡	501	加拿大
133	韩国	502 *	美国
142 *	中国	601 *	澳大利亚
143	中国台澎金马关税区	609	新西兰
303 *	英国	701	国别不详
304 *	德国	702	联合国机构和国际组织
305 *	法国		

无实际进出境的货物：运输方式代码为0、1、7、8、W、X、Y、Z、H时、贸易（监管）方式代码后两位为42～46、54～58时、监管方式代码为1200时，本栏填报“中国”。

示例：中国购自美国的产品，如果直接运至中国，起运国为美国；如果途经香港地区转运至内地，因在香港地区未发生买卖行为，起运国为美国。内地购自香港地区的美国产品，如果该产品途经香港地区转运至内地，因在中转地香港地区发生了买卖行为，故起运地应为中国香港。

十八、装货港/指运港

装货港（Port of Loading/Loading Port）指进口货物在运抵我国关境前的最后一个境外装运港。

指运港（Port of Destination）指出口货物运往境外的最终目的港；最终目的港不可预知的，可按尽可能预知的目的港填报。

对于运输发生中转的货物，最后一个中转港就是装货港，指运港不受中转影响。

本栏目应根据实际情况填报相应的港口中文名称，如装货港或指运港为非中文名称时，应翻译成中文名称填报。

无实际进出境的，本栏目填报“中国境内”（代码0142）。

示例：

（1）北京某合资公司进口荷兰设备一批，在荷兰阿姆斯特丹港口装运后经新加坡、中国香港地区转船后运抵天津新港，装货港应填报为中国香港。

（2）青岛某公司向荷兰出口设备一批，经中国香港地区、马来西亚运往荷兰鹿特丹港，指运港为鹿特丹。

十九、境内目的地/境内货源地

境内目的地指已知的进口货物在国内的消费、使用地区或最终运抵地区。

境内货源地指出口货物在境内的产地或原始发货地（包括供货地点）。

本栏目应根据进口货物的收货单位、出口货物生产厂家或发货单位所属国内地区，并按海关规定的《国内地区代码表》选择填报相应的国内地区名称或代码，代码含义与经营单位代码前5位的定义相同。

境内目的地以进口货物在境内的消费、使用地或最终的运抵地为准，可以是直接接受有外贸进出口经营权的企业调拨物资的境内消费、使用单位所在地；可以是委托有外贸进出口经营权的企业进口货物的单位所在地；可以是自行从境外进口货物的单位所在地；如难以确定消费、使用单位，应以预知的进口货物最终运抵地区填报。

境内的货源地以出口货物的生产地为准，如果出口货物在境内多次周转，不能确定生产地的，以最早起运地为准。

示范：某省机械进出口公司代理北京某印刷厂（厂址：北京市朝阳区）向印度出口五色胶印机一批。境内货源地应填报为：朝阳区。

二十、批准文号

出口报关单本栏目用于填报《出口收汇核销单》编号，进口货物报关单免予填报。一份报关单允许填报一份出口收汇核销单编号，出口不需要使用出口收汇核销单贸易方式的货物，本栏目无需填报。

二十一、成交方式

本栏目应根据实际成交价格条款按海关规定的《成交方式代码表》（见表9.8）选择填报相应的成交方式名称或代码。

表9.8　　成交方式代码表

成交方式代码	成交方式名称	成交方式代码	成交方式名称
1 *	CIF	4	C&I
2 *	CFR/CNF/C&F	5	市场价
3 *	FOB	6	垫仓

无实际进出境的，进口填报CIF或其代码，出口填报FOB或其代码。对于采用集中申报的归并后的报关单，进口的成交方式必须为CIF或其代码，出口的成交方式必须为FOB或其代码。对于贸易中实际贸易术语是EXW、FCA、FAS、FOB的，本栏目对应填报FOB或其代码；实际贸易术语为CFR、CPT的，本栏目对应填报CFR或其代码；实际贸易术语为CIF、CIP、DAF、DES、DEQ、DDU、DDP、DAT、DAP本栏目对应填报CIF或其代码。

示例：大连某加工贸易企业，将原来料加工的进口料件结转给上海某服装加工企业，则上海某服装加工企业的成交方式为：CIF。

二十二、运费

本栏目用于成交价格中不包含运费的进口货物或成交价格中含有运费的出口货物，应填报该份报关单所含全部货物的国际运输费用。本栏目可按运费单价、总价或运费率三种方式之一填报，同时注明运费标记（运费率标记免填），并按海关规定的《货币代码表》选择填报相应的币种代码。

运保费合并计算的，运保费填报在本栏目。

运费标记“1”表示运费率，“2”表示每吨货物的运费单价，“3”表示运费总价。

填制纸质报关单时，“运费”栏不同的运费标记填报如下：

（1）运费率：填报运费率的数值，如5%的运费率填报为“5/1”（运费率标记免填）。

（2）运费单价：填报运费币值代码+“/”+运费单价的数值+“/”+运费单价标记，如：24美元的运费单价填报为“502/24/2”。

（3）运费总价：填报运费币值代码+“/”+运费总价的数值+“/”+运费总价标记，如：7 000美元的运费总价填报为“502/7000/3”。

二十三、保费

本栏目用于成交价格中不包含保险费的进口货物或成交价格中含有保险费的出口货物，应填报该份报关单所含全部货物国际运输的保险费用。可按保险费总价或保险费率两种方式之一填报，同时注明保险费标记，并按海关规定的《货币代码表》选择填报相应的币种代码。

运保费合并计算的，运保费填报在运费栏目中，本栏目免予填报。

保险费标记“1”表示保险费率，“3”表示保险费总价。

填制纸质报关单时，“保费”栏不同的保费标记填报如下：

（1）保费率：直接填报保费率的数值，如：3‰的保险费率填报为“0.3/1”。

（2）保费总价：填报保费币值代码 + “/” + 保费总价的数值 + “/” + 保费总价标记，如：10 000 港元保险费总价填报为“110/10000/3”。

二十四、杂费

杂费指成交价格以外的、按照《进出口关税条例》相关规定应计入完税价格或应从完税价格中扣除的费用，可按杂费总价或杂费率两种方式之一填报，同时注明杂费标记，并按海关规定的《货币代码表》选择填报相应的币种代码。

应计入完税价格的杂费填报为正值或正率，应从完税价格中扣除的杂费填报为负值或负率。

杂费标记“1”表示杂费率，“3”表示杂费总价。

填制纸质报关单时，“杂费”栏不同的杂费标记填报如下：

（1）杂费率：直接填报杂费率的数值，如：应计入完税价格的 1.5% 的杂费率填报为“1.5/1”；应从完税价格中扣除的1% 的回扣率填报为“-1/1”。

（2）杂费总价：填报杂费币值代码 + “/” + 杂费总价的数值 + “/” + 杂费总价标记，如：应计入完税价格的500 英镑杂费总价填报为“303/500/3”。

无杂费时，本栏免予填报。

二十五、合同协议号

本栏目应填报进（出）口货物合同（协议）的全部字头和号码。

二十六、件数

本栏目应填报有外包装的进（出）口货物的实际件数。特殊情况填报要求如下：

（1）有关单据仅列明托盘件数，或者既列明托盘件数，又列明单件包装件数的，本栏填报托盘件数。如：“3 PALLETS 100 CINS”，件数应填报为 3。

（2）有关单据既列明集装箱个数，又列明托盘件数、单件包装件数的，按以上要求填报。如仅列明集装箱个数的，填报集装箱个数。

本栏目不得填报为零，散装、裸装货物填报为“1”。

二十七、包装种类

本栏目应根据进出口货物的实际外包装种类，选择填报相应的包装种类中文名称，如托盘、木箱、纸箱、辆、捆、卷等。

示例：

（1）TTL：260 CTNS（即 TOTAL：260 Cartons，件数填 260，包装种类填纸箱）。

（2）TOTAL PACKED IN 2 Units & 4 Cartons，标明有 2 个计件单位和 4 个纸箱，件数合计为 6，由于有两种不同的包装出现，故件数填报为“6”，包装种类统报为“件”。

（3）PACKING：20 PALLETS（80 DRUMS），件数填报为“20”，包装种类填报为“托盘”。

二十八、毛重（千克）

毛重指货物及其包装材料的重量之和。

本栏目填报进（出）口货物实际毛重，不得为空。计量单位为千克，不足1千克的填报为“1”，如：0.8千克，填报为“1”；如果货物的重量在1千克以上且非整数，其小数点后保留4位，第五位及以后略去，如：7.789 45千克，填报为：7.789 4。

二十九、净重（千克）

净重指货物的毛重减去外包装材料后的重量，即商品本身的实际重量。对采用零售包装的酒类、饮料，应按液体部分的重量填报；以公量重计价的货物，填报公量重；以毛重作为净重计价，可填毛重；合同、发票等有关单证不能确定净重的货物，可以估重填报。

本栏目填报进（出）口货物的实际净重，计量单位为千克，不足1千克的填报为“1”。

如果货物的重量在1千克以上且非整数，其小数点后保留4位，第五位及以后略去。

三十、集装箱号

集装箱号是在每个集装箱箱体两侧标示的全球惟一的编号。其组成规则：箱主代号（3位字母）+设备识别号“U”+顺序号（6位数字）+校验码（1位数字），如：TPHU8290658。

本栏目用于填报和打印集装箱编号及数量。集装箱数量四舍五入填报整数，非集装箱货物填报为“0”。

在填制纸质报关单时，本栏目以“集装箱号”+“/”+“规格”+“/”+“自重”的方式填报。多个集装箱的，第一个集装箱号填报在“集装箱号”栏，其他依次按相同的格式填在“标记唛码及备注”栏中。

示例：SIZE/TYPE/CONTAINER#/TARE WGHT/GROSS WGHT/SEAL NUMBER/ STAT/STAT

20/DRY/TPHU8290658/2300/.00/0464/FCL/FCL

20/DRY/MISU2369721/2300/.00/00977/FCL/FCL

“集装箱号”栏应填：TPHU8290658/20/2300；

“标记唛码及备注”栏填：MISU2369721/20/2300。

三十一、随附单据

随附单据指随进（出）口货物报关单一并向海关递交的单证或文件。合同、发票、装箱单、进出口许可证等必备的随附单证不在本栏目填报。

（1）本栏目分为随附单据代码和随附单据编号两项，其中代码栏应按海关规定的《监管证件名称代码表》（见表9.9）选择填报相应证件的代码填报（需在“许可证号”栏填报的监管证件除外），编号栏应填报监管证件编号。加工贸易内销征税报关单“随附单据”栏目应填写海关审核通过的内销征税联系单代码（c）及编号。含预归类商品报关单，本栏目填写“r”+“:”+“××关预归类书××号”。

在填报纸质报关单时，本栏目填报监管证件的代码及编号，格式为：监管证件的代码+“:”+监管证件编号。所申报的货物涉及多个监管证件的，第一个监管证件代码和编号填报在“随附单据”栏，其余监管证件和编号填报在“标记唛码及备注”栏中。

表 9.9　　监管证件代码表

代码	监管证件名称	代码	监管证件名称
1 *	进口许可证	2	两用物项和技术进口许可证
3	两用物项和技术出口许可证	4 *	出口许可证
6	旧机电产品禁止进口	7 *	自动进口许可证
8	禁止出口商品	9	禁止进口商品
A *	入境货物通关单	B *	出境货物通关单
D	出/入境货物通关单（毛坯钻石用）	E *	濒危物种允许出口证明书
F *	濒危物种允许进口证明书	G	两用物项和技术出口许可证（定向）
H	港澳 OPA 纺织品证明	I	精神药物进（出）口准许证
J	黄金及其制品进出口准许证或批件	L	药品进出口准许证
M	密码产品和设备进口许可证	O *	自动进口许可证（新旧机电产品）
P *	固体废物进口许可证	Q	进口药品通关单
R	进口兽药通关单	S	进出口农药登记管理放行通知单
T	银行调运外币现钞进出境许可证	U	合法捕捞产品通关证明
W	麻醉药品进出口准许证	X	有毒化学品环境管理放行通知单
Y *	原产地证明	Z	进口音像制品批准单或节目提取单
e	关税配额外优惠税率进口棉花配额	q	国别关税配额证明
s	适用 ITA 税率的商品用途认定证明	t	关税配额证明
v *	自动进口许可证（加工贸易）	x	出口许可证（加工贸易）
y	出口许可证（边境小额贸易）		

（2）优惠贸易协定项下进出口货物分以下几种情况：

① 实行原产地证书联网管理的，在本栏随附单证代码项下填写“Y”，在随附单证编号项下的“< >”内填写优惠贸易协定代码（见表 9.10）。原产地证书编号填报在备案号栏，格式为“Y”+原产地证书编号。

例如香港 CEPA 项下进口商品，应填报为：“Y：<03>”。

表 9.10　　进口货物优惠贸易协定代码表

代　码	优惠贸易协定
01	《亚太贸易协定》
02	《中国—东盟自贸区》
03	《内地与香港紧密经贸关系安排》（香港 CEPA）

续表 9.10

代　码	优惠贸易协定
04	《内地与澳门紧密经贸关系安排》（澳门 CEPA）
05	《对非洲特别优惠关税待遇》
06	《中国台湾农产品零关税措施》
07	《中巴自贸协定》
08	《中智自贸协定》
09	《对也门等国特别优惠关税待遇》
10	《中新（西兰）自贸协定》
11	《中新（加坡）自贸协定》
12	《中秘自贸协定》
13	《对最不发达国家的特别优惠关税待遇》
14	《海峡两岸经济合作框架协议》（ECFA）

② 未实行原产地证书联网管理的，在报关单“随附单据”栏随附单证代码项下填写“Y”，在随附单证编号项下“ < > ”内填写优惠贸易协定代码 + “：” + 需证商品序号。

例如《亚太贸易协定》项下进口报关单中第 1 到第 3 项和第 5 项为优惠贸易协定项下商品，应填报为：“Y：<01：1 -3，5 >”。

③ 优惠贸易协定项下出口货物，本栏目填报原产地证书代码和编号。

（3）一份原产地证书只能对应一份报关单，同一份报关单上的商品不能同时享受协定税率和减免税。在一票进口货物中，对于实行原产地证书联网监管的，如涉及多份原产地证书或含非原产地证书商品，应分单填报。报关单上申报商品的计量单位必须与原产地证书上对应商品的计量单位一致。

示例：

（1）某企业海运进口高压断路器零件一批，《入境货物通关单》编号：1104001031197，在填制纸质报关单时，随附单据应填报为：A：1104001031197。

（2）某企业海运进口溴甲烷一批，《进口许可证》编号：AA - 03 - 338596，其随附单据应填报为：不填。

三十二、用途/生产厂家

进口货物填报用途，应根据进口货物的实际用途按海关规定的《用途代码表》（见表 9.11）选择填报相应的用途名称或代码，如“企业自用”填报“04”。

表 9.11　　用途代码表

代码	名称	代码	名称	代码	名称
01 *	外贸自营内销	02	特区内销	03 *	其他内销
04 *	企业自用	05 *	加工返销	06	借用
07	收保证金	08	免费提供	09	作价提供
10	货样，广告品	11	其他		

生产厂家指出口货物的境内生产企业。本栏目供必要时手工填写。

常见用途分类代码及说明

（1）外贸自营内销（01），指有外贸进出口经营权的企业，在其经营范围内以正常方式成交的进口货物。

（2）特区内销（02），指特区内有外贸进出口经营权的企业在其经营范围内进口在特区内销售的货物。

（3）其他内销（03），指进料加工转内销部分、来料加工转内销货物及外商投资企业进口供加工内销产品的料件。

（4）企业自用（04），进口供本单位（企业）自用的货物，如外商投资企业以及特殊区域内的企业、事业和机关单位进口自用的机器设备等。

（5）加工返销（05），指来料加工、进料加工、补偿贸易和外商投资企业为履行产品出口合同从国外进口料件，用于在国内加工后返销到境外。

（6）借用（06），指从境外租借进口，在规定的使用期满后退运出境外的进口货物，如租赁贸易进口货物。

（7）收保证金（07），指由担保人向海关缴纳现金的一种担保形式。

（8）免费提供（08），指免费提供的进口货物，如无偿援助、捐赠、礼品等进口货物。

（9）作价提供（09），指我方与外商签订合同协议，规定由外商作价提供进口的货物，事后由我方支付或从我方出口货物款中或出口加工成品的加工费中扣除，如来料加工贸易进口设备等。

（10）货样、广告品（10），指进口专供订货参考的货物样品以及用以宣传有关商品内容的广告宣传品。

示例：

（1）上海某合资企业海运进口自用设备一批，总价30万美元，用途申报为：04。

（2）某服装加工企业将原来料加工转为内销，用途申报为：03。

三十三、标记唛码及备注

标记唛码是运输标志的俗称，进出口货物报关单上标记唛码专指货物的运输标志，即Shipping Marks。备注是指填制报关单时需要备注的事项，包括关联备案号、关联报关单号等。

本栏目具体填报要求如下：

（1）标记唛码中除图形以外的所有文字和数字。

（2）接受外商投资企业委托代理其进口投资设备、物品的进出口企业名称，格式为：“委托××公司进口”。

（3）关联备案号。关联备案号是指与本报关单有关联关系的，同时在海关业务管理规范方面又要求填报的备案号，如加工贸易结转货物及凭《征免税证明》转内销货物，其对应的备案号应填报在此栏，格式为：“转至（自）××××××××××××手册”。减免税货物结转进口（转入），应填写本次减免税货物结转所申请的“减免税进口货物结转联系函”的编号；减免税货物结转出口（转出），应填写与其相对应的进口（转入）报关单“备案号”栏中征免税证明的编号。

（4）关联报关单号。关联报关单号是指与本报关单有关联关系的，同时在海关业务管理规范方面又要求填报的报关单的海关编号，应填报在此栏。加工贸易结转类的报关单，应先办理进口报关，并将进口报关单号填入出口报关单的“备注”栏；办理进口货物直接退运手续的，除另有规定外，应当先填写出口报关单，再填写进口报关单，并将出口报关单号填入进口报关单的备注栏中；减免税货物结转出口（转出），应先办理进口报关，并将进口（转入）报关单号填入出口（转出）报关单备注栏中。

（5）所申报货物涉及多个监管证件的，除了第一个监管证件以外的其余监管证件和代码。格式为：监管证件代码 + “:” + 监管证件编号。一份报关单有多个监管证件的，连续填写。

（6）所申报货物涉及多个集装箱的，除了第一个集装箱号以外的其余的集装箱号。格式为：“集装箱号” + “/” + “规格” + “/” + “自重”。

（7）办理进口货物直接退运手续的，本栏目填报“准予直接退运决定书”或者“责令直接退运通知书”编号。

（8）加工贸易转内销货物，经营企业凭加工贸易货物内销征税联系单纸质或电子数据办理通关手续，在填制内销报关单是，本栏目注明“活期”字样。

（9）其他申报时必须说明的事项。如来料加工出口成品报关单需在“备注”栏注明料件费与工缴费金额。

（10）企业放弃半成品、残次品、副产品的，应在本栏备注项中注明“半成品”、“残次品”、“副产品”相关字样。加工贸易放弃货物通过销毁处理的，企业应在备注栏注明“销毁”字样；经海关批准由企业自行处理的，应在报关单备注栏注明“自行处理”字样，如放弃半成品并销毁处理，应注明“半成品/销毁”。

示例：某合资企业海运进口自用投资设备一批，提单指示为：MARK：☆X. J. P. 3209/001，则标记唛码应填报为：X. J. P. 3209/001。

三十四、项号

项号是指申报货物在报关单中的商品排列序号及该商品在加工贸易手册、征免税证明等备案单证中的顺序编号。一张纸质报关单最多可打印5项商品，四张纸质报关单合计一份纸质报关单（即一个报关单编号）；一张电子报关单（对应一份纸质报关单）表体共有20栏，一项商品对应表体一栏，超过20项商品时必须填报另一份纸质报关单。本栏目分两行填报及打印。

第一行打印报关单中的商品排列序号。

第二行专用于加工贸易、减免税和实行原产地证书联网管理等已备案的货物，填报该项货物在《加工贸易手册》中的项号、征免税证明或对应的原产地证书上的商品项号。

加工贸易合同项下进出口货物，必须填报与《加工贸易手册》一致的商品项号，所填报项号用于核销对应项号下的料件或成品数量。如一张加工贸易料件进口报关单上某项商品的项号第一行为“01”，第二行为“05”，说明该商品列此报关单申报商品的第1项，且对应加工贸易手册备案料件第5项。

特殊情况填报要求如下：

（1）深加工结转货物，分别按照《加工贸易手册》中的进口料件项号和出口成品项号填报。

（2）料件结转货物（包括料件、制成品和半成品折料），出口报关单按照转出《加工贸易手册》中进口料件的项号填报；进口报关单按照转进《加工贸易手册》中进口料件的项号填报。

（3）料件复出货物（包括料件、边角料、来料加工半成品折料），按照《加工贸易手册》中进口料件的项号填报；料件退换货物（包括料件、不包括半成品），出口报关单按照《加工贸易手册》中进口料件的项号填报。

（4）成品退运货物，退运进境报关单和复运出境报关单按照《加工贸易手册》原出口成品的项号填报。

（5）加工贸易料件转内销货物以及按料件补办进口手续的转内销成品、半成品、残次品应填制进口报关单，本栏目填报《加工贸易手册》进口料件的项号。加工贸易边角料、副产品内销，本栏目填报《加工贸易手册》中对应的料件项号。当边角料或副产品对应一个以上料件项号时，填报主要料件项号。

（6）加工贸易成品凭《征免税证明》转为享受减免税进口货物的，应先办理进口报关手续。进口报关单本栏目填报《征免税证明》中的项号，出口报关单本栏目填报《加工贸易手册》原出口成品项号。

（7）加工贸易料件、成品放弃，本栏目应填报《加工贸易手册》中的项号。半成品放弃的应按单耗折回料件，以料件放弃申报，本栏目填报《加工贸易手册》中对应的料件项号。

（8）加工贸易副产品退运出口、结转出口或放弃，本栏目应填报《加工贸易手册》中新增的变更副产品的出口项号。

（9）经海关批准实行加工贸易联网监管的企业，对按海关联网监管要求企业需申报报关清单的，应在向海关申报货物进出口（包括形式进出口）报关单前，向海关申报“清单”。一份报关清单对应一份报关单，报关单商品由报关清单归并而得。加工贸易电子账册报关单中项号、品名、规格等栏目的填制规范比照《加工贸易手册》。

进出口货物报关单涉及法检商品与非法检商品的，必须先录入法检商品，后录入非法检商品。涉及加工贸易手册、电子账册、电子手册、减免税证明等已在海关备案的商品应按上述要求申报。

示例：

发票载明四项商品分别是：

男式腰带	1 000 条	3 美元/条	3 000 美元
男羽绒短上衣	1 000 件	10 美元/件	10 000 美元（位列手册第 3 项）
女羽绒短上衣	1 000 件	8 美元/件	8 000 美元（位列手册第 2 项）
女式腰带	1 000 条	3 美元/条	3 000 美元

则使用手册的报关单“项号”栏填报如下（不使用手册的商品应另外填写一份报关单）：

项号	商品编码	商品名称、规格型号	数量及单位	最终目的国
01（← 商品排列序号）男羽绒短上衣 03（← 表示男羽绒短上衣列在手册中的第 3 项）				
02（←商品排列序号）女羽绒短上衣 02（←表示女羽绒短上衣列在手册中的第 2 项）				

三十五、商品编号

商品编号指按商品分类编码规则确定的进出口货物的商品编号。此栏目分为商品编号和附加编号两栏，其中商品编号栏应填报《海关进出口税则》8位税则号列，附加编号栏应填报商品编号附加的第9位、第10位附加编号。《加工贸易手册》中商品编号与实际商品编号不符的，应按实际商品编号填报。

三十六、商品名称、规格型号

本栏目分两行填报。

第一行填报进出口货物规范的中文商品名称，如果发票中的商品名称为非中文名称，则需要翻译成规范的中文名称填报，仅在必要时可加注原文。第二行填报规格型号。

具体填报要求如下：

（1）商品名称及规格型号应据实填报，并与所提供的商业发票相符。

（2）商品名称应当规范，规格型号应当足够详细，以能满足海关归类、审价及许可证件管理要求为准。根据商品属性，本栏目填报内容包括：品名、牌名、规格、型号、成份、含量、等级、用途、功能等。本栏目应当按照《中华人民共和国海关进出口商品规范申报目录》中所列商品相应的申报要素的内容填报。

（3）加工贸易、减免税等已备案的货物，本栏目填报的内容必须与备案登记中同项号下货物的名称与规格型号一致。

（4）对需要海关签发“货物进口证明书”的车辆，本栏应填报“车辆品牌+排气量（注明cc）+车型（如越野车、小轿车等）”。进口汽车底盘可不填报排气量。车辆品牌应按照《进口机动车辆制造厂名称和车辆品牌中英文对照表》中“签注名称”一栏的要求填报。规格型号栏可填报“汽油型”等。

（5）加工贸易边角料和副产品内销，边角料复出口，本栏目填报其报验状态的名称和规格型号。属边角料、副产品、残次品、受灾保税货物且按规定需加以说明的，应在本栏目中填注规定的字样。

（6）同一商品编号、多种规格型号的商品，可归并为一项商品的，按照归并后的商品名称和规格型号填报。

（7）成套设备、减免税货物如需分批进口，货物实际进口时，按照实际状态确定商品名称填报。

（8）一份报关单最多允许填报20项商品。

示例：

商品名称、规格型号
化纤女背心 WOMEN'S VESTS（第一行，规范的中文名称+原文） 100% POLYESTER （第二行，规格型号）

资料卡：汽车零部件生产件（构成整车特征的除外）和用于维修汽车的零部件的申报要求

一、进口汽车生产件的填报要求

1. 在报关单“商品名称、规格型号”栏第一行，应当填报进口汽车零部件的详细中文商品名称和品牌，中文商品名称与品牌之间用“/”相隔，必要时加注英文商业名称；进口的成套散件或者毛坯件应在品牌后加注“成套散件”、“毛坯”等字样，并与品牌之间用“/”相隔。

2. 在报关单“商品名称、规格型号”栏第二行，应当填报汽车零部件的完整编号。在零部件编号前应当加注“S”字样，并与零部件编号之间用“/”相隔，零部件编号之后应当依次加注该零部件适用的汽车品牌和车型。例如：

商品名称、规格型号	
发动机总成/日产	（第一行）
S/101009Y4AW/日产天籁 2.3L	（第二行）

汽车零部件属于可以适用于多种汽车车型的通用零部件的，零部件编号后应当加注“TY”字样，并用“/”与零部件编号相隔。例如：

商品名称、规格型号	
缓冲器/亨福	（第一行）
S/FD11038/TY	（第二行）

与进口汽车零部件规格型号相关的其他需要申报的要素，或者海关规定的其他需要申报的要素，如“功率”、“排气量”等，应当在车型或“TY”之后填报，并用“/”与之相隔。

汽车零部件报验状态是成套散件的，不在“规格型号”栏内填写零部件编号，应当在“备注”栏内填报该成套散件装配后的最终完整品的零部件编号。

二、进口汽车零部件维修件的填报要求

在填写报关单“商品名称、规格型号”栏第二行时，应当在零部件编号前加注“W”，并与零部件编号之间用“/”相隔；进口维修件的品牌与该零部件适用的整车厂牌不一致的，应当在零部件编号前加注“WF”，并与零部件编号之间用“/”相隔。其余申报要求同上条执行。例如：

商品名称、规格型号	
散热器总成（水箱）/丰田	（第一行）
WF/ND4221327850/本田雅阁	（第二行）

三十七、数量及单位

指进出口商品的实际数量及计量单位。

本栏目分三行填报。

具体填报要求如下：

（1）法定第一计量单位及数量应填报在本栏目第一行。

（2）凡列明法定第二计量单位的，必须报明该商品第二计量单位及数量，填报在本栏目第二行。无法定第二计量单位的，本栏目第二行为空。

（3）以成交计量单位申报的，须填报与海关法定计量单位转换后的数量，同时还需将成交计量单位及数量填报在本栏目第三行。如成交计量单位与海关法定计量单位一致时，本栏目第三行为空。

（4）特殊情况下填报要求如下：

① 装入可重复使用的包装容器的货物，按货物的净重填报，如罐装同位素、罐装氧气及类似品等，应扣除其包装容器的重量。

② 使用不可分割包装材料和包装容器的货物，按货物的净重填报（即包括内层直接包装的净重重量），如采用供零售包装的酒、罐头、化妆品及类似品等。

③ 按照商业惯例以公量重计价的商品，应按公量重填报，如未脱脂羊毛、羊毛条等。

④ 采用以毛重作为净重计价的货物，可按毛重填报，如粮食、饲料等价格较低的农副产品。

⑤ 成套设备、减免税货物如需分批进口，货物实际进口时，应按照实际报验状态确定数量。

⑥ 根据 HS 归类规则，零部件按整机归类的，法定第一数量填报“0.1”，有法定第二数量的，本栏第二行还应按照以第二法定计量单位计量的数量申报。

⑦ 具有完整品或制成品基本特征的不完整品、未制成品，按照 HS 归类规则应按完整品归类的，申报数量按照构成完整品的实际数量申报。

（5）加工贸易等已备案的货物，成交计量单位必须与备案登记中同项号下货物的计量单位一致，不一致时必须修改备案或转换一致后填报。加工贸易边角料和副产品内销、边角料复出口，本栏目填报其报验状态的计量单位。

（6）优惠贸易协定下出口商品的成交计量单位必须与原产地证书上对应商品的计量单位一致。

（7）法定计量单位为立方米的气体货物，应折算成标准状况（即摄化零度及 1 个标准大气压）下的体积进行申报。

示例：

商品名称、规格型号	数量及单位	
化纤女背心 LADIE'S VEST	17 340.00 件	（← 第一行，法定第一计量单位及数量）
100% POLYESTER	2 200.00 公斤	（← 第二行，法定第二计量单位及数量）
	1 445 打	（← 第三行，成交计量单位及数量）

三十八、原产国（地区）/最终目的国（地区）

原产国（地区）指进口货物的生产、开采或加工制造国家（地区）。

最终目的国（地区）指已知的出口货物的最终实际消费、使用或进一步加工制造国家（地区）。

本栏目应按海关规定的《国别（地区）代码表》选择填报相应的国家（地区）名称或代码。同一批货物原产地不同的，应当分别填报原产国（地区）。联合国及其所属机构或其他国际组织赠送的物资，应填报货物的实际生产国（地区）。

加工贸易特殊情况填报要求如下：

（1）料件结转货物，原产国（地区）填报为原进口料件生产国（地区），最终目的国（地区）填报“中国”。

（2）深加工结转货物和以产顶进货物，原产国（地区）和最终目的国（地区）都填报“中国”。

（3）料件复运出境货物，填报实际最终目的国（地区）；加工出口成品因故退运境内的，原产国（地区）填报“中国”，复运出境时填报实际最终目的国（地区）。

（4）出口加工区运往区外的货物，原产国（地区）按实际填报，即对于未经加工的进口货物，填报货物原进口时的原产国（地区）；对于经过加工的成品或半成品，按现行原产地则确定原产国（地区）；区外运入出口加工区的货物，最终目的国为中国。

（5）加工贸易货物转内销，原产国（地区）应按以下情况填报：

① 加工贸易剩余料件内销，填报料件的原实际生产国（地区）。

② 加工贸易成品（包括半成品、残次品、副产品）转内销时，均应填报“中国”（142）。

此外，进口货物的原产国（地区）无法确定时，报关单“原产国（地区）”栏应填报为“国别不详”或“701”。

一份原产地证书只能对应一份报关单。在一票进口货物中，对于实行原产地联网管理的，如涉及多份原产地证书或含非原产地证书商品，应分单填报。

示例：

（1）南京某公司进口由日本加工的原产于加拿大的红松木地板一批。原产国填报为：日本。

（2）青岛某服装加工企业，将原韩国进口的料件结转给宁波某服装加工企业。原产国填报为：韩国。

（3）山东某纺织厂运输一批准备加工出口去韩国的服装面料进入出口加工区，最终目的国（地区）填报为：中国。

三十九、单价

本栏目应填报同一项号下进出口货物实际成交的商品单位价格金额。单价如非整数，其小数点后保留 4 位，第五位及以后应略去。如：某商品单价 2.456 38，本栏填报为：2.456 3。

无实际成交价格的，本栏目填报货值。

四十、总价

本栏目应填报同一项号下进出口货物实际成交的商品总价。总价如非整数，其小数点后保留 4 位，第五位及以后应略去。

无实际成交价格的，本栏目填报货值。

四十一、币制

币制指进出口货物实际成交价格的币种。

本栏目应根据实际成交情况按海关规定的《币制代码表》（见表 9.12）选择填报相应的货币名称或代码，如“币制代码表”中无实际成交币种，需将实际成交币种按照申报日外汇折算率折算成“货币代码表”列明的货币填报。

表 9.12　　常用币制代码表

代码	符号	币制名称	代码	符号	币制名称
110 *	HKD	港币	330	SEK	瑞典克朗
116 *	JPY	日本元	331	CHF	瑞士法郎
132	SGD	新加坡元	344	SUR	俄罗斯卢布
133	KRW	韩国元	501	CAD	加拿大元
142 *	CNY	人民币	502 *	USD	美元
300 *	EUR	欧元	601	AUD	澳大利亚元
302	DKK	丹麦克朗	609	NZD	新西兰元
303 *	GBP	英镑			

四十二、征免

征免指海关依照《海关法》、《关税条例》及其他法律、行政法规，对进出口货物进行征税、减税、免税或特案处理的实际操作方式。

本栏目应按照海关核发的《征免税证明》或有关政策规定，对报关单所列每项商品选择填报海关规定的《征减免税方式代码表》中相应的征减免税方式。

同一份报关单上可以有不同的征减免税方式。

加工贸易报关单应根据《加工贸易手册》中备案的征免规定填报。《加工贸易手册》中备案的征免规定为“保金”或“保函”的，不能按备案的征免规定填报，而应填报“全免”。

主要“征减免税方式”分类代码及说明如下：

表 9.13　　征免方式代码表

代码	名　　称	代码	名　　称
1 *	照章征税	5	随征免性质
2	折半征税	6	保证金
3 *	全免	7	保函
4	特案		

（1）照章征税：指对进出口货物依照法定税率计征各类税、费。

（2）折半征税：指依照主管海关签发的《征免税证明》或海关总署的通知，对进出口货物依照法定税率折半计征关税和增值税，但照章征收消费税。

（3）全免：指依照主管海关签发的《征免税证明》或海关总署的通知，对进出口货物免征关税和增值税，但消费税不予免征。

（4）特案减免：指依照主管海关签发的《征免税证明》或海关总署通知规定的税率计

征各类税、费。

（5）随征免性质：指对某些监管方式下进出口货物按照征免性质规定的特殊计税公式或税率计征税、费。

（6）保证金：指经海关批准具保放行的货物，由担保人向海关缴纳现金的一种担保形式。

（7）保证函：指担保人根据海关的要求，向海关提交的订有明确权利义务的一种担保文书。

四十三、税费征收情况

本栏目由海关经办人员填写，主要批注进（出）口货物税费征收及减免情况，包括税率、税额的情况。

四十四、录入员

本栏目由负责将该份报关单内容的数据录入海关计算机系统并打印预录入报关单的实际操作人员签名确认。

四十五、录入单位

本栏目主要填报经海关核准，允许其将有关报关单内容输入海关计算机系统的单位。

四十六、申报单位

申报单位指对申报内容的真实性直接向海关负责的企业或单位。自理报关的，应填报进（出）口货物的经营单位名称及编码；委托代理报关的，应填报经海关批准的报关企业名称及编码。

本栏目还包括报关单左下方用于填报申报单位有关情况的相关栏目，包括报关员、报关单位地址、邮政编码和电话号码等栏目。

四十七、填制日期

本栏目指报关单的填制日期。电子数据报关单的填制日期由计算机自动打印。

本栏目为8位数字，顺序为年（4位）、月（2位）、日（2位）。

四十八、海关审单批注栏

本栏目指供海关内部作业时签注的总栏目，由海关关员手工填写在预录入报关单上。

其中“放行”栏填写海关对接受申报的进出口货物作出放行决定的日期。

本规范所述尖括号（ < >）、逗号（ ,）、连接符（ -）、冒号（ :）等标点符号及数字都必须使用非中文状态下的半角字符。

此外，保税区进出境货物备案清单、出口加工区进出境货物备案清单、过境货物报关单、进出境快件报关单等其他报关单（证）的性质、效能及填制方式与进出口货物报关单基本一致，在此不多赘述。

资料卡：关于栏目之间逻辑关系的释疑

表 9.14　　常用的“贸易方式”、“征免性质”、“用途”、“征免”及“备案号”各栏目之间的逻辑关系对照表

贸易方式	代码	备案号	征免性质	代码	用途	征免
一般贸易	0110	空	一般征税	101	外贸自营内销	照章征税
		首字母 Z	科教用品	401	企业自用	全免
			鼓励项目	789		
			自有资金	799		
来料加工	0214	首字母 B	来料加工	502	加工返销	全免
进料对口	0615	首字母 C	进料加工	503	加工返销	全免
合资合作设备	2025	首字母 Z	鼓励项目	789	企业自用	全免
外资设备物品	2225	首字母 Z	鼓励项目	789	企业自用	全免

表 9.15　　“成交方式”、“运费”、“保费”各栏目间的逻辑关系

	成交方式	运费	保费
进口	CIF	不填	不填
	CFR（C&F）	不填	填
	FOB	填	填
出口	FOB	不填	不填
	CFR（C&F）	填	不填
	CIF	填	填

注：“运费”、“保费”以及“杂费”等栏目的填报目的是为了计算完税价格的需要，通过“成交方式”、“运费”、“保费”、“杂费”各栏目的填报计算出完税价格，即进口向“CIF”靠拢，出口向“FOB”靠拢，缺少什么项目填报什么项目，否则不填。如，进口成交方式为“CFR”，需提供“保费”信息方可计算出“CIF”，则“保费”栏填报，“运费”栏不填。

关键名词

报关单　经营单位　起运国　运抵国

思考题

1. 简述报关单的类别。
2. 简述报关单填制的一般要求。
3. 请介绍报关单的贸易方式、备案号、征免性质、征免、用途之间的逻辑关系。
4. 简述常见的监管证件代码及其含义。

·实 务 篇

工作任务

一、根据资料，填制进口货物报关单。

2007 年 5 月，杭州凌云文具有限公司（3301944018）出口自产打孔机铁件一批，出口报关单号 310420070546636188，出口收汇核销单号 039997791。货到目的地后客商检验发现货物存在质量问题，双方协商同意将货物退回凌云公司。2007 年 10 月，该批打孔机铁件与凌云公司自同一客商购买的旧点焊机同批进境（运费共计 3 300 美元），在向口岸海关办理转关手续（转关申报单编号@0731049999505171）后，运抵指运地海关办理正式进口报关手续。

点焊机属自动进口许可证管理商品，为凌云公司投资额内进口减免税货物。按照《报关单填制规范》的要求，该批进口货物应分单申报。

具体参见资料 1 和资料 2。

二、请分别对应打孔机铁件和点焊机的报关单，选择以下部分栏目应填报的内容。

（一）打孔机铁件的报关单

1. “运输方式”栏：

A. 2　B. 3　C. 4　D. 5

2. “贸易方式”栏：

A. 无代价抵偿　B. 退运货物　C. 直接退运　D. 修理物品

3. “征免性质”栏：

A. 外资企业　B. 鼓励项目　C. 一般征税　D. 其他法定

4. “成交方式”栏：

A. 1　B. 2　C. 3　D. 此栏为空

5. “件数”栏应填报：

A. 2　B. 6　C. 12　D. 16

6. “集装箱号”栏：

A. KKFU7044043/40/××××　B. PRSU2208522/20/××××

C. KKFU7044043 * 2（3）　D. PRSU2208522 * 2（3）

7. “标记唛码及备注”栏的“备注”项：

A. A：××××××××××××××××　B. O：××××××××××××

C. 310420070546636188　D. 039997791

8. “原产国（地区）”栏：

A. 美国　B. 中国　C. 荷兰　D. 国别不详

（二）点焊机的报关单

9. “备案号”栏：

A. 310420070546636188　B. Z××××××××××××

C. @0731049999505171　D. 此栏为空

10. “运输工具名称”栏的“运输工具名称”项：

A. ROTTERDAM BRIDGE　　B. 鹿特丹桥

C. @0731049999505171　　D. @

11. “运输工具名称”栏的“航次号”项：

A. 226W　　B. @　　C. @226W　　D. 此项为空

12. “贸易方式”栏：

A. 一般贸易　　B. 合资合作设备　　C. 外资设备物品　　D. 无代价抵偿

13. “征免性质”栏：

A. 鼓励项目　　B. 自有资金　　C. 一般征税　　D. 其他法定

14. “装货港”栏：

A. 诺加莱斯　　B. 鹿特丹　　C. 长滩　　D. 中国境内

15. “运费”栏：

A. 502/3 300/3　　B. 502/3 000/3　　C. 502/－300/3　　D. 此栏为空

16. “件数”栏：

A. 2　　B. 6　　C. 12　　D. 16

17. “包装种类”栏：

A. 木箱　　B. 托盘　　C. 集装箱　　D. 件

18. “毛重”栏：

A. 17 600　　B. 16 000　　C. 15 600　　D. 12 000

19. “随附单证”栏：

A. A：××××××××××××××××××

B. Z×××××××××××

C. @ 0731049999505171

D. 此栏为空

20. “标记唛码及备注”栏的“备注”项：

A. 7：××××××××××
PRSU2208522/20/××××　　B. O：××××××××××
PRSU2208522/20/××××

C. PRSU2208522/20/××××　　D. 此项为空

参考答案

1. A	2. B	3. D	4. C	5. A	6. B	7. C	8. B	9. B	10. C
11. D	12. C	13. A	14. C	15. B	16. D	17. B	18. B	19. A	20. B

资料 1:

ACCO BRANDS Corporation
300 Tower Parkway
Lincolnshire, IL 60069 - 3604
www. accobrands. com

INVOICE & PACKING LIST

INVOICE NO. : NGBAO7011 **DATE:** Sep. 1, 2007

CONSIGNED TO: HANGZHOU UNITOP STATIONERY CO. , LTD. RIVER HILL ROAD HANGZHOU, ZHEJIANG, CHINA		**SHIPPING MARK:**
SHIPPED PER OCEAN VESSEL	**SAILING ON OR ABOUT** Sep. 3, 2007	
FROM LONG BEACH, USA	**TO** NINGBO, CHINA	

DESCRIPTION	Qty	P'kg	G. W.	N. W.	UNIT PRICE	AMOUNT
				FCA NOGALES		
1. Welding machines (used)	8 set	16 pallets	16 000 kg	15 600 kg	@ $17 100. -	$136 800. -
2. Punch metal parts - Returned cargo, Price for customs declaration only	40 400pcs	2cases	1 600 kg	1 500 kg	@ $0. 15	$6 060. -

Country of Origin: USA

ACCO BRANDS Corporation

Authorized Signature

资料 2：

Shipper
ACCO Brands US LLC.
300 Tower Parkway
Lincoinshire, IL

B/L No. KKLUUS0681814

"K" LINE

BILL OF LADING

Consignee
Hangzhou Unitop Stationery CO., Ltd.
River Hill Road, Hangzhou, China

Notify Party
Same as Consignee

Forwarding Agent References

Pre-carriage By	**Place of Receipt**	**Point and Country of Origin**
	NOGALES	NOGALES, US
Vessel / Voyage	**Port of Loading**	
ROTTERDAM BRIDGE v.226w	LONG BEACH	
Port of Discharge	**Place of Delivery**	**Type of Movement**
NINGBO	NINGBO	DOOR/CY

PARTICULARS FURNISHED BY SHIPPER

Container & Seal No.	Number & Kind of Packages	Description of Goods	Gross Weight (kg)	Measurement (m^3)
KKFU7044043 6794		1×40' Container (6794) 12 pallets of used machinery XTN#265705100-NINGO-40FT	12 000	24.82
PRSU2208522 6531		1×20' Container (6531) 6 p' kg of used machinery and parts of other machines XTN#265705100-NINGO-20FT	5 600	9.75
		Shipper's Load Stow and Count		

Total No.of ContainersOr Packages (In Words):
SIXTEEN PALLETS AND TWO WOODEN CASES

Date Laden on Board	**Place and Date of B(S)/L Issue**
September 03, 2007	RICHMOND, VA September 03, 2007
Freight and Charges	**No.of Original B/L Issued**
FREIGHT PREPAID AS ARRANGED	THREE (3)
	STAMP AND SIGNATURE OF THE CARRIER OR ITS AGENT
	"K" Line America, Inc.

能力拓展

单据不准确，报关有麻烦

【案情】 某年9月，深圳某台商自美国进口一批150公吨的牛皮卡纸。由于该台商工厂仓库容量有限，因此均分二批将6个40英尺的货柜运抵深圳。9月底，首批3个货柜运抵深圳某海关，该公司的报关员带齐所有的单证（美国公司寄来的原始发票、装箱单、海运提单）和填好的报关单、司机簿及进境汽车载货清单，向海关报关。但报关时发现此批货物共有3辆货柜车，而美国的原始发票是整批货物共6个货柜，海关关员不同意该公司进行报关。该公司立即电告美国公司，要求美国公司赶填两份发票及装箱单，一份为3个货柜，另一份亦为3个货柜。次日，该公司报关员再次报关，海关拒绝接收美国方面开来的原始发票，因为美国开来的发票只有签名而没有印鉴。该公司只得再与美国公司进行联系，但由于时差的关系，等收到美方传真已是第三日清晨了。该公司报关员又进行申报，但又出现了新问题，该公司报关单注明的是牛皮卡纸，而司机载货清单上填的是白板纸。海关认为，报关单注明的牛皮卡纸是每公吨300美元的，但实际可能进口的是每公吨1 000美元的白板纸，涉嫌逃漏国家关税，有走私嫌疑。

海关要求开箱查验，查验中关员将每一箱纸的外层捅破，虽然最后证明是牛皮卡纸，货物得以放行，但三个货柜耽搁了两夜的租箱费以及检查费、纸破坏费，共损失了约2万多港币，这尚不包括司机的过夜费、临时停车费等。

【评析要点】

（一）必须如实申报

报关人必须按照《海关法》、《报关单填制规范》的有关规定和要求，向海关如实申报。报关单的填报必须要真实，不得伪报、瞒报、虚报，否则可能构成走私行为或走私罪。本案中的第三次申报，由于单单载明的货物名称不一致，造成海关误以为企业涉嫌走私。

（二）申报必须做到两个相符

一是单单相符，即报关单与合同、发票、装箱单、提单以及批文等随附单据相符；二是单货相符，即报关单中所填报内容与实际进出口货物情况相符。特别是货物的品名、规格、数量、价格等内容应注意按规范申报，不得出现差错，更不能伪报、瞒报、虚报。本案中的第一次申报，由于货物为分批运输，报关单据、发票等未分别列出，导致单货不一致；本案中的第三次申报，由于报关单注明的商品名称为“牛皮卡纸”，而载货清单注明的为“白板纸”，造成单单不一致，无法顺利通关。

（三）向我国关境内各海关报关，应尊重我国的商业习惯

本案中的第二次申报不成功，是因为中西方商业习惯差异，在中国关境报关要依照我国的法律、习惯，相关单证的效力，以印鉴为主。

总之，报关单据的任何细微差错，都可能造成货物无法放行，只有报关员正确填报进出口报关单，提交真实有效的报关单证，才能使货物顺畅通关。

附：企业一般出口货物报关单据样例

资料 1：

00000000819440255

数据中心统一编号：000000000819440255

海关作业联

中华人民共和国海关出口货物报关单

422720120270028123

预录入编号：270028123　　申报现场：青岛大港(4227)　海关编号：422720120270028123

出口口岸 (4258) 青保税港	备案号	出口日期	申报日期 20120505
经营单位 (3702964168) 绮丽集团有限责任公司	运输方式 水路运输	运输工具名称 LANTAU BAY/1218E	提运单号 SNL2QDJL115214B
发货单位 (3702964168) 绮丽集团有限责任公司	贸易方式 (0110) 一般贸易	征免性质 (101) 一般征税	结汇方式 信用证

许可证号	运抵国（地区） (116) 日本	指运港 (1287) 名古屋	境内货源地 (37029) 青岛其他
批准文号 828696475	成交方式 C&F	运费 502/2/3	保费	杂费

合同协议号 12S36006, 12S36005	件数 66	包装种类 纸箱	毛重（千克） 880	净重（千克） 810
集装箱号 SNBU2212116 * 1(1)	随附单证			生产厂家

标记唛码及备注

备注：

随附单证号：

项号	商品编号	商品名称、规格型号	数量及单位	最终目的国（地区）	单价	总价	币制	征免
1	63023199.10	棉制针织枕套 枕套|针织|60%棉40%涤纶|无品牌	4492条 470千克 4492条	日本 (116)	1.3700	6154.04	(502) 美元	照章征税
2	63023191.00	棉制梭织床单 床单|梭织|60%棉40%涤纶|无品牌	922条 340千克 922条	日本 (116)	4.6100	4250.42	(502) 美元	照章征税

税费征收情况

录入员　录入单位 0000000522541	兹申明以上申报无讹并承担法律责任	海关审单批注及放行日期（签章）
报关员		审单　审价
单位地址	申报单位（签章） 绮丽集团有限责任公司	征税　统计
邮编　电话	填制日期　2012.05.04	查验　放行

1/1

资料 2：

绮丽集团有限责任公司
CHERRY GROUP CO., LTD.

Add: No. 2, Nanjing Road,
Qingdao, China

发 票
INVOICE

发票号码
Invoice No. 12360026A

青岛, 日期
Qingdao, May. 4. 2012

To: TAKISADA-OSAKA CO., LTD. 2-3-6 BINGO-MACHI CHUO-KU OSAKA 540-8668 JAPAN

装船口岸
From QINGDAO CHINESE PORT

目的港
to NAGOYA JAPANESE PORT

开证银行
Drawn Under MIZUHO BANK LTD

信用证号码
L/C No. 30-0513-342079

唛头及号码 Marks & Numbers	数量与货品名称 Quantity & Descriptions			金额 Amount
			CFR	NAGOYA
T.S NAGOYA 12S36005/6 C/T NO MADE IN CHINA	NATIONAL MERCHANDISE AS PER S/C NO. 12S36005/6 COMPOSITION OF THE GOODS:60% COTTON 40% POLYESTER			
	3059 BL	4492 PCS	USD1.37/PC	USD6154.04
	OY18104-16 PI	922 PCS	USD4.61/PC	USD4250.42
		5414PCS		USD10404.46
	TOTAL PACKED IN 66 CTNS ONLY. COUNTRY OF ORIGIN: CHINA L/C NO.30-0513-342079			

绮丽集团有限责任公司
CHERRY GROUP CO., LTD.

赵 明 耀

page 1

资料 3：

(forwarding Agent)

B/L NO.
SNL2QDJL115214B

EISHOU FREIGHT SHIPPING CO., LTD.

MULTIMODAL TRANSPORTBILL OF LADING

Received by the Carrier from the shipper in apparent good order and condition unless otherwise indicated herein, the Goods, or the container(s) or package(s) said to contain the cargo herein mentioned, to be carried subject to all the terms and conditions appearing on the face and back of this Bill of Lading by the vessel named herein or any substitute at the Carrier's option and/or other means of transport, from the place of receipt or the port of loading to the port of discharge or the place of delivery shown herein and there to be delivered unto order or assigns. This Bill of Lading duly endorsed must be surrendered in exchange for the Goods or delivery order. In accepting this Bill of Lading, the Merchant agrees to be bound by all the stipulations, exceptions, terms and conditions on the face and back hereof, whether written, typed, stamped or printed, as fully as if signed by the Merchant, any local custom or privilege to the contrary not withstanding, and agrees that all agreements or freight engagements for and in connection with the carriage of the Goods are superseded by this Bill of Lading.

Shipper
CHERRY GROUP CO., LTD.
NO.2, NANJING ROAD, QINGDAO, CHINA

Consignee:
TO TAKISADA-OSAKA CO.,LTD
OSAKA JAPAN

Notify Party
TAKISADA-OSAKA CO.,LTD
2-3-6 BINGO-MACHI CHUO-KU OSAKA 540-8668 JAPAN

Party to contact for cargo release
EISHOU FREIGHT SHIPPING CO., LTD
3-1-21, KAWAGUCHI, NISHI-KU, OSAKA, 550-0021
TEL:06-6586-0021 FAX:06-6586-0022

Pre-carriage by	Port of loading
Vessel / Voy. No. LANTAU BAY 1218E	Port of transhipment QINGDAO,CHINA
Port of discharge NAGOYA,JAPAN	Final destination NAGOYA,JAPAN

Final Destination(Merchant's reference only)

Container No Seal No Marks and Numbers	No. of Containers or Pkgs	Kind of packages: Description of Goods	Gross weight	Measurement
T.S. NAGOYA 12S36005/6 C/T NO MADE IN CHINA SNBU2212116/445726	66 CTNS	SHIPPER'S LOAD SEAL & COUNT NATIONAL MERCHANDISE L/C NO.30-0513-342079 CY/CY PART OF 20'GP X 1 FREIGHT PREPAID SHIPPED ON BOARD	880 KGS	6.6 CBM

particulars furnished by Merchant. All desctiptions conained herein considered unknown to the Carrier (A)

SURRENDERED

Total number of Containers of other packages of Units (in words): TOTAL:SIXTY SIX CARTONS ONLY.

Freight and charges	Revenue Tons	Rate	Per	Prepaid	colect

Exchange Rate	Prepaid at QINGDAO,CHINA	Payable at	Place and Date of Issue QINGDAO, CHINA MAY 5TH,2012
	Total Prepaid in Local Currency	No. of Original B(s)/L THREE	In witness whereof, the undersigned has signed the unmber of Bill (S) oflading seaed herein, all of this tenor and date, one of which being accomplished, the others to stand vlid.

Laden on Board the Vessel

Vessel	Date
port of Loading	BY

An enlaeged copy of clausee is available from the Carrier upon request

(TERMS CONTINUED ON BACK HEREOF)

SIGNED ON BEHALF OF THE CARRIER
EISHOU FREIGHT SHIPPING CO., LTD.

资料4：

PACKING LIST/WEIGHT LIST

Invoice No. 12360026A

Date May. 4. 2012

Marks & Numbers

NATIONAL MERCHANDISE AS PER S/C NO. 12S36005/6

COMPOSITION OF THE GOODS:60% COTTON 40% POLYESTER

T. S
NAGOYA
12S36005/6
C/T NO
MADE IN CHINA

ctns No.	S/NO. & SIZE						Qty*Ctn	Qty(Ttl)
		BL	PI					
1-40	3059&35X50	110					110*40	4,400
41	3059&35X50	92					92*1	92
42-65	0Y18104-16&100X205		37				37*24	888
66	0Y18104-16&100X205		34				34*1	34
TOTAL:		4,492	922					5,414

TOTAL: 5414PCS 66CTNS N.W.:810.00KGS G.W.:880.00KGS MEAS:6.600CBM

L/C NO.30-0513-342079

page 1

绮丽集团有限责任公司
CHERRY GROUP CO., LTD.

赵明耀

主要参考文献

1. 海关总督报关员资格考试教材编写委员会. 报关员资格全国统一考试教材. 北京：中国海关出版社，2011.
2. 徐伟. 报关实务. 北京：中国商务出版社，2006.
3. 张红. 海关法. 北京：对外经济贸易大学出版社，2002.
4. 罗兴武. 报关实务. 北京：机械工业出版社，2010.
5. 《中国海关》各期
6. 中华人民共和国商务部网站，http：//www. mofcom. gov. cn.
7. 中国海关网站，http：//www. customs. gov. cn.